Hugo Brandenburg

DIE FRÜHCHRISTLICHEN KIRCHEN ROMS VOM 4. BIS ZUM 7. JAHRHUNDERT

Der Beginn der abendländischen Kirchenbaukunst

Fotos von Arnaldo Vescovo

SCHNELL + STEINER

Umschlagfoto: der antike Eingang
des Lateransbaptisteriums.

Bibliografische Informationen Der Deutschen Bibliothek
Die Deutsche Bibliothek verzeichnet diese Publikation in der Deutschen Nationalbibliografie;
detaillierte bibliografische Daten sind im Internet über http://dnb.ddb.de abrufbar.

ABBILDUNGSNACHWEIS

FARBABBILDUNGEN

Alle nicht hier angezeigten Abbildungen stammen aus der Fotocampagne von Arnaldo Vescovo
Archivio Fotografico Soprintendenza Archeologica, Roma, Museo Nazionale Romano: 129 a.b.
Archivio Fotografico Soprintendenza Beni Artistici e Storici, Roma: 141
Brandenburg Hugo: 30, 31, 54, 69b, 85b, 108, 109, 114, 115, 116, 120
Foto Vasari: 94 – Gauss Daniela: 118, 119, 121 – Malter Barbara: 122, 123 – Musei Vaticani: 95, 96, 97
Pronti Alberto: 110 – Reverenda Fabbrica di S. Pietro in Vaticano: 44, 45, 61
Rosenbusch Theresia: 117 – Schnell u. Steiner: 74

SCHWARZ-WEISS-ABBILDUNGEN

Brandenburg Hugo: I/3, V/1, VI/8, VII/2, 10, XI/20, 21, 22, XII/3, XV/1, 6, 8, 9, 23, 24, 25, XXI/2, 3, 4, XXII/4, XXV/4, 5,
9, XXVI/3, XXVII/5, XXXI/4, 9, 10, 11-14, 22, XLII/2, 3, 5, 7, 8, 9, XLIII/4, 5, 6, 7, 8
Brandenburg Daniel: XXXVIII/4 – Fabbrica di S. Pietro: XI/6, 7, 8, 14
Pontificia Commissione di Arte Sacra: II/2, 6, 7, 8, 10, 11, 12, VI/2, 3, 4, 5, 7, XIII/1, 2, XVI/4, XVIII/3, XX/2,3, XXIII/2,
XXIV/3, 4, XXXV/2, 3, 4 – Pontificia Commissione di Archeologia Sacra: XIV/2
DAI, Roma: IV/5, 6, 8, VII/6, 12, 13, 14, 15, XI/18, XII/1, 5, XXV/3, 6, 7, 8, 10, 11, 12, 13, 14, 16, 17, 18
Fototeca Unione: XV/3, 4, XVI/3, XVIII/2, XXII/2, 5, XXVIII/2, XXXVII/3

Satz
Jo.Type, Pero, Milano

Farblithos
Pluscolor srl, Milano

Druck und Bindung
D'Auria Industrie Grafiche – S. Egidio alla Vibrata (TE)

Weitere Informationen zum Verlagsprogramm erhalten Sie unter:
www.schnell-und-steiner.de

INHALT

DIE FRÜHCHRISTLICHEN KIRCHEN ROMS

VORWORT

Die vorliegende Darstellung ist eine Einführung in die frühchristliche römische Kirchenbaukunst. So werden, um den Text nicht zu belasten, nur Hinweise auf die Primärquellen und keine Verweise auf wissenschaftliche Belege und die wissenschaftliche Diskussion gegeben. Wer sein Wissen vertiefen möchte, findet im Literaturverzeichnis weiterführende Darstellungen.

Im Anhang des Bandes findet sich eine Bilddokumentation mit Plänen, aufrissen, Axonometrien und Photographien zu den Kirchenbauten, die die Farbabbildungen des Textteiles ergänzt.

Dieses Buch konnte nicht ohne die Mithilfe vieler geschaffen werden. Nicht alle können hier namentlich genannt werden, die auf eine oder andere Weise zu dem Werk beigetragen haben. Allen voran ist hier aber den Kollegen und Freunden des Pontificio Istituto di Archeologia Sacra zu danken, die wie Fabrizio Bisconti und Federico Guidobaldi durch die Bereitstellung von Abbildungsvorlagen, Sachdiskussion und bereitwillig bewährte Zugang zu ihren Grabungen vor Ort die Arbeit gefördert haben. In gleicher Weise gewährten auch Alberto Pronti und Margherita Cecchelli Einblick in ihre Untersuchungen vor Ort und stellten Photographien zur Verfügung. Ohne die in liberaler Weise gewährte Erlaubnis der zuständigen Denkmalpfleger, Ispettrici und Ispettori der Soprintendenza Archeologica di Roma, der Soprintendenza per i Beni Ambientali e Architettonici, der Soprintendenza per i Beni Artistici, in einzelnen Bauten, so besonders in Santa Croce, S. Stefano Rotondo, S. Agnese, S. Costanza und S. Lorenzo, Untersuchungen und Vermessungen vorzunehmen und in zahlreichen Kirchen photographische Kampagnen durchzuführen, hätten die erforderlichen Daten und Abbildungsvorlagen nicht beschafft werden können. In gleichem Sinne hat der Direktion der Vatikanischen Museen und Monumente, Dr. Francesco Buranelli und seine Mitarbeiter Dr. Paolo Liverani und Dr. Giorgio Filippi und die Direzione Generale dei Servizi Tecnici des Vatikan, Dr. Ing. Enrico Sebastiani, Untersuchungen und photographische Aufnahmen in den dem Vatikan unterstehenden Kirchenbauten wie der Lateransbasilika, dem Lateransbaptisterium, S. Paolo fuori le mura und S. Maria Maggiore in liberaler Weise möglich gemacht. Dr. Arch. Piero Zander der Reverenda Fabbrica di S. Pietro und Dott.ssa Rosanna Friggeri des Museo Nazionale delle Terme waren zuvorkommend behilflich bei der Beschaffung von Abbildungsvorlagen. Die Pfarrer und Kustoden von zahlreicher Kirchen, unter denen ich hier nur den Rektor des Collegium Germanicum et Hungaricum, Padre Gerwin Komma SJ, die Hochwürdige Äbtissin der Benediktinerabtei von S. Cecilia, Don Gian Carlo von S. Agnese und Padre Silvio Vanzan, Bibliothekar des Passionistenkonventes von SS. Giovanni e Paolo nennen kann, erlaubten großzügigerweise Untersuchungen, Nachmessungen und photographische Aufnahmen und öffneten durch ihre Verbindungen auch schwer zugängliche Pforten, die ungewohnte Ansichten und Einblicke ermöglichten. Eine ausgedehnte Photokampagne mit dem Photographen Arnaldo Vescovo führte in einer anregenden Zusammenarbeit zu manch neuer Ansicht und intensiver Kenntnis der Bauten. Besonderer Dank gebührt auch den „mitdenkenden" Zeichnern Dr. arch. Mario Bordicchia und Dr. arch. Konstantin Brandenburg. Nicht zuletzt aber möchte ich Dr. Sante Bagnoli und Dr. Massimo Guidetti vom Verlag Jaca Book sowie Dr. Albrecht Weiland, Geschäftsführer des Verlags Schnell & Steiner und Frau Dr. Jutta Dresken Weiland für die fruchtbare Zusammenarbeit bei der Herstellung des Bandes danken.

I. DIE FRÜHZEIT DES CHRISTLICHEN KULTBAUES

In der Apostelgeschichte und in Briefen des Apostels Paulus lesen wir, daß die ersten Christen im Hause eines Glaubensgenossen zusammenkamen, um das Brot zu brechen.[1] So blieb es auch in der Folgezeit. Schriftlesung, Psalmenrezitation, Predigt und Herrenmahl, welche die Versammlungen und Kultübungen der frühen Gemeinden bestimmen, fanden in größeren Privaträumen oder anderen geeigneten Baulichkeiten statt, die von einem Gemeindemitglied zur Verfügung gestellt wurden. Die Gemeinde besaß auch in der nachapostolischen Zeit zunächst noch keine eigenen Kultgebäude, keine Kirchen, solange sie keine anerkannte Religionsgemeinschaft, keine anerkannte Vereinigung mit einem eigenen juristischen Status war; somit konnte sie auch nicht Eigentümerin von Liegenschaften sein. Dieses Faktum wurde zudem durch die Glaubenshaltung der frühchristlichen Gemeinden gefördert, die – ähnlich wie die jüdischen – nicht die Gegenwart der Gottheit im Kultbild oder an geweihter Stätte, etwa in einem Hain, kannten und deshalb weder eines heiligen Bezirkes noch eines Sakralbaues bedurften, der als Schrein oder Haus Gottes diene. Im Gegensatz zu den paganen Tempelbezirken oder Kultgebäuden, die durch die Anwesenheit des Gottes geheiligt waren und deren Kultus sich meist im Freien vollzog, fand der Gottesdienst der Christen stets in geschlossenen Räumen statt. Diese dienten lediglich als Versammlungsstätten, die profanen Charakter hatten. Der Tempel, das Heiligtum Gottes, ist – dem Apostel Paulus zufolge – die Gemeinde selbst.[2] Gottes Haus kann, wie in der Apostelgeschichte erwähnt, kein von Menschenhand errichteter Bau sein.[3] Diese in den neutestamentlichen Schriften im Gegensatz zur zeitgenössischen religiösen Umwelt, vertretene Auffassung einer radikalen Vergeistigung der Kultvorstellungen, die weder das blutige Opfer noch den durch die Präsenz der Gottheit geheiligten Kultbau oder das Kultbild kannte, wird auch von den Kirchenschriftstellern der ersten drei Jahrhunderte immer wieder angesprochen und bis in das 4. Jahr-

hundert hinein als kennzeichnender Zug christlichen Glaubens vertreten.

Aus dieser Glaubenshaltung heraus lag es also den frühchristlichen Gemeinden der Frühzeit fern, ihren Kultstätten eine eigene architektonische Form, eine monumentale Gestalt zu geben. Dementsprechend gab es – einzigartig in der antiken Welt, ihren Kulten und Religionsgemeinschaften – während der ersten drei Jahrhunderte des Christentums keine christliche Sakralarchitektur. So konnte noch der christliche Schriftsteller Minucius Felix im 3. Jahrhundert erklären: „Wir haben keine Tempel und keine Altäre" wie ähnlich auch noch am Anfang des 4. Jahrhundert der Apologet Arnobius in seiner „Streitschrift gegen die Heiden".[4] Doch ersehen wir aus den Quellen, daß spätestens seit dem Ende des 2. Jahrhunderts mit dem Wachsen der Gemeinden schon eigene für den Kult bestimmte Räumlichkeiten, Häuser oder auch schon eigens für die Bedürfnisse der Gemeinden errichtete Bauten notwendig wurden, von denen der Kirchenschriftsteller Tertullian aus dem Anfang des 3. Jahrhunderts sagt, daß die Versammlungsstätten der Christen als hochaufragende Bauten zu erkennen seien.[5] Entsprechend werden nun auch diese Versammlungsstätten der Christen an der Wende zum 3. Jahrhundert „Haus Gottes" (*domus dei*) genannt oder „Haus der Gemeinde" (*domus ecclesiae*) oder auch einfach *ecclesia*, mit dem aus dem Griechischen entlehnten Wort, das ursprünglich die Gemeinde selbst, die Versammlung der Gläubigen, bezeichnete, nun aber auf die Kultstätte, die die Gemeinde zum Gebet und zur Liturgie versammelte, übertragen wird.[6] Andere Benennungen wie „das Haus, in dem die Christen zusammenkommen" (*domus in qua christiani conveniebant; locus*), oder „der Ort, wo sie (die Christen) ihre Gebete zu verrichten pflegen" (*locus ubi orationes celebrare consueti fuerant; loca ad quae convenire consuerant*), die in Konfiskationsprotokollen der römischen Behörden aus den nordafrikanischen Städten Cirta und Abthugni aus der Zeit der diokletianischen Verfolgung erscheinen, zeigen allerdings, daß ein allgemein anerkannter Terminus für das eigenständige, in der Öffentlichkeit auch als solches bekannte christliche Kultgebäude am Anfang des 4. Jahrhunderts noch nicht bestand.

Der Begriff *basilica*, der in diesen Quellen auch schon für das christliche Kultgebäude verwendet wird, muß nach dem zeitgenössischen Sprachgebrauch noch nicht eine spezifische architektonische Gestalt des Gebäudes ansprechen, sondern dürfte aus der Sicht der Behörden lediglich das Versammlungshaus oder eine Halle bezeichnen, die der Sammlung der Gemeinde diente, so wie auch die Säulenhallen an den Foren der Städte oder Empfangssäle herrschaftlicher Villen oder Räume für den Totenkult in den Nekropolen seit je *basilica* genannt wurden.[7] Die Vielfalt der Benennungen für das Kultgebäude in der Frühzeit tritt uns in den christlichen Quellen noch bis in konstantinische Zeit entgegen: *dominicum* und *dominicae domus*, oder im Griechisch sprechenden Osten des Reiches *oikos theou*, *oikos ekklesias*, *ekklesia*, *kyriakon* und *oikos eukterios*, *basilikos oikos* und *basilikos naos* noch bei dem Kirchenhistoriker Eusebius für die konstantinischen Kirchengründungen. Wiederum wird mit diesen Begriffen nicht die architektonische Gestalt der Gebäude, sondern ihre Funktion im Kultus der Gemeinde bezeichnet.

So belegen die angeführten Zeugnisse vor allem, daß die tatsächliche Entwicklung entgegen der Auffassung der Frühzeit, die als radikale Forderung von den Theologen weiter aufrecht erhalten wird, auf den eigenständigen Kultbau hingeht, dem auch, wie schon die festgelegte Zweckbestimmung und neben anderen vor allem der Name *domus dei* zeigen kann, eine gewisse Sakralität bereits zuerkannt wird. Das Kultgebäude wird also immer mehr zum Gotteshaus, zum Heiligtum Gottes. Diese Entwicklung wird auch bestätigt durch eine Stelle aus der Schrift über das Gebet, die der bedeutende Theologe Origines in der ersten Hälfte des 3. Jahrhunderts verfaßte. Er empfiehlt, an dem Ort zu beten, an dem sich die Gläubigen versammeln, da hier auch die Engelsmächte und „die Kraft unseres Herrn und des Heilandes" neben den Gläubigen stünden. Hier wird also deutlich die Auffassung ausgesprochen, daß die Gottheit in besonderer Weise im Kultraum der Gemeinde gegenwärtig sei.[8] Eine frühe Kirchenordnung aus dem beginnenden 3. Jahrhundert, die sogenannte Traditio Apostolica (Apostolische Überlieferung), die vielleicht in Rom verfaßt wurde, bestätigt die Auffassung des Origines von einer Heiligkeit des Kirchenbaues, wenn sie in dem Abschnitt über die Gebetsunterweisung davon spricht, daß der, der in der Kirche (*ecclesia*) bete, „dem Bösen, das der Tag bringt, aus dem Wege gehen könne".[9] Diese Zeugnisse belegen, daß sich seit dem frühen 3. Jahrhundert Vorstellungen entwickeln, die dem Versammlungsort der Gemeinde eine gewisse Sakralität verleihen und ihn zum Heiligtum Gottes machen.

Dennoch werden diese für den Kult eigens bereitgestellten Räumlichkeiten oder Bauten, abgesehen davon, daß sie ihrer Funktion als Versammlungsräume und der Ausübung des Kultes durch die Gemeinde gerecht werden mußten, wohl noch keine ihnen eigentümliche architektonische Gestalt gehabt haben. Man konnte sie, wenn man ein vorhandenes Gebäude übernahm, durch bauliche Veränderungen den Notwendigkeiten anpassen oder selbständige Kultbauten errichten, die als reine Zweckbauten mit Kultraum und Nebenräumen den Bedürfnissen der größer werdenden Gemeinden als Versammlungsraum gerecht wurden. Unter Roms sogenannten Titelkirchen, die in ihrer Substanz auf Kirchenbauten des späten 4. und 5. Jahrhunderts zurückgehen, stieß man bei archäologischen Untersuchungen auf Reste älterer Bauten, in denen man aufgrund der Tradition christliche Kulträume aus früher Zeit vermutet hat. Jedoch können wir für keinen dieser Bauten die Nutzung durch die Gemeinde als Kultraum nachweisen, da es an eindeutigen architektonischen Merkmalen und vor allem an Einrichtungsgegenständen und Ausstattungen, die den Raum als christlichen Kultbau erweisen könnten, fehlt: Feste Altäre gab es zu dieser Zeit noch nicht und ebenso wenig feste Einrichtungen, die etwa einen für die Liturgie bestimmten Raumteil hätten abteilen können; Malereien mit christlichen Zeichen oder Darstellungen, die uns aus den Katakomben Roms und aus christlichen Grabanlagen wenigstens aus dem 3. Jahrhundert in ihren ersten Anfängen bekannt sind, haben sich in diesen Räumlichkeiten nicht gefunden.

Die Kulträume und Kirchenbauten der christlichen Gemeinden, die nach der Verfolgung unter Decius von Kaiser Gallienus den Christen im Jahre 260 zurückgegeben oder in der nun einsetzenden langen Friedenszeit errichtet wurden und die – laut Bischof Eusebius von Caesarea, dem Kirchenhistoriker und Biographen Kaiser Konstantins – in der 303 ausbrechenden Verfolgung der Christen durch Kaiser Diokletian und seine Mitregenten wieder zerstört wurden, dürften teilweise schon ansehnlichere Bauten gewesen sein, wenn auch vielfach noch ältere Räumlichkeiten und Gebäude ursprünglich anderer Zweckbestimmung für den christlichen Kult adaptiert worden sein dürften und diese Kirchenbauten wie so manche der Vorgängerbauten unter den römische Titelkirchen ausgesehen haben mögen.[10] Wenn Eusebius die Pracht und Größe dieser in der diokletianischen Verfolgung zerstörten Bauten rühmt, so werden wir darin nicht nur rhetorische Übertreibung sehen, sondern die Bestätigung für die Vermutung finden, daß es zu jener Zeit eigenständige christliche Kultbauten gab, die sich nunmehr vielleicht schon durch ihre

Gestalt und wohl auch schon durch ihre Ausstattung auszeichneten.[11]

Andere zeitgenössische Nachrichten, wie eine Notiz aus dem Buch des heidnischen Philosophen Porphyrios „Gegen die Christen" aus den Jahren nach 270 bieten das gleiche Bild: Die Christen imitieren die Tempel, so heißt es dort, indem sie gewaltige Häuser bauen, in denen sie zum Gebet zusammenkommen, obwohl sie, so fügt Porphyrios hinzu, ja in ihren eigenen Häusern beten könnten, da Gott nach ihrer Auffassung überall sie erhören könne.[12] Diese kritische Bemerkung des angesehenen Philosophen ist für uns nun besonders interessant, da sie für das ausgehende 3. Jahrhundert die Existenz großer, ja monumentaler christlicher Kultbauten belegt, die nach seinen Worten sogar in Konkurrenz zu den traditionellen Tempeln treten. Bemerkenswert ist, daß Porphyrios in diesem Zusammenhang ausdrücklich auf die zwiespältige Haltung der zeitgenössischen Christenheit hinweist, die sich in ihren theologischen Vertretern zu der charakteristischen vergeistigten Auffassung des Kultes bekennt, aber dennoch aufwendige Heiligtümer errichtet. Diese Auseinandersetzung zwischen radikaler theologischer Forderung und der Praxis, den Porphyrios hier aufzeigt, erhellt wie ein Schlaglicht die Situation, der sich die Kirche und die christlichen Gemeinden, die in der paganen Umwelt sich einzurichten und zu behaupten suchten, gegenübersahen.

Dieser Konflikt, den die Quellen seit dem Anfang des Jahrhunderts offenlegen, hat sich ganz offensichtlich gegen Ausgang des 3. Jahrhunderts verschärft. Denn auch andere zeitgenössische Zeugnisse sprechen von ähnlich anspruchsvollen christlichen Kultbauten, wie sie Porphyrios im Auge gehabt hat. So konnte der Kaiser Diokletian, wie uns von Lactantius, damals Hochschullehrer in der Stadt, berichtet wird, die christliche Kirche in der kaiserlichen Residenzstadt Nikomedia in Westkleinasien von seinem Palast aus sehen. Im Jahre 303 ließ er dieses *fanum editissimum*, dieses „hochaufragende Heiligtum", da es durch seine Größe und Monumentalität seinen Unwillen hervorrief, bis auf den Grund zerstören, womit das Zeichen zur letzten und schwersten Christenverfolgung gegeben war.[13] Diese Kirche der christlichen Gemeinde in der Residenzstadt des Kaisers ist also ein auffallendes, herausragendes Gebäude gewesen, das wie die traditionellen Kultbauten bereits als *fanum*, als Sakralbau, bezeichnet wird und das somit wohl schon gewisse Züge gehabt hat, die es als aufwendigen Kirchenbau kennzeichneten, was den Zorn des Kaisers und die Verfolgungsmaßnahmen hervorgerufen hat. Dieser auffällige Kirchenbau, den Lactantius an anderer Stelle bezeichnenderweise mit dem Begriff für heidnische Heiligtümer, *templum*, benennt, war somit ein Zeichen für die zunehmende Konkurrenz des Christentums zur paganen Religion und für die wachsende Bedeutung der Christengemeinden, deren Loyalität dem durch Diokletian neugeordneten und auch religiös fundierten Staatswesen gegenüber dadurch sichtbar in Frage gestellt wurde.[14]

Welcher Art nun die spezifischen Kennzeichen des Kirchenbaues in Nikomedia gewesen sein mögen, könnte eine Kirchenordnung vom Ende des 4. Jahrhunderts zeigen, die ältere Vorschriften auch für den Kultbau zusammenstellt: Das Gotteshaus soll langgestreckt und nach Osten gerichtet sein. Ein solches Gotteshaus kann auch eine feste Einrichtung für den Kult erhalten wie ein Podium für den Klerus, einen Bischofsthron, eine Kanzel oder Unterteilungen, wie sie etwa die Trennung von Frauen und Männern in verschiedenen Bereichen des Kultsaales erforderten, und auch Wandbilder, die auf die Heilswahrheit des Glaubens hinweisen.[15] Der Sessel des Bischofs gehörte im späten 3. Jahrhundert bereits zum festen Bestandteil der Einrichtung. Der Unwillen, den der repräsentationsbewußte Bischof der Residenzstadt Antiochia, Paulus von Samosata, bei Amtskollegen und Gläubigen hervorrief, zeigt uns die Bedeutung dieses Requisites schon für die Kirche des 3. Jhs.[16] Ebenso zeigen die Beschlüsse des Regionalkonzils von Elvira in Spanien aus dem Jahre 306, die es verbieten, Bilder in den Kirchen anzubringen, sowie die Gegenstände des Glaubens und der Verehrung an den Wänden der Kulträume abzubilden, daß der christliche Kultbau an der Wende zum 4. Jahrhundert ein eigens den kultischen Zwecken der Gemeinde dienender Bau mit einer entsprechenden Ausstattung war. Man war immer mehr bereit, den Kultraum als das Heiligtum Gottes anzusehen, ihm einen sakralen Charakter wie den Heiligtümern der heidnischen Umwelt zuzugestehen und entsprechend auszuschmücken, wenn auch die Bischöfe in manchen Bereichen noch die strenge theologische Konzeption verfochten, indem sie alle Bilder und Darstellungen der Glaubensinhalte aus den Kulträumen zu verbannen trachteten.

In Syrien, dem östlichen Grenzland des Römischen Reiches, in dem das Christentum schneller Fuß faßte als in den westlichen Provinzen, blieben zwei frühe Kirchenbauten erhalten, die uns einen Eindruck von diesen christlichen Kultbauten geben können, wie sie in der Frühzeit in den Provinzen außerhalb der großen Städte bestanden haben müssen; hingegen haben in Rom und anderen Regionen des Reiches die frühen Kultbauten der Christen die Zeitläufe nicht überdauert oder sich nur in Resten erhalten, die nicht mit Sicherheit als frühe Kirchenbauten zu identifizieren sind, da sie sich nicht durch besondere Merkmale von der zeitgenössischen Profanarchitektur abheben.

Die ältere dieser beiden syrischen Kirchen bewahrten günstige Umstände in Dura Europos, einer römischen Garnisonstadt und Grenzfeste am Euphrat in Mesopotamien im heutigen Syrien, weitgehend vor dem Untergang. Der bescheidene Bau ist von besonderer Bedeutung, da er der einzige mit Sicherheit nachweisbare christliche Kultbau vorkonstantinischer Zeit ist. Als man im Jahre 257 die Mauern der Stadt verstärkte, um dem drohenden Angriff der Parther zu begegnen, schüttete man neben der Synagoge auch den unmittelbar an der Mauer gelegenen christlichen Kultbau zu: Er war ursprünglich ein gewöhnliches Wohnhaus mit Räumen, die sich auf einen Innenhof öffnen. Der Bau läßt sich durch eine in den weichen Verputz geritzte Inschrift in das Jahr 231 – 232 datieren. Ob dieses Haus damals bereits dem christlichen Kult diente, wissen wir nicht. Aber in jedem Falle hatten die Christen ungefähr ein Jahrzehnt später den Bau in ihrem Besitz. Die Räume wurden zum Teil vergrößert, so daß das Haus einer kleinen Gemeinde von ungefähr 50 oder 60 Personen als Versammlungsstätte dienen konnte. Ein kleinerer, als Baptisterium gedeuteter Raum wurde mit Wandmalereien ausgestattet, die Szenen aus dem Alten und Neuen Testament zeigen. Für die kleineren Gemeindezentren, die sich mit der wachsenden Zahl der Christen im 3. Jahrhundert über das ganze Reich ausbreiteten, dürfte der Kultbau in Dura Europos typisch sein. Mit geringem Aufwand werden die notwendigen Veränderungen an dem bestehenden Bau durchgeführt: Ein Versammlungsraum für den Hauptkultus, Nebenräume für weitere Kulthandlungen wie Taufe und Firmung sowie für die sozialen Aufgaben der Gemeinde. Den verschiedenen Erfordernissen, die durch eine wachsende Gemeinde, eine sich herausbildende kirchliche Organisation und Liturgie sowie die mit der größeren Zahl der Gläubigen sich einstellenden sozialen Aufgaben entstanden, wurde dieses Gebäude offenbar gerecht, das in Aufbau und Aussehen ganz den Charakter eines Wohnhauses bewahrt hat. Es handelt sich um eine reine Nutzarchitektur ohne jede Repräsentation, jeden Öffentlichkeitscharakter, jede nach außen wirkende Gestaltung. Diese Kriterien gelten wohl im allgemeinen für den christlichen Kultbau in weiten Teilen des Reiches bis in das 3. Jahrhundert – jedenfalls außerhalb der großen Städte, wo die Verhältnisse vielleicht, wie die oben angeführten Zeugnisse lehren, etwas anders lagen.

Das kann neben schriftlichen Zeugnissen – wie einem Konfiskationsprotokoll aus der afrikanischen Stadt Cirta (Constantina) aus der Zeit der diokletianischen Verfolgung[17] – wohl auch eine andere in Syrien entdeckte Kirche belegen, die in ihrer architektonischen Gestalt ganz den Formen des traditionellen ländlichen Hausbaues folgt. Die kleine Kirche liegt neben einer Villa, dem Zentrum eines großen Gutshofes in Qirqbize in Nordsyrien. Der völlig schmucklose, wohl

schon im fortgeschrittenen 4. Jahrhundert errichtete Bau, eine einfache, ungegliederte Halle von bescheidenen Ausmaßen, zeigt in Aufbau und Anlage die enge Verwandtschaft mit der Hausarchitektur, wie sie in dieser Region zu jener Zeit verbreitet war. Im Gegensatz zu dem daneben liegenden Wohnhaus, der Villa, ist der Bau im Inneren nicht zweigeschossig; dementsprechend besitzt die den Eingängen an der Breitseite vorgelagerte offene Portikus auch nur ein Stockwerk. Dieser eigens als solcher errichtete Kultbau, der eine Gemeinde von ungefähr 50 Gläubigen aufnehmen konnte, weist keine eigene architektonische Gestalt auf, sondern ist in seiner Funktion als Versammlungs- und Kultraum sowie als Gemeindehaus ganz der Tradition der zeitgenössischen Hausarchitektur verpflichtet. In dieser Form bestand die Kirche von Qirqbize bis zur arabischen Eroberung Syriens im 7. Jahrhundert; lediglich das Presbyterium wurde durch den Einbau eines Podiums, der Chorschranken und einer Kanzel den veränderten liturgischen Verhältnissen der Folgezeit angepaßt. Diese Kirche hat offenbar wie andere Kirchenbauten dieser Region mit ähnlichen Zügen den altertümlichen Charakter früher Kultbauten vorkonstantinischer Zeit bewahrt. Die Kirchen in größeren Gemeinden dürften die beiden Kultbauten aus den kleinen syrischen Gemeinden an Größe und aufwendigem Ausbau übertroffen und vielleicht auch schon mit spezifischen architektonischen Merkmalen sich von ihnen abgesetzt haben, wie es uns die eben angeführten Nachrichten des späten 3. und frühen 4. Jahrhundert aus den großen Städten des Ostens, wie Nikomedia und Antiochia, nahelegen.

Für Rom, die Hauptstadt des Reiches, fehlen jedoch entsprechende Nachrichten und auch die monumentalen Zeugnisse, die auf solche Kirchenbauten hinweisen könnten. In den Resten von Bauten unterschiedlicher Art – Wohnbauten, Stadtpaläste (domus), öffentliche Bauten, Badeanlagen – die sich in den Wohnquartieren um das monumentale Zentrum des antiken Roms unter den heute noch bestehenden 25 Titelkirchen, den ältesten römischen Pfarrkirchen, erhalten haben, hat man der Tradition folgend frühe christliche Kultstätten vorkonstantinischer Zeit vermutet. Die überlieferten Bezeichnungen dieser Titelkirchen lassen, wie wir später noch näher sehen werden, häufig den Namen des privaten Eigentümers erkennen, der vielleicht den ursprünglichen Rechtstitel auf das als Kultbau adaptierte Gebäude oder das Grundstück besaß, auf dem der Kultbau stand oder errichtet wurde. Daß es am Ausgang des 3. Jahrhunderts Kirchenbauten im Besitz der Gemeinde gegeben hat, belegt die Entscheidung des Kaisers Aurelian aus dem Jahre 272, von der uns Eusebius in seiner in konstantinischer Zeit verfaßten Kirchengeschichte berichtet:[18] Der Kaiser gibt durch eine Verfügung der christlichen Gemeinde von Antiochia und dem neuernannten Bischof der Stadt das „Haus der Kirche" (*tes ekklesias oikou*) zurück, das der abgesetzte häretische Bischof Paulus von Samosata weiter beansprucht und besetzt gehalten hatte. In dieser Hinsicht ist auch der Text eines Erlasses des Kaisers Licinius nach der Diokletianischen Christenverfolgung aus dem Jahre 311 eindeutig, der uns in der schon mehrfach zitierten Schrift „Über den Tod der Christenverfolger" des zeitgenössischen christlichen Schriftstellers und Hochschullehrers Lactantius überliefert ist: Nicht nur die in der Verfolgung konfiszierten Gebäude, die im Besitz einzelner Christen gewesen waren, mußten danach auf Anordnung des Kaisers zurückgegeben werden, sondern auch die Baulichkeiten, die *ad ius corporis eorum id est ecclesiarum*, also der Gemeinde als rechtlicher Körperschaft gehört hatten.[19]

Diese Nachrichten zeigen, daß der Kultbau als eigenständiges Sakralgebäude im Besitz der Gemeinde am Ende des 3. Jahrhunderts fest etabliert war, wenn wir auch nicht wissen, unter welchem Rechtstitel die christlichen Gemeinden, die nach römischer Auffassung nicht einer offiziell und vom Staate rechtlich anerkannten Religion angehörten, hier ihre Eigentumsrechte geltend machen konnten. Es scheint, daß der römische Staat hier außerhalb der Ausnahmesituation der Verfolgungszeiten eine im Faktischen sich etablierende Rechtssituation geduldet hat.

Als Nutzbauten, die der Versammlung der Gemeinde und ihrem Kultus dienten, besaßen diese Kirchen sicher eine funktionale, aber wohl noch keine eigene, unverwechselbare Gestaltung im Sinne einer Sakralarchitektur. Eine christliche Architektur gab es also in den ersten Jahrhunderten der Existenz des Christentums bis zur konstantinischen Zeit kaum, auch wenn, bedingt durch die kultischen Bedürfnisse, die längsgerichtete Halle für den Kultbau bevorzugt worden sein mag, wie das auch die oben zitierte Kirchenordnung belegt. Gegenüber dem Kultbau der Antike, der gemeinhin als Schrein des im Götterbild gegenwärtigen Gottes aufgefaßt wurde und ein repräsentativer Bau war, der durch bestimmte architektonische Merkmale wie Säulen, Giebel und Cella in seiner äußeren Erscheinung als Behausung der Gottheit charakterisiert war, verwirklicht jedoch der christliche Kultbau der Frühzeit durch die Hinwendung zum Innenraum und die dadurch, wie bei den kaiserzeitlichen öffentlichen Nutzbauten, bedingte Vernachlässigung der äußeren Gestalt, eine völlig neuartige, ja revolutionäre Auffassung von Kultarchitektur: Der Sakralbau als Raum für die Versammlung der Gemeinde und ihre Kulthandlungen, der bis dahin im römischen Reich allenfalls kleineren Konventikeln östlicher Mysterienreligionen vorbehalten war, gewinnt nun in der christlichen Kirche eine monumentale Gestalt, die sich radikal von der traditionellen religiösen Architektur der antiken Umwelt absetzt.

II. DIE KONSTANTINISCHE ZEIT

Im Jahre 311 erließen die gemeinsam regierenden Kaiser Galerius, Licinius und Konstantin ein Edikt, das die von Kaiser Diokletian im Jahre 303 begonnene Christenverfolgung beendete und das Christentum als Religionsgemeinschaft ausdrücklich duldete.[1] Im Jahre 312 griff Konstantin seinen Mitkaiser und Rivalen Maxentius an, der in Rom residierend ihm zu mächtig geworden war und auf seinem Weg zur Alleinherrschaft im Wege stand. Am Tage vor der entscheidenden Schlacht an der *Via Flaminia* vor dem *Pons Milvius* über den Tiber (dem heutigen Ponte Milvio) nördlich des antiken Rom hatte Kaiser Konstantin eine Vision: Er sah, wie sich ein Lichtkreuz über die Sonne legte und Sterne die Worte *in hoc signo vinces* (in diesem Zeichen wirst Du siegen) bildeten. In einer zweiten Vision in der folgenden Nacht erteilt ihm Christus die Aufforderung, dieses Zeichen auf die Schilde seiner Soldaten zu setzen.[2] Offenbar waren es diese siegverheißenden Visionen, die den Kaiser dazu führten, mit weit unterlegenen Truppen seinen Gegner anzugreifen. Der in der Schlacht errungene Sieg überzeugte ihn, daß er nunmehr unter dem Schutz des Christengottes stünde, der ihm Unbesiegbarkeit (*imperator invictus*) und dem Reiche Unversehrtheit und Wohlergehen verleihe. Dies veranlaßte ihn, der christlichen Kirche seine Gunst und Unterstützung zuzuwenden.

Schon bald nach der siegreichen Schlacht gab der Kaiser, wie wir aus einem Brief des Herrschers an den Bischof Caecilianus von Karthago wissen, der Kirche das in der Verfolgung konfisziertes Eigentum wieder zurück und teilte ihr aus dem kaiserlichen Schatz große Schenkungen zu. Die Kleriker erhielten Befreiung von der Dienstpflicht für munizipale Ämter. Alle diese Privilegien begründete der Kaiser mit dem bezeichnenden Hinweis, daß der Kult und die Verehrung der Gottheit für den Staat von größtem Vorteil seien. Es waren also Maßnahmen, die offensichtlich das Wohl des Reiches sichern sollten.[3] Die Folgerungen aus dieser Entwicklung wurden in einem neuen Edikt gezogen, das Konstantin und sein Mitkai-

ser Licinius im Jahre 313 in Mailand erließen, in dem sie dem Christentum volle Religionsfreiheit und die Rückerstattung sämtlicher konfiszierter Güter zugestanden.[4] Wenn man bedenkt, daß das Christentum zu dieser Zeit noch keine gesellschaftliche und religiöse Kraft war, die ein solches Maß an kaiserlicher Aufmerksamkeit verdient hätte, zumal das Heer, die Beamtenschaft, der Senat und die Mehrzahl der Angehörigen der führenden Schichten des Reiches vor allem im Westen noch Heiden waren, dann erhalten alle diese Maßnahmen des Kaisers ein besonderes Gewicht.

Sie zielten ganz offenbar darauf ab, den heilbringenden Schutz des Christengottes, den der Kaiser beim Pons Milvius erfahren hatte, für die Res Publica, den Staat, zu sichern und der Gesellschaft die einigende Ideologie und verpflichtende Idee zu geben, derer sie so dringend bedurfte, da die traditionellen Werte und überlieferten religiösen Vorstellungen und Bräuche ihre bindende Kraft eingebüßt hatten. Konstantin steht mit diesen Maßnahmen durchaus in der Nachfolge bedeutender Vorgänger des späten 3. Jahrhunderts wie Aurelian und Diokletian, die eine Neuordnung und Konsolidierung des Reiches durch die Hinwendung zu einer einigenden Gottheit und Kultübung, des Sonnengottes oder Juppiters, zu begründen suchten.

So räumte die offizielle Anerkennung des Christentums durch das Toleranzedikt von 313 der Kirche ihren festen Platz in der Öffentlichkeit ein. Die Privilegien für den Klerus, die Geldzuweisungen aus den kaiserlichen Fonds an die Priesterschaft und die Übertragung von richterlichen Befugnissen der Provinzgouverneure an die Bischöfe, zeigen, wie sehr der Kaiser bemüht war, die Kirche in das öffentliche Leben einzugliedern, ja, sie zu einer tragenden Kraft des Staates zu machen. Konstantin folgte damit der römischen Auffassung von der Gebundenheit des Staates an die Religion und der politischen Funktion der Religion, die den Bestand des Staates und das Wohl der Bürger sichern sollte. In verschiedenen Edikten

1. *Konstantin der Große (306 – 337),*
Kolossaler Marmorkopf. Rom,
Musei Capitolini.

2. *Lateransbasilika. Inneres nach dem*
Umbau Borrominis.

empfahl er den Bürgern des Reiches, dem neuen Glauben zu folgen. Aus den Konventikeln einer eher sektenhaften, bestenfalls von den staatlichen Autoritäten geduldeten Religionsgemeinschaft von nur bedingter gesellschaftlicher Bedeutung war eine vom Staat offiziell anerkannte Religion geworden, zu der der Kaiser sich bekannte und in deren Kultobservanz und ideologischer Einheit er das Heil des Staates gegründet sah.[5]

Dadurch setzte ein enormer Zulauf zur christlichen Kirche aus allen Schichten der Bevölkerung in allen Teilen des Reiches ein: Es kamen nun auch die Zögernden und Unentschiedenen; denn nun war es nicht nur von Vorteil, sich zu der neuen Religion zu bekennen, sondern auch ein Akt der Loyalität und der Hinwendung zu der Gottheit, die das Wohlergehen der staatlichen Gemeinschaft zu garantieren schien. Deshalb nahm die Zahl der Gemeindemitglieder in diesen Jahren des Umbruchs sprunghaft zu.

In diesem Zusammenhang sind nun auch die Kirchenstiftungen des Kaisers zu sehen, die uns hier beschäftigen: Konstantins zahlreiche Kirchengründungen, nicht nur in den beiden Hauptstädten Rom und Konstantinopel, sondern auch in der Hafenstadt Roms, Ostia, und im übrigen Italien, in Palästina, Syrien, Kleinasien und Afrika. In kaiserlichen Edikten wird das Bauprogramm umrissen, das zum Ziele hat, die christlichen Kirchenbauten im Imperium mit Hilfe einer reichen Finanzierung aus dem kaiserlichen Vermögen zu vergrößern und zu verschönern, die durch die Verfolgungszeit in Verfall geratenen christlichen Kultstätten zu restaurieren und neue in großem Stile zu errichten. In Briefen an die verantwortlichen Bischöfe vor allem der Provinzhauptstädte im Reich, deren Wortlaut des zeitgenössischen Kirchenhistorikers Eusebius in seiner Biographie des Kaisers zitiert, hält er sie als Bauherren an, bei der Durchführung dieses Bauprogrammes keine Kosten zu scheuen. Die erforderlichen Materialien und Arbeitskräfte für die Errichtung dieser Bauten sollen von den Provinzgouverneuren und den Präfekten, die vom Kaiser entsprechend angewiesen worden sind, angefordert werden.[6] Besonders deutlich werden die Intentionen, die der Kaiser mit diesem Bauprogramm verfolgt, in einem Brief an den Bischof Makarios von Jerusalem angesprochen, in dem er diesem Anweisungen über den vom Kaiser beabsichtigten Bau der Gedächtniskirche über dem Grab Christi in Jerusalem gibt. Die Basilika, so sagt er einleitend, solle alle anderen an anderen Orten übertreffen und alle Prachtbauten in allen Städten in den Schatten stellen. Die für den Bau notwendigen Materialien – Säulen und Marmor werden eigens erwähnt – sollen nach Gutdünken des Bischofs vom Provinzgouverneur Dracillianus beschafft werden ebenso wie die bleiernen Dachziegel, die Vergoldung der Dachbalken und schließlich auch die Bauleu-

te, damit der „königliche Tempel" „als der Welt wunderbarster Ort würdig verschönt wird".[7] Mit ähnlichen Worten beschreibt Eusebius auch andere wichtige Gründungen des Kaisers wie die Geburtskirche in Bethlehem, die Auferstehungskirche in Jerusalem oder die Apostelkirche in Konstantinopel. Es ist immer wieder die Pracht der Ausstattung mit kostbaren Marmoren, vergoldeten Decken und kupfernen Dachziegeln, statt der üblichen tönernen Dachpfannen, und vor allem die „unglaubliche Höhe" der Bauten, ihre überragende Monumentalität, die Eusebius rühmt.[8] Die Absicht, mit diesen neuen Kirchengründungen den öffentlichen Prachtbauten, seien sie Profanbauten oder Tempel, gleichwertige Monumente zur Seite zustellen, ja sie zu übertreffen, wird ausdrücklich angesprochen.

Konstantin trat mit der Förderung der Kirchenbauten im Reich und vor allem mit den programmatischen Gründungen der Kirchen über den Gedächtnisstätten Christi im Heiligen Land als kaiserlicher Bauherr die Nachfolge seiner Vorgänger an, die als sinnfälligen Ausdruck der imperialen Machtfülle in den Städten des Imperiums große öffentliche Bauten und auch Tempel und Heiligtümer für die Götter des Staates gestiftet hatten. Revolutionär aber war an Konstantins Bauherrschaft und an seinen Stiftungen, daß sie eine klar definierte Ausrichtung erhielt und der Kaiser die programmatische imperiale Bautätigkeit in den Dienst der christlichen Kirche stellte. In dieser systematischen Förderung des christlichen Kultbaues im Reich durch den Kaiser gewann die kaiserliche Baupolitik eine neue Dimension, die sich auch darin äußerte, daß nicht mehr die Magistrate in den Städten für die Ausführung der Kultbauten zuständig waren, sondern der Kaiser nunmehr durch seinen Beamtenapparat, Gouverneure und Statthalter, unmittelbar Einfluß auf die kirchliche Bautätigkeit nahm. Gleichzeitig wurde die Kirche in den Staat und das öffentliche Leben integriert, denn ihre vom Kaiser gestifteten Kultbauten waren in der Tradition der Antike als repräsentative Bauten zugleich Ausdruck der kaiserlichen Macht und als Heiligtümer des Christengottes, der dem Herrscher den heilbringenden Sieg verliehen hatte, auch Garanten der Wohlfahrt des Staates und seines Repräsentanten, des Kaisers. So bilden diese Stiftungen Konstantins in jeder Hinsicht, wie keine anderen Denkmäler jener Zeit, die sichtbaren Zeichen einer wahrhaft historischen Wende, in der die Antike sich vollendend Kräfte freigab, die das Schicksal Europas für mehr als anderthalb Jahrtausende in hohem Maße prägen und bestimmen sollten.

*3. Inneres der alten Lateransbasilika
(Rekonstruktion). Wandbild von Filippo
Gagliardi (um 1650) in S. Martino ai Monti.*

DIE LATERANSKIRCHE
(S. SALVATORE, DEI SS. GIOVANNI BATTISTA,
GIOVANNI EVANGELISTA)
DIE KONSTITUIERUNG DER CHRISTLICHEN BASILIKA

Die älteste, richtungsweisende Stiftung des Kaisers ist die Lateranskirche in Rom, das erste offizielle und monumentale Kirchengebäude der Christenheit, ein beredtes Zeugnis der epochalen Zeitenwende unter Konstantin, in der sich Altes und Neues, Überlieferung und Erneuerung unlöslich miteinander verbinden.

In den spätantiken Quellen wird der Bau nach seiner Lage *basilica Lateranensis*, nach seinem Erbauer *basilica Constantiniana*, und nach der Weihung aber *basilica Salvatoris* genannt.[9] Erst im Frühmittelalter wird die heute noch übliche Bezeichnung *basilica S.Iohannis* (S.Giovanni in Laterano) von der Dedikation des zugehörigenden Baptisteriums auf die Basilika übertragen.[10]

Leider machen die historischen Quellen keine genauen Angaben über den Zeitpunkt der Errichtung des Baues. Der Kirchenhistoriker Eusebius, der uns ausführlich über die Kirchenstiftungen des Kaisers im Osten des Reiches unterrichtet, gibt leider keinerlei Auskunft über die von Konstantin in der alten Hauptstadt aufgeführten Bauten. Offenbar fehlten ihm dazu verläßliche Informationen. Die dem Salvator, dem Heiland, geweihte Bischofskirche von Rom, wurde wahrscheinlich schon bald nach der entscheidenden Schlacht am *pons Milvius* im Jahre 312 gleichsam als ex voto, als ein Dank an die Gottheit für den Sieg errichtet. Bereits im Jahre 313 hielt der Bischof von Rom, wie uns der Kirchenschriftsteller Optatius von Mileve aus dem 4. Jahrhundert berichtet, auf Veranlassung des Kaisers zur Beilegung des Donatistischen Schismas in Nordafrica in Rom ein Konzil ab *in domum Faustae in Laterano* (im Stadtpalast der Fausta in der Lateran genannten Gegend), im Südosten der Stadt nahe der Stadtmauer, also in dem Bereich, in dem auch die Basilika Konstantins errichtet wurde, die aufgrund ihrer Lage dort auch *basilica Lateranensis* hieß.[11] Dieser Stadtpalast der Fausta, die mit der Kaiserin Flavia Maxima Fausta, der Frau Konstantins gleichsetzt wurde, sei, so vermutete die ältere Forschung, vom Kaiser dem Bischof von Rom zur Errichtung der Basilika und der Einrichtung eines Bischofspalastes übertragen worden. Doch ist die Gleichsetzung der *domus Faustae* mit einem Palast der Kaiserin nicht zu begründen, auch wenn es nach der Notiz bei Optatus scheint, daß der Kaiser über das Gebäude verfügen konnte. Die als Eigentümerin der *domus* genannte Fausta dürfte jedenfalls kaum mit der Kaiserin identisch sein, da diese nach ihrer Geburt (um 290) im Alter von fünf Jahren bereits Rom verlassen hat,

ohne dorthin je wieder zurückzukehren. Aus der Nachricht über die Abhaltung des Konzils in der *domus Faustae* läßt sich also nicht auf eine Schenkung oder Übereignung eines kaiserlichen Palastes an den Bischof durch Konstantin, von der erst mittelalterliche Quellen sprechen, und damit auch nicht sicher auf den Baubeginn der Lateransbasilika vor oder im Jahre 313 schließen. Lediglich aus dem Liber Pontificalis, der Papstchronik des 6. Jahrhunderts, die ältere Dokumente zitiert und auswertet, erfahren wir, daß die Lateransbasilika unter dem Pontifikat des Papstes Silvester (314–335) errichtet worden ist.[12] Doch ist die Kirche bereits vor dem Jahre 324 weitgehend vollendet gewesen, da der Liber Pontificalis in der Biographie des Papstes Silvester weiterhin vermeldet, daß Konstantin der Kirche zu ihrem Unterhalt Güter stiftete, die allein in dem von ihm regierten Westteil des Reiches lagen, während die östliche Reichshälfte bis zu diesem Jahre noch von seinem Mitkaiser Licinius beherrscht wurde. Möglicherweise ist aber die Basilika bereits am 9. November 318 geweiht worden, wie aus einer nicht ganz eindeutigen Notiz eines frühen römischen Märtyrerverzeichnisses zu erschließen ist.[13] So wird die Bischofskirche von Rom in der Zeitspanne von 312–324 erbaut worden sein, ohne daß wir das Datum des Baubeginns und der Weihung genauer bestimmen könnten.

Der von Kaiser Konstantin gestiftete Bau ist noch in Teilen im aufgehenden Mauerwerk unter dem von Borromini in den Jahren 1646–50 ausgeführten barocken Gewand der heutigen Kirche S. Giovanni in Laterano, der Bischofskirche des Papstes, erhalten; sie wird daher auch heute noch mit berechtigtem Stolz in der Inschrift auf der Fassade der Kirche *omnium urbis et orbis ecclesiarum mater et caput* (aller Kirchen der Stadt und des Erdkreises Mutter und Haupt) genannt. Im Südosten der Stadt, in der *Regio II Caelimontium* (dem 2. Stadtbezirk auf dem Caelius-Hügel), in dem Lateranus genannten Gebiet, einem bevorzugten Wohngebiet der römischen Patrizier, in dem der Fiscus größere Liegenschaften besaß, stellte der Kaiser am Rande der Stadtmauer der Gemeinde verschiedene Baugrundstücke zur Verfügung: Eine Therme (Badehaus) aus dem 2.–4. Jahrhundert, eine Hofanlage mit Wohnräumen und angrenzend an diese Grundstücke vor allem das große Areal der Kasernen der ehemaligen kaiserlichen Gardetruppen, die von Kaiser Septimius Severus (193–211) an der Wende zum 3. Jahrhundert errichteten *castra nova equitum singulariorum*. Diese berittene Leibgarde der Equites singulares hatte vermutlich den Fehler begangen, auf der Seite seines in Rom residierenden Gegners Maxentius zu kämpfen, so daß Konstantin nach der siegreichen Schlacht am Pons Milvius diesen Truppenkörper aufgelöst und seine Kaserne aufgelassen hatte. Die Gebäude des Lagers wurden niedergelegt, die

Unterbauten zugeschüttet: So ergab sich eine große Plattform, auf der die christliche Basilika errichtet wurde. Als Bauzeit für die in einem Zuge errichtete Kirche können wir nach den oben genannten Daten eine Spanne von ungefähr fünf Jahren erschließen. Eine ähnlich kurze Bauzeit ist auch für andere kaiserliche Großbauten dieser Zeit belegt, wie etwa die von

Kaiser Diokletian 298 begonnenen Thermen oder die von Kaiser Maxentius 307 erbaute große Marktbasilika am östlichen Ausgang des Forums. Diese öffentlichen, vom Kaiser gestifteten Großbauten, wurden offenbar von einer gut organisierten und effizienten kaiserlichen Bauhütte errichtet. Ausgrabungen in den Jahren 1934–1938 unter der Lateranbasilika haben die

Mauern der Kasernen und darunter liegender älterer Häuser des 1. und 2. Jahrhunderts mit qualitätvollen Malereien freigelegt, in denen man die Stadtpaläste, der Familie der Laterani vermutet, die später der in kaiserlichen Besitz übergangenen Gegend ihren Namen gegeben haben. Unter der Apsis der Basilika fand sich eine Hofanlage des 3. Jahrhunderts mit einfachen Nebenräumen unbekannter Bestimmung.

Der konstantinische Bau, der sich auch mit Hilfe von Bauaufnahmen der alten Kirche, die in der Bauhütte Borrominis in Zusammenhang mit der Restaurierung des Baues im 17. Jahrhundert entstanden, rekonstruieren läßt, konnte sich mit 100 m Länge und 55 m Breite mit den anderen öffentlichen Großbauten Roms, wie etwa der *basilica Ulpia* am Trajansforum, messen: Ein 90 m langes, 27 m hohes und 18 m breites Mittelschiff – dessen Obergadenwände auf einem durchlaufenden Architrav ruhen, den je eine Reihe von 19 Säulen trägt – ist zu beiden Seiten von je zwei verhältnismäßig niedrigen (15 und 9 m hohen) und fast gleich breiten Seitenschiffen flankiert, die jeweils durch Arkaden über 21 Säulen auf hohen Podesten verbunden sind. Während die inneren Seitenschiffe das Mittelschiff in ganzer Länge begleiten, enden die um 15 m kürzeren äußeren Nebenschiffe an je einem niedrigen, über die äußere Flucht der Kirche hinausspringenden kapellenartigen Anbau, der an den inneren Seitenschiffen ansetzt. Wie diese Annexbauten, die in dem längs gerichteten Hallenbau im Westen eine Querachse markieren, sich zu den Seitenschiffen hin öffneten, ist unbekannt. Das heutige Querschiff wurde unter Papst Nikolaus IV. 1291 zusammen mit einer neuen Apsis dem frühchristlichen Bau hinzugefügt. Es ersetzte und erweiterte damit – teilweise auf den alten Fundamenten – die kleinen querschiffartigen Kapellen der konstantinischen Kirche. Die halbrunde Apsis des frühchristlichen Baues, die Fenster besaß, schloß unmittelbar und fast in ganzer Breite an das Mittelschiff an. Das Mittelschiff war hell durchlichtet: Über jedem Interkolumnium befand sich im Obergaden wohl ein Fenster. Auch die Apsis war von Fenstern durchbrochen. Für die Belichtung der äußeren Seitenschiffe sorgten Fenster in den Außenwänden der Basilika, deren Anzahl allerdings nicht bekannt ist. Die inneren Seitenschiffe hatten keine eigene Belichtung. Die in der Kirche S. Martino ai Monti als Wandbild erhaltene, rekonstruierte Innenansicht der vorborrominischen Basilika von Filippo Galiardi (ca. 1640–1659) gibt halbrunde Öffnungen in der aufgehenden Wand über den Seitenschiffsarkaden wieder, die aber wie in anderen Fällen – etwa in der Pantheonsvorhalle, und in den Seitenschiff-Trennwänden der Peters- und der Paulsbasilika – zweifelsohne der Entlastung der Interkolumnien dienten und keine Fenster waren. Beide Schiffe hatten ein gemeinsames Pultdach und waren so-

mit gegenüber dem dominierenden Mittelschiff auch in der Belichtung deutlich abgesetzt.

Die Fassade mit dem Eingang im Osten des Baues, die heute wohl noch in großen Teilen hinter der aufwendigen Fassade Galileis von 1730–1732 erhalten ist, hat vielleicht drei große Fenster und sicher drei Portale gehabt, die sich in das Mittelschiff öffneten. Wahrscheinlich hatte die Basilika ein Atrium, einen von Säulenhallen umgebenen Vorhof an der Eingangsseite. Archäologisch nachweisbare Reste haben sich nicht gefunden und auch alte Ansichten der Fassade, die den Zustand vor der Erneuerung der Kirche im 17. Jahrhundert zeigen, lassen keine Indizien für einen solchen, der Kirche vorgelagerten Hof erkennen, wie ihn allerdings die meisten frühchristlichen Kirchen besessen haben. Da der Liber Pontificalis aber von Papst Hadrian I. (772–795) berichtet, daß er Atrium und Säulenhallen (*quadriporticus*) der Basilika restauriert habe, können wir annehmen, daß es sich bei diesem um das von vier Portiken gesäumte Atrium an der konstantinischen Basilika gehandelt hat.

Die Kirche, mit der Fassade nach Osten gerichtet, war also eine sich in die Länge erstreckende fünfschiffige, von Säulen getragene Halle, deren in die Tiefe fluchtenden Kolonnaden, dem Raum ein hohes Maß an Gleichmäßigkeit, Einheitlichkeit und Monumentalität verliehen. Das erhöhte Mittelschiff wurde fast in ganzer Breite im Westen von einer Apsis abgeschlossen, die die Ausrichtung des Baues aufnahm. Die im Westen, am Ende der verkürzten äußeren Seitenschiffe angebauten, quergelagerten und über die Flucht der Basilika vorspringenden Kapellen bildeten in der längsgerichteten Halle aber einer Querachse, die in den drei mittleren Schiffen vor der Apsis das Sanktuarium mit dem hier gelegenen Altarplatz heraushob und abtrennte. Die Mauern des Baues wurden aus zwei Ziegelschalen hochgeführt, zwischen die Gußmörtel eingefüllt wurde, eine für die Kaiserzeit charakteristische Bautechnik. Die Schiffe überspannte ein hölzerner Dachstuhl, der wie bei aufwendigen Großbauten üblich, wohl mit Blei- oder Kupferplatten abgedeckt war. Ob der Dachstuhl des Mittelschiffes offen war oder durch eine hölzerne Kassettendecke eingedeckt war, die den Raumeindruck der Halle wesentlich mitbestimmt haben würde, wissen wir nicht: Beide Formen der Eindeckung waren den zeitgenössischen Architekten bekannt.

Der Außenbau blieb weitgehend schmucklos: Keine Platten- oder Quaderverkleidung, keine vorgeblendete Scheinarchitektur verkleidete die Ziegelwände, die vielleicht nur mit einer Putzschicht oder ziegelfarbigen Schlemmschicht, wie sie sich an frühchristlichen und mittelalterlichen Kirchen Roms teilweise erhalten hat, überzogen waren. Der gestaffelte

Außenbau war damit unmittelbar als Raumschale erkennbar. Auch darin steht die Lateransbasilika den anderen zeitgenössischen profanen Großbauten Roms nahe: Während damals die Sakralarchitektur, wie etwa der von Maxentius nach 306 wiederhergestellte Venus und Roma-Tempel zwischen Forum und Colosseum, den üblichen Dekorationsapparat mit Säulen, Gesimsen, Gebälken, Quader- und Stuckverkleidung aufweist, sind die gleichzeitigen Nutzbauten, Thermen und die *basilica nova* des Maxentius am Forum Romanum außen bis auf einen Verputz mit imitierter Quaderverkleidung weitgehend schmucklos. Die Gliederung des Baues, dessen Raumgestalt sich in der Abstufung der einander zugeordneten Raumteile im Außenbau ausdrückt, erfolgt hier, wie bei der *basilica Lateranensis,* durch die Staffelung der Baukörper, deren ungeteilte Wandflächen durch große, dichtgesetzte Fenster aufgelöst und rhythmisiert werden. Das wahrscheinlich im Osten vorgelagerte, niedrige Atrium, das von vier Portiken gesäumt wurde und in der Mitte einen Brunnen gehabt hat, wie wir aus der schon zitierten Nachricht des Liber Pontificalis schließen können, band den großen Baukörper der Basilika an den Stadtraum und an die nach Süden durch die *porta Asinaria* führende gleichnamige Straße an.

Im Gegensatz zu dem nüchternen Äußeren, das als einheitliche Raumschale wirkt, bot sich der Innenraum mit seiner aufwendigen Ausstattung in unerhörter Pracht dar. Die zahlreichen Fenster des Obergadens tauchten das Mittelschiff in helles Licht, in dem die farbenprächtige, kostbare Ausstattung zu voller Wirkung kam. 19 rote Granitsäulen säumten das Mittelschiff. Sie waren wie die großen, aber in Form und Dimensionen nicht einheitlichen, unterschiedlichen Ordnungen angehörenden Kapitelle älterer, kaiserzeitlicher Bauten oder Lagerbeständen entnommen, also Spolien, wie solche wiederverwendeten Bauteile genannt werden. 21 grüne Marmorsäulen aus thessalischem Verde antico, ebenfalls Spolien, trennten dagegen die Seitenschiffe, während die Postamente und Basen dieser Seitenschiffkolonnaden für den Bau aus weißem Marmor hergestellt worden waren. Kostbar aber war auch der Fußboden: Große rechteckige Platten aus gelbem numidischem Marmor (giallo antico) wurden von Streifen aus weißem Marmor gerahmt; so bildete sich ein großflächiges, regelmäßiges farbiges Muster, das den Boden des Mittelschiffes bedeckte und den kontrastreichen Untergrund zu den farbigen Säulenschäften der Kolonnaden abgab. Dübellöcher an der Front und in den Bogenlaibungen einer Seitenschiffarkade beweisen, daß auch die Wände mit Marmorplatten belegt waren. Leider reichen die spärlichen Reste nicht aus, um den Umfang und das Muster dieser Dekoration zu rekonstruieren. Es ist möglich, daß diese kostbare Wandverkleidung nur die Arka-

denzone der Seitenschiffwände und einen Streifen über dem Architrav der Mittelschiffswände bedeckte. Jedenfalls befanden sich hier seit dem 5. Jahrhundert Wandbilder mit Darstellungen aus dem Alten und dem Neuen Testament, die so aufeinander bezogen waren, daß die Szenen des Alten Testamentes als vorgreifende Hinweise auf die im Neuen Testament erwähnten Ereignisse verstanden werden konnten. Aus Schriftquellen wissen wir, daß solche Bilderzyklen an den Obergaden der Kirchen seit dem späten 4. Jahrhundert bekannt, wenn auch nicht die Regel waren. Für einen bedeutenden Bau wie die Lateranskirche dürfen wir solche biblische Bildzyklen, die, wie die Kirchenväter in ihren Schriften erkennen lassen, erbauen und belehren sollten, als Schmuck der Hochwände der Basilika für das 5. Jahrhundert wohl voraussetzen, während für die konstantinische Zeit ein ausgedehnter figürlicher Wandschmuck allerdings noch kaum zu erwarten ist.

Die Marmorinkrustation, die Boden und Wände überdeckte, können wir uns nicht prächtig und kostbar genug vorstellen. Aus anderen zeitgenössischen Bauten haben sich ausgedehnte Reste einer solchen Inkrustation oder Wanddekoration von erstaunlicher Pracht erhalten, die mit dem antiken Terminus *opus sectile* bezeichnet werden. Manches, was heute verloren ist, läßt sich aus Renaissancezeichnungen rekonstruieren, die diese damals noch teilweise erhaltenen, kostbaren Dekorationen festgehalten haben, ehe die letzten Reste in Renaissance und Barockzeit für die Ausstattung von Palästen und Kirchen wiederverwendet wurden. Dünne Platten aus buntem Marmor oder einem anderen farbigen Gestein wurden zu Feldern, Rahmungen, Mustern zusammengesetzt. Sie bildeten einen kostbaren, farbigen, im Licht glänzenden Schmuck, der die Wände nicht durch plastische Elemente gliederte und strukturierte, sondern dadurch, daß das Licht auf seiner farbigen, durch verschiedene Formen und Ornamente belebten Oberfläche sich fing, die Wand als Raumschale, als den Raum bestimmende Grenze gleichsam entmaterialisierend in Licht und Farbe auflöste. Diese Inkrustation ist ein charakteristisches Element spätantiker Architektur. Dieser ganz auf Kostbarkeit und Farbenglanz abgestellte Schmuck wurde durch die vergoldeten Dachbalken des Dachstuhles über dem Mittelschiff vervollständigt, wie es bei repräsentativen Großbauten üblich gewesen zu sein scheint: So gibt Konstantin in einem Brief an den Bischof von Jerusalem entsprechende Anweisungen, die Deckbalken in der vom Kaiser gestifteten Grabeskirche Christi zu vergolden, falls sich der Bischof für eine aufwendige Ausstattung der Eindeckung entscheide.[14]

Den goldenen Dachbalken und dem Glanz der Wände antwortet schließlich das goldene Mosaik in der Kalotte der

Apsis, die das langgestreckte Mittelschiff abschließt. Es besaß offenbar zunächst keine figürliche Darstellung und ist vielleicht erst in den Jahren 428–430 durch den in einer Stifterinschrift genannten Feldherrn und Patricius Flavius Felix mit einer figürlichen Dekoration versehen worden, die allerdings in der Dedikationsinschrift nicht benannt wird und über die wir auch sonst keine weiteren Nachrichten besitzen. In die von Leo XIII. zwischen 1884–1886 mit einem erweiterten Presbyterium neu errichtete Apsis wurde das Apsismosaik von Jacopo Torriti aus dem Jahre 1291 versetzt und erneuert. Offenbar ist das Zentrum dieses Mosaiks, das die Büste Christi begleitet von Engeln über dem mit Gemmen besetzten Triumphkreuz zeigt, von Torriti aus dem antiken Mosaik des 5. Jahrhunderts übernommen worden: Die Ikonographie und formale Einzelheiten entsprechen jedenfalls dem, was aus zeitgenössischen Mosaiken bekannt ist. Bei all diesem verschwenderischen Glanz der Ausstattung, die auch das Mittelalter zu bewahren und zu mehren suchte, überrascht es nicht, daß die konstantinische Basilika *aurea*, die Goldene genannt wurde.

Es ist bemerkenswert, daß es gerade diese Pracht der Ausstattung und die beeindruckenden Ausmaße des Gebäudes sind, die von Schriftstellern des 4. Jahrhunderts, dem Kirchenhistoriker Eusebius und dem bedeutenden christlichen Dichter Prudentius, an den kaiserlichen Kirchenstiftungen hervorgehoben und gerühmt werden. Sie sind für die zeitgenössische Auffassung offenbar wesentliche Merkmale dieses repräsentativen Kultbaues.[15]

Die Papstchronik des Liber Pontificalis berichtet des weiteren, daß der Kaiser für die Kirche noch eine Reihe kostbarer Ausstattungsstücke stiftete: Sieben silberne Altäre, über deren Aufstellungsort und Funktion wir leider nichts wissen; es waren wohl keine Opferaltäre, an denen das Meßopfer gefeiert wurde.[16] Dazu diente vielmehr der Altar, der wohl im Westteil des Mittelschiffes aufgestellt war, dort, wo die Seitenkapellen den in den Schiffen durch Gitter abgeschrankten, beträchtlich sich nach Osten erstreckenden Raum des Presbyteriums aussonderten. Es ist die Stelle, an der sich auch heute noch der Altarplatz unmittelbar hinter dem Triumphbogen befindet. Die sieben silbernen Altäre sollten offenbar die von den Gläubigen beim Opfergang für das Opfermahl dargebrachten Gaben aufnehmen, die bei einer so großen Gemeinde kaum auf dem Opferaltar selbst niederlegt werden konnten. Jedem Gabenaltar war ein großer silberner Standkandelaber zugeordnet. Für die Beleuchtung der Kirche sorgten 169 von Konstantin gestiftete Silberleuchter mit zahlreichen Lampen; einer von ihnen hing vor dem Opferaltar.

Das kostbarste und aufwendigste Teil dieser kaiserlichen Stiftung aber war die im Liber Pontificalis als *fastigium* (Giebel) bezeichnete Einrichtung, die offenbar das Sanktuarium vom Schiff trennte, wie wir aus Notizen und Darstellungen des Kircheninneren des Mittelalters und der frühen Neuzeit erschließen können. Dieses *fastigium*, das nach den knappen Angaben der Papstchronik wohl in Gestalt einer Triumphalarchitektur aus einem Giebel bestand, der mit einem mittleren Bogen eine Kolonnade überspannte, war ebenfalls aus Silber und zeigte auf dem Giebel zum Mittelschiff hin die fast lebensgroßen Figuren Christi und der zwölf Apostel mit Kronen, auf der Seite zur Apsis aber Silberfiguren, die Christus zwischen Engeln mit Lanzen darstellten. Getragen wurde das *fastigium* von vier großen, vergoldeten Bronzesäulen der hohen Kaiserzeit, die von Konstantin in seiner Kirche wiederverwendet wurden. Diese Säulen und eines der zugehörigen Kapitelle von ausgezeichneter Qualität aus hadrianischer Zeit sind noch erhalten und tragen seit dem ausgehenden 16. Jahrhundert mit drei zu diesem Zweck neu angefertigten Kapitellen mit dem Wappen Clemens VIII. Aldobrandini (1592–1605) den Baldachin über dem Sakramentsaltar im linken Querhaus. Zwei Granitsäulen der alten Mittelschiffkolonnaden aber stützen heute den Triumphbogen, während 24 grüne Marmorsäulen aus den Seitenschiffen bei der Erneuerung des Kircheninneren durch Borromini in die Nischen der Mittelschiffpfeiler, die die überlebensgroßen Apostelstatuen bergen, versetzt wurden.

Neben dem Hauptaltar besaß die Kirche, die die Gesamtgemeinde unter dem Vorsitz des Bischofs für die feierlichen Festgottesdienste, und besonders den Ostergottesdienst, aufnehmen sollte, noch weitere Einrichtungen, die der Liturgie dienten. In der Apsis, welche die Perspektive der langen Mittelschiffskolonnaden in der Tiefe auffing, stand der Bischofsthron. Ein durch Schranken abgeteilter Gang (*solea*), dessen Spuren bei Grabungen im Fußboden der alten Basilika gefunden wurden, führte durch das Mittelschiff zum Presbyterium. Auf ihm zog der Bischof mit dem Klerus feierlich durch das Schiff zum Altar ein, wie es in der Liturgie der frühchristlichen Kirche üblich war. Die Gläubigen konnten daher während der Kulthandlungen nur einen Teil des Mittelschiffes einnehmen; sie verteilten sich gegebenenfalls auch auf die Nebenschiffe. Zwischen den Seitenkapellen im Westen, die wohl zur Aufbewahrung des liturgischen Gerätes dienten, teilten Schranken quer durch die Schiffe das Sanktuarium ab. Hier dürften auch die sieben silbernen, von Konstantin gestifteten Altäre gestanden haben; auf ihnen legten die Gläubigen ihre Gaben nieder, aus denen das für die Opferfeier Gebrauchte ausgewählt wurde. Durch die äußeren Seitenschiffe kehrten die Gläubigen nach dem Opfergang wieder an ihre Plätze zurück, Männer und Frauen getrennt, die Männer im südli-

chen Nebenschiff, die Frauen im nördlichen. Auch für die einzelnen Gruppen der Gemeinde gab es, hierarchisch geordnet, offenbar besonders gekennzeichnete, reservierte Plätze (*stationes*), über die uns die ältesten Kirchenordnungen Auskunft geben. Bevorzugte Plätze hatten die Staatsträger und Beamten, die gottgeweihten Jungfrauen und Witwen. Die Katechumenen, die noch ungetauft waren und die im Glaubensunterricht stehenden Gemeindemitglieder, hatten ebenfalls einen eigenen Bereich innerhalb des Kirchengebäudes, von dem aus sie dem Schriftgottesdienst und der Unterweisung der Gemeinde durch den Bischof folgten; nach dem Wortgottesdienst und vor der Opferfeier, dem Mysterium, mußten sie jedoch die Basilika verlassen.

Dieser erste offizielle, monumentale Kirchenbau mit einer eigenen und spezifischen architektonischen Gestalt hatte nicht nur die Aufgabe, den kultischen Begehungen der römischen Christengemeinde zu dienen, sondern er war darüber hinaus auch ein öffentlicher, vom Kaiser gestifteter Kultbau mit repräsentativem Anspruch. Die Größe dieses Baues dürfte wohl auf die Ausgestaltung der Liturgie, die bis dahin meist in vergleichsweise kleinen Kultbauten ohne Öffentlichkeitsanspruch vollzogen wurde, ihren Einfluß ausgeübt haben. Die Organisation einer großen Gemeinde und ihre Teilnahme am Gottesdienst in einem so großen Raumgefüge stellte besondere Probleme. Entsprechend wandeln sich die Formen der Liturgie, werden Akklamationen und Responsorien eingeführt, müssen der Opfergang mit der Darbringung der Gaben und die Austeilung der Kommunion an die Gläubigen neu eingerichtet werden. Der Einzug des Bischofs mit dem assistierenden Klerus vom Atrium durch das langgestreckte, von monumentalen Kolonnaden gesäumte Mittelschiff wird feierlich gestaltet; die Liturgie erhält durch diese Prozessionen eine eindrucksvolle Würde und Feierlichkeit, und der Pomp der päpstlichen Gottesdienstfeier entspricht dem Anspruch der repräsentativen Architektur und der aufwendigen Ausstattung des Kultbaues. Nicht von ungefähr nimmt nun gerade im feierlichen Einzug des Bischofs, der zu dem einem Triumphmonument gleichenden *fastigium* vor dem Altar führt, die Liturgie Elemente kaiserlicher Repräsentation auf, wie den Gebrauch von Weihrauch und Kerzenleuchtern. Hier erhält die Liturgie nun eine neue Dimension im Gehalt und in den äußeren Formen: Die Gemeinde der Hauptstadt versammelt sich im Kulte des Weltenherrschers und Heilands, unter dessen Schutz Kaiser und Reich stehen, der Garant für die *salus populi Romani*, für das Wohlergehen der Völker des Reiches ist.

So ist auch der von Konstantin gestiftete erste offizielle Kultbau der Christenheit in seiner architektonischen Gestalt Ausdruck dieser Idee: Der hellbelichtete Festsaal des Mittel-schiffes mit seinen monumentalen, in die Tiefe führenden Kolonnaden, die auf *fastigium*, Altar, Presbyterium und Apsis gerichtet sind, die hierarchisch gegliederte, zum überhöhten mittleren Festsaal sich aufbauende fünfschiffige Säulenhalle, die gleichsam imperialen Dimensionen des Baues. Den klassischen Tempelbauten der paganen Gottheiten in Rom stellte sich die *basilica Lateranensis* an Größe und Monumentalität an die Seite. Bezeichnenderweise sind es erst zwei Heiligtümer der späteren Kaiserzeit, der von Kaiser Aurelian im Jahre 274 errichtete Tempel des Sonnengottes auf dem Marsfeld und der von Maxentius 307 erneuerte Tempel der Venus und Roma am Forum, die in den grandiosen Ausmaßen mit der Kirche konkurrierten, oder sie übertrafen. Doch brach das von Konstantin gegründete Gotteshaus in formaler Hinsicht radikal mit der Tradition der den alten Staatsgöttern geweihten Kultbauten und Heiligtümer, die vor allem im Zentrum der Stadt lagen, durch ihren prächtigen, repräsentativen Bau weithin die Augen auf sich zogen und mit der umgebenden Architektur häufig einen markanten städtebaulichen Akzent bildeten, der die Bedeutung ihres Kultes hervorhob: Die Lateransbasilika stand am Rande der Stadt und fiel zwar durch die Größe ihres Baues, nicht aber durch eine aufwendige und prächtige Fassade und den üblichen Architekturdekor auf. Im Gegensatz zu den traditionellen Kultbauten war sie ein Raumbau, der seine architektonische Gestalt nicht in einem reich dekorierten Außenbau, in einem vielfältig gegliederten Innenraum entfaltete, der verschiedene Kultfunktionen in einem Raumgebilde zusammenfaßte. Mit diesem Konzept, das die Tradition des antiken Sakralbaues aufhob und die Idee des christlichen Kirchengebäudes zum ersten Mal in monumentaler Gestalt verwirklichte, wies die Lateranskirche für den christlichen Kultbau die Richtung bis in unsere Zeit.

Den ausführenden Architekten dieses als Kultbau revolutionären Großbaues kennen wir nicht. Technik, Bauzeit und Dimensionen, sowie die Herkunft der Baumaterialien, wie etwa der Ziegel aus kaiserlichen Produktionsstätten, lassen darauf schließen, daß die Kirche durch eine kaiserliche Bauhütte errichtet wurde, die auch andere öffentliche Großbauten wie Thermen (Großbadeanlagen), Marktbasiliken und Platzanlagen erbaute. Der schon erwähnte Brief Konstantins an den Bischof von Jerusalem, den Eusebius von Caesarea überliefert ist, weist darauf hin, daß die Laterankirche durch eine staatliche Bauhütte errichtet wurde. Auch die Materialien und die finanziellen Mittel werden vom Kaiser gestellt. Doch die Planung des Baues, der Entwurf und die Entscheidung über die Ausstattung der Kirche liegt offenbar weitgehend in den Händen des Bischofs und seiner Berater, wenn auch der Kaiser an diesen Entscheidungen durch die Übermittlung seiner Vorstel-

lungen und Vorschläge teilnimmt und seine Beamten für die Bauüberwachung und die Stellung der Materialien und Handwerker verantwortlich sind. So müssen wir annehmen, daß der Entwurf und das neue Konzept der Lateranskirche, der römischen Gemeindekirche und der ersten offiziellen Kirche der Christenheit, nicht so sehr im Umkreis des Kaisers entwickelt und bestimmt wurde, sondern vielmehr von den kirchlichen Autoritäten, dem Bischof der Hauptstadt, um dann von den Baumeistern der kaiserlichen Bauhütte mit den im Auftrag des Kaisers bereitgestellten finanziellen Mitteln und Materialien ausgeführt zu werden.

Wenn diese erste christliche Basilika auch in der Idee und grundlegenden Auffassung mit der Tradition der antiken Sakralarchitektur brach und in der architektonischen Gestalt und ihrer Funktion die römische Architektur um einen neuen Bautypus bereicherte, so läßt sich andererseits ihre formale Gestalt der Lateransbasilika nur aus den Voraussetzungen der römischen Architektur verstehen. Sie vereinigt charakteristische Züge der spätantiken Baukunst in besonderer Weise. Auf die Mauertechnik, die den Großbauten der Kaiserzeit gemeinsam war, hatten wir bereits hingewiesen. Ebenso hatte die *basi-*

lica Constantiniana die dekorative Ausstattung mit *opus sectile* an Wänden und Fußböden sowie mit Mosaiken in den Wölbezonen mit der zeitgenössischen Architektur gemein. Wir hatten gesehen, daß die Lateransbasilika ein Raumbau war, der in seiner Auslegung als ausgerichtete, in der Höhe abgestufte, mehrräumig gegliederte, säulengestützte Halle, seine bestimmte architektonische Gestalt fand. In dieser Entfaltung des monumentalen Raumbaues stellte die Schöpfung der frühchristlichen Basilika in der Lateranskirche das Ergebnis einer längeren Entwicklung dar; denn vor allem im Nutzbau, in der Ausbildung von Bauten und Räumlichkeiten, die der Zusammenkunft größerer Menschenmengen dienten, fand die römische Architektur der Kaiserzeit ihre zentrale Aufgabe, für die sie gültige Lösungen entwickelte. Die großen Forums- und Marktbasiliken, wie die christliche Lateransbasilika säulengestützte Hallen, und vor allem die zentralen, gewölbten Säle der stadtrömischen Thermenanlagen, die die ihnen zugeordneten Thermenräume mit der durchfensterten Gewölbezone überragten, sind Beispiele dieser Architektur. Hier, in diesen großen, zentralen Thermensälen, waren die römischen Architekten der Kaiserzeit mit der souveränen Anwendung des

Wölbebaues bereits zu großartigen und technisch kühnen Raumschöpfungen vorgedrungen, welche die Raumteile zu einem mehrteiligen, gegliederten Raumgefüge zusammenfaßten.

Im Kultbau treffen wir in der römischen Architektur dagegen nur Ansätze zur Ausbildung eines Raumbaues an. So besteht das Pantheon in Rom in seiner hadrianischen Erneuerung aus einer großen, runden, von einer Kuppel überwölbten Halle von 41 m Durchmesser. Bezeichnenderweise zeigt sich die neue Form hier an einem Bau, der auch eine neue, dem Bedürfnis des römischen Staates und dem Kaisertum anverwandte Kultidee repräsentiert: Die Verehrung aller Götter, vornehmlich der dynastischen Gottheiten des julisch-claudischen Geschlechtes, womit sich des Kaisers und seines Hauses Überhöhung und Annäherung an die Sphäre der Gottheiten verband, also ein Bau, der dem staatstragenden Kaiserkult gewidmet war. So ist es bezeichnend, daß der Bau in dieser Funktion auch staatlichen Zerimonien unter Vorsitz des Kaisers diente und noch im fortgeschrittenen 4. Jahrhundert dort kaiserliche Edikte verkündet wurden.[17] Diese neue architektonische Konzeption, die der Bau verkörpert, erschloß sich, im Gegensatz zu der christlichen Basilika, aber nur dem Eintretenden, während der Rundbau außen hinter flankierenden Portiken und einer mit Giebel und Säulen geschmückten Vorhalle verborgen blieb und so den Eindruck eines konventionellen römischen Tempels bot.

Diese Bemerkungen mögen genügen, um zu zeigen, wie der Bau der Lateransbasilika Züge der römischen kaiserzeitlichen Architektur weiterführt, die zur vollen Ausbildung in der zeitgenössischen Profanarchitektur der Spätantike kamen. Die frühchristliche Basilika, wie sie in der Lateransbasilika uns zum erstenmal entgegentritt, war also eng mit der Entwicklung der in der Spätantike ausgebildeten Bauformen der römischen Profanarchitektur verbunden. Schon der Name verbindet die christliche *Basilica Constantiniana* mit einem für die römische Architektur charakteristischen Bautyp, der neben den großen Thermen- und Forumsanlagen gleichsam ein Leitmotiv römischer Baukunst darstellt. Häufig wird jedoch heute *basilica*, auf Deutsch „die Königliche", als Name des christlichen Gotteshauses selbst mißverstanden, das damit als Königshalle des Weltenherrschers Christus angesprochen sei, der, wie es in den Texten der Bibel heißt, seine *basileia* (Königsherrschaft) am Ende der Zeiten errichten wird.[18] Doch diese Überlegungen sind abwegig, ebenso die durch sie inspirierte Ableitung des christlichen Gotteshauses aus der Audienzhalle des römischen Herrschers. Der Bedeutungsgehalt von *basilica* „die Königliche" war sicher seit langem verblaßt, so daß das Wort in seiner adjektivischen Bedeutung eher dem Deutschen „herrschaftlich" entsprochen hat.

Mit diesem Wort wurden, wie auch die Benennung des großen Hallenbaues des Maxentius am Forum als *basilica* deutlich macht, die an den Foren und Märkten der römischen Städte gelegenen Hallenbauten bezeichnet, die bei ungünstiger Witterung den sonst auf dem Forum abgewickelten Geschäftsverkehr aufnehmen sollten. Meist entsprachen diese Bauten, im Gegensatz zur Maxentius-Basilika, die darin eine Ausnahme darstellt, dem Typus der von Säulen oder Pfeilern getragenen Halle. Zu den bekanntesten Bauten dieses Typs zählen die in Rom am Forum Romanum gelegenen Basiliken Aemilia und Julia, die in Resten erhalten geblieben sind. Der Ursprung dieses Bautyps liegt in den langgestreckten Säulenhallen, die als ein- oder zweistöckiger Bau mit einfacher oder in der Tiefe verdoppelter Säulenstellung den Markt griechischer Städte umgab. Von diesen Säulenhallen leitet sich auch der Name her, der auf die von den hellenistischen Königen gestifteten großen Portiken (*basilikai stoai*) zurückgehen mag, die die Plätze griechischer Städte säumten, wie etwa die Stoa des Pergamener Königs Eumenes II. (197–159) den Athener Staatsmarkt, die Agora. Wahrscheinlich aber hat das Wort, das auch „herrschaftlich, prächtig" bedeutet, sich auf die aufwendige, monumentale Erscheinung dieser Säulenhallen (Stoai) bezogen und ist damit zur charakterisierenden Benennung dieser Bauten geworden. So heißt die unter Kaiser Augustus am Markt in Ephesus errichtete langgestreckte, dreischiffige, zum Forum in ganzer Länge geöffnete Säulenhalle in der zweisprachigen Bauinschrift auf Griechisch *basilike stoa*, in der lateinischen Version aber kurz nur *basilica*. Mit dem gleichen Begriff wird eine zweischiffige, geschlossene Halle in Thera in einer kaiserzeitlichen Inschrift *basilike stoa* genannt. Dieser Begriff bezeichnete also eine säulengestützte Halle, die unterschiedlicher Gestalt sein konnte und für Ansammlungen größerer oder kleiner Gruppen dienen konnte.

Während man im Osten des Reiches zu dieser Zeit noch an dem traditionellen Bautypus der langgestreckten, schmalen Säulenhalle, die die Marktplätze begleitete, festhielt, auch wenn sie bereits mehrschiffig artikuliert sein konnte und sich damit zu einem Raumbau hin entwickelte, wie etwa in den Großstädten Smyrna, Ephesos, Aspendos oder Aphrodisias, bezeichnete im lateinischen Westen der Name *basilica* bereits einen entwickelteren Bautypus. Römische Architekten waren, um einen tieferen Hallenbau zu gewinnen, dazu übergegangen, die Säulenhalle im Rechteck anzuordnen, so daß ein oblonger Säulensaal mit Umgang entstand. Nach außen waren diese Hallen häufig geschlossen und hatten die Zugänge an jener Längsseite, mit der sie an das Forum grenzten. Der Bau war also gleichsam eine nach innen gewendete griechische Stoa. Die Belichtung des Mittelteiles erfolgte durch Öffnungen in der meist zweigeschossigen Säulenstellung des Mittelschiffes, entweder über den ebenfalls zweigeschossigen Umgang oder durch einen Obergaden, der den Umgang überragen konnte. Bauten dieses Typs, die der Architekt Vitruvius, der zur Zeit des Kaisers Augustus lebte, uns beschreibt und durch ein Entwurfsschema erläutert,[19] finden sich seit der republikanischen Zeit nicht nur in der Hauptstadt Rom, sondern auch in anderen Städten Italiens und der westlichen Provinzen: Es sind den Handelsgeschäften und den mit ihnen verbundenen Tätigkeiten und Funktionen dienende Aufenthaltsräume am Forum, die neben den Theatern, Thermenbauten und Forumsanlagen zum festen Bestand öffentlicher Gebäude in den Städten gehören und in deren aufwendiger Architektur sich die Bedeutung einer Stadt manifestiert.

Entsprechend der allgemeinen Funktion einer Aufenthalts- und Versammlungshalle war der Bautypus nicht festgelegt, sondern zeigte eine bemerkenswerte Vielfalt an Erscheinungsformen im Grundriß wie auch im Aufbau. Meist sind es breitgelagerte Bauten, die auch von der Langseite über mehrere Eingänge oder eine offene Säulen- oder Pfeilerstellung zugängig waren; an der gegenüberliegenden Seite befand sich häufig eine Apsis oder Exedra, in der vor dem Kaiserbild vom Magistrat in Handelssachen Recht gesprochen oder Streit geschlichtet wurde. Die Basilika war also in ihrer Grundform kein ausgeprägter Richtungsbau, ihre Raumteile waren vielmehr additiv einander zugeordnet. Doch machen sich bei diesem Bautypus, dessen Raumteile von Säulenreihen getrennt gleichsam fließend ineinander übergehen, Tendenzen zu einer stärkeren Artikulierung des Raumgefüges und zu seiner Ausrichtung bemerkbar. Eindeutig trifft dies auf die spätrepublikanische Basilika vom Pompeji zu, die mit einer ihrer Schmalseiten am Forum liegt und von dort auch zugänglich ist; an der gegenüberliegenden Schmalseite am Ende des Säulensaales lag das Tribunal, das den Magistraten für die Amtshandlungen im Zusammenhang mit dem Handels- und Geschäftsverkehr diente. Der Bau hatte also eine ausgeprägte Ausrichtung, auch wenn der Umgang an den Schmalseiten und vor dem Tribunal um den mittleren Saal herumgeführt wird. Stärker noch auf eine Ausrichtung hin ausgelegt ist die hochkaiserzeitliche Basilika von Aphrodisias in Karien, die bemerkenswert langgestreckt an der Umfassungsmauer des neuen Forums liegt und dreischiffig angelegt nur von der Schmalseite zugänglich ist. Die in die Tiefe fluchtenden Kolonnaden enden am Tribunal, das die dem Eingang gegenüberliegende Schmalseite des Baues abschließt. Diese klar als Richtungsbauten artikulierten, nach außen geschlossenen Basiliken von Pompeji und Aphrodisias stellen neben anderen ähnlich gestalteten unter den zahlreichen uns bekannten Basiliken der späten Repu-

blik und der Kaiserzeit eine wohl durch lokale topographische Bedingungen oder funktionale Bedürfnisse bestimmte Formvariante dar, die das offene Grundkonzept und die in dem Bautypus der Basilika liegenden Möglichkeiten erkennen läßt, durch unterschiedliche Strukturierungen verschiedenen funktionalen Anforderungen zu genügen.

Ein kaiserlicher Bau, die um 113 errichtete *Basilica Ulpia* am Forum des Kaisers Trajan, zeigt eine weitergehende Strukturierung des Gebäudes und seiner Raumteile. Die fünfschiffige Basilika liegt mit der Langseite am Forum und war von dort auch zugänglich; das vielleicht überhöhte Mittelschiff ist in seiner Breite gegenüber den umlaufenden zweigeschossigen Säulenumgängen stärker betont. Die an beiden Schmalseiten angelegten großen Apsiden bieten trotz der an den Schmalseiten umlaufenden Säulenstellungen der Umgänge einen optischen Abschluß des beherrschenden zentralen Raumes. Einige Forumsbasiliken in den transalpinen Provinzen, so etwa in Augusta Raurica, dem heutigen Kaiseraugst in der Schweiz, waren mit diesem Grundrisstyp bereits voraufgegangen. Für den Eintretenden aber, der vom Forum her diese Bauten auf der Längsseite betrat, bot das Mittelschiff zweifellos den Eindruck eines gerichteten Raumes.

Den entscheidenden Schritt zum Richtungsbau, der die Bewegungsrichtung des mittleren von Kolonnaden gesäumten Raumes in einer Apsis aufnimmt, können wir an der ebenfalls fünfschiffigen Basilika an dem von Kaiser Septimius Severus (193–211) erbauten Forum in der nordafrikanischen Stadt Leptis Magna ablesen, die offensichtlich die *Basilica Ulpia* in Rom zum Vorbild hatte, aber deren Plan und Aufriß im Sinne der Tendenzen der zeitgenössischen Architektur weiterentwickelte. Die Basilika in Leptis Magna liegt mit der geschlossenen Längsseite an dem Platz, von dem sie nun bezeichnenderweise nur über drei schmale Eingänge zugänglich ist. Die einzelnen Raumteile sind übersichtlicher und stärker differenzierend gegeneinander abgesetzt. Deutlich treten die Seitenschiffe, denn um solche handelt es sich jetzt, da die Umgänge nicht mehr um den mittleren Saal herumgeführt werden, gegenüber dem breiten Mittelschiff an Bedeutung zurück. Die großen Apsiden an beiden Schmalseiten bilden eindeutig einen Beziehungspunkt des Raumes, in dem der Blick des Betrachters und die Bewegungsrichtung des Saales aufgefangen wird.

Ein bescheidenerer Bau wohl der ersten Hälfte des 3. Jahrhunderts zeigt in der Beschränkung seiner Möglichkeiten die in Leptis Magna angelegten Tendenzen nunmehr klar ausgebildet: Es ist eine Basilika in Tipasa (Algerien). Sie grenzt mit einer ihrer geschlossenen Langseiten nicht unmittelbar an das Forum; zudem ist sie in der Ausrichtung zur Achse des Forums verschoben und überlagert eine vom Forum herabführende breite Freitreppe, ist also nicht im Zusammenhang mit dem Forum erbaut, sondern jünger als dieses. Der Haupteingang liegt an der südlichen Schmalseite, die von einer Straße aus über eine Treppe zugänglich ist. Diesem Eingang gegenüber befand sich am anderen Ende des langgestreckten, dreischiffigen Gebäudes eine Apsis mit flankierenden Nebenräumen. Das Fußbodenmosaik der Apsis, das gefangene Barbaren darstellt, sichert die Datierung des Baues in das 3. Jahrhundert und seine Bestimmung als profane Basilika, die, wie man aufgrund der Mosaikdarstellung, von Inschriften und der auf dem Podest in der Apsis wohl zu ergänzenden Kaiserstatue vermutet hat, als Kaiserkultraum gedient haben könnte. Dem Grundriß nach könnte sie sonst für eine frühchristliche Basilika gehalten werden. Die Funktion als Kultraum, hätte, wenn die Deutung als Kaiserkultstätte das Richtige trifft, die Gestalt des Hallenbaues bestimmt. Die Ausrichtung des Baues auf die das Mittelschiff beherrschende Apsis ist in diesem Bau klar vollzogen: Die Bewegungsrichtung läuft durch die ganze Länge des Baues und endet in der Apsis dort, wo eine Basis den Standplatz eines Standbildes bezeichnet, an dem Platz, an dem in der christlichen Basilika der Thron des Bischofs steht. Lediglich das in verringerter Tiefe an der Eingangsseite umlaufende Seitenschiff erinnert noch an den für die Profanbasilika charakteristischen Typus der Säulenringhalle; doch findet sich solches auch später noch in christlichen Basiliken. Leider läßt sich über den Aufbau dieser Basilika nur wenig aussagen. Die Proportionen des Baues lassen vermuten, daß er über dem Mittelschiff wie die christliche Basilika einen durchfensterten Obergaden besaß, der bei der antiken zivilen Basilika jedenfalls nicht die Regel war. So zeigen Grundriß, Aufriß und Zuordnung der einzelnen Raumelemente Ähnlichkeit mit dem Typus der christlichen Basilika.

Die frühchristliche Basilika, wie sie uns in der Lateranskirche exemplarisch entgegentritt, ist dem Bautypus nach also der profanen römischen Basilika zuzuordnen; sie beruht in ihrer Gestalt auf den Voraussetzungen, die durch Ausbildung zahlreicher Formvarianten vom Grundtypus der Säulenhalle geschaffen wurden. Die Variabilität des Grundtypus der Säulenhalle (Basilica), ihr Formenreichtum, der die Artikulierung in verschiedene Raumteile, die Ausrichtung des Raumes auf die Apsis und das Sanktuarium, und die abgestufte Gliederung der Raumelemente gab die Möglichkeit, diesen Bautypus für die Bedürfnisse der christlichen Gemeinde und ihres Kultus zu adaptieren.

Doch ist hier zu fragen, warum die Architekten des römischen Bischofs und des Kaisers nicht die modernste und monumentalste Marktbasilika, die Maxentius-Basilika am Forum Romanum zum Vorbild für die römische Bischofskirche ge-

nommen haben. Dieser Bau hatte durch die Umstrukturierung des als Aufenthaltsraum dienenden zentralen Saales der Kaiserthermen und seine Isolierung als eigenständiger Baukörper die Errungenschaften der römischen Ingenieurtechnik im Wölbungsbau und der monumentalen Raumgestaltung für den großartigen, repräsentativen Hallenbau genutzt. Offenbar war bei diesem Bau aber die Möglichkeit einer Adaption für den christlichen Kultus nicht in demselben Maße wie bei der Säulenbasilika gegeben; denn die Seitenschiffe mit ihren massiven Stützpfeilern und Quertonnen stellten kein einheitliches, gerichtetes Raumgebilde dar, das die Bewegung der Gemeinde zum Presbyterium und eine ungehinderte Kommunikation mit dem Sanktuarium während der Liturgie erlaubt hätte. Zudem ist der Wölbungsbau in Planung, Ausführung, Zeitaufwand und Materialbedarf wesentlich aufwendiger als die mit einem hölzernen Dachstuhl gedeckte Säulenbasilika. Die Ausführung der Gewölbeverschalungen und der Gewölbe in diesen Dimensionen verlangte zudem besonders erfahrene Bauleute. Hinzu kam, daß ein Wölbungsbau vom Typus der Maxentius-Basilika nicht den Modellcharakter hatte wie die Säulenbasilika, da sie, anders als die Säulenhalle kaum diese Möglichkeiten der Variierung, Anpassung und Reduzierung auf die Bedürfnisse kleinerer Gemeinden bot. Hier konnte man wohl schon auf entsprechende Erfahrungen zurückgreifen, denn das basilikale Schema hatte sich wenigstens in Ansätzen wohl schon in vorkonstantinischer Zeit für den Kultbau christlicher Gemeinden bewährt, wie es die gleichzeitige Aufnahme dieses Bautyps in Rom in der Lateransbasilika und in der Bischofskirche von Tyros an der syrischen Küste im Osten des Reiches, die uns Eusebius als dreischiffige Basilika beschreibt, nahelegt.[20]

Die grundlegenden Anforderungen des Kultus erforderten die Ausrichtung auf ein abgesondertes Sanktuarium mit dem Bischofsthron in der Apsis, dem Altarplatz und Einrichtungen für den Lesegottesdienst sowie vor allem einen zentralen Raum, das Mittelschiff, in dem sich die Gemeinde versammelte, hierarchisch gegliedert nach den in ihr vertretenen Gruppen. Das Gebäude mußte zudem so ausgelegt werden, daß die Gläubigen aktiv mit Prozession und Opfergang am Gottesdienst teilnehmen konnten. Es mußten also Bewegungsräume, Seitenschiffe, vorhanden sein, die den Zugang zu den Plätzen erlaubten und Prozessionen Raum boten. Dennoch blieb genug Spielraum für eine gegebenenfalls durch lokale Voraussetzungen oder durch größeren Aufwand bedingte variable Gestaltung des architektonischen Grundkonzeptes. Dies konnte so weit gehen, daß man schon in konstantinischer Zeit für einen repräsentativen Kirchenbau den Typus des Zentralbaues wählen konnte, wenn er nur – wie die von Konstantin gestiftete

Bischofkirche zu Antiochia in Syrien zeigt – neben dem zentralen Kultraum, einen oder mehrere Umgänge, den Seitenschiffen entsprechend, besaß, die Klerus und Gläubigen die angemessene Ausübung der Liturgie erlaubten.

Wie ein antiker Kultbau hatte die Lateransbasilika eine sakrale Ausrichtung des Gebäudes: Die in das Mittelschiff führenden Türen öffneten sich, wie auch bei vielen antiken Tempeln, nach Osten, zum Sonnenaufgang. Die Apsis hingegen lag im Westen. Die Orientierung mit der Front nach Osten, dem Aufgang des wahren Lichtes, dem auferstandenen Christus entgegen,[21] dorthin, wo am Ende aller Tage das Zeichen des Menschensohnes, das Kreuz am Himmel erscheinen soll, teilt die *basilica Constantiniana* mit anderen römischen Kirchen des 4. Jahrhunderts wie auch mit der von Bischof Paulinus zur gleichen Zeit in der Handelsmetropole Tyros an der libanesischen Küste errichteten Kirche, die uns der Kirchenhistoriker Eusebius beschreibt.[22] Noch im späten 4. Jahrhundert war im Westteil des Reiches die Ausrichtung der Apsis nach Westen und die des Einganges nach Osten die geläufigere, wie uns der Bischof Paulinus von Nola berichtet.[23] Erst im 5. Jahrhundert wird auch im lateinischen Reichsteil der Kirchenbau meist mit der Apsis nach Osten ausgerichtet, wie es im östlichen Teil des Reiches schon bald üblich war. Diese Orientierung, die allmählich verbindlich wurde, entsprach der Gebetsrichtung von Gläubigen und Priestern, die sich nun während der Dauer der Liturgie dem Altar und der Apsis zuwandten.

Charakteristisch für die Lateransbasilika ist auch die starke Hervorhebung des Mittelschiffes, das den in der ganzen Ausdehnung des Baues sich erstreckenden zentralen Kultsaal bildet, neben dem die verhältnismäßig niedrigen Seitenschiffe deutlich zurücktreten, die dementsprechend im Innenbau auch durch Säulenarkaden vom Mittelschiff, dessen Obergadenwand dagegen von Architravkolonnaden getragen wird, abgesetzt sind. Auch dies ist ein Zug, der nun die christliche Basilika bestimmt und damit von der Profanbasilika unterscheidet, der die Staffelung der Seitenschiffe und die differenzierende Verwendung von Architravkolonnaden und Säulenarkaden fremd war. Die Dimensionierung des Mittelschiffes mit den beachtlichen Höhenmaßen von gut 27 m und einer lichten Weite von über 18 m, entsprach ungefähr der Spannweite, die mit dem Sprengwerk eines hölzernen Dachstuhles problemlos zu überbrücken waren. Die Auslegung des Baues als fünfschiffige Säulenhalle bot der Gesamtgemeinde und dem ihr präsidierenden Bischof mit Gefolge angemessenen Platz. Das sich durch die in die Tiefe gestaffelten Kolonnaden weitende Raumgefüge gab der Liturgie einen erhabenen Rahmen. Die kapellenartigen Anbauten an den äußeren Seiten-

schiffen dienten sicher der Liturgie im Sanktuarium. Der über die Flucht der Seitenschiffe ausgreifende Anbau dürfte im Außenbau wie ein Querriegel gewirkt haben, wenn er auch nicht die Höhe und das Volumen eines Querschiffes gehabt hat. Jedenfalls war der Bereich des Sanktuariums am Westende der drei mittleren Schiffe, in dem die Ausrichtung des Baues kulminierte, so auch im Außenbau der Basilika deutlich gekennzeichnet.

Auffallend ist die schon oben angesprochene Ausstattung der Basilika mit wiederverwendeten älteren, nicht für den Bau hergestellten Werkstücken, d.h. mit sogenannten Spolien. Die Verwendung von Spolien ist auch in der römischen Architektur, vor allem der Spätantike, bekannt. So bestehen ein in der Mittte des 4. Jahrhunderts erbauter Triumphbogen, der sogenannte Ianus Quadrifrons am Rande des *forum Boarium* in Rom und auch der von Kaiser Konstantin in Rom anläßlich seines Sieges über Maxentius errichtete Triumphbogen in der Nähe des Colosseums fast vollständig aus wiederverwendeten Materialien älterer Bauten. Die Nutzung älterer Architekturdekors und vor allem von Staatsreliefs der Kaiser Hadrian und Antoninus Pius am Konstantinbogen zeigt, daß nicht nur wirtschaftliche Gesichtspunkte sondern auch der Wunsch, dem Bauwerk besondere Pracht zu verleihen und gegebenenfalls auch politische Motive diese Wiederverwendung veranlassen konnten.

Dieser Praxis sind nun auch die Architekten der Lateransbasilika gefolgt. Woher dieses Material stammte, wissen wir nicht. Wahrscheinlich entnahm man in dieser Zeit, als der Bestand an öffentlichen Gebäuden und vor allem an Tempeln und Kultbauten noch im wesentlichen unterhalten und gesichert wurde, die benötigten Basen, Kapitelle und Schäfte den reich bestückten Marmordepots am Tiberufer, aus denen sich später noch das Mittelalter und die frühe Neuzeit bediente. Dies würde auch die heterogene Zusammensetzung des Kapitellbestandes der Mittelschiffkolonnaden erklären, in denen, wie es das schon erwähnte Bild Gagliardis in S. Martino ai Monti belegt, ionische Kapitelle neben korinthischen und kompositen Kapitellen gestanden haben, die zudem unterschiedliche Abmessungen hatten und sicher auch unterschiedlicher Zeitstellung und Machart waren. Dies ist ein völlig neuartiger Befund; denn bis dahin wurden in der antiken Architektur bei der Ausstattung eines Baues mit Baudekor in einem einheitlichen, geschlossenen Bauzusammenhang jeweils Kapitelle nur einer Ordnung, eines Typs, verwendet. Als einzige Ordnung läßt sich aus dem Bild Gagliardis die paarweise Anordnung der Stücke erschließen, die jeweils Kapitelle eines Typs in den Kolonnaden einander gegenüberstellt. In der Abfolge der Säulenstellungen können jedoch die Kapitelltypen wechseln, so daß ein Paar ionischer Kapitelle neben einem korinthischen oder kompositen stehen konnte.

Es war nun offenbar nicht anstößig, unterschiedliches Material zu verwenden und Werkstücke einzusetzen, die ältere Strukturen und Formen aufwiesen. Das Verhältnis zum traditionellen, klassischen Formenbestand hatte sich also wesentlich verändert wie auch der Sinn für die Funktion und Bedeutung des herkömmlichen Bauschmuckes, die Bewertung der Kapitelle und ihres differenzierten Schmuckes und ihrer Stellung im architektonischen Aufbau. Die Pracht der alten Werkstücke, ihre qualitätvolle, preziöse Ausführung und die Vielfalt der Formen an Kapitellen unterschiedlicher Ordnungen, die wiederum Aufwand und Reichtum signalisiert, stehen in der Bewertung nunmehr im Vordergrund. Es sind dies die Motive, die die ausgedehnte Verwendung solcher Spolien möglich machen. In der Spolienverwendung setzt die Lateransbasilika Maßstäbe. Die Nutzung älterer architektonischer Schmuckglieder wird, wie wir sehen werden, für die frühchristlichen und frühmittelalterlichen Kirchenbauten Roms fast zur Regel.

Römischen Baugedanken verpflichtet ist auch der Aufbau der Mittelschiffwand, die man häufig als charakteristisch für den frühchristlichen Sakralbau bezeichnet. Die der griechischen Architektur unbekannte Verbindung von Säulen, Architrav und einer darüber aufgehenden, von einer Fensterreihe durchbrochenen Wand, ist eine Schöpfung der römischen Architektur, die eine folgenreiche Entwicklung einleitet. Ansätze für diese architektonische Lösung finden sich bereits am Innenbau des Pantheons. Ähnliche Lösungen für die aufgehende Wand über den Stützen des Mittelsaales und seine Belichtung dürfen wir auch schon für profane Basiliken voraussetzen. Dieses Baumotiv gewann in der christlichen Basilika eine besondere Bedeutung durch die Akzentuierung, Dimensionierung und Ausrichtung des Mittelschiffes, das den ganzen Bau durchzieht und innerhalb der Raumteile der Basilika eine besondere Wertung erfährt: Die eindrucksvollen monumentalen, in die Tiefe fluchtenden Kolonnaden und der Obergaden, der durch dichtgereihte, große Fenster, durchbrochen wird, die das Mittelschiff hell erleuchten, bestimmen nachdrücklich das Bild der christlichen Basilika und werden zu einem charakteristischen Merkmal.

Diese schöpferische Anwandlung traditioneller Bauelemente und ihre Adaption an eine neue Funktion begegnet uns auch in dem von Säulenhallen umstandenen Hof, dem Atrium, der dem Eingang in der Ostfassade vorgelagert ist. In dieser Verwendung stellt der Säulenhof ein neues Element dar, das in der kaiserzeitlichen und spätantiken Architektur keinen unmittelbaren Vergleich findet. Tempel besaßen zwar von Portiken gesäumte Höfe, doch diese umschlossen in der Regel das Heiligtum, wie etwa den von Q. Caecilius Metellus Macedonicus erbauten Tempel des Iuppiter Stator auf dem südlichen Marsfeld, und grenzten es als sakralen Bereich gegenüber der Umgebung ab. Anders das Atrium der christlichen Basilika, das als ein niedriger, in der Längsachse der Anlage sich erstreckender, und die Ausrichtung betonender Baukörper die Verbindung zwischen Kultbau und Umgebung, so vor allem zu den Verkehrwegen, herstellte, um die Eintretenden in einer Ruhezone zu versammeln, die von einem Brunnen verschönt wurde und der zu Waschungen diente. Das Atrium führte die Gläubigen gleichsam in Vorbereitung auf das Festgeschehen zum Kultraum hin. Darüber hinaus hatte dieser Vorhof auch eine konkrete Funktion in der Liturgie des Festgottesdienstes, denn hier versammelte sich der Bischof mit seinem Gefolge zum feierlichen Einzug in die Basilika. Vielleicht ist es bezeichnend, daß das Pantheon als Raumbau und damit atypischer antiker Kultbau, wie auch der 274 erbaute Sol-Tempel Aurelians, ein dem Atrium der Lateranskirche am ehesten vergleichbaren Säulenhof besaß, der dem eigentlichen Tempelbau vorgelagert war; beiden Anlagen eignete jedoch eher der Charakter einer repräsentativen Eingangsarchitektur. Ihnen fehlte die liturgische Funktion des Atriums, die Aufgabe die Besucher in einer Ruhezone zu versammeln, Funktionen, die in der Auslegung des Vorhofes in der Ausrichtung der Basilika und in seiner vermittelnden Funktion zwischen Außen und Innen zum Ausdruck kam.

Die Lateranskirche des Kaisers Konstantin stellt sich somit als ein Bau dar, der in einem großartigen Wurf und in schöpferischer Anwandlung und Weiterentwicklung jener Voraussetzungen, welche die zeitgenössische Architektur bot, Altes und Neues in einer neuen Bauaufgabe verbindend den christlichen Kultbau in Idee und Gestalt vorbildhaft konstituierte. Sie begründet erneut den Vorrang der Sakralarchitektur vor der Profanarchitektur, der schon in der griechischen Baukunst ausgeprägt, in der Kaiserzeit verlorengegangen war. Während in der römischen Architektur der Sakralbau weitgehend konservativen Vorstellungen folgte, wurden neue Raum- und Aufrißdispositionen, neue Bauideen und Techniken vorwiegend an den großen, dem Gemeinwesen und der Gesellschaft dienenden Profanbauten wie Thermen und Forumsanlagen, Basiliken und Villenkomplexen entwickelt. Die Lateransbasilika jedoch, die durch den Bautypus selbst in dieser Entwicklung stand, setzte dem Vorrang der Profanarchitektur innerhalb der römischen Baukunst ein Ende. Sie markiert einen Wendepunkt, denn von nun an stellt der christliche Kultbau die wichtigste Bauaufgabe dar, werden an ihm neue Baugedanken und Vorstellungen verwirklicht, während die Bedeutung der Profanbauten zurückgeht, was, abgesehen von den Palastbau-

9. Lateransbasilika. Mittlere Tür der
Fassade. Römische Bronzetüren der Curia
wiederverwendet unter Alexander VII
(1655–1667).

ten und vor allem von den Werken der Festungsarchitektur,
auch an dem reduzierten Volumen dieser Bauten abzulesen ist.

Die spätantike Architektur vollbrachte mit der Schöpfung
der christlichen Basilika eine Leistung, die sich neben die
großen Bauaufgaben der spätantiken Architektur, die Thermenanlagen, die Maxentius-Basilika, Heiligtümer wie Aurelians Sonnentempel oder die Palast- und Villenanlagen stellt. Es
ist eine ungemein schöpferische Periode der römischen Baukunst in einer Zeit, die häufig als eine Phase des Verfalls und
Niederganges apostrophiert wird.

Der Vorrang des Kultbaues vor anderen Bauaufgaben charakterisiert auch allgemein die Baupolitik Konstantins im Gegensatz zu seinen Vorgängern: Die profanen Bauaufgaben treten nunmehr deutlich zurück. Der Kaiser errichtet neben der
Lateransbasilika innerhalb der Stadt allein eine Thermenanlage auf dem Viminal, am Rand der volkreichen Quartiere im
Nordosten der Stadt, die aber wesentlich kleiner als die seines
Vorgängers Diokletian aus dem Anfang des 4. Jahrhunderts
ausfällt.

Die Lateransbasilika liegt allerdings nicht im Zentrum der
Stadt, wie man es für eine repräsentative kaiserliche Stiftung
erwarten würde, sondern an der Peripherie im Südosten Roms
auf den Ausläufern des Caelius. Doch befindet sie sich am
Kreuzungspunkt wichtiger Straßen, der Via Caelimontana sowie der Via Tuscolana und der Via Asinaria, die beide unterhalb der Basilika im Süden aus der Stadt hinausführen. Es ist
dieselbe Position, die die erst kürzlich aufgedeckte, von Konstantin gegründete Bischofskirche von Ostia gehabt hat, die
ebenfalls im Süden am Rande der Stadt vor der Stadtmauer
und an einer Ausfallstraße gelegen ist. Bestimmend für eine
solche Lage war zunächst, daß hier ein genügend großes Areal
zur Verfügung stand und daß eine gute Anbindung an die
Hauptverkehrswege gegeben war. Die Zeitgenossen dürften
zudem die Lage dieser Bischofskirchen kaum als so abgelegen
angesehen haben, wie sie uns heute erscheint. Das monumentale Zentrum der Stadt hatte in politischer wie in kultischer
Hinsicht im Laufe der Kaiserzeit seine überragende Bedeutung verloren. Schon der Sonnentempel Kaiser Aurelians
(270–275) im Norden des Marsfeldes an der Via Lata, dem
heutigen Corso, gelegen, hatte nicht eigentlich eine zentrale
Lage. Gewichtigere dezentralisierende Tendenzen machen
sich in der Urbanistik Roms schon seit der hohen Kaiserzeit
durch den Bau der großen Kaiserthermen bemerkbar, die als
multifunktionale soziale Zentren in den dicht besiedelten Vierteln um das traditionelle Stadtzentrum neue Akzente setzen.
Seit Kaiser Heliogabalus (218–222) aber in dem südöstlichen
Bereich der Stadt, auf den Ausläufern von Esquilin und Caelius, das *palatium Sessorianum*, eine ausgedehnte Villen- und

Palastanlage mit Amphitheater und Circus hatte errichten lassen, dessen monumentale Reste im *amphitheatrum Castrense*
und anderen Bauten heute noch an der Stadtmauer zu sehen
sind, war zusammen mit den westlich sich anschließenden,
ehemals privaten aufwendigen Stadtpalästen (*domus*) und den
dort gelegenen Kasernen der kaiserlichen Gardetruppen ein
großes kaiserliches Residenzquartier entstanden, das im
4. Jahrhundert weiter ausgebaut in Konkurrenz zu den kaiserlichen Palästen des Palatins trat. So dürfte die Errichtung der
römischen Bischofskirche auf dem ehemaligen Gelände der

36

Gardekaserne innerhalb dieses ausgedehnten kaiserlichen Besitzes als eine besondere Auszeichnung zu verstehen sein, als Manifestation der kaiserlichen Huld und Zuwendung, die er der christlichen Gemeinde angedeihen ließ.

Mit dem Bau der Lateranskiche initiiert Konstantin die Christianisierung des Stadtgefüges und schafft gleichzeitig einen neuen repräsentativen öffentlichen Raum. Leider wissen wir nicht, wie der Platz im Osten vor dem Atrium der Basilika gestaltet war. Wir können hier einen Freiplatz vermuten, der den Bereich der Basilika mit der Via Asinaria verband, die aus der Stadt herausführte und die die wichtigste Überlandstraße in den Süden, die Via Appia, entlasten sollte. Wie in ähnlichen Fällen in antiken Städten, hat dieser Platz kaum eine eigene architektonische Gestaltung gehabt und bildete somit auch keinen urbanistischen Akzent im Stadtgefüge. Im Norden, ebenfalls auf dem Gelände der ehemaligen Gardekaserne, entstand nun seit dem 4. Jahrhundert der im Mittelalter Patriarchium genannte Bischofspalast, von dem sich antike Reste noch heute unter der Scala Sancta erhalten haben, während der an die Basilika anschließende Bereich des Patriarchium durch den von Domenico Fontana errichteten Papstpalast des späten 16. Jahrhunderts überbaut wurde.

DAS LATERANBAPTISTERIUM
(S. GIOVANNI IN FONTE)

Gleichzeitig mit der großen Bischofs- und Gemeindekirche errichtete Kaiser Konstantin nach dem Zeugnis des Liber Pontificalis in unmittelbarer Nähe der Lateransbasilika ein eigenes Taufhaus, das der Verfasser dieser Chronik *fons sanctus* (heiliger Brunnen) nennt.[24] Dieses Taufhaus oder Baptisterium (wörtlich Baderaum, dann Taufhaus), wie der Liber Pontificalis dasselbe Gebäude im 5. Jahrhundert nennt in Übereinstimmung mit anderen zeitgenössischen Schriftquellen, die diesen Terminus auf diese eigenständigen Taufhäuser anwenden, ist das älteste Kultgebäude zur Spendung der Taufe, das wir kennen. Wie die Lateransbasilika weithin Vorbild und Prototyp für den christlichen Kirchenbau war, so war auch das von Konstantin gestiftete Baptisterium eine richtungsweisende Schöpfung für die frühchristlichen und in ihrer Nachfolge auch für die mittelalterlichen Taufhäuser.

Auch für diese Stiftung Kaiser Konstantins geben uns die historischen Quellen keine genaue Auskunft über den Zeitpunkt der Errichtung. Der Bau wird im Liber Pontificalis unter den Kultbauten erwähnt, die unter dem Pontifikat des Papstes Silvester (314–335) gestiftet wurden.[25] In der Liste der Schenkungen des Kaisers für den Unterhalt des Baptisteriums

werden wiederum vornehmlich Güter aus der westlichen Reichshälfte angeführt mit Ausnahme eines Landgutes, das sich wohl auf der Insel Kephallenia an der Westküste Griechenlands im Ionischen Meer befand. Diese Insel, die auf der Grenze zwischen beiden Reichsteilen lag, hat wohl schon in der Verfügungsgewalt Konstantins gestanden, bevor er im Jahre 324 auch den Osten des Reiches für sich eroberte. Jedenfalls können wir aus dieser Schenkung nicht mit Sicherheit den Schluß ziehen, daß das Lateransbaptisterium erst nach 324, also später als die Lateransbasilika selbst fertiggestellt worden ist.

Die überragende Bedeutung der Taufe im christlichen Glaubensleben, das Gewicht der Taufzeremonie im Rahmen der liturgischen Begehungen der christlichen Gemeinde, sowie die neue Stellung der Kirche im öffentlichen Leben und die dadurch bedingten gesellschaftspolitischen Veränderungen, die nun große Mengen an Gläubigen in den Schoß der Kirche führten, waren die Voraussetzungen für die Errichtung eines eigenen, von der Bischofskirche getrennten Taufhauses. Die Taufe spendete der Bischof selbst als Vorsteher der Gemeinde. Das Taufsakrament wurde in der frühchristlichen Gemeinde aufgefaßt als die Wiedergeburt vom Tod der Sünde, als Wiedererweckung zu einem neuen Leben. Durch die Taufe wurden die Katechumenen, die Taufanwärter, die in den Glaubenswahrheiten unterwiesen wurden, in die Gemeinschaft der Gläubigen aufgenommen und nun nach dem Wortgottesdienst zur Feier der Eucharistie zugelassen. Die Taufzeremonie umfaßte verschiedene Riten, die am Ostersamstag mit den letzten Exorzismen, Austreibung der bösen Geister, der Widersagung des Teufels und der Wiederholung des Glaubensbekenntnisses begannen und nach weiteren Begehungen ihren Höhepunkt in der Taufe im Becken des Baptisteriums fand. Die Auflegung der Hände durch den Bischof, die Ölung der Stirne, die Übertragung des Heiligen Geistes, beschlossen die Taufliturgie. Diese umfangreiche Liturgie und die große Zahl der Bewerber, die nach der Hinwendung des Kaisers zum Christentum in die Kirche strömten, bedingten die Errichtung eines eigenen Taufhauses, das in seiner architektonischen Gestalt den angemessenen Rahmen für den Vollzug dieses festlichen Einweihungsritus abgab.

Der Bau wurde ungefähr 50 m nordwestlich der Bischofskirche errichtet, an der Stelle des heutigen Baptisteriums der Lateranskirche, S. Giovanni in fonte, das noch heute wesentlich die Gestalt des frühchristlichen Baues bewahrt hat. Trotz dieses guten Erhaltungszustandes ist der Bau noch durch keine moderne Bauaufnahme und methodisch gesicherte Grabungen untersucht worden. So können wir uns leider über die Ursprünge des Baues und die Bestimmung der verschiedenen

Bauphasen und ihrer Datierung kein eindeutiges Bild machen, zumal auch die in den zwanziger und sechziger Jahren des vorigen Jahrhunderts unter und um den Bau durchgeführten Grabungen einen komplizierten Befund freigelegt haben, der aufgrund der ungenügenden methodischen Voraussetzungen dieser Untersuchungen und der vorliegenden Dokumentation schwierig zu deuten ist. Die Darstellung der Baugeschichte und die Rekonstruktion der ursprünglichen Gestalt des Baptisteriums, die wir hier geben, beruht daher auf der Interpretation der publizierten Befunde und auf eigenen Beobachtungen am Bau.

Die erwähnten Grabungen unter und um das Baptisterium in den zwanziger und sechziger Jahren des 20. Jahrhunderts lassen erkennen, daß wohl am Anfang des 4. Jahrhunderts in ein aufgelassenes älteres Thermengebäude ein großes Rundfundament von 19 m Durchmesser und einer beträchtlichen Mauerstärke von 1,70 m eingebaut wurde, das zusammen mit den Fundamentmauern für ein kreisrundes Wasserbecken im Zentrum die westliche Apsis eines der Thermenräume überbaute. Das Fußbodenniveau des über dem Rundfundament zu erschließenden Rundsaales liegt mit ca. 1,30 m wesentlich höher als das der ursprünglichen Therme. Auf dem Fundament hat sich aufgehendes Mauerwerk dieses Rundsaales nicht erhalten. Ein im Südosten gelegener, rechteckiger Saal des älteren Komplexes, der im 7. Jahrhundert zu der Kapelle S. Venanzio umgestaltet wurde, wurde beibehalten und dem Rundbau auf gleichem Niveau angeschlossen. Der Rundbau ist also offenbar ein eigenständiges Gebäude, das die ältere Therme in Teilen und sicherlich auch durch eine neue Nutzung ersetzte.

Wir haben allen Anlaß, in diesem Rundbau, der in der Mitte ein rundes Becken umschloß, das von Konstantin gestiftete Baptisterium zu sehen, das der Kaiser als eigenen, selbständigen Bau über der aufgelassenen Thermenanlage errichten ließ. Mit seinen Maßen (19,20 m Durchmesser) stellt sich dieser Bau neben die Zentralbauten der Kaiserzeit und der Spätantike und zeigt Dimensionen, die einer kaiserlichen Stiftung angemessen sind.

Dem Rang des Baues entsprach auch die Ausstattung. Wie der Liber Pontificalis uns berichtet, stellte Kaiser Konstantin Säulen aus rotem Porphyr, die aus kaiserlichen Steinbrüchen in Ägypten beschafft werden mußten, für den Ausbau des Baptisteriums zur Verfügung.[26] Kostbare Ausstattungsstücke und liturgisches Gerät aus Gold und Silber vervollständigten wie bei der Laterankirche die Stiftung. Dazu gehörten nach dem Zeugnis des Liber Pontificalis ein goldener Weihrauchständer und ein goldenes Lamm als Wasserspender am Rand des Taufbeckens, zu dessen Seiten sich die silbernen, knapp unterlebensgroßen Statuen Christi und Johannes des Täufers befanden, die die Taufe Christi am Jordan darstellten. Sieben silberne Hirsche, die entsprechend den traditionellen tiergestaltigen Wasserspendern antiker Bäder sich wohl am Rande des Beckens befanden, vervollständigten das Ensemble und dürften als Hinweis auf den Psalmvers „Wie der Hirsch zur Wasserquelle, so dürstet meine Seele, Gott, zu Dir", verstanden worden sein.[27] Eine reiche und kostbare Ausstattung, die zweifellos mit der in Jahrhunderten erworbenen Pracht der paganen Heiligtümer konkurrieren sollte, aber voller Sinnbezüge und Hinweise auf die Taufe und ihre Bedeutung war. Das Konzept des Zentralbaues, das hier für dieses erste Baptisterium als eigenständiges Gebäude verwendet wird, ergab sich aus der Funktion: Das für den Taufritus benötigte Becken, in dem die Begehung der Taufzeremonie vollzogen wurde, ist Zentrum des Baues, um das sich die Raumschale fügte. Der Typus des Zentralbaues als Rund- oder Polygonalbau war in der römischen kaiserzeitlichen und spätantiken Architektur in verschiedenen Bereichen und in unterschiedlicher Funktion in vielfachen Variationen verbreitet: Als Thermensaal, als Vestibül und Aufenthaltsraum in Villenanlagen, als Nymphäum (Brunnenhaus), als Grabbau. Der Typus ist also nicht an eine bestimmte Funktion gebunden, wenn auch die Affinität des Baptisteriums, das ein großes zentrales Becken umschloß, zu Thermensälen, durch die bezeichnende Plazierung des Lateransbaptisteriums über einer Badanlage, deren Abflußkanäle für die Leerung des Taufbeckens genutzt werden, offensichtlich ist. So steht das konstantinische Lateransbaptisterium mit seiner architektonischen Gestalt in der Tradition der kaiserzeitlichen römischen Architektur. Schwieriger ist der Zusammenhang zwischen dem älteren Rundbau und dem heute noch bestehenden oktogonalen Baptisterium zu deuten, das sich mit abgefasten, abgeschnittenen Ecken an das Rund der älteren kreisförmig angelegten Grundmauern anpaßt und dessen Ziegelmauerwerk in das 4.–5. Jahrhundert datiert werden kann. Daß das Rundfundament die Gründung für den Achteckbau sei, beide also einer Bauphase zuzuweisen sind und somit der Polygonalbau als das konstantinische Baptisterium angesehen werden muß, ist nicht schlüssig zu begründen. Die Grundmauern für ein Oktogon werden aus bautechnischen Gründen im Normalfall nicht als Rundfundament ausgelegt; auch wenn es dafür Beispiele gibt. So ist der oktogonale Bau des Palastes des Kaisers Galerius in Saloniki aus dem Beginn des 4. Jahrhunderts mit seinen mächtigen Mauern, die dafür ausgelegt sind, eine massive Kuppel von fast 25 m lichter Weite zu tragen, auf ein breites Rundfundament gegründet. Diese Konstruktion ist hier also eindeutig durch den Aufbau und die Eindeckung des Baues begründet,

anders als beim Lateransbaptisterium, dessen 1,70 m breites Rundfundament lediglich ein aufgehendes Mauerwerk von 0,80 m Mauerstärke trägt. Zudem zeigt das Oktogon mit den abgeschnittenen Ecken deutlich, daß es in das Rund des Fundaments, das offenbar ursprünglich nicht für das Oktogon ausgelegt worden ist, nachträglich eingepaßt worden ist. Das Fundament muß also älter und für einen Rundbau bestimmt gewesen sein, eben das konstantinische Baptisterium, wie wir oben dargelegt haben, auch wenn es scheint, daß sich keine eindeutig bestimmbaren Reste des aufgehenden Mauerwerks dieses vermuteten älteren Rundbaues gefunden haben.

Andere haben vermutet, daß das Oktogon, das den Rundbau ersetzte, noch von Konstantin selbst gestiftet worden sei. Der Bau sei aber unvollendet geblieben, wie man aus dem Wortlaut des Liber Pontificalis, der die Bautätigkeit Sixtus III. (432–440) erwähnt, schließen müsse. Papst Sixtus III. hätte demnach das konstantinische Baptisterium der Lateransbasilika, das im wesentlichen in seiner oktogonalen Gestalt dem heute noch bestehenden Bau entspräche, neugestaltet und durch Verwendung kostbaren, bereits von Konstantin bereitgestellten Baumaterials vollendet.[28] Doch ist auch diese Auffassung nicht zu halten, da der Liber Pontificalis lediglich davon spricht, daß Sixtus III. acht von Konstantin angeschaffte Porphyrsäulen für den Ausbau des Baptisteriums verwendet hat, wir aber andererseits annehmen müssen, daß mit der Stiftung der kostbaren Ausstattung aus goldenen und silbernen Statuen und silbernen Wasserspeiern durch Konstantin, die im Aufwand den Schenkungen für die Lateransbasilika entspricht, der Bau vollendet gewesen sein muß und als Baptisterium genutzt worden ist. Doch dürften die Baubefunde, die sich aus der Beobachtung der architektonischen Gestalt ergeben, und die Auswertung der zahlreichen Zeichnungen der Renaissance- und Barockarchitekten des 15.–17. Jahrhunderts, die sich für die antiken und frühchristlichen Zentralbauten, und somit auch für das Lateransbaptisterium, besonders interessiert haben, die Frage der Rekonstruktion, Datierung und Zuweisung des oktogonalen Baptisteriums klären können.

Die im Nordosten anschließenden Raumteile der älteren Thermenanlage, die im aufgehenden Mauerwerk an den Zentralbau anschließen, werden durch Fußböden und andere Einbauten des 5. Jahrhunderts als Annexräume ausgewiesen, die den älteren Baubestand nutzend wohl der Vorbereitung und

11. Lateransbaptisterium. Eingangshalle,
Kompositkapitell hadrianischer Zeit.

12. Lateransbaptisterium. Eingangshalle,
Spoliensäulen.

auch einzelnen Phasen der Taufzeremonie dienten. An jeder Seite des Oktogons, befinden sich große 3,00 m breite Türen, die den Bau nach außen öffneten. In der rechts neben dem heutigen Eingang liegenden Türe haben sich die marmornen Türgewände in Bruchstücken erhalten. Wie die Verbauung mit antiken Spolien in der Türe der südwestlichen Oktogonseite zeigt, wurden diese Türen offenbar im Mittelalter, so weit sie nicht durch spätere Kapellenanbauten genutzt waren, zugesetzt.

Die im Süden vorgelagerte, biapsidale Vorhalle bildete den Haupteingang des Baptisteriums. Beachtenswert ist, daß zwi-

schen Oktogon und Vorhalle eine Baunaht sichtbar ist, die monumentale Eingangshalle sich also an den Zentralbau anlehnt und somit erst in einem zweiten Bauvorgang an diesen angesetzt wurde. Der dreiteilige Eingang der Vorhalle ist mit ungewöhnlich reich verzierten Spolienwerkstücken aufwendig ausgestattet: Zwei Porphyrsäulen, zwei Kompositkapitelle ungewöhnlicher Gestalt, zwei große, besonders reich verzierte Basen und ein ebenso reich dekorierter Architrav bilden die prächtige architektonische Dekoration des Einganges. Die Kompositkapitelle von seltener Formgebung sind von einer kleinasiatischen Werkstatt hergestellte Werkstücke, die wie die

ungewöhnlich reich ornamentierten Basen ebenfalls Vergleichsstücke in der trajanisch-hadrianischen Bauphase des Caesarforums haben, also vielleicht diesem oder einem anderen hadrianischen Bau, wie etwa den Portiken des Tempels des Divus Hadrianus (117–138) auf dem Marsfeld, entnommen worden sind. Die Verwendung dieser ungewöhnlich prächtigen Werkstücke sollte im Verein mit den Porphyrsäulen die Bedeutung und den hohen Anspruch des Baptisteriums besonders hervorheben.

Im Inneren des Rundfundaments für den Achteckbau angesetzte Verstärkungen zeigen an, daß der Innenraum in den Ecken wohl durch Wandvorlagen gegliedert war. Die Seiten des Oktogons besitzen bis unter das von Borromini angebrachte Gesims mit dem Wappen Alexanders VII. Chigis ein einheitliches antikes Mauerwerk mit nur geringen Variationen im oberen Bereich, wie es nicht unüblich ist. Über den schon genannten Türen in jeder Seite des Oktogons sind übereinander zwei große Rundbogenfenster angebracht, von denen das untere 1.75 m breit ist, das größere obere aber 2,80 x 3,90 m

mißt. Die Wandflächen sind also stark aufgelöst und gewähren dem Innenraum eine helle Belichtung.

Im Inneren des Baues erhebt sich über dem Rand des großen Taufbeckens von 8,50 m Durchmesser eine achteckige, zweistöckige Konstruktion aus acht Porphyrsäulen und acht weißen Marmorsäulen mit marmornen Architraven, die wie die Architekturdekoration der Vorhalle aus kaiserzeitlichen Spolien besteht. Der Architrav des unteren Stocks hat mit dem Gebälk im Eingang der Vorhalle die Abmessungen und auch die Dekoration gemein. Die Schmuckseite des Architravs ist hier im Innenraum allerdings nach innen gewendet, um auf der geglätteten Rückseite die Gründungsinschrift Sixtus III. aufnehmen zu können, auf die wir später noch zurückkommen werden. Die Gebälkstücke stammen also aus dem gleichen ursprünglichen Bauzusammenhang wie die der Vorhalle. Um die Werkstücke den Maßen der Kolonnaden im Inneren anzupassen, hat man die untere Faszie abgeschnitten und die Höhe des Architravs damit reduziert. Vier große Kapitelle, je zwei korinthische aus der früheren Kaiserzeit und zwei komposite aus dem späteren 2. Jahrhundert, die allerdings bei der Restaurierung des Baues unter Urban VIII. (1623–1644) überarbeitet worden sind, zieren das untere Geschoß der Kolonnaden im Osten und im Westen. Vier ionische Kapitelle, die an den leicht verbreiterten Interkolumnien der durch die Vorhalle bestimmten Hauptachse eingesetzt sind, haben auf dem Abakusknauf die barberinische Biene als Wappentier Urbans VIII. und zeigen auch in der Machart, daß sie, wohl antike Stücke derselben Ordnung ersetzend, zusammen mit den Basen, die auch auf den Plinthen das Wappentier der Barberini zeigen, bei der Restaurierung des Baues im 17. Jahrhundert eingesetzt worden sind. Der gleichen Restaurierung sind die kompositen Kapitelle des oberen Stocks zuzuweisen, die in der Machart den ionischen gleichen und ebenfalls mit der barberinischen Biene verziert sind. Auch sie ersetzen antike Stücke, also Spolien unterschiedlicher Ordnung, wie zeitgenössische Archivalien aussagen, die von Kapitellen „di diversi sorti" an dieser Stelle sprechen, die bei der Restaurierung, dem klassizistischen Geschmack der Zeit entsprechend, durch Neuanfertigungen ausgetauscht wurden.

So haben wir also auch hier in der doppelstöckigen Kolonnade des Baptisteriums eine ähnliche Verwendung von Spolien wie in der konstantinischen Bischofskirche. Klassisches Formempfunden weicht seit dem beginnenden 4. Jahrhundert vor allem in den ersten öffentlichen christlichen Kultbauten einer neuen Haltung, die mit dem Wunsch nach Pracht und reicher, qualitätvoller Ausführung der Werkstücke, die die zeitgenössische Produktion in der Stadt nicht mehr zu liefern im Stande war, auf kaiserzeitliche Spolien zur Ausstattung der Bauten zurückgreift. Die Vielfalt unterschiedlicher Formen der Werkstücke und die Präsenz eines älteren, nicht mehr zeitgenössischen Formbestandes wird offenbar nicht nur akzeptiert, sondern sogar gesucht. Hier zeigt sich ein Wandel im Formempfinden und in der ästhetischen Anschauung, der zweifellos den Niedergang der stadtrömischen Produktionsstätten an Baudekoration im 4. und 5. Jahrhundert entscheidend mitbestimmt hat.

Nach dem Zeugnis des Renaissancegelehrten Onofrio Panvinio (1529–1568), der das Baptisterium vor der Erneuerung durch Urban VIII. (1623–1644) beschrieben hat, soll der Bau im Umgang ein Tonnengewölbe gehabt haben, das mit Mosaiken geschmückt war, während die Wände bis zum Ansatz des Gewölbes eine kostbare Verkleidung aus bunten Marmorplatten (*opus sectile*) besaßen, die zu seiner Zeit bereits beschädigt war und durch Malerei ergänzt wurde. Dieses Gewölbe sei zu unbestimmter Zeit eingestürzt und durch eine Holzdecke, die die Außenwand mit der zweiten, oberen Säulenstellung des Baldachins verbindet, unter Papst Leo X. (1513–1527) ersetzt

worden. Über dem Zentrum hat ein Tambour von ungefähr gleicher Höhe wie der heutige, der noch aufgehendes antikes Mauerwerk besitzt, eine Kuppel getragen, die Bernini im Auftrag Urbans VIII. durch die heutige in den Jahren 1630–1633 ersetzt hat. Die geringe Mauerstärke von 70–80 cm der Außenmauern des Achtecks, die der basilikaler und mit hölzernem Dachstuhl eingedeckter frühchristlicher Kirche entspricht, und vor allem die leichte Konstruktion des doppelgeschossigen, oktogonalen Säulenaufbaues im Zentrum, schließt eine massive Überwölbung aus. Ein Zeltdach mit offenem Dachstuhl im Zentrum oder ein Pultdach im Umgang wäre als ursprüngliche Abdeckung allerdings denkbar. Doch wäre für einen Zentralbau von diesem Rang und einer so aufwendigen Grundrißgestaltung und einer Gliederung in ein Zentrum mit Umgang eine Überwölbung, die zudem von Panvinio für den Umgang bezeugt wird, nach dem Bautypus angemessener. So ist hier und bei der im Zentrum zu rekonstruierenden Kuppel an eine Einwölbung aus Tonröhren zu denken, einer selbsttragenden Wölbekonstruktion, die in Rom und Italien in der spätantiken Architektur seit dem späten 4. und bis in das 6. Jahrhundert häufig verwendet worden ist und die wegen ihrer großen Flexibilität und der geringen Schubkräfte, die sie entwickelt, für Bauten mit geringen Mauerstärken und komplizierten Grundrissen und entsprechend aufwendigen Wölbeformen, besonders geeignet ist. Es ist zudem dieselbe Technik, die bei den unter Papst Hilarus (461–468) dem Baptisterium angefügten Oratorien für die Einwölbung verwendet worden ist, wie wir im folgenden noch sehen werden. Kirchenbauten wie S. Lorenzo in Mailand wohl aus dem späten 4. Jahrhundert, S. Stefano Rotondo in Rom aus den sechziger Jahren des 5. Jahrhunderts und das Dombaptisterium und S. Vitale in Ravenna aus dem 5. und 6. Jahrhundert sind nur einige Beispiele für die Verwendung dieser Wölbetechnik, die die traditionellen Caementicium-Gewölbe ersetzte und nun die Schöpfung leichter, mehrgliedriger Raumgebilde mit diaphanen Strukturen möglich machte. S. Lorenzo in Mailand und S. Stefano Rotondo in Rom sind eindrucksvolle Beispiele dieser neuen Architektur. Das Lateransbaptisterium schließt sich im Charakter seiner Architektur diesen Bauten an.

Die Kuppel über der doppelstöckigen Säulenstellung des Baptisteriums hebt das Taufbecken als Zentrum des Baues besonders hervor. Die Säulen aus Porphyr und weißem Marmor und die prächtigen Spolienkapitelle des Aufbaues lassen noch etwas von der Farbigkeit und der Pracht der ursprünglichen Ausstattung erahnen. Von der Qualität und dem Glanz der Mosaiken des Umgangs, die von Panvinio erwähnt werden, kann noch das in der östlichen Apsiskalotte der Vorhalle erhaltene Mosaik eine Vorstellung geben. Aus einem Akanthus-

kelch mit mittlerem Akanthuskandelaber steigt in diesem Mosaik ein in Gold und Grün gefaßtes Akanthus-Rankengeschlinge auf, das den tiefblauen Grund mit regelmäßigen Windungen überzieht. Im Zentrum des Apsisbogens erscheint unter einer Muschel das Christuslamm flankiert von je zwei Tauben. Darunter hängen sechs kleine, mit Gemmen besetzte Kreuze in die Ranken herab. Am untern Rand wird das Mosaik von einem schmalen Wiesenstreifen mit Blumen und darunter einem Streifen mit Kreuzen auf blauem Grund begrenzt. Eine Bordüre mit Vögeln, Fruchtgefäßen und Blumenornamenten faßt das Mosaik ein. Das dominierende Motiv der Ranke, das ein traditionelles, Fruchtbarkeit, Leben und Heil symbolisierendes Motiv der römischen Kunst ist, erhält hier durch die Anwesenheit des Christuslammes und der Kreuze einen neuen symbolischen Gehalt: Die Ranke wird zum Zeichen für das durch den Opfertod des Christuslammes gewon-

*14. Lateransbaptisterium.
Inneres, 5. Jh.*

*15a. Lateransbaptisterium.
Innenkolonnade, Ostseite,
korinthische Spolienkapitelle
und Spolienarchitrav.
15b. Innenkolonnade,
komposites Spolienkapitell.*

nene neue Leben des Christen, das ihm in der Taufe verliehen wird. Steinsetzung und Formgebung des Mosaiks sind von besonderer Feinheit und künstlerischer Qualität. Auf dem Mosaik der gegenüberliegenden Apsiskalotte muß sich nach Kopien und Beschreibungen der Renaissance unter einem ähnlichen Rankengeschlinge eine idyllisch-paradiesische Darstellung von vier Hirtenfiguren mit ihrer Herde befunden haben. Die Ikonographie beider Mosaiken und die Farbigkeit des erhaltenen

zusammen mit dem blauen Grund, der die Dekoration der Apsiskalotte unterfängt, weisen auf eine Entstehung im 5. Jahrhundert hin.

Ein weiteres kostbares Stück der Ausstattung des antiken Baues hat sich in der Vorhalle oben an der rechten Eingangswand zum Baptisterium erhalten. Es ist ein Rest der ursprünglichen Wandverkleidung aus bunten Marmorplatten, die zwischen durchlaufenden flachen Gesimsbändern und mit Kan-

16. Lateransbaptisterium. Eingangshalle, Mosaik der Ostapsis, 5. Jh.

17. Lateransbaptisterium. Eingangshalle, Mosaik der Ostapsis, Ausschnitt.

delabern in Einlegearbeit verzierten Pilastern hochrechteckige Felder mit dekorativer Rahmung zeigt, die große, farbige Marmorplatten oder feingliedrige, eingelegte Rankenmotive um runde Porphyrscheiben umschließt. Diese ebenfalls dem 5. Jahrhundert zuzuweisende Wanddekoration dürfte der Wandverkleidung entsprechen, die die aus der Renaissance erhaltenen Beschreibungen des Baptisteriums vor den Umbauten des 16. und 17. Jahrhunderts für das Innere des Oktogons überliefern. Diese kostbare, aus wertvollen Buntmarmoren hergestellte farbenreiche Wandverkleidung ist als aufwendiger Wandschmuck repräsentativer Bauten in der spätantiken Architektur beliebt. Es ist die gleiche Wanddekoration, die auch in der konstantinischen Lateransbasilika die Wände über den Kolonnaden bedeckt hat. Diese lichte, farbige Wandverkleidung nahm der polygonalen Raumschale, die von großen Fenstern und Türen aufgelöst war, ihre materielle Konsistenz und machte sie im Widerglanz des Lichtes leicht und transparent. Es bleibt die Frage nach dem Erbauer dieses prächtigen, in

Auslegung und Aufbau einzigartigen Baues, und nach seiner Datierung. Die Struktur des Baues mit den zweigeschossig über den Türen angeordneten großen Fenstern, die die Seiten des Oktogons durchbrechen, entspricht der Gliederung des Innenbaues mit dem lichten, zweigeschossigen, oktogonalen Säulenaufbau im Zentrum. Das in Zentrum und Umgang strukturierte Innere des Baues war mit Leichtbaugewölben eingedeckt. Struktur und Aufbau des Baptisteriums scheinen somit einem einheitlichen Entwurf zu entsprechen. Auch die Verwendung der gleichen Architravstücke für die Vorhalle und die Säulenstellung im Inneren des Baptisteriums belegt die Einheitlichkeit des Entwurfes und bestätigt, daß die Vorhalle in einem zweiten, zeitlich aber fast gleichen Bauvorgang an das Oktogon angesetzt worden ist, wie wir das häufiger bei römischen Zentralbauten zur Erleichterung des Bauvorganges finden. Der Bau ist also einheitlich geplant und ausgeführt worden. Tonröhrengewölbe an Großbauten in Rom und Italien sind jedoch erst, wie wir gesehen haben, im späteren

4. Jahrhundert nachzuweisen. Zudem ist eine Strukturierung des Baues, die als Voraussetzung die Verwendung von Tonröhrengewölben zur Eindeckung hat, in der Architektur der konstantinischen Zeit nicht denkbar, die nur den traditionellen mit Caementiciumgewölben eingedeckten Zentralbau mit massiven, den Kuppelschub aufnehmenden Mauern kennt. Das Mausoleum der Constantina und das Helenamausoleum an der Via Labicana, die uns später noch beschäftigen werden, seien hier als Beispiele für den römischen Zentralbau des 4. Jahrhunderts genannt. Das Lateransbaptisterium, das zweistöckig ausgeführt war, wohl auch um die ganze Lichtfülle und auch die Sonnenwärme auf den nach Südwesten und Westen gelegenen Oktogonseiten dem Umgang und dem Zentrum zukommen zu lassen, fügt sich dagegen in die neue Architektur der Zentralbauten ein, die sich seit dem späten 4. Jahrhundert manifestiert. Das oktogonale Baptisterium an der Lateranskirche dürfte somit in der Nachfolge des konstantinischen Baptisteriums an der gleichen Stelle unter Papst Sixtus III.

(432 – 440) errichtet worden sein. Die ungewöhnliche Architektur des Baues, die die zeitgenössischen Bau- und Ingenieurtechniken konsequent einsetzt, werden wir somit auch kaum als ein Beispiel einer Rückkehr zu klassischen Formen ansehen können, die für die unter Sixtus III. in Rom entstandenen Bauten in der Forschung immer wieder als charakteristisch reklamiert wird, zumal auch die Verwendung der Baudekoration ganz dem zeitgenössischen Usus in der Spolienverwendung entspricht.

Doch wie vollzog sich die Liturgie in diesem architektonisch aufwendig gestalteten Bau? Das Sakrament der Taufe wurde vom Bischof in der Nacht von Ostersamstag auf Ostersonntag erteilt. Der Täufling wurde im Taufritus gleichsam symbolisch mit Christus begraben, um mit dem Herrn zu einem neuen Leben wieder aufzuerstehen. Die Vorbereitung in Gebet und Unterweisung fand in der Basilika statt. Dann zogen die Täuflinge zum Baptisterium, um dort wohl im linken, westlichen Umgang die Kleider abzulegen und die erste Sal-

47

18. Lateransbaptisterium. Eingangshalle, marmorne Wandverkleidung an Nord- und Ostwand, 5. Jh.

19. Lateransbaptisterium. Eingangshalle, marmorne Wandverkleidung an der Nordwand, 5. Jh.

bung zu erhalten. Nach einer erneuten Absage an Satan und der Ablegung des Glaubensbekenntnisses, wie es noch im heutigen Taufritus verankert ist, folgte die Taufe durch dreimaliges Untertauchen im Becken, in das die Täuflinge nackt hinabstiegen. Zuerst wurden die Kinder getauft, dann die Erwachsenen, die Männer voran, später die Frauen, die mit gelösten Haaren und ohne Goldschmuck kommen sollten, wie uns eine alte Kirchenordnung belehrt.[29] Im östlichen Umgang erhielten die Getauften dann ihr weißes Gewand nach einer erneuten Salbung. Sie versammelten sich schließlich in dem *consignatorium* genannten Raum, hier wohl in dem sich südöstlich anschließenden Saal, der heutigen Kapelle S. Venanzio, um dort vom Bischof durch Handauflegung und abschließende Salbung als „Christen", das ist „Gesalbte", in die Gemeinde aufgenommen zur werden.[30] Nunmehr zogen die Neugetauften (*neophyti*) in die Basilika, um dort zum ersten Mal an der Messe teilzunehmen.

Die von Sixtus III. dem Baptisterium gegebene aufwendigere und reichere architektonische Gestalt, entspricht der Entwicklung des Raumtypus des Zentralbaues auf den Voraussetzungen der kaiserzeitlichen Architektur und den Bedürfnissen der christlichen Liturgie, die einen zentralen Raum für die Kulthandlung und einen Bewegungsraum für die Teilnahme der Gemeinde am Ritus brauchte. Schon von Konstantin berichtet uns sein Biograph Eusebius von Caesarea, daß er die Bischofskirche der Residenzstadt Antiocheia in Syrien als Oktogon mit Umgang habe errichten lassen. In Rom selbst ist das Mausoleum der Kaisertochter Constantina um die Mitte des 4. Jahrhunderts ebenfalls als räumlich gegliederter Zentralbau mit Umgang angelegt. Hier zeigt sich eine Tendenz zur reicheren Raumgestaltung, die sich an Zentralbauten unterschiedlicher Funktion im 4. Jahrhundert durchsetzt. Im 5. Jahrhundert ist der in Zentrum und Umgang gegliederte Innenraum bei zentralisierten Kirchenbauten die Regel, bei Baptisterien allerdings die Ausnahme. Auch hierin zeigt sich der Rang und die besondere Stellung des sixtinischen Lateransbaptisteriums, das den Typus des monumentalen Taufhauses konstituiert.

Die Wahl des Oktogons aber für den Bau dieses Baptisteriums und für den doppelstöckigen Aufbau im Inneren, in dem sich die Achtzahl mehrfach wiederholt, ist wohl auch durch die Symbolik dieser Zahl mitbestimmt worden. So hatte Bischof Ambrosius von Mailand einige Jahrzehnte vor dem Bau des sixtinischen Lateransbaptisteriums in dem von ihm errichteten oktogonalen Taufhaus der Kathedrale von Mailand in einer Weihinschrift von acht Distichen die in Aufbau und Ausstattung des Baues vielfach wiederkehrende Achtzahl auf die Auferstehung Christi am achten Tage und die Taufe als Neugeburt des Christen symbolisch gedeutet.[31] Im Lateransbapti-

sterium Sixtus III. scheinen diese Vorstellungen wiederaufgenommen worden zu sein, auch wenn die wiederum aus acht Distichen bestehende Weihinschrift des Papstes auf dem Architrav der inneren Kolonnade, die vom Liber Pontificalis eigens erwähnt wird, wohl Sinn und Bedeutung der Taufe erläutert, den in der Achtzahl liegenden symbolischen Bezug der Architektur bemerkenswerterweise aber nicht anspricht.[32] Das Lateransbaptisterium entspricht damit der Bedeutung der Taufe im Glauben der Kirche, die als Wiedergeburt, als Ein-

tritt in die Gemeinschaft der Heiligen und als Zugang zum ewigen Leben gesehen wird. Es entsprach darüber hinaus dem Bedarf der großen Stadtgemeinden nach einem geeigneten und angemessenen Raum für diesen feierlichen Ritus von zentraler Bedeutung.

Das Lateranbaptisterium begründet damit die Typologie des Baptisteriums als Kultbau, die vorbildhaft für Spätantike und Mittelalter wird: Die Baptisterien als selbständige Taufhäuser neben der Bischofskirche des Ambrosius in Mailand, neben der katholischen und der arianischen Bischofskirche in Ravenna und noch die mittelalterlichen Baptisterien an den Kathedralen von Florenz und Parma, um nur einige Beispiele zu nennen, stehen in dieser in Rom unter Konstantin begründeten Tradition.

Unter Papst Hilarus (461–468), dem zweiten Nachfolger Sixtus III. wurden dem Baptisterium noch einige weitere Bauten hinzugefügt, die als Oratorien oder Kapellen dienten. Einer dieser kapellenartigen Bauten, der im Jahre 1588 abgerissen wurde, wird in der Überlieferung als Oratorio di S. Croce bezeichnet.[33] Er war mit dem Baptisterium im Norden am heutigen Haupteingang durch einen von drei Säulenhallen umstandenen Hof verbunden, in dessen Mitte sich eine Brunnenanlage befand. Das Oratorium, das zur Aufbewahrung einer Kreuzreliquie errichtet worden war, war ein kreuzförmiger Zentralbau, mit vier kapellenartigen, sechseckigen Räumen in den Diagonalachsen zwischen den Kreuzarmen und hatte eine Höhe von ca. 13,50 m und eine innere Weite von ca. 12,10 m.

Man hat vermutet, daß es sich bei diesem Bau mit einer recht komplizierten Grundrißgestaltung, die an hochkaiserzeitliche Entwürfe in Palast- und Thermenanlagen erinnere, um ein Gebäude hadrianischer Zeit gehandelt habe, das von Hilarus für die Zwecke eines Oratoriums umgestaltet worden sei. Doch abgesehen davon, daß sich das Oratorium an der Hauptachse des Baptisteriums orientiert, was eine Entstehung im Zusammenhang mit den Annexbauten des Taufhauses nahelegt, lassen auch die Baugestalt und die Bautechnik des Gebäudes darauf schließen, daß es, wie die Papstchronik aussagt, von Hilarus gebaut worden ist. In der kaiserzeitlichen Architektur fehlen auch im Außenbau kreuzförmig gestaltete, eigenständige Bauten; dieser Bautypus tritt erst in der frühchristlichen Architektur des späten 4. Jahrhunderts vor allem für Märtyrermemorien auf, er ist also recht eigentlich erst eine Schöpfung der frühchristlichen Architektur. Auch im Falle des Oratoriums ist die kreuzförmige Gestalt offenbar gewählt worden, um die Zweckbestimmung des Oratoriums als Schrein einer Kreuzreliquie in der architektonischen Gestalt sinnfällig auszudrücken. Der Zentralraum und die sechseckigen Kapellen des Oratoriums aber waren mit komplizierten

Gewölben in der Art einer Schirmkuppel aus Tonröhren überdeckt, wie der Architekt Carlo Fontana im 16. Jahrhundert berichtet. Auch hier hängen wiederum die komplizierte Grundrißgestaltung, die Mauerstruktur und die Verwendung flexibler Leichtgewölbeformen eng zusammen und bezeugen einen einheitlichen Entwurf, der sich gut in die Architektur zur Zeit des Papstes Hilarus fügt, in der auch die Kirche S. Stefano in Rom entstanden ist, die in Grundrißlösung und Bautechnik vergleichbare Lösungen aufweist, wie wir später noch sehen werden.

Nach der Beschreibung des Renaissancegelehrten Panvinio waren Gewölbe und obere Wandzonen mit einem Mosaik bedeckt, während die Wände darunter eine Verkleidung aus bunten Marmorintarsien (*opus sectile*) hatten. Das Mosaik der Wölbung soll vier Engel in den Diagonalen gezeigt haben, die ein Kreuz hielten, während zwischen den Fenstern die Apostel Petrus und Paulus, Johannes der Täufer und der Evangelist Johannes dargestellt waren.

Das zweite der von Papst Hilarus gestifteten Oratorien, das Johannes dem Täufer geweiht war und an der Westseite des Baptisteriums lag, ist einem Neubau der Barockzeit gewichen. Es war ein Zentralbau mit kreuzförmigem Grundriß. Von dem Bau hat sich lediglich die antike Türlaibung mit der Stiftungsinschrift im westlichen Umgang des Baptisteriums erhalten und die bronzenen Türflügel, die unter Kreuzen die in Silber eingelegte Weihinschrift des Papstes Hilarus tragen. Nach der Beschreibung des Panvinio trug das Gewölbe ein Mosaik mit der Darstellung des Gotteslammes in der Mitte, umgeben von einem Lorbeerkranz und Vögeln auf Olivenzweigen sowie Fischen und Delphinen in den Ecken. Das dritte von Hilarus erbaute Oratorium, das Johannes dem Evangelisten geweiht ist und heute noch besteht, liegt dem des Täufers gegenüber. Es hat ein quadratisches Zentrum, an das sich drei große, auch am Außenbau hervortretende Rechtecknischen anschließen. Der Bau wurde über dem mittleren der ehemaligen Thermensäle errichtet und stand mit den seitlich anschließenden Sälen der Therme, die Fußböden des 5. Jahrhunderts und weitere Einbauten der Zeit aufweisen, durch seine Vorhalle in Verbindung. Das Kreuzgratgewölbe des Mittelraumes besteht wiederum aus Tonröhren. Das noch erhaltene schöne Gewölbemosaik, das nach der Beschreibung des Panvinio in der Darstellung dem der zerstörten Täuferkapelle ähnelt, zeigt auf Goldgrund im Zentrum das Christuslamm in einem Früchtekranz, umgeben von einer Rahmung aus Pflanzenmotiven, an der Blumengirlanden hängen. Darunter befinden sich auf allen vier Seiten Vögel unterschiedlicher Art, die ein mit Früchten gefülltes Gefäß flankieren, in dem man einen Hinweis auf die Jahreszeiten sehen kann. Ähnlich wie das verlorene Mosaik der

20. Lateransbaptisterium. Oratorium S. Giovanni Evangelista des Papstes Hilarus (461-468), Deckenmosaik.

Täuferkapelle vereint dieses Mosaik in einer durchaus traditionellen Aufgliederung der Gewölbefläche, wie sie aus kaiserzeitlichen Deckenmalereien bekannt ist, das Gotteslamm als einziges christliches Motiv im Zentrum mit traditionellen, der römischen Kunst seit Jahrhunderten geläufigen Glücks- und Wohlergehenssymbolen, die hier mit dem durchgehenden Goldgrund als Symbol des Firmamentes wohl eine Ausweitung im christlichen Sinne als Hinweis auf das Heil und das Paradies erfahren. In einer vielschichtig deutbaren Symbolik weisen diese Darstellungen auf die Erlösung durch den Opfertod Christi und die daran geknüpften Verheißungen hin.

So stellt sich das Lateransbaptisterium Sixtus III. nach den Anbauten des Papstes Hilarus in den sechziger Jahren des 5. Jahrhunderts als ein größeres Ensemble dar, das neben dem eigentlichen Zentrum, dem Baptisterium, noch eine Reihe Annexbauten und Kapellen umfaßte. Im Zusammenhang mit der Entwicklung des Baptisteriums und seiner Umgebung zu einem differenzierten Komplex mit einer vielfältigen Zweckbestimmung, dürfte auch die Anlage eines Umgangs um die Apsis der Lateransbasilika vielleicht um die Mitte des 5. Jahrhunderts gestanden haben, der wohl den Zugang für Prozessionen und Begehungen angemessen gestalten sollte, so daß nunmehr

zusammen mit einer Hofanlage Basilika und Baptisteriumkomplex auch baulich verbunden waren. Der Umgang ist mit der damals noch bestehenden konstantinischen Apsis unter Leo XIII. (1878–1903) beseitigt worden.

Die Bedeutung der Anlage um das Baptisterium und die besondere Verehrung für Johannes den Täufer und auch den Evangelisten an diesem Ort, gaben den Anlaß für die Übertragung dieser Dedikation auf die ursprünglich allein dem Heiland (Salvator) geweihte Bischofskirche, die sich seit dem 10. Jahrhundert durchsetzt und bis heute neben der ursprünglichen gültig ist.

Die von Papst Hilarus dem Baptisterium hinzugefügten Oratorien zeigen, wie ein bedeutender Kultbau am Ende der Antike zum Kristallisationspunkt für die Ansiedlung weiterer Kulte wird. Ähnliches können wir bei der Laterankirche selbst beobachten, an der und in deren unmittelbarer Nähe seit dem 5. und 6. Jahrhundert zahlreiche Kapellen und Klöster errichtet werden. Doch sind diese im Laufe der Zeit und vor allem durch den großen Neubau Borrominis wieder beseitigt worden.

Am Lateransbaptisterium hat sich jedoch noch eine Kapelle aus der Wende von der Antike zum Mittelalter erhalten. Es ist die Kapelle S. Venanzio, die unter den Päpsten Johannes IV. (640–642) und Theodor (642–649) in dem zwischen der Kapelle Johannes' des Evangelisten und der Eingangshalle des Baptisteriums gelegenen ehemaligen Thermensaal des 4. Jahrhunderts durch Anfügung einer Apsis eingerichtet wurde. Papst Johannes, der aus Dalmatien stammte, ließ hier die Reliquien dalmatinischer Märtyrer aus Salona, der ehemaligen römischen Provinzhauptstadt bei Spalato (Split) im heutigen Kroatien bergen, da ihre Gedenkstätten dort durch den Einfall der Slaven Anfang des 7. Jahrhunderts gefährdet waren. Das Mosaik an der Apsisstirnwand und in der Apsiskalotte im Osten zeigt auf unterlegtem Goldgrund die dalmatinischen Märtyrer Venantius und Domnius mit den Aposteln Petrus und Paulus, Johannes Evangelista und Johannes Baptista sowie den päpstlichen Stiftern Johannes und Theodor frontal aufgereiht zu Seiten der Madonna und des segnenden Christus. Darüber erscheinen weitere dalmatinische Heilige, deren Reliquien im Altar des Oratoriums geborgen waren, sowie die Evangelistensymbole und die symbolische Darstellung von Jerusalem und Bethlehem. Noch in der Tradition der frühchristlichen Kunst stehend, zeigt dieses Mosaik, das die Präsenz der Reliquien der fürbittenden Heiligen unter dem eucharistischen Altar nachdrücklich vor Augen führt, in der Vielzahl der aufgereihten Heiligenfiguren, dem Abbau der traditionellen, klassisch beeinflußten Formensprache und Bildauffassung, in der Flachheit und reduzierten Körperlichkeit der Figuren, der frontalen Reihung der Gestalten, den verhärteten Umrissen und der linearen Zeichnung sowie der wenig differenzierten Farbgebung und Abschattierung bereits das Formgefühl des frühen Mittelalters, das uns in gleicher Weise auch in anderen Apsismosaiken der Zeit, etwa in S. Stefano Rotondo, begegnet.

III. MÄRTYRER- UND MEMORIALKIRCHEN
DER KONSTANTINISCHEN ZEIT

SS. Marcellino e Pietro und das Mausoleum
der Kaiserin Helena

Außerhalb der Mauer im Südosten der Stadt lag vor der Porta Praenestina oder Sessoriana, der heutigen Porta Maggiore, auf dem Gebiet zwischen der Via Praenestina und der Via Latina bis ungefähr zur vierten Meile ein großes kaiserliches Besitztum, das sich an die kaiserliche Palast- und Gartenanlage innerhalb der Mauer, das *Sessorium* mit dem *palatium Sessorianum* anschloß. Nach dem Liber Pontificalis gehörte dieser *Subaugusta* oder *fundus Lauretum* genannte Besitz, der Helena, der Mutter des Kaisers Konstantin.[1] Er muß eine kaiserliche Residenz oder Villa umfaßt haben, und den Exerzierplatz der *equites singulares*, der kaiserlichen Garde, über deren Kaserne Konstantin die Lateranskirche errichtet hatte. In dieser *ad duas lauros* (Zu den beiden Lorbeerbäumen) genannten Lokalität in kaiserlichem Besitz, in der im Jahre 455 der Kaiser Valentinian III. bei einer Truppeninspekion ermordet wurde, hatten die *equites singulares* auch ihren Friedhof, der unmittelbar an der Via Labicana (der heutigen Via Casilina) am dritten Meilenstein lag.

In dieser Nachbarschaft wurden in der zweiten Hälfte des 3. Jahrhunderts, die frei von Verfolgungen war, private unterirdische christliche Friedhofsanlagen (Katakomben) errichtet, die sich zu den bedeutendsten Anlagen dieser Art entwickelten und schließlich von der christlichen Gemeinde der Stadt als Gemeindefriedhof benutzt wurden. Hier bestattete man nun auch einige Märtyrer der diokletianischen Verfolgung. Im ältesten christlichen Festkalender vom Jahre 336 wird zunächst allein der Märtyrer Gorgonius in dieser Katakombe genannt, später auch die Märtyrer *Marcellinus presbyter* und *Petrus exorcista*, von denen wir keine weiteren historisch verbürgten Nachrichten besitzen, und der ebenfalls nicht näher bekannte Tiburtius, der wohl in einem oberirdischen Grab dieser Friedhofsregion bestattet wurde. Ferner nennen unsere Quellen die Quattro coronati (Vier Gekrönten), von denen wir aber auch nichts Näheres wissen. Diese Märtyrer genossen in der nach 311 einsetzenden Friedenszeit große Verehrung.

Zu ihren Ehren errichtete Konstantin nach Aussage des Liber Pontificalis eine Basilika in der Nähe der unterirdischen Märtyrergräber offenbar auf dem zum kaiserlichen *suburbanum* gehörenden Friedhof der *equites singulares*, wie die Forschungen und Grabungen der letzten Jahrzehnte gezeigt haben.[2] Die Situation hier vor den Toren der Stadt an der Via Labicana ist also eng mit der am Lateran verbunden: Dort hatte der Kaiser die Kaserne der von ihm aufgelösten Gardetruppe dem Bischof von Rom für den Bau der Kathedrale zur Verfügung gestellt, hier errichtete der Kaiser auf dem Friedhof der Garde eine dem Gedächtnis der Märtyrer der diokletianischen Verfolgung geweihte Kirche. Auch dies ist zweifellos ein Politikum, eine Maßnahme, die die Intentionen des Kaisers deutlich erwies: Durch die Stiftung einer Kirche zu Ehren der letzten Blutzeugen der bisher mißachteten und verfolgten Religionsgemeinschaft empfahl der Kaiser sich und den Staat der Obhut ihres Gottes und stellte den Glauben, den diese Märtyrer bezeugt hatten, den Bürgern des Reiches zur Verehrung anheim.

Von dieser Basilika, die 65 m lang und 29 m breit war, haben sich lediglich die Grundmauern, die durch Grabungen festgestellt werden konnten, erhalten. Die dreischiffige Basilika unterschied sich jedoch in Aufbau und Grundrißgestaltung von der Lateranskirche: Den Obergaden über den Arkaden trugen nicht Säulen, wie in der römischen Bischofskirche, sondern Pfeiler; die beiden niedrigeren Seitenschiffe, die knapp halb so breit (6 m) wie das Mittelschiff (13 m) waren, wurden als Umgang um das in einer halbkreisförmigen Arkadenstellung abschließende Mittelschiff herumgeführt, so daß die Kirche im Grundriß eine circusähnliche Form erhielt. Im Osten hatte der Bau einen leicht schräg ansetzenden Narthex, eine Vorhalle in der Höhe der Seitenschiffe, die sich mit bogenüberspannten Türen in die Schiffe der Basilika öffnete. Zu beiden Längsseiten wurde die Basilika von einer Hofanlage flankiert, die im Süden eine dreiseitige Portikus von über 40 m Seitenlänge umgab, die an der Vorhalle der Basilika und an ihrer Apsis ansetzte. Dieser unregelmäßig ausgelegte Bezirk, der im Norden 60 m Seitenlänge maß, und dessen Umfassungsmauern im Süden zum Teil älteren Datums als die Basilika sind, ist vielleicht in seiner Ausdehnung durch die ältere Friedhofsanlage der *equites singulares* bestimmt, die für den Bau der Anlage von Basilika und Mausoleum genutzt wurde. Zahlreiche Grabsteine der Gardesoldaten aus dem aufgelassenen Friedhof sind als Baumaterial in den Grundmauern der christlichen Anlage verbaut worden. Die Ausrichtung dieser Umfassungsmauern und die entsprechend ausgelegte östliche Portikus dürften damit auch die eigentümliche, schräge Ausrichtung des Narthex der Basilika bestimmt haben.

Einige Mausoleen, kleine von einer Apsis abgeschlossene Hallen, schlossen sich später im Laufe des 4. Jahrhunderts in den Höfen im Norden und im Süden der Basilika an. Das nördliche, an der Apsis der Basilika gelegene, das sich über den durch Papst Damasus (366–384) monumental ausgestatteten Märtyrergräbern der Heiligen Marcellinus und Petrus in der Katakombe befindet, hat sich bis heute erhalten und wird als Kirche des benachbarten Waisenhauses genutzt. Die Basilika hatte ihren Zugang nicht in der Ostfront des Narthexes, sondern innerhalb des südlichen Hofbezirkes in der Portikus, die sich im Süden an den Narthex anschloß und die von der Via Labicana über eine Treppenanlage erreicht wurde. Es ist wahrscheinlich, daß diese Disposition durch die Begrenzung des Friedhofareals der Gardetruppe bedingt ist. Im Laufe des 4. Jahrhunderts dehnte sich die benachbarte Katakombe auch unter der Kirche aus und wurde nun durch Treppen aus der Basilika und der südlichen Hofanlage für die Pilger erschlossen, so daß nun die Märtyrergräber leichter von der Kirche aus und ohne größere Wege durch die Katakombe erreicht werden konnten. Auch das Areal der Höfe und der Fußboden der Basilika selbst wurden dicht an dicht in regelmäßiger Reihung mit Gräbern belegt.

Diese Kirchenstiftung Konstantins hatte zweifellos eine besondere Bedeutung, denn der Basilika wurde im Osten auf ihrer Längsachse in privilegierter Position ein großes Rundmausoleum mit einer quergelagerten Vorhalle in einer zweiten Bauphase angebaut. Dieses Mausoleum, in dem nach dem Liber Pontificalis die Augusta, die Kaiserinmutter, Helena, um das Jahr 329 als etwa achtzigjährige bestattet worden ist, hat sich in weiten Teilen bis heute als malerische Ruine erhalten.[3] Wegen der im Auflager seiner Kuppelkonstruktion zur Erleichterung des Abbindungsprozesses des *caementicicums* eingemauerten Tonamphoren, die im Abbruch des Ge-

wölbes sichtbar sind, wird die Ruine gemeinhin„ Tor(re) Pignattara" (Topfturm) genannt, ein Name der als topographische Bezeichnung auch auf das heutige Quartier übergegangen ist. An die leicht abgeschrägte Ostwand des Narthex der Basilika, der nun im Mittelteil in Fortsetzung des Obergadens des Hauptschiffes erhöht werden mußte, schloß sich mit einer leichten Achsverschiebung die querschiffartige Vorhalle des Mausoleums in wenig übergreifender Breite der Basilika an und vermittelte so mit einer dreiteiligen Öffnung vom Inneren der Kirche den Zugang zum Kuppelbau des Mausoleums. Durch den Anbau des Mausoleums mit seiner Vorhalle und die dadurch bedingten Veränderungen im Ostteil der Basilika entstand somit ein dreiteilig gegliederter, zusammenhängender Baukörper, dessen Strukturierung in Untergeschoß und durchfensterten Obergaden sich im Aufbau des Mausoleums und der Basilika wiederholt. Ob allerdings Vorhalle und Basilika die gleiche Firsthöhe besaßen, ist nicht mehr mit Sicherheit auszumachen. Die in einem zweiten Bauvorgang erhöhte Ringmauer des Mausoleums berücksichtigt möglicherweise den Anschluß des einheitlichen Dachfirstes von Basilika und Vorhalle am Baukörper des Mausoleums. Die kreisrunde Mauer des Mausoleums von 20 m lichter Weite hatte im unteren Stock in den Hauptachsen vier große Rechtecknischen und in den Diagonalachsen vier Rundnischen, die jeweils die 3,75 m starke Ringmauer bis auf 1,00 m Stärke reduzierten und wie eine Raumerweiterung in die Tiefe wirken mußten.

In der dem Eingang gegenüberliegenden breiteren Hauptnische von 5,60 m stand der imposante, 2,70 m in der Länge und 1,80 m in der Höhe messende Porphyr-Sarkophag, der Mitte des 12. Jahrhunderts in den Lateran gebracht wurde, um als Grablege des Papstes Anastasius IV.(1153–1154) zu dienen. Der Sarkophag, der sich heute in den Vatikanischen Museen befindet, ist allseitig mit Schlachtszenen in hohem Relief geschmückt, die römische Reiter im siegreichen Kampf mit Barbaren zeigen.

Oberhalb des Erdgeschosses des Mausoleums ist die Mauer am Außenbau zurückgesetzt, wodurch der Bau in zwei Stockwerke gegliedert wird. Das obere Stockwerk wird außen von sieben bis an den Kuppelansatz reichenden, gerundeten Nischen gegliedert, in denen sich große Bogenfenster befinden, die für eine helle Beleuchtung des Inneren sorgen. Die nach den jüngsten Untersuchungen vorgelegte Rekonstruktion mit zentralem *oculus* in der Kuppel wie beim Pantheon wirkt wenig überzeugend, wenn es auch im Tempio della Tosse in Tivoli noch einen anderen Rundbau gleichen Typus, aber anderer Funktion aus dem 4. Jahrhundert mit dieser Vorkehrung gibt. Der Innenraum des Mausoleums war durch die großen Fenster hell belichtet und bedurfte keiner zusätzlichen Licht-

23. Mausoleum der Kaiserin Helena von Osten.

quelle von oben. Zudem dürfte die Öffnung in der Kuppel die liturgischen Begehungen an dem Altar vor der Sarkophagnische doch empfindlich behindert haben. Der in der Mitte des Baues festgestellte Brunnen, der die Öffnung in der Kuppel bestätigen könnte, dürfte aber erst mittelalterlichen Ursprungs sein, da er fast ausschließlich mit mittelalterlicher Keramik ab dem 12. Jahrhundert und mit Abbruchmaterial verfüllt war.

Untergeschoß und Obergaden werden am Außenbau des Mausoleums jeweils durch ein abschließendes Konsolengesims markiert. Vom Außenverputz, der nach erhaltenen Resten an anderen spätantiken Großbauten auch hier zu erwarten ist, hat sich am Oberbau und unter den Gesimsen nichts erhalten. Lediglich im unteren Bereich des Untergeschosses haben sich Reste eines roten Außenputzes gefunden, die darauf schließen lassen, daß das gesamte Gebäude entsprechend verputzt war. Ob dieser Putz eine plastische oder eine gemalte Quadergliederung gehabt hat, wie sie häufiger an kaiserzeitlichen und spätantiken Großbauten nachzuweisen ist, läßt sich bei den geringen Resten nicht mehr feststellen.

Der Innenraum des Mausoleums wie auch der Vorhalle war bis zum Kuppelansatz wiederum mit kostbarer Marmorinkrustation verkleidet, deren Gliederungssystem aus großen hochrechteckigen Marmorplatten mit schmaleren Rahmungen und trennenden, aus Marmorplatten gebildeten Gesimsen in mehreren übereinander liegenden Zonen aus der Lage der Dübellöcher und den Resten der Platten durch die letzten Untersuchungen rekonstruiert werden konnte. Aus in situ erhaltenen Resten konnte auch der aufwendige Fußbodenbelag des Mausoleums mit großen, quadratischen Marmorplatten von 1,80 m Seitenlänge aus Cipollino-Marmor und breiten Rahmungen aus weißen Marmorplatten wieder rekonstruiert werden. Diese aufwendige und prächtige Dekoration wurde durch einen Mosaikschmuck in den Wölbezonen des Baues ergänzt, von dem sich kleine Reste in der Kuppel und Abdrücke der Mosaiksteine in den Nischen erhalten haben. Diese vielfarbige Innendekoration aus Mosaik und Marmorplatten, die sich über die Wände mit ihren Nischen und die Gewölbezonen ohne eine tektonische Gliederung oder Markierung gelegt hat, muß im Zusammenspiel mit dem hell einfallenden Licht, daß sich auf dieser bunten Oberfläche vielfältig brach, die Raumgrenzen ins Lichte erweitert haben.

Die Mauertechnik und Funde von Ziegelstempeln konstantinischer Zeit und einer stempelfrischen Münze aus einer Emission der Jahre 324–326 im Mörtel der Marmorinkrustation datieren das Mausoleum in das erste Drittel des 4. Jahrhunderts und die etwas ältere Kirche somit in das zweite Jahrzehnt des 4. Jahrhunderts, spätestens aber in die Zeit um 320. Auf den gleichen Zeitraum weisen auch die reichen Landschen-

kungen, die der Kaiser nach Ausweis der Papstchronik zum Unterhalt der Kirche SS. Pietro e Marcellino machte und die im Umfang nur den Landschenkungen an die großen kaiserlichen Basiliken des Lateran, von St. Peter und St. Paul nachstanden. Auch darin zeigt sich wiederum die Bedeutung dieser Stiftung an der Via Labicana, der ersten zum Gedenken und zur Verehrung der Märtyrer erbauten Kirche der Hauptstadt. Die der Basilika vermachten Ländereien aber lagen alle in der westlichen Hälfte des Reiches, auf die sich die Herrschaft Konstantins bis zum Jahre 324 beschränkte. Die Basilika an der Via Labicana wurde somit schon bald nach der Laterankirche errichtet.

Anlage und Ausstattung dieses auf kaiserlichem *fundus* errichteten monumentalen Komplexes entsprachen der Bedeutung, die der Kaiser seiner Stiftung beimaß. Das Mausoleum führte den Typus des spätantiken kaiserlichen Rundmausoleums weiter, wandelte ihn aber entsprechend den neuen kultischen Erfordernissen ab. So konnte die Säulenvorhalle, wie sie etwa das wenig ältere Mausoleum des Maxentius an der Via Appia zeigt, nicht übernommen werden, da der konstantinische Grabbau nun mit der Basilika verbunden wurde. Andererseits benötigte man gegenüber den älteren Vorgängerbauten einen hell belichteten Innenraum für die kultischen Begehungen am Altar. Dies führte mit der Ausbildung des gestuften Außenbaues und in der Anlage der Fenster in einem Obergaden unter der Kuppel zur Übernahme des Typus des Obergadenrundbaues für das Mausoleum, der in der römischen Architektur der Kaiserzeit und Spätantike vor allem in großen Thermensälen seine Ausbildung gefunden hatte. Anders als bei diesen Sälen, etwa den großen Warmbaderäumen (*caldaria*) der Caracallathermen und den Konstantinthermen waren hier aber Untergeschoß und Obergaden durch den Rücksprung des oberen Geschosses voneinander abgesetzt.

Neu und ohne Vorbild in der römischen Architektur ist die enge Verbindung von Mausoleum und Kultbau zu einem einheitlichen Komplex, der so zu einer axialen, zweipoligen Anlage mit der Kirchenapsis im Westen und dem Mausoleum im Osten wurde. In beiden Polen, dem Mausoleum, dessen Innenraum durch die Fenster des Obergadens als Kultraum hervorgehoben wurde, wie auch vor der Apsis im Westen der Basilika stand nach Aussage des Liber Pontificalis je ein von Konstantin gestifteter Altar für die Feier der Eucharistie.[4] Zwischen der längsgerichteten Basilika und dem Zentralbau vermittelte als gliederndes Element die wie ein Querriegel eingeschobene Vorhalle. Diese Disposition setzt aber andererseits die beiden unterschiedlich ausgelegten Bauten des Ensembles voneinander ab und unterstreicht damit auch ihre unterschiedlichen Funktionen, die Abhaltung der eucharistischen

Gedächtnisfeiern der Gemeinde in der Basilika und den Totenkult für den Kaiser im monumentalen Mausoleum[5]. Denn daß Konstantin wohl ursprünglich den Grabbau als kaiserliches Mausoleum hatte errichten lassen und für seine eigene Bestattung vorgesehen hatte, legt nicht nur das Rundmausoleum selbst nahe, sondern vor allem auch der einzigartige große Porphyrsarkophag mit seinen Schlachtszenen, der nur für den Kaiser bestimmt gewesen sein kann. Die von Konstantin gestifteten Altäre dienten zusammen mit silbernen Leuchtern und kostbarem liturgischen Gerät aus Edelmetallen dem Kultus. Der Altar im Mausoleum stand, wie der Liber Pontificalis ausdrücklich vermerkt, vor dem Grab, *ante sepulcrum*, diente also dem Vollzug des eucharistischen Opfers am Grab des Herrschers selbst.

Nachdem Konstantin den im Osten regierenden Kaiser Licinius im Jahre 324 besiegt und eine neue kaiserliche Residenzstadt an der Stelle des älteren Byzanz am Bosporus im selben Jahr gegründet hatte, erhielt er nun in der neuen, nach ihm Konstantinopel benannten Metropole ein Mausoleum, das sich wiederum an eine von ihm gestiftete Kirche, die heute nicht mehr erhaltene Apostelkirche, anschloß. In Rom aber wurde, dem Bericht des Eusebius zufolge, in dem Mausoleum an der Via Labicana, das er bezeichnenderweise die „kaiserliche Grabstätte" nennt, des Kaisers Mutter Helena um das Jahr 329 beigesetzt.[6] Konstantins Stiftung der römischen Bischofskirche am Lateran stand die kaiserliche Stiftung an der Via Labicana an Aufwand und Neuartigkeit der architektonischen Konzeption nicht nach.

Neu und ohne Vorbild war die unmittelbare Verbindung von Kultbau und Mausoleum. Einer Tradition der kaiserlichen Architektur Roms hingegen folgte die axiale Zuordnung beider Gebäude, die etwa bei römischen Staatsdenkmälern wie dem Trajansforum bereits vorgebildet ist durch die Anordnung der Säule mit dem Urnengrab des Kaisers in der Basis, der quergelagerten Basilika und dem Säulenhof auf einer Achse.

Die den Gedächtnisfeiern der Märtyrer geweihte Basilika aber erhielt eine von der Lateranskirche abweichende Gestalt: Die Umgangsbasilika mit ihrer eigentümlichen Gestalt, den erweiterten, um die Apsis herumgeführten Seitenschiffen, entsprach offenbar auf eine Weise, die für uns schwer rekonstruierbar ist, den Bedürfnissen des von der Gemeinde gefeierten Märtyrerkultes, den ebendort vollzogenen privaten Totenkultfeiern für die in und um die Kirche Bestatteten oder auch besonders dem Bedürfnis, einen möglichst großen Raum für Bestattungen im Kirchengebäude zu gewinnen. Die Tatsache, daß auch die Vorhalle des kaiserlichen Mausoleums dicht an dicht mit regelmäßig angelegten Gräberreihen konstantinischer Zeit belegt ist, zeigt, daß es wohl der letztgenannte Grund ist,

der die Form der Basilika bestimmt hat und sie belegt überdies, wie gesucht offenbar die Bestattungsplätze in der Basilika und ihrer unmittelbaren Umgebung waren. Bei diesem Bau, der sich nun stärker vom Typus der profanen Basilika entfernte, wurden nun Pfeilerarkaden verwendet, die sich organisch in die Obergadenwand und ohne Absatz in das Apsisrund fortsetzen. Auf den Voraussetzungen und Vorstufen der römischen Architektur fußend, wird hier eine Wandstruktur zum bestimmenden Element des Raumeindruckes, welche, ursprünglich im Nutzbau verwendet, in dem einheitlichen Aufbau einer von Bogenöffnungen und Bogenfenstern durchbrochenen zweigeschossigen Wand ein Element bereitstellt, das auf die mittelalterliche Baukunst verweist.

Die Verehrung der in der Katakombe SS. Marcellino e Pietro an der dritten Meile der *Via Labicana* bestatteten Märtyrer bezeugen auch die Baumaßnahmen des Papstes Damasus (366 – 384), durch die die Märtyrergräber in den unterirdischen Gängen isoliert und durch die Ausstattung mit architektonischen Elementen monumentalisiert wurden. Versinschriften, vom Papst selbst gedichtet und von einem Kalligraphen, der uns namentlich bekannt ist, in Zierschrift gefasst, hielten das Lob und den Ruhm der Blutzeugen fest. Leider geben diese Inschriften kaum Auskunft über die Märtyrer selbst, da offenbar schon gegen Ende des 4. Jahrhunderts keine verbürgten Nachrichten über sie mehr bekannt waren. Erst im 6. Jahrhundert hören wir durch den Liber Pontificalis zum ersten Mal von der Dedikation der Basilika an die Heiligen Marcellinus und Petrus. Offenbar war die konstantinische Kirche zunächst nur dem eucharistischen Kult der Märtyrer allgemein gewidmet. Im Frühmittelalter wurde die Kirche verschiedentlich, so unter Papst Hadrian I. (772 – 779) restauriert und der Zugang zu den Märtyrergräbern aus dem Inneren der Basilika ausgebaut, um den Pilgern den Besuch der verehrten Gräber zu erleichtern. Der Raub der beiden Titelheiligen durch fränkische Mönche im Auftrag Eginhards (Einhard), dem Leiter der Palastschule und Vertrauten Karls des Großen im Jahre 827, der vermuten läßt, daß im Frühmittelalter der Besuch der Kirche bereits nachgelassen hatte, leitet den Verfall der Anlage ein.

Die Petrus- und Marcellinus-Basilika ist jedoch nicht die einzige ihrer Art. Fünf weitere Basiliken des gleichen Typus, die meisten, wie es scheint, ebenfalls mit Mausoleen verbunden und im Inneren und in unmittelbarer Umgebung dicht an dicht mit Tausenden von Gräbern belegt, wurden in der Zeit der konstantinischen Dynastie an den großen Ausfallstraßen außerhalb der Stadt in ausgedehnten Friedhofbezirken und über Katakomben errichtet. Sie sind Zeugen des aufblühenden Märtyrerkultes, der Verehrung der Blutzeugen Christi und des christlichen Glaubens, die die Glaubenswelt der Zeit wesentlich bestimmt. Vor allem die in der Apokalypse des Evangelisten Johannes bezeugte Vorstellung, daß die Märtyrer aufgrund ihrer Verdienste und vor allem des Martyriums, das alle Makel tilgte, schon jetzt der Gnade teilhaftig würden, im Angesichte Gottes zu weilen, während die Seelen der übrigen Verstorbenen nach einer Läuterung erst am Jüngsten Tage dazu berufen würden, hatte eine mächtige Wirkung auf die Gläubigen.[7] So suchte man sich der Interzession, der Fürbitte der Märtyrer zu vergewissern, und suchte daher einen Bestattungsplatz in der Nähe der Märtyrergräber. Dies führte zu der ausgedehnten Entwicklung der Katakomben im 4. Jahrhundert, zur Entwicklung aufwendiger Gräberzonen um die nun prächtig ausgestatteten Märtyrergräber und zum Bau der Friedhofskirchen in der Nähe der Märtyrergräber und zur Anlage von Mausoleen und Gräbern an und in diesen, den Eucharistie- und Gedächtnisfeiern für die Märtyrer geweihten Kirchen.

Die Verbindung von Märtyrer- und christlicher Totenkultstätte mit dem kaiserlichen Grabmal läßt den Kaiser bevorzugt teilhaben an dieser Verehrung. Durch diese architektonische Einbindung von Märtyrerkult und Verehrung des Kaisers hat Konstantin offenbar versucht, die traditionelle Divinisierung des Herrschers, die Erhebung des Kaisers nach dem Tode in den Kreis der Gottheiten, zu ersetzen und damit den traditionellen Kaiserkult, ein wesentliches Element der Verfassung des römischen Staates, zu verchristlichen.

Die Basilika an der *Via Labicana* dürfte, da sie offenbar unmittelbar nach der Lateransbasilika errichtet wurde, die älteste unter den zömeterialen Umgangsbasiliken sein. Die Umgangsbasilika SS. Marcellino e Pietro wäre damit das Vorbild für die übrigen kaiserlichen Stiftungen gleicher Bestimmung, die noch unter Konstantin oder seinen Kindern errichtet wurden.

DIE UMGANGSBASILIKA UND DAS MAUSOLEUM
VON TOR DE' SCHIAVI

Der Petrus- und Marcellinus-Basilika könnte der Rang, die älteste der Umgangsbasiliken zu sein, nach der Gestalt der Anlage von einem anderen Bau allerdings streitig gemacht werden, der aber archäologisch noch nicht ausreichend untersucht wurde: Vor den Toren der Stadt liegt an der Via Praenestina am dritten Meilenstein in unmittelbarer Nähe der bedeutenden Ruinen einer großen suburbanen, palastartigen Villa und eines Mausoleums, das gemeinhin „Mausoleum bei Tor(re) de' Schiavi" (Schiavi-Turm) oder auch „Mausoleum der Gordiani" genannt wird, ein Bau von ähnlichem Grundriß

und fast identischen Abmessungen wie die Petrus- und Marcellinus-Basilika, der durch Grabungen von 1883, 1958–1959 und 1986 freigelegt wurde. Mit 66 m Länge, einem 12 m breiten Mittelschiff und 6 m breiten Seitenschiffen hat die Basilika ähnliche Proportionen und weist überdies, wie die Basilika an der Via Labicana, auch die in schrägem Winkel ansetzende Fassade im Osten auf. Im Inneren wurde die Basilika ebenfalls durch Pfeilerarkaden in drei Schiffe gegliedert. Im Westen vor der aus Pfeilerarkaden gebildeten Apsis des Mittelschiffes wurde durch eine parallel zur Fassade, also schräg verlaufende Arkadenstellung, ein Presbyterium vom Mittelschiff abgetrennt.

Das mit seiner Umfassungmauer nur knapp 3 m östlich der Apsis der Basilika gelegene kuppelüberwölbte monumentale Rundmausoleum von Tor de' Schiavi, das einen inneren Durchmesser von ca. 19 m hat, wurde mit Ziegeln errichtet, die zum Teil Stempel von Ziegeleien aus tetrarchischer Zeit tragen. Allerdings geben uns diese Ziegel damit noch keinen sicheren Anhaltspunkt für die Datierung des Baues, da Ziegel mit entsprechenden Stempeln, die offenbar in den *tegularia*, Ziegelmagazinen lagerten, noch an Bauten aus maxentianischer und konstantinischer Zeit, wie den Thermen des Maxentius auf dem Palatin und den Thermen des Konstantin auf dem Viminal, verwendet wurden. Doch können wir diesem Befund so viel entnehmen, daß das Mausoleum in den ersten Jahrzehnten des 4. Jahrhunderts entstanden ist. Der monumentale Grabbau, der im Typus und in den Dimensionen den spätantiken kaiserlichen Rundmausoleen entspricht, liegt prominent und weithin sichtbar auf einer leichten Anhöhe. Er ist mit der unmittelbar östlich liegenden, mit dem Eingang nach Osten gerichteten Basilika, von der nur wenig mehr als die Grundmauern erhalten geblieben sind, weder architektonisch noch durch die eine einheitliche Ausrichtung verbunden. Mit seiner Schauseite, einer viersäuligen Portikus mit Giebelfront, wendet der Grabbau sich repräsentativ der Via Praenestina zu und dürfte die umliegenden Grabbauten mit seinen 18 m Höhe weit überragt haben. Die Arkaden von einer lichten Höhe von 2,50 m und die insgesamt 3,50 m hohen Pfeiler der Basilika zeigen, daß die Seitenschiffe in der Höhe dem Podium des Mausoleums entsprochen haben. So waren wohl beide Bauten in der Strukturierung des Aufgehenden aufeinander bezogen. Das Mauerwerk der Basilika, sogenanntes *opus listatum*, das an den Pfeilern der Basilika aus einer jeweils wechselnden doppelten Ziegel- und Tuffblockreihe besteht, ist dem anderer Basiliken gleichen Typs, wie etwa S. Agnese, in der Machart völlig vergleichbar. Dies legt ebenfalls nahe, die Entstehung des Baues in den ersten Jahrzehnten des 4. Jahrhunderts, also in konstantinischer Zeit anzusetzen.

Die Zuordnung beider Bauten, des Mausoleums und der Basilika, wenn auch nicht in gleicher Ausrichtung, so doch auf einer Achse und in kürzester Distanz von kaum 3,00 m, die bei unterschiedlichen Besitzern der Grundstücke und so bedeutenden, im wesentlichen zeitgleichen Monumenten kaum möglich wäre, macht es wahrscheinlich, daß es sich bei beiden Monumenten um Gründungen aus einer Hand, um Stifter aus der kaiserlichen Familie handelt. Leider kennen wir weder den Eigentümer des monumentalen Mausoleums noch den Namen der benachbarten kleinen Katakombe, auf die sich wohl die Basilika bezieht, noch kennen wir den Stifter der Basilika, noch wissen wir, wem sie geweiht oder welchen Märtyrern sie gewidmet war. Die historischen Quellen schweigen, und ebenso fehlt hier eine an den Ort gebundene Kulttradition, die wie bei den anderen Zömeterialbasiliken die Erinnerung an die heilige Stätte bis heute bewahrte. Da Lage und Grundrißdisposition des Gebäudes sowie die kultische Ausrichtung der Fassade nach Osten mit den übrigen Zömeterialkirchen gleicher Gestalt übereinstimmen, muß der Bau christlicher Bestimmung sein. Grabungen jüngerer Zeit haben ergeben, daß der Fußboden der Basilika wie bei den anderen Umgangsbasi-

liken dicht mit Gräbern besetzt war. Dies macht es sicher, daß dieser Bau wie auch die anderen Basiliken gleicher Gestalt der Märtyrerverehrung und dem christlichen Totenkult geweiht war. So können wir vermuten, daß auch diese Basilika mit kaiserlicher Förderung errichtet worden ist.

Die der Tempelarchitektur entlehnte Giebelportikus, die schon das Vorbild des Pantheons auszeichnete, stellt das Mausoleum von Tor de'Schiavi neben das zeitgenössische kaiserliche Mausoleum, das Kaiser Maxentius (306–312) an der Via Appia als dynastischen Grabbau errichtet hatte. Die Fensterzone mit den Rundfenstern im Kuppelansatz, die den Oculus im Zenit der Kuppel des Maxentiusmausoleums ersetzt, zeichnet den für den Totenkult bestimmten Innenraum auch im Außenbau damit besonders aus und erhöht seine Nutzung und seine Bedeutung, indem er ihn von Witterungseinflüssen freihält. Die Einführung des Obergadens, an älteren Zentralbauten, wie dem polygonalen Saal der sogenannten Gordiansvilla am selben Ort bereits vorgebildet, wird wenig später im Zusammenhang mit einer größeren Gewichtung des Innenraumes als Kultraum in den kaiserlichen Mausoleen von Tor Pignattara und S. Costanza durch die Übernahme des Obergaden-

rundbaues fortgeführt und ausgebaut. Die Giebelportikus aber macht den Grabbau von Tor de'Schiavi keineswegs zu einem paganen Grabtempel, sondern sie ist, wie die ebenfalls der Tempelarchitektur entlehnte Ringhalle des Mausoleums der Constantina, der Tochter des Kaisers Konstantin an der Via Nomentana, mit dem wir uns später beschäftigen werden, eine Aufwandsform, die dem Bau Würde, Ansehen und auch eine gewisse Weihe verleihen sollte. Als Aufwandsarchitektur, die dem Bau einen würdevollen, angemessenen Schmuck verlieh, gibt die Giebelportikus wie die Ringhalle in der spätantiken Sepulkralarchitektur nicht der Glaubenszugehörigkeit des Grabinhabers Ausdruck. Lediglich die Darstellung des thronenden Jupiter im Zenit der Kuppelmalerei, die heute verblaßt, aber auf Zeichnungen des 17. und 18. Jahrhunderts wiedergegeben ist, könnte – wenn sie denn sicher belegt wäre – gegen einen christlichen Inhaber des Baues sprechen. Da es sich aber nach der Ikonographie des Bildes nicht um ein Apotheosesymbol handeln kann, ist es wohl eher als ein Herrschaftsymbol zu deuten, das wiederum auf einen kaiserlichen Grabinhaber hinweist. So könnte dieses architektonische Ensemble einen Stifter aus der kaiserlichen Familie gehabt ha-

ben, den wir nicht näher bestimmen können und der nach den Indizien, die die Anlage bietet, wahrscheinlich Christ gewesen ist. Die lockere Zuordnung beider Monumente auf einer Achse auf engstem Raum bei verschiedener Ausrichtung – das Mausoleum zur Straße, die Basilika mit der Eingangsseite, wie in dieser Zeit üblich, nach Osten – legt nahe, daß es sich bei diesem Ensemble um eine frühe Ausgestaltung dieses Anlagentypus handelt, bei der eine enge architektonische Verbindung beider Elemente noch nicht versucht worden ist.

Die unmittelbar im Westen anschließende suburbane Villa, von der sich ansehnliche Reste erhalten haben, befand sich in der ersten Hälfte des 3. Jahrhunderts nach der nicht mit Sicherheit zu verifizierenden Angabe der Historia Augusta, einer historischen Quelle des späten 4. Jahrhunderts, wohl im Besitz der kaiserlichen Familie der Gordiani.[8] Die Villa der Gordiani, die nach der Schilderung unserer Quelle ungewöhnlich reich mit drei großen Basiliken, einer riesigen Portikus, einem Stadium mit Portiken, einem Rundtempel und anderen aufwendigen Bauten, die sich allerdings im heutigen Ruinenbestand der Villa an Tor de' Schiavi nicht identifizieren lassen, luxuriös ausgestattet gewesen sein soll, bildete in konstantinischer Zeit

25. Mausoleum und Umgangsbasilika von
Tor de' Schiavi. Blick von Osten.

zusammen mit anderem Landbesitz das kaiserliche Landgut Subaugusta, das sich zwischen der Via Latina und der Via Praenestina erstreckte. Auch diese topographische Situation weist daraufhin, daß das Mausoleum bei Tor de' Schiavi für ein Mitglied der kaiserlichen Familie erbaut worden sein wird: Imperiale Mausoleen auf großen kaiserlichen suburbanen Villenanlagen finden sich seit dem frühen 3. Jahrhundert seit Kaiser Alexander Severus und dann vor allem im 4. Jahrhundert unter Kaiser Maxentius und der konstantinischen Dynastie häufiger. Die Tatsache, daß an der Via Praenestina für die Basilika keine Märtyrernamen überliefert sind, dürfte wiederum darauf hinweisen, daß die Errichtung des Kirchenbaues in erster Linie an den kaiserlichen Besitz gebunden war und allgemein für den Märtyrer- und Totenkult der benachbarten Begräbnisstätte angelegt worden ist. Eine ähnliche Situation hatten wir bereits an der Umgangsbasilika von SS. Pietro e Marcellino angetroffen, für die erst im 6. Jahrhundert sich die Dedikation an bestimmte Märtyrer nachweisen läßt. Wahrscheinlich war der Kult in der Basilika an Tor de' Schiavi bereits zu dieser Zeit aufgegeben worden, so daß die Dedikation an einen bestimmten Märtyrer hier nicht mehr wie an der Via Labicana am Ausgang der Antike vollzogen wurde und somit die Erinnerung an die alte Kultstätte nicht die Zeiten überdauert hat, sondern im frühen Mittelalter bereits verloren gegangen ist.

Letzte Sicherheit in der Beurteilung dieser bedeutenden Anlage läßt sich erst gewinnen, wenn der Bau durch Grabungen und eine sorgfältige Bauuntersuchung erschlossen ist und damit die Bestimmung und die Erbauungszeit der Basilika sich besser erschließen lassen.

DIE BASILICA APOSTOLORUM
(S. SEBASTIANO)

Mehr als über die Basilika an der Via Praenestina wissen wir jedoch über einen anderen Bau aus der Gruppe der Zömeterialbasiliken, auch wenn der Liber Pontificalis die Basilika und ihren Stifter nicht erwähnt: Es ist die in den ältesten Quellen Basilica Apostolorum genannte Anlage an der zweiten Meile der Via Appia, die als einzige der sieben zömeterialen Umgangsbasiliken noch zum großen Teil erhalten ist. Die heutige Kirche S. Sebastiano an der Via Appia bewahrt noch weitgehend den antiken Bau unter der barocken Verkleidung. So kann uns dieser Bau, der die beiden vorgenannten in den Maßen mit 73 m Länge und 30 m Breite übertrifft, trotz der barocken Veränderungen, die die Kirche durch die Restaurierung von 1608 im Auftrag des Kardinals Scipio Borghese erfahren hat, noch heute einen Eindruck vom Aufbau, den Pro-

portionen und der Raumwirkung dieser Basiliken geben. Auch hier finden wir bei der wiederum von West nach Ost gerichteten Basilika im Osten die abgeschrägte Eingangsfront, die bereits die Basiliken an der Via Labicana und Via Praenestina auszeichnete. Durch diese und auch andere Eigenheiten schließen sich diese drei Basiliken, die sich in den Proportionen und allgemeinen Grundrißdispositionen ähneln, zu einer Gruppe zusammen, die wohl auch im gleichen Zeitraum entstand.

Unregelmäßigkeiten in der Auslegung der Basilika von S. Sebastiano, wie die ungleiche Breite der Seitenschiffe, sind wohl auf die Schwierigkeiten bei der Überbauung des stark abfallenden Geländes und der älteren Friedhofbezirke mit monumentalen Grabbauten zurückzuführen. Die Schwelle des nördlichen Tores zum Vorhof der Basilika trägt ein Monogramm, das als „Constantinus", „Constans" oder „Constantius" aufzulösen ist und somit eine Datierung in die Regierungszeit Kaiser Konstantins (312–37) und seiner Söhne Constantinus II., Constans oder Constantius II., also bis in das Jahr 361 erlaubt. Doch gibt uns damit das Jahr 361 lediglich ein Datum, vor dem die Basilika errichtet wurde. Da aber zahlreiche Gräber, die mit ihren Deckplatten den Fußboden der Kirche bilden, durch Münzfunde und Inschriften schon in die dreißiger Jahre, vor allem aber in die Jahre 340–50 zu datieren sind, müßte die Basilika bereits vor 330 bestanden haben, zumal diese Gräber sicher nicht zu den frühesten Bestattungen in der Kirche gehört haben. Somit wird die Kirche ebenfalls unter Konstantin dem Großen errichtet worden sein.

Auch das Mauerwerk spricht für diesen zeitlichen Ansatz. Es handelt sich wiederum um *opus listatum*, Mauerwerk aus Tuffquadern mit Ziegeldurchschuß, das gänzlich jener Mauertechnik entspricht, in welcher der weitläufige Komplex von Palast, Circus und Mausoleum des Kaisers Maxentius gegenüber S. Sebastiano auf der anderen Seite der Via Appia errichtet wurde. Vielleicht zog Konstantin nach der Schlacht am Pons Milvius, in der Maxentius sein Leben verlor, nach Abbruch der Arbeiten am Palast seines besiegten Gegenspielers die dort tätige Bauhütte nun zur Errichtung der *basilica Apostolorum* auf der anderen Seite der Straße heran. So wäre also auch die Apostelkirche an der Via Appia schon bald nach Konstantins Sieg an der Milvischen Brücke und vielleicht fast gleichzeitig mit der Basilika an der Via Labicana entstanden.

Andererseits hat man bis in jüngste Zeit vermutet, daß die Basilica Apostolorum schon unter Maxentius 310–312 errichtet wurde, da die Basilika und der Maxentiuspalast, der zugehörige Circus, wie der Hof des kaiserlichen Mausoleums dasselbe Mauerwerk und die gleiche Mauertechnik aufweisen und Maxentius schon vor Konstantin in seinem Herrschaftsbereich, so in der Hauptstadt Rom, eine christenfreundliche Politik betrieben hat. Wenn Maxentius der Stifter der Kirche wäre, ließe sich auch das Schweigen der kirchlichen Quellen über den Gründer dieses Baues, voran des Liber Pontificalis, leicht erklären, da nach dem Sieg Konstantins an der Milvischen Brücke kein Interesse mehr bestand, an den Gegenspieler Konstantins als Kirchenstifter zu erinnern. Doch stößt die Annahme, daß Maxentius der Erbauer der Basilica Apostolorum gewesen ist, oder sie etwa durch Schenkung des Grundstückes gefördert hat, auf Schwierigkeiten, da die legalen Voraussetzungen für die Errichtung eines solchen monumentalen, öffentlichen Kirchenbaues erst durch das Edikt von 313 gegeben waren.

Wie die beiden Basiliken an der Via Praenestina und Via Labicana ist auch die Apostelkirche eine Pfeilerbasilika, deren Seitenschiffe um das Mittelschiff, das in seiner ganzen Breite mit einer halbrunden Arkadenstellung schließt, im Osten und im Westen herumgeführt werden. Eine Querarkade grenzt wiederum wie in der Basilika der Via Praenestina vor der Apsis des Mittelschiffes eine Art Presbyterium vom Schiff ab, das nach neueren Untersuchungen wohl für privilegierte Bestattungen bestimmt war. Die Pfeilerstellungen und die Obergadenwand haben sich in der heutigen Kirche, die nur das Mittelschiff des frühchristlichen Baues einnimmt, bis unter das Dach weitgehend erhalten, ebenso Teile der Außenmauern des Umganges und der Seitenschiffe. In den restaurierten und als Museum genutzten Seitenschiffen des Ursprungbaues, an der nördlichen und südlichen Außenwand und an der Apsis ist dieser architektonische Bestand der alten Kirche heute noch gut zu sehen. Auf der Eingangsseite im Osten öffnete sich das Mittelschiff durch drei Arkaden, auf die hier umlaufenden Seitenschiffe, die eine Art Narthex bilden, während dieser vom Vorhof durch fünf Arkaden in der ganzen Breite des Baues zugänglich war. Die Kirche präsentierte sich also im Osten als offene Halle und gestattete den Zugang auch für größere Menschenmengen zur gleichen Zeit. In dieser Disposition, mit dem als Narthex vorgelagerten, umlaufenden Seitenschiff, gleicht die Apostelkirche der Via Appia der Basilika von Tor Pignattara in ihrer ersten Bauphase vor Anbau des Mausoleum

Im Obergaden der Apostelkirche befand sich ein Fenster über jeder Arkade, während die Apsis nur von zwei Fenstern am Ansatz zum Mittelschiff und zwei weiteren im Scheitel des Apsisbogens durchbrochen war. Die Seitenschiffe wurden nur von schmalen Fensterschlitzen beleuchtet, so daß das hell beleuchtete Mittelschiff mit den verschatteten Seitenschiffen und dem gering beleuchteten Apsisumgang kontrastierte. Wie wir wissen, hat der Altar der Basilika noch im 16. Jahrhundert in der Mitte des Hauptschiffes gestanden, eine für diese Zeit ungewöhnliche Lage, die eigentlich nur durch die Bewahrung einer Tradition erklärt werden kann. Daher können wir mit großer Wahrscheinlichkeit annehmen, daß der Altar der antiken Basilika sich an der gleichen Stelle befunden hat. Dies fügt sich gut zu dem, was wir über die Stellung des Altares auch in anderen frühchristlichen Kultbauten der Zeit wissen.

Einen wesentlichen Bestandteil des Baukomplexes bilden auch hier an der *basilica Apostolorum* die Mausoleen, die sich vor allem im Süden, und in geringerem Maße auch im Osten an der Front und im Norden an die Kirche anschließen. Diese Mausoleen, die offenbar wohlhabenden und einflußreichen Familien gehörten, wurden im Süden der Basilika im Laufe des 4. Jahrhunderts und an der Apsis, im Norden und an der Fassade auch noch im 5. Jahrhunderts errichtet. Das älteste und größte dieser Mausoleen, ein von einer eingezogenen Apsis abgeschlossener Saalbau, der sich mit seiner Schmalseite durch drei Säulenarkaden in das südliche Seitenschiff öffnete, befand sich in der Mitte der Südwand und wurde in einem Zuge mit der Basilika selbst erbaut, ist also im Zusammenhang mit der Errichtung der Basilika geplant und ausgeführt worden. Dieses Mausoleum nahm eine privilegierte Position ein, da es mit seiner Achse auf den Altar der Basilika in der Mitte des Mittelschiffs ausgerichtet war und somit in vergleichbarer Weise wie das kaiserliche Mausoleum an der Via Labicana sich in seiner Ausrichtung unmittelbar auf den Altar und die dort zu Ehren der Märtyrer gefeierte Eucharistie bezogen hat. Man hat nicht zu Unrecht vermutet, daß dieses Mausoleum als Grabbau für ein Mitglied der konstantinischen Familie vorgesehen war, was ebenfalls gegen Maxentius als Stifter und Erbauer der Basilika sprechen würde. Diesem Bau, der zu unbestimmter Zeit aufgelassen und gegen Ende des 4. Jahrhunderts durch zwei kleinere apsidale Mausoleen ersetzt wurde, schließt sich an der Südflanke der Basilika neben weiteren in Grundriß und Aufriß variierten Mausoleen im Osten als letztes in der Reihe ein großer Rundbau an, in dessen Fußboden sich eine Grabinschrift mit dem Jahresdatum von 349 gefunden hat[9]. So bestätigt sich durch dieses Datum wiederum die Vermutung, daß die Basilika in der Regierungszeit Konstantins erbaut wurde.

Nach Westen schließt sich ebenfalls eine Reihe Mausoleen an, von denen das letzte, fast am Apsisscheitel gelegene und Platonia genannte, unter Papst Damasus (366–384) gebaut wurde. Hierhin wurden im 5. Jahrhundert die Reliquien des heiligen Bischofs Quirinus von Siscia in Pannonien vor den Wirren der Barbareneinfälle übertragen. Dieser Grabbau zeichnet sich durch eine besonders reiche, bemalte Stuckdekoration mit figürlichen und ornamentalen Motiven aus.

Ein Atrium, als Ort der Ruhe und der Versammlung der

26. Die konstantinische Umgangsbasilika
S. Sebastiano (SS. Apostolorum). Blick von
Westen auf die Apsis.

27. S. Sebastiano (SS. Apostolorum).
Blick in den Umgang der Apsis mit den
Pfeilerarkaden des Mittelschiffes.

28a. S. Sebastiano (SS. Apostolorum).
Eingang mit dreifacher Arkade zu einem
der Mausoleen konstantinischer Zeit in der
Südwand der Basilika (um 330–340).
28b. Zeitgenössisches jonisches Kapitell der
Arkade.

Fassade im Osten vorgelagert, verband den Kirchenbau mit der Via Appia.

Warum aber, so ist zu fragen, wurde gerade an dieser Stelle die Kirche gebaut? Das nach Westen und Süden bis zu acht Meter stark abfallenden Gelände war wenig geeignet für die Errichtung eines großen Kirchenkomplexes. Für die Gründung der Basilika an dieser Stelle mußten im Westen hohe Substruktionen mit Stützpfeilern aufgeführt, das Gelände planiert und die älteren Bauten zugeschüttet werden. Durch diese Baumaßnahmen wurden eine Straße und vor allem zahlreiche ältere Gebäude aufgelassen und zerstört, die in ihrer unterschiedlichen Auslegung und Zweckbestimmung charakteristisch für die gemischte Bebauung längs der römischen Ausfallstraßen sind. Neben einer Gruppe von Ost nach West aufgereihter frühkaiserzeitlicher Grabbauten mit zahlreichen Urnenplätzen, den *Columbaria* (Taubenschläge), befanden sich hier ein ausgedehnter Komplex, der als Villa (sogenannte „Villa grande") gedeutet wird und mit Malerei und marmorner Wandverkleidung des 2. – 3. Jahrhunderts aufwendig ausgestattet war. Ein benachbartes Gebäude, die sogenannte „Villa piccola", besaß einen unterirdischen, mit schönen Malereien

des frühen 3. Jahrhunderts ausgestatteten Saal und oberirdischen Anlagen, die dem Totenkult dienten. Oberhalb der Villa befand sich ein bescheidener Platz, ausgestattet mit einer einfachen Portikus, der zur Abhaltung von Totenmahlen und Gedenkfeiern benutzt wurde; außerdem befanden sich hiernoch weitere Grabbauten. Um ein solch schwieriges, seit Jahrhunderten von zahlreichen Eigentümern unterschiedlich genutztes Gelände überbauen zu können, bedurfte es eines einflußreichen Bauherren wie den Kaiser und eines wichtigen Anlasses, die Basilika gerade an dieser Stelle zu errichten.

Die Dedikation der Basilika an die Apostel, die bis in das frühe Mittelalter lebendig war, gibt uns den ersten Hinweis auf den Anlaß, der zur Erbauung der Basilika an dieser Stelle führte. Schriftquellen aus frühchristlicher Zeit und archäologische Grabungen unter der Basilika bieten uns weitere Aufschlüsse, wenn sich auch nicht alle Fragen bis heute haben klären lassen. Ein frühchristlicher Festkalender, das Martyrologium Hieronymianum, mit einer Liste von Märtyrern, deren Bestand in das frühe 5. Jahrhundert zurückreicht, berichtet, daß am 29. Juni, an dem Tage, an dem die Kirche noch heute die Apostelfürsten Petrus und Paulus feiert, Petrus im Vatikan

und Paulus an der Via Ostiense, beide aber zusammen an der Via Appia in der Lokalität *ad Catacumbas* verehrt würden.[10] Ein älterer Festkalender von 354 vermerkt für das Jahr 258 ein Fest zu Ehren des hl. Petrus in derselben Lokalität. Der Liber Pontificalis, die Papstchronik des 6. Jahrhunderts, überliefert nun für das Pontifikat des Papstes Cornelius (251–253) eine Überführung der Gebeine der Apostelfürsten von der Örtlichkeit *ad Catacumbas* an der Via Appia zum Vatikanischen Hügel und an die Via Ostiense und erwähnt auch nochmals unter dem Pontifikat des Papstes Damasus (366–384) die Präsenz der Apostelleiber ebendort[11].

Aufgrund dieser leider widersprüchlichen Nachrichten, hat die Forschung angenommen, daß in den Zeiten der schweren Verfolgungen des 3. Jahrhunderts unter den Kaisern Decius (249–251) und Valerianus (253–60), als die Christen weder ihren Kult ausüben noch ihre Friedhöfe betreten durften, die Gemeinde die Leiber der Apostelfürsten aus ihren durch die Verfolger gefährdeten Gräbern geborgen und an einem sicheren Ort, eben *ad Catacumbas* an der Via Appia bei der heutigen Kirche S. Sebastiano, wieder bestattet hätte: Darauf führe sich der Kult für beide Apostel im Jahre 258 an die-

ser Stelle zurück, der auch nach der Rückführung der Gebeine der Apostelfürsten an ihren ursprünglichen Bestattungsort nach dem Ende der Verfolgung weiter bestanden habe. Doch stößt diese Deutung auf einige Schwierigkeiten. Gewiß waren die Verfolgungen unter den Kaisern Decius und Valerianus besonders heftig; sicherlich traf Valerians Anordnung, die Friedhöfe bei Todesstrafe nicht zu betreten, die Christen besonders hart, da die Feier des Totenkultes für den antiken Menschen, Christen wie Heiden, eine besondere Bedeutung hatte. Doch die Gräber blieben während der Verfolgungen unangetastet; sie waren nach römischer Auffassung sakrosankt, unverletzlich. Das galt auch für das Grab eines Verbrechers oder Staatsfeindes, wie die der Apostel Petrus und Paulus. Somit war also eine Überführung der Gebeine der Apostelfürsten aus ihren Gräbern an einen anderen Ort nicht nötig. Wohl aber war der Zugang zu ihnen, wie auch die Feier des Totenkultes und der Gedächtnismahle an dieser Stätte, durch die Anordnung des Kaisers verwehrt. Die Nachricht von der Verhaftung und dem Tode des römischen Bischofs Sixtus II. mit seinen Diakonen und einer großen Zahl von Gläubigen im Calixtus-Zömeterium in dieser Verfolgungszeit zeigt dies deutlich und führt uns zudem auch auf die Ursache für die Einrichtung des Kultes der beiden Apostelfürsten an der Via Appia: Da die Gräber der Apostel am Vatikan und an der Via Ostiense nicht zugänglich waren, begründete man noch während der Valerianischen Verfolgung im Jahre 258 an einem Ort, der für die Gläubigen frei zu erreichen war, einen gemeinsamen Kult für beide Apostel.

Warum man aber den Kult gerade an der Via Appia *ad Catacumbas* einrichtete, läßt vielleicht die Überlieferung der apokryphen Apostelakten erkennen, deren legendäre, wohl auf das 2. Jahrhundert zurückgehende Erzählung davon spricht, daß dort die beiden Apostelfürsten gewohnt hätten. Diese Tradition dürfte auch das Epigramm wiedergeben, das Papst Damasus (366–384) in der Basilika in einer monumentalen Inschrift zu Ehren der Apostel anbrachte: *Hic habitasse prius sanctos conoscere debes* (Hier, solltest du wissen, haben die Heiligen einst gewohnt) beginnt dieses Gedicht, das durch seine Formulierung erkennen läßt, daß ein Kultmahl oder Grabmal der Apostel nicht vorhanden war, an das die Verehrung der Gläubigen hätte anknüpfen können, sondern daß es sich um eine an den Ort gebundene Überlieferung handelte.[12] Die in den Putz gekritzelte Inschrift *domus Petri* in einem der Mausoleen des 4. Jahrhunderts an der Südwand der Basilika scheint ebenfalls zu bestätigen, daß diese Legende wenigstens im 4. Jahrhundert lebendig war und vielleicht die Verlegung des Kultes der Apostelfürsten schon während der Valerianischen Verfolgung gerade an diese Stelle bewirkte.

Die archäologischen, durch Grabungen erschlossenen Zeugnisse stehen mit unserer Deutung im Einklang. An keinem Ort unter oder bei der Kirche wurde eine Stelle gefunden, die als die Grabstätte der Apostelfürsten mit einigem Recht hätte bestimmt werden können. Zudem hätte man auf eine solche Örtlichkeit sicherlich bei der Anlage der Basilika Rücksicht genommen, wie man ja die Gräber Petri und Pauli in die ihnen geweihten Basiliken als verehrungswürdige Stätten sichtbar einbezog. So läßt auch der archäologische Befund vermuten, daß sich an dieser Stelle keine Gräber befanden. Dagegen entdeckte man bei den Grabungen unter der Kirche eine bescheidene Gedenkstätte für die Apostel, die durch die Basilika überbaut und damit unzugänglich wurde. Offenbar sollte die Basilika die ältere, allzu bescheidene Anlage auch in ihrer Funktion ersetzen. Diese Stätte, die wir oben schon kurz erwähnt haben, bestand aus einem kleinen Hof, an dem ein Mausoleum lag, sowie zwei von Pfeilern gestützte, kleine Portiken. Die Rückwand der größeren *Portikus*, der von den Archäologen „Triclia" genannten Anlage, war mit Gartenmotiven ausgemalt. Das von den Grundmauern der Basilika überbaute Mausoleum ist ein privates Mausoleum,

dessen Eigentümer kaum Christen waren. Jedenfalls ist von den vier Sarkophagen, die man in dem Mausoleum fand, einer mit der ausgesprochen paganen Darstellung des Mythos vom Raub des Götterlieblings Ganymed durch den Adler des Zeus geschmückt, während die anderen keinerlei christliches Symbol oder christliche Inschrift tragen. Die Marmorsärge des Mausoleums sind im späten 3. bzw. frühen 4. Jahrhundert entstanden.

Während also zu dieser Zeit an dem kleinen, offenbar allgemein zugänglichen und für Totenfeiern genutzten Platz Heiden ein Mausoleum errichteten, gedachten nur wenige Schritte entfernt Christen in der einfachen Pergola der Apostelfürsten, wie rund sechshundert bescheidene, ungelenk in den Putz der Rückwand eingeritzte griechische und lateinische Inschriften, sogenannte Graffiti, beweisen, die in Gebetsanrufungen an die beiden Apostel Petrus und Paulus von *refrigeria* (Erfrischungs- und Gedächtnismahlen) zu Ehren der Toten sprechen. Eine der Ritzinschriften auf der Wand der Pergola scheint die Jahreszahl 260 zu nennen. Eine weitere Inschrift in einem tiefer liegenden Grabbau, der mit anderen bei der Anlage des Hofes zugeschüttet und überbaut wurde, ist in das Jahr 238 datiert. Somit ist der Kult für die Apostel in der Triclia zwischen 239 und 260 entstanden. Durch diesen archäologischen Befund erfährt das von den spätantiken kirchlichen Festkalendern überlieferte Datum von 258 eine schöne Bestätigung. Diese Märtyrergedächtnisstätte war sehr bescheiden. Sie entspricht damit dem Gedächtnismal am Vatikan und wohl ebenso dem an der Via Ostiense. An diesen Gedächtnisfeiern konnten sicherlich nur kleine Gruppen teilnehmen, da die Portikus gar nicht mehr Raum bot. Die Umwelt nahm von diesem Kult, da er über keine eigenen Baulichkeiten und Einrichtungen verfügte, wenig Notiz. Auch in den angrenzenden Gebäuden, von denen die sogenannte „kleine Villa" ebenfalls der Abhaltung des Totenkultes und der Gedächtnismahle für die in den benachbarten paganen Grabbauten Bestatteten diente, ging das Leben weiter. Hier wurden in der „Villa grande" noch im frühen 4. Jahrhundert die Wandmalereien in den Wohnräumen erneuert: Ein weiteres Indiz dafür, daß die Basilika darüber nicht in der Zeit des Maxentius errichtet wurde und der christliche Kult sich nur bescheiden zwischen die bis in konstantinische Zeit fortbestehenden Baulichkeiten des Gräberbezirkes einnistete. So wird auch verständlich, daß man beim Bau der konstantinischen Basilika diese Stätte zerstörte und unzugänglich machte, da die monumentale Basilika, in der nun der Kult der Apostel fortgeführt wurde, an ihre Stelle trat. Noch ein weiteres Indiz weist auf die Entstehung der *basilica Apostolorum* in den Anfängen der konstantinischen Herrschaft hin: Das konstantinische Siegeszeichen aus der Zeit der Schlacht an der Milvischen Brücke, das Christusmonogramm, das zu einem verbreiteten christlichen Symbol in konstantinischer Zeit wird, fehlt noch unter den Kritzeleien der christlichen Besucher der Triclia. Die Gedächtnisstätte muß also bald nach dem Beginn der konstantinischen Herrschaft von der Basilika überbaut worden sein.

In den Fundamenten der Umfassungsmauern der Kirche, vor allem in den tief herunterreichenden Grundmauern am westlichen Abfall des Geländes, wurden beim Bau bereits Grablegen, sogenannte *loculi* aufgemauert. Zusammen mit den in einem rationellen, platzsparenden System angelegten Bodengräbern, die häufig in mehreren Schichten den gesamten Raum der Basilika bedecken, zeigen sie, daß die Basilika von vornherein für Bestattungen am Ort der eucharistischen Gedächtnisfeiern errichtet worden ist und daß man bemüht war, Raum für möglichst viele Grabplätze bereitzustellen. So bestätigt sich auch hier die bereits an der Basilika der SS. Pietro e Marcellino gewonnene Erkenntnis, daß die für einen Kirchenbau ungewöhnliche Gestalt der Umgangsbasilika wohl durch die Funktion und die Bedürfnisse des privaten und öffentlichen christlichen Gedächtniskultes bestimmt worden ist.

Beachtenswert ist, daß auch an der Via Appia der Kaiser als Stifter der Anlage auftritt, wie das Monogramm auf der Schwelle der Tür des Vorhofes bezeugt. Die Basiliken an der Via Praenestina und der Via Labicana sind auf kaiserlichem Grund errichtet worden. An der Via Appia lag der kaiserliche Palast mit Circus und dem dynastischen Mausoleum des Maxentius der Apostel-Basilika gegenüber auf der anderen Seite der Straße. Gräber von Sklaven und Freigelassenen des Kaisers Trajanus (98–117) und anderer Augusti, die das Recht besaßen, sich auf kaiserlichem Boden bestatten zu lassen, haben sich in dem paganen, aufgelassenen Friedhof unter der Basilika gefunden. Sie lassen darauf schließen, daß der Kaiser über das Gelände auf dieser Seite der Straße ebenfalls das Verfügungsrecht besaß. So könnte auch hier der Anlaß für die Errichtung der Basilika in der Tatsache zu suchen sein, daß der Kaiser hier über Besitz verfügte und so die Stätte für den Gedächtniskult der Märtyrer und dem damit verbundenen Totenkult für die dort Bestatteten mit einem Mausoleum des Stifters verbunden werden konnte, wie es in ähnlicher und eindrucksvollerer Weise auch an der Via Labicana geschah.

Wem dieses Mausoleum gehört hat, wissen wir allerdings nicht. In der jüngeren Forschung ist die Vermutung aufgestellt worden, daß Fausta, die Frau Konstantins, die auf Münzlegenden mit dem Titel *nobilissima femina* ausgezeichnet ist, hier hätte bestattet werden sollen, und daß nach ihrer Hinrichtung wegen Ehebruchs im Jahre 326, der Grabbau nicht benutzt und aufgelassen worden sei. Diese interessante Deutung des archäologischen Befundes läßt sich jedoch nicht erhärten.

Der Bau der Basilika, die als monumentaler Schrein für den Gedächtniskult der Apostel gedacht war, ist somit religionspolitisch von größter Bedeutung. Der bisherige bescheidene christliche Kult, für den nicht einmal ein eigenes Gebäude zur Verfügung stand, wurde aufgewertet: Die große Basilika gibt diesem Kult nun einen monumentalen Rahmen und verleiht ihm einen öffentlichen, repräsentativen Charakter. So erwähnt denn auch Ambrosius in seinem Hymnus auf die Apostel Petrus und Paulus die Kultstätte an der Via Appia neben denen am Vatikan und an der Via Ostiense[13].

Mit der wachsenden Bedeutung der Gedächtniskulte für die Apostelfürsten Petrus und Paulus in den großen kaiserlichen Basiliken über ihren Gräbern am Vatikan und an der Via Ostiense verblaßt allmählich im Frühmittelalter der Kult für die beiden Apostel an der Via Appia und wird gegen das 8. Jahrhundert in der Weihung der Kirche an den hl. Sebastianus, den in der Katakombe unter der Kirche bestatteten Märtyrer diokletianischer Zeit, ersetzt. Der Kult des hl. Sebastianus, der große Verehrung genoß, hat den Erhalt der Kirche, wenn auch in veränderter Gestalt, bis in unsere Zeiten gesichert: Papst Sixtus III. (432–440) fügte dem Komplex ein Kloster hinzu, das für die Pflege des Kultus zuständig war und noch im 9. Jahrhundert unter Nikolaus I. (858–867) erneuert wurde.

DIE BASILIKA VON S. AGNESE
UND DAS MAUSOLEUM DER CONSTANTINA AUGUSTA
(S. COSTANZA)

Zwei Kilometer vor der Aurelianischen Mauer liegt an der Via Nomentana im Nordosten Roms neben einer kleineren älteren christlichen Katakombe eine weitere Basilika des Umgangstypus. Von ihr haben sich, seit sie im Frühmittelalter verfiel, die eindrucksvollen Reste der im Westen auf hohen Substruktionen gegründeten Außenmauern der Apsis und der südlichen Seitenschiffwand erhalten. Weil sie diese ungewöhnliche, vom geläufigen Typus eines basilikalen Kirchenbaues abweichende Gestalt hat und zwischen den Mauern zahlreiche Gräber aus frühchristlicher Zeit gefunden wurden, galt und gilt die Ruine bis in die jüngste Zeit immer wieder als Ruine eines ungedeckten, von Säulenhallen gesäumten Friedhofbezirkes. Die nach dem Zweiten Weltkrieg durch Grabungen an der Via Labicana und der Via Praenestina freigelegten Grundrisse zweier Bauten des gleichen Typus, mit denen wir uns bereits beschäftigt haben, und die noch weitgehend erhaltene Basilika von S. Sebastiano, ließen aber die Ruinen an der

Via Nomentana in der Nähe der heutigen, im frühen 7. Jahrhundert unter Papst Honorius I. erbauten Agneskirche ebenfalls als Reste einer großen Umgangsbasilika erkennen. Grabungen im Inneren der Ruine bestätigten diese Auffassung und zeigten, daß es sich bei der Basilika an der Via Nomentana, die mehr als 98 m Länge und 40 m Breite maß, um die größte der bekannten Umgangsbasiliken handelt. Zweifellos ist auf diese Kirche die Nachricht des Liber Pontificalis zu beziehen, daß Kaiser Konstantin auf Bitten seiner Tochter eine Basilika zu Ehren der Märtyrerin Agnes habe errichten lassen.[14] Diese im 6. Jahrhundert überlieferte Tradition wird durch die handschriftlich überlieferte Kopie der Weiheinschrift der Basilika präzisiert, die in den für uns hier wichtigen Partien lautet:

Constantina Deum venerans Christoque dicata
Omnibus impensis devota mente paratis
Numine divino multum Christoque iuvante
Sacravit templum vitricis virginis Agnes
Templorum quod vincit opus terrenaque cuncta
Aurea quae rutilant summi fastigia tecti
Nomen enim Christi celebratur sedibus istis

...

Dignum igitur munus martyr devotaque Christo
Ex opibus nostris per saecula longa tenebris

„Constantina, die Gott und Christo ergeben ist, hat in aller Demut sämtliche Ausgaben (für diesen Bau) übernommen und – dank göttlicher Erleuchtung und Christi Hilfe – der siegreichen Jungfrau Agnes dieses Heiligtum (*templum*) geweiht, welches Werk sogar alles irdische Gold der Tempel übertrifft, das die Giebel des höchsten Daches erstrahlen läßt: Denn Christi Name wird an dieser Stätte gefeiert... (Das ist) also ein würdiges Geschenk, Märtyrerin und Dienerin Christi, (gestiftet) aus unserem Vermögen das du für lange Jahrhunderte besitzen wirst".[15]

In dieser Inschrift wird also nicht der Kaiser, sondern seine Tochter Constantina als Stifterin der Kirche genannt. Zweifellos werden wir dieser authentischen Quelle folgen können, zumal auch die historischen Gegebenheiten für die Aussage der Weiheinschrift sprechen. Constantina, die älteste Tochter Konstantins des Großen, heiratete 335 ihren Vetter Hannibalianus, den König von Pontus und Kappadokien. Nach der Ermordung ihres Mannes kehrte sie 337 nach Rom zurück. Im Jahre 351 heiratete sie ihren Vetter Constantius Gallus, der im selben Jahre zum Caesar des Ostens erhoben wurde, und ging mit ihm in die Residenzstadt Antiochia in Syrien. Im Jahre 354 starb sie in Bithynien auf der Reise zu ihrem Bruder Constantius nach Rom und wurde, wie der Historiker Ammianus Marcellinus berichtet, nach Rom überführt und auf dem kaiserlichen

Gut vor den Toren der Stadt an der Via Nomentana bestattet.[16]

Constantina dürfte in den Jahren ihrer Witwenschaft, als sie zwischen 337 und 351 in Rom weilte, auf dem kaiserlichen Landgut an der Via Nomentana die Basilika zu Ehren der hl. Agnes gestiftet haben. Über diese Märtyrerin, die dort in der Katakombe bestattet war, haben wir wiederum nur wenig historisch verbürgte Nachrichten. Ihr Kult gewann jedoch, wie wir den zeitgenössischen Quellen entnehmen können, in jener Zeit an Bedeutung. So fühlte sich die Prinzessin offenbar bewogen, diesem Kult und den Gedächtnisfeiern für die Märtyrerin durch die Stiftung der Basilika eine würdige Stätte zu stiften. Analog zu der Situation an der Via Labicana lag auch diese große Umgangsbasilika, deren Apsis auf dem nach Westen steil abfallenden Gelände durch mächtige Substruktionen gestützt werden mußte, abseits vom Märtyrergrabe, mit dem sie vom Atrium her durch eine große Treppe verbunden wurde. Die hohen Substruktionen, die im Westen aufgeführt werden mußten, um die große Basilika auf dem begrenzten Bauplatz aufzurichten, belegen die Bedeutung, die die Bauherrin diesem Bau zugemessen hat.

Grabungen in den letzten Jahre haben ergeben, daß im Verbund mit der Südmauer der Basilika ein kleeblattförmiges Mausoleum errichtet worden ist, das ganz offensichtlich als Grablege für die Kaisertochter bestimmt war, die damit Anteil an den Fürbittgebeten zu den Märtyrern und Segen für ihr Seelenheil erlangen wollte. Dieses Mausoleum von aufwendiger Gestalt aber mit 10 m lichter Weite von verhältnismäßig geringen Abmessungen muß jedoch wenig später durch das große, heute noch bestehende Mausoleum ersetzt worden sein, das mit seiner biapsidalen Vorhalle an die Mauer der Basilika angebaut wurde. In diesem repräsentativen Mausoleum, das sich bis heute erhalten hat, da es im Frühmittelalter in eine Kirche umgewandelt wurde, wurden im Jahre 354 Constantina und später im Jahre 360 nach der Aussage des Historikers Ammianus Marcellinus auch ihre Schwester Helena bestattet.[17] Helena hatte 355 ihren Vetter, den Caesar Flavius Iulianus, den späteren Kaiser und Nachfolger des Constantius II., geheiratet. So ist es wahrscheinlich, daß das neue, größere und prächtigere Mausoleum, das in seiner Gestalt einen fortgeschrittenen, entwickelteren Typus des kaiserlichen Rundmausoleums vertritt, gegen Mitte der fünfziger Jahren errichtet worden ist, um als dynastisches Mausoleum die sterblichen Reste mehrerer Mitglieder des Kaiserhauses aufzunehmen.

So bietet sich auch hier an der Via Nomentana im Nordosten der Stadt wiederum die gleiche Situation, die wir schon bei den anderen Zömeterialbasiliken angetroffen hatten: Eine große, auf kaiserlichem Besitz errichtete Umgangsbasilika wird durch Mitglieder der konstantinischen Familie in der Nähe

von Katakomben mit Märtyrergräbern oder – wie an der Via Appia unter S. Sebastiano – über einer Stätte der Märtyrerverehrung errichtet. Ein der Basilika angeschlossenes repräsentatives Mausoleum, das die Teilhabe an dem Märtyrerkult an privilegierter Stelle sichert, dient den Mitgliedern der kaiserlichen Familie als Grablege. Wie in den anderen Umgangsbasiliken bedecken auch in der Agnesbasilika, wie die jüngsten Ausgrabungen erwiesen haben, planmäßig angelegte, den verfügbaren Platz rational ausnutzende, dicht an dicht liegende Gräber in mehreren Schichten übereinander den Boden der Basilika. So zeigt sich auch hier in dieser bereits dem zweiten Viertel des 4. Jahrhunderts angehörenden Zoemeterialbasilika durch die völlige Belegung des Kirchengebäudes mit Gräbern wiederum das Bestreben der Gläubigen, in der Folge des im 4. Jahrhunderts immer stärker um sich greifenden Märtyrerkultes in der Nähe der Glaubenszeugen, an dem durch die Eucharistiefeier geweihten Ort bestattet zu werden, um der Fürbitte der Heiligen teilhaftig zu werden. Die Bestätigung dafür, daß diese Basilika vornehmlich eucharistische Kultstätten waren, bietet die schon zitierte Weiheinschrift der Agnesbasilika. Diese Kirche diente gleichermaßen der Feier der Christus dargebrachten Eucharistie und dem Märtyrer-Gedächtniß.

Im Aufbau glich die Agnesbasilika weitgehend der Kirche S. Sebastiano. Als Mauerwerk verwendete man hier wie dort *opus listatum*, alternierende Schichten von Tuffsteinen und Ziegeln, eine im 4. Jahrhundert beliebte, da wirtschaftliche Mauertechnik. Man sparte so an den in Herstellung und Verarbeitung teuren Ziegeln, ohne daß die Festigkeit des Mauerwerkes gegenüber der herkömmlichen Ziegelbauweise wesentlich beeinträchtigt wurde. In dieser rationellen Bauweise liegt auch der Grund für die erstaunlich kurzen Bauzeiten dieser Großbauten in der konstantinischen Zeit. Waren Grundrißdisposition, Aufbau, Proportionen sowie Mauertechnik und Ausrichtung den älteren Umgangsbasiliken gleich, so unterschied sich jedoch die Agnesbasilika in anderer Hinsicht von ihren Vorgängerbauten. Mit ihren wesentlich größeren Ausmaßen setzte sie sich von der Gruppe der älteren Umgangsbasiliken ab. Auch die schräg ansetzende westliche Fassade ist

30. Umgangsbasilika S. Agnese. Blick in die Apsis nach Westen.

31. Umgangsbasilika S. Agnese. Die südliche Seitenmauer der Basilika mit dem anschließenden Mausoleum der Constantina Augusta.

hier aufgegeben. Zudem ergaben Grabungen, daß die Stützenreihe im Inneren – Säulen oder Pfeiler – welche die Seitenschiffe und den Apsisumgang vom Mittelschiff trennte, im Westen am Ansatz des Umgangsbogens eingezogen war. Dieser Raumteil war damit also vom Schiff abgesetzt. Hierin können wir eine Fortentwicklung der Grundriß- und Aufrißdisposition erkennen, die eine stärkere Artikulierung und Akzentuierung des apsidalen Bereiches bezweckte und die damit diesen Teil des Bauwerkes besonders gewichtete. Pfeilervorlagen am Ansatz des Apsisbogens lassen einen Triumphbogen und wohl auch eine Einwölbung der Apsis erschließen.

Ein schmalerer, nur im Fundament erhaltener Einbau innerhalb des Westteiles des Mittelschiffes, der den Verlauf der Fundamentmauer der Arkadenwand mit der eingezogenen Apsisrundung wiederholte, konnte bei den Grabungen in seiner Ausdehnung nach Osten nicht verfolgt werden. Nach Form und Ausdehnung der Anlage dürfte es sich um eine Fundamentierung für Chorschranken handeln, die den Klerus im Presbyterium gegenüber der Gemeinde absonderten. Interessant ist jedenfalls, daß diese Basilika somit wohl bereits feste Einrichtungen für Liturgie und Kult hatte, wie sie auch schon die Lateransbasilika aufwies.

Anders als die Basilica Apostolorum, heute S. Sebastiano, die in den Außenmauern des Umganges und der Schiffe nur schmale Lichtschlitze besaß, hatte die der hl. Agnes geweihte große Halle eine dichte Folge von rechteckigen Fenstern, die die Seitenschiffe und den Apsisumgang erhellten. Im Westen, im Scheitel der Apsis, öffnete sich zudem ein großes Rundfenster. So war also hier im Gegensatz zu der *basilica Apostolorum* das Innere des dreischiffigen Baues einschließlich der Seitenschiffe hell durchleuchtet, ein für die Raumgliederung und Raumwirkung nicht zu unterschätzendes Faktum. Während in S. Sebastiano durch die Belichtung aus dem Obergaden allein das Mittelschiff als Raum in Erscheinung trat, Umgang und Seitenschiffe aber hinter den massiven Pfeilerstützen der Obergadenwand in dämmrigem Dunkel lagen, konnte das Auge die Agnesbasilika in ihrer ganzen Ausdehnung und in ihrer Raumgliederung erfassen; denn durch die Fenster der Außenwände lag das Innere in hellem Licht und waren die Wände als Raumgrenzen sichtbar. Ob die Durchfensterung der Seitenschiffwände in S. Agnese etwa mit der kultischen Nutzung des Umgangs zusammenhängt, oder ob sie im Zusammenhang mit der schon beobachteten stärkeren Durchgliederung des Baues gegenüber den älteren Umgangsbasiliken steht, läßt sich

72

nicht entscheiden, da sich bis auf S. Sebastiano der Aufbau der übrigen Umgangsbasiliken konstantinischer Zeit nicht erhalten hat. Wie dem auch sei, in den Dimensionen, die die Maße der bisher genannten Umgangsbasiliken erheblich überschreiten, in der stärker artikulierten Grundrißdisposition und auch im Aufbau erweist sich die Stiftung der Kaisertochter Constantina als ein entwickelterer, jüngerer Typus der Umgangsbasilika.

Das an das südliche Seitenschiff der Basilika angebaute Mausoleum, das heutige S. Costanza, blieb von dem Baukomplex des 4. Jahrhunderts allein weitgehend erhalten. Das Mausoleum hat zudem noch große Teile seines Schmuckes und seiner Ausstattung, wenn auch in einem stark restaurierten Zustand, bewahren können. Der Bau ist durch eine biapsidale Vorhalle an das südliche Seitenschiff der Basilika angeschlossen. Außen umgab das Mausoleum eine gewölbte, auf Säulen ruhende Ringhalle, die mit dem Inneren nicht in Verbindung stand, also lediglich ein aufwendiger Schmuck des Außenbaues war. Die Verwendung dieses Elementes, das uns auch an anderen repräsentativen römischen Rundmausoleen des 3. und 4. Jahrhunderts begegnet, und das letztlich auf die Ringhallen klassischer Tempel zurückzuführen ist, dürfte ein Zei-

chen besonderen Aufwandes sein, das dem Bau eine Würde und Weihe verleihen sollte, wie die ebenfalls der Tempelarchitektur entlehnte Giebelportikus anderer, allerdings freistehender kaiserlicher Mausoleen des 4. Jahrhunderts, wie etwa das des Maxentius an der Via Appia oder der schon besprochene Rundbau von Tor de' Schiavi an der Via Praenestina. Hier an dem Mausoleum der Constantina, das sich an die Außenmauer der Agnesbasilika anschloß, mußte die Giebelportikus durch die Säulenringhalle ersetzt werden.

Dieser aufwendige Rundbau, der im Liber Pontificalis um 865 bereits als Kirche S. Costanza angeführt wird, ist sicher nicht mit dem in der wenig vertrauenswürdigen Nachricht des Liber Pontificalis über die Stiftung der Agneskirche auch erwähnten Baptisterium zu identifizieren, sondern wurde, zumal sich bei Grabungen weder ein Becken noch auch hydraulische Anlagen unter dem Bau gefunden haben, zweifelsohne als Mausoleum Constantinas errichtet.

Zum ersten Mal in der kaiserzeitlichen und spätantiken Architektur Roms finden wir hier an diesem Bau die für die Raumdisposition und Raumwirkung der Zentralbauten in der Folgezeit so wichtige Gliederung des Zentralbaues in einen

73

32. S. Costanza. Inneres des Mausoleums der Kaisertöchter Constantina Augusta und Helena. Blick nach Süden.

34. S. Costanza. Mosaiken des Umgangs
am Eingang.

33. S. Costanza. Inneres des Mausoleums.
Blick nach Süden.

35. S. Costanza. Mosaiken des westlichen
Umgangs, südliche Hälfte.

zentralen Raum und einen durch eine Stützenreihe getrennten Umgang. 24 paarweise angeordnete Säulen tragen über kurzen, wie Kämpfer verwendeten Architravstücken die Arkaden, auf denen der hohe, von großen Fenstern durchbrochene Tambour mit der Kuppel ruht. In die Mauer des von einem Tonnengewölbe überdeckten Umganges sind zwölf kleine Nischen in den Diagonalen, halbrunde und Rechtecknischen im Wechsel, und vier große Nischen in den Achsen des Gebäudes eingetieft, rechteckig in der Achse des Einganges, halbrund in der Nebenachse. Kleine, unterschiedlich breite Fenster im Ansatz des Tonnengewölbes beleuchteten nur mäßig den Umgang, der sein Licht im wesentlichen aus dem hell er-

leuchteten Zentralraum erhält, in dem sich über jeder Arkade in dichter Folge je ein großes Fenster befindet. Wir haben hier also eine ähnliche Disposition der Belichtung, wie sie schon bei der Umgangsbasilika an der Via Appia festzustellen war. Mit einer Basilika läßt sich in der Tat der Aufriß von S. Costanza vergleichen: Mittelschiff mit Obergaden und niedrig-

eren Seitenschiffen, nur daß hier alle Raumteile dem Zentralbau angepaßt und von Gewölben überdeckt sind. Es kam wohl nicht von ungefähr, daß diese neuartige Strukturierung eines Zentralbaues, den eine Stützenreihe in einen zentralen Hauptraum mit Umgang gliedert, in jener Zeit auftrat. Das Mausoleum der Constantina entwickelte und differenzierte auf

der Grundlage der in der kaiserzeitlichen Architektur bereits angelegten Voraussetzungen, für die das Pantheon mit seinen großen Nischen hinter den eingestellten Säulen bereits ein Beispiel ist, den im frühen 4. Jahrhundert für kaiserliche Mausoleen charakteristischen monumentalen zentralisierten Rundbau, der durch in die Mauer eingetiefte Nischen im Inneren gegliedert und gleichsam erweitert wurde, nun zu einem mehrräumigen Bau. Das bereits besprochene große, der Kaiserin Helena gehörende Rundmausoleum an der Basilika SS. Pietro e Marcellino, das mit dieser einen einheitlichen Baukörper bildete und sich mit Sockelgeschoß und hohem, von Fenstern durchbrochenen Obergaden, der Basilika in der Struktur gleichsam anpaßte, bildete eine weitere wichtige Vorstufe zu dem weiter entwickelten und mehrräumig strukturierten Bau-

typus des Mausoleums der Constantina. Ein anderer von Konstantin errichteter Zentralbau, der zeitlich S. Costanza vorangegangen ist, hatte offenbar eine ähnliche Struktur wie das
Mausoleum. Es handelt sich um das als Bischofskirche in Antiochia vom Kaiser gestiftete Oktogon, also ein achteckiger
Kultbau, der einen Zentralraum mit Umgang besaß und um
die Anastasis über dem Grab Christi in Jerusalem.[18]

Wie die Anlage der mehrschiffigen Basilika zeigt, bedurfte
man für die Ausübung der christlichen Liturgie eines zentralen Festsaales und begleitender Nebenräume, der Seitenschiffe, für Prozessionen und als Bewegungsräume für den Zugang der Gemeinde zum Mittelschiff. Die Bischofskirche von
Antiochia entsprach als mehrräumiger Zentralbau diesem
kultischen Bedürfnis ebenso wie das an die Basilika der hl.

Agnes angeschlossene Mausoleum der Constantina den entsprechenden Raum für die Totenkultfeiern und wohl auch, wie im Mausoleum der Helena, für die Feier der Eucharistie bot. Doch dürfen wir sicher auch nicht vergessen, daß die Aufgliederung des Inneren dieser Zentralbauten in Räume, die durch Kolonnaden getrennt wurden, nicht nur eine praktische Zweckbestimmung gehabt hat, sondern daß sie auch eine bewußt eingesetzte Aufwandsform gewesen ist, die dem Bau in der Raumgliederung einen größeren visuellen Reichtum und auch eine beträchtliche ästhetische Qualität verliehen hat.

In dieser bedeutenden, zukunftsweisenden Gestalt des Baues und in der damit übereinstimmenden überlegten und differenzierten Verwendung der Baumotive und des Bauschmuckes zeigt sich der beachtliche Rang und die architektonische Qualität des Mausoleums der Constantina. Die Einführung der Kolonnaden als Träger des von einer massiven Kuppel überwölbten Tambours führt zur Schöpfung neuer

Baumotive: Koppelung der Säulen und Schaffung des kämpferähnlichen, kurzen Architravblockes, der einen gemauerten Bogen trägt und so organisch zwischen Säulenstütze und aufgehender Wand vermittelt. Dieser Block tritt hier zum ersten Mal auf, gleichsam ein reduzierter traditioneller Architrav, der den zwischen Säule, Kapitell und Wand vermittelnden Kämpfer sowie das Kämpferkapitell der ausgehenden Antike und des frühen Mittelalters vorbereitet. Hierin zeigt sich ein Charakteristikum der spätantiken Architektur: Die traditionellen Bauglieder und Formen leben als Bestandteile der Baustruktur oder umgestaltet als ornamentale Aufwandsformen fort.

Der Raumgliederung des Zentralbaues ist zudem eine dem Eintretenden kaum wahrnehmbare Kreuzachse als weiteres gliederndes Element eingeschrieben. Die durch den Eingang bestimmte Hauptachse des Baues ist durch zwei große Rechtecknischen in der Ringmauer ausgezeichnet. Ihr ist die Querachse mit zwei großen Halbrundnischen untergeordnet. Die diesen Achsen entsprechenden Interkolumnien der Kolonna-

39. S. Costanza. Das Gewölbe des östlichen Umgangs mit dem Weinlesemosaik in der Nebenachse des Rundbaues.

de sind verbreitert und die Arkaden dementsprechend höher. Säulenschäfte von rotem Granit betonen überdies die Kreuzachsen. Tendenzen zu einer kreuzförmigen Gliederung finden sich zwar auch schon in Zentralbauten der kaiserzeitlichen Architektur, doch dürfte die überlegte und nachhaltige Verwendung dieses Motivs im Mausoleum der Constantina doch wohl als ein bewußter Hinweis auf das christliche Symbol zu verstehen sein, das in konstantinischer Zeit eine zentrale Bedeutung gewinnt.

Der Gliederung und Abstufung des Baues – in den belichteten Zentralraum und den untergeordneten, niedrigeren, schwach beleuchteten Umgang, denen zudem die Kreuzachsen in der Kolonnnade und in der Nischenfolge eingeschrieben sind – entspricht die Disposition der Dekoration: So sind größere, qualitätsvollere Kompositkapitelle an der inneren, kleineren Kompositkapitelle aber an der äußeren Säulenstellung zum Umgang hin verwendet. Die Kapitelle des inneren Stützenkranzes sind im 1. Jahrhundert, die äußeren in severischer

Zeit geschaffen worden; sie sind alle älteren, nicht mehr genutzten Bauten entnommen und hier wiederverwendet worden. Wenn diese Kapitelle auch als sogenannte Spolien eingesetzt worden sind, so zeigt sich in ihrer Verwendung doch eine eigentümliche Nachlässigkeit. Die häufig nicht ausgearbeitete ursprüngliche Rückseite der severischen Kompositkapitelle ist sorglos in die Ansicht gestellt, und in der Außenreihe nahe des Eingangs ein nicht zugehöriges, einzelnes korinthisches Kapitell eingesetzt, da offensichtlich der zur Verfügung stehende Bestand an einheitlichen Kompositkapitellen nicht ausreichte. Zudem ist eine abgestufte Bewertung, wie sie durch die Verwendung größerer und reicher geschmückter Kapitelle neben kleineren Stücken gegeben ist, der klassischen Architektur der Kaiserzeit in dieser Form fremd. Eine solche hierarchische Abstufung erfahren aber auch die Raumachsen, wie wir bereits gesehen haben: Durch erweiterte Interkolumnien und rechteckige große Nischen ist die Hauptachse betont, die den Eingang mit der gegenüberliegenden Nische verbindet, in der

wohl der große Porphyrsarkophag der Constantina gestanden hat. Demgegenüber tritt die Querachse, bestimmt durch halbrunde Nischen und schmalere Interkolumnien, zurück.

Auch der Mosaikschmuck des Umganges, der in Teilen allein von der ausgedehnten Dekoration des Mausoleums mit kostbarer Marmorinkrustation und Mosaiken erhalten blieb, folgt wiederum der differenzierenden und abstufenden Anlage des Baues und seiner Raumteile: Der Umgang mit seinem traditionellen geometrischen Schmuck, der stark restauriert ist, aber in seinem Bestand durch originale Reste gesichert ist, tritt gegenüber den zerstörten figürlichen Mosaiken der Hauptnische und des darüber liegenden Lichtschachtes, der uns nur bruchstückhaft durch einige alte Zeichnungen bekannt ist, und den figürlichen Mosaiken in den Kalotten der Nischen der Nebenachsen zurück. Den Interkolumnien der zentralen Kolonnade entsprechend ist der Mosaikschmuck des Umgangs in Felder aufgeteilt, die in ihrem geometrischen Schmuck einander in den im Osten und Westen gegenüberliegenden Feldern entsprechen. Dem geometrischen Dekor untergeordnete traditionelle Genremotive der römischen dekorativen Kunst, wie Genien, Amoretten, Büsten, Vögel und andere Tiere beleben den Dekor, der hier in seinem durchaus traditionellen Bestand keinerlei christliche Motive aufweist. Lediglich die Felder in der Querachse und die zu beiden Seiten ne-

ben der Hauptnische, deren Lichtschacht das Gewölbe des Umgangs durchstößt, sind durch aufwendigere Dekorationsmotive ausgezeichnet. So werden die Felder der Querachse durch ein großes Weinrankengeschlinge ausgezeichnet, in dem sich Vögel tummeln und Putten mit dem Ernten der Trauben beschäftigt sind, während am Rand idyllische Szenen der Weinlese, der Transport der geernteten Trauben und die Kelterung durch Putten eingeblendet sind. In den Büsten der Mitte, je eine weibliche und eine männliche, die stark restauriert sind, werden gewöhnlich die Porträts der Constantina und des Hannibalianus gesehen. Ganz abgesehen davon, daß beiden Büsten jedwede herrscherliche, standesgemäße Insignie, Kleidung oder würdevolle Präsentation und Rahmung fehlt, steht auch der Anbringungsort einer solchen Deutung entgegen. Wir haben es auch in diesen Feldern mit einem traditionellen Dekor zu tun, der als Lebenssymbol gerade auch in der römischen Sepulkralkunst beliebt gewesen ist und auf dem Reliefdekor des sicher im Auftrag hergestellten großen Porphyrsarkophages der Constantina auf den Hauptseiten mit den erntenden Putten im Weinrankengeschlinge und den Szenen der Kelterung auf den Nebenseiten wiederkehrt. Aufwendiger und auch in der Farbigkeit mit Aufhöhung in Gold ausgezeichnet sind die beiden Felder zu Seiten der Hauptnische. Fruchtzweige, Muscheln, Kannen und Schalen aus kostbarem

40. S. Costanza. östliche Nische der Nebenachse. Gewölbemosaik mit der Übergabe des Gesetzes durch Christus an Petrus im Beisein Pauli.

41. S. Costanza. westliche Nische der Nebenachse. Gewölbemosaik mit Christus auf der Weltkugel, einen Codex oder die Schlüssel an Petrus übergebend. Im Umgang das Weinlesemosaik über der Nebenachse.

42. S. Costanza. Mosaik im Gewölbe des Umganges zu Seiten des Lichtschachtes vor der Nische im Süden der Hauptachse, in der wohl der Porphyrsarkophag der Constantina Augusta stand.

43. S. Costanza. Der Lichtschacht vor der zentralen Nische im Süden der Hauptachse mit den flankierenden Mosaiken des Umganges.

Metall, Vögel, darunter Fasanen und Wachteln, bedecken dicht den hellen Grund des Mosaiks, so als seien alle diese Dinge nach einer Festfeier oder einem Opfer auf dem Boden ausgestreut zurückgeblieben. Darin liegt wohl auch der Sinn und die Aussage dieser prominent plazierten Mosaiken: Sie sind ein Hinweis auf die Totenfeier und zugleich Aufwands-

und Glückssymbole durch den Reichtum der kostbaren Gefäße und des in den Früchten dargestellten Naturreichtums. Auch hier also wieder durchaus ein traditioneller Dekor mit geläufigem Sinngehalt ohne christliche Note. Beachtenswert ist, daß sich in der Positionierung dieser reicher und aufwendiger dekorierten Mosaikfelder in den Kreuzachsen und ne-

ben der Hauptnische wiederum die akzentuierende Betonung und abstufende Gliederung des Baues ausdrückt, die wir bereits in der Anlage der Achsen und der Nischen, sowie in der Verwendung der Bauplastik feststellen konnten.

Im Gegensatz zu der Mosaikdekoration des Umgangsgewölbes haben der Mosaikschmuck der Hauptnische und des darüber liegenden Lichtschachtes nach den geringen erhaltenen Resten und den Zeichnungen der Barockzeit, die die damals noch erhaltenen Reste dokumentieren, eine christliche Mosaikdekoration gehabt. So hat sich, nach dem kleinen Mosaikrest an der Decke der Hauptnische zu urteilen, dort auf hellem Grund ein von Sternen umgebenes Christusmonogramm befunden, unter dem wohl der Sarkophag der Constantina gestanden hat. Schwer zu deutende figürliche Szenen haben die Wände des Schachtes dekoriert, der den Umgang vor der Hauptnische und dem zentralen Interkolumnium beleuchtete. Hier dürfte auf der Granitplatte im Boden des Interkolumniums der uns nicht erhaltene Sarkophag der Helena, der Schwester Constantinas, gestanden haben.

Christliche Szenen und Symbole weisen vor allem die Kalotten der Nischen in der Querachse des Baues und das Mosaik der zentralen Kuppel auf. Das Kuppelmosaik, das bis in das 16. Jahrhundert in Teilen erhalten geblieben ist, ist uns aus alten Kopien bekannt. Wahrscheinlich haben sich Teile des Mosaiks unter der Stuckierung und Bemalung des 17. Jahrhundert bis heute erhalten. Über einer mit traditionellen Motiven reich ausgestatteten idyllischen Flußszenerie als Sinnbild paradiesischer Landschaft erhoben sich Akanthuskandelaber, die das Kuppelrund in Segmente gliederten. In diesen traditionellen Rahmen waren in den Feldern zwischen den Kandelabern übereinander Szenen aus dem Alten und Neuen Testament eingefügt. Nur einige wenige dieser Szenen lassen sich nach den Beschreibungen und Zeichnungen des 17. Jahrhunderts noch identifizieren. Die Zusammenstellung von alttestamentlichen und neutestamentlichen Szenen an prominenter Stelle in der Kuppeldekoration weist bereits auf entsprechende Wanddekorationen mit der beziehungsreichen Gegenüberstellung von Bildern aus dem Alten und Neuen Testament hin, die wir seit dem 5. Jahrhundert an den Mittelschiffwänden der großen Basiliken Roms nachweisen können.

Wie die Kuppeldekoration eher einen Öffentlichkeitsanspruch demonstriert, der den dynastischen Charakter des Mausoleums zu betonen scheint, sind auch auf den stark restaurierten Darstellungen der Nischenkalotten der Nebenachse zwei symbolträchtige Szenen wiedergegeben, die in der christlichen Bildkunst der zweiten Hälfte des 4. Jahrhunderts häufiger dargestellt werden, hier aber in der monumentalen Kunst das erste Mal begegnen: Umgeben von Paradiesespalmen zeigt die westliche Kalotte Christus als Weltenherrscher mit Nimbus und Purpurgewand ausgestattet auf der Himmelskugel sitzend und den Schlüssel oder einen Codex – die Restaurierung an dieser Stelle läßt ein sicheres Urteil nicht zu – an Petrus übergebend. Die gegenüberliegende östliche Nische gibt dagegen den Weltenherrscher Christus auf dem Paradiesesberge mit den vier Paradiesesflüssen stehend wieder, der dem sich ihm in ehrfürchtiger Haltung nahenden Petrus im Beisein Pauli die Rolle des Gesetzes der christlichen Lehre übergibt, wie die Inschrift auf der Rolle, die allerdings stark restauriert ist, aussagt. Es sind dies die ältesten christlichen Mosaike der Monumentalarchitektur, die sich erhalten haben.

Ihre anspruchsvolle, repräsentative Thematik, die auch auf zeitgenössischen christlichen Reliefsarkophagen wiederkehrt, zeigt, daß wir bald nach der Mitte des 4. Jahrhunderts mit monumentalen figürlichen Apsismosaiken in kirchlichen Bauten rechnen können.

Der prächtige, in den Hauptteilen christliche Mosaikschmuck wurde in der dekorativen Ausstattung des Baues durch die Verkleidung mit bunten Marmorplatten ergänzt, die nach Ausweis der Dübellöcher die Wände des Obergadens bis zu den Fenstern bedeckte.

In der Weiterentwicklung des durch Nischen gegliederten Rundbaues zu einem Zentralbau mit Umgang, in der differenzierenden und akzentuierenden Verwendung des traditionellen Architekturdekors wie auch in der Verwendung traditioneller Schmuckelemente neben christlichen Motiven in der Ausstattung zeigt das Mausoleum der Constantina in eindrücklicher Weise den durch die konstantinische Wende markierten Umbruch in der antiken Gesellschaft und Kultur, in der sich Traditionelles mit Neuem in schöpferischer Weise verbindet. So ist das Mausoleum der Constantina ein hervorragendes Beispiel für die Leistungsfähigkeit und Eigenart spätantiker Architektur.

DIE UMGANGSBASILIKA AN DER VIA ARDEATINA

Ein fünfter Bau gleicher Gestalt wie die vorher besprochenen, der wiederum das von einer Apsis in ganzer Breite abgeschlossene Mittelschiff aufweist, um die die Seitenschiffe wie ein Umgang herumgeführt werden, wurde vor wenigen Jahren nicht weit vom Areal der Calixtus-Katakombe in unmittelbarer Nähe der Via Ardeatina ungefähr zwei Kilometer vor den Toren der Stadt entdeckt. In einem mit medizinischen Kräutern besäten Feld zeichnete sich hier die charakteristische Plandisposition einer solchen Umgangsbasilika ab, deren Dimensionen sie den bekannten Bauten zur Seite zu stellen schien. Grabungen, die bisher nur einen kleinen Teil der Basilika haben freilegen können, haben vollauf bestätigt, daß es sich hier tatsächlich um einen weiteren Kirchenbau dieses Typus handelt.

Die Kirche gehört mit ca. 60 m Länge zu den kleineren dieser Umgangsbasiliken und ist wie alle diese Bauten mit der Fassade nach Osten ausgerichtet. Wie die frühen Bauten von SS. Marcellino e Pietro, S. Sebastiano und der anonymen Basilika an der Via Praenestina (Tor de' Schiavi) ist die Apsiszone der Basilika nicht durch eine Einziehung markiert, zeigt aber wohl wie in S. Sebastiano und an der Basilika der Via Praenestina die Abschrankung des Bereiches vor der Apsis im Mittelschiff durch eine dreiteilige Arkadenstellung, die wohl einen Bereich für privilegierte Gräber abgegrenzt hat, in dem vielleicht auch das Grab des Stifters zu suchen ist. Wie die Agnesbasilika scheint die Kirche jedoch auch eine gerade Fassade gehabt zu haben.

Auf einer Achse Im Norden der Apsis wurde im frühen 5. Jahrhundert ein größeres, annähernd quadratisches Mausoleum angebaut, das sich an eine Portikus anlehnt, die im Scheitel der Apsis angeschlossen ist und deren weiterer Verlauf nach Osten oder Westen bisher noch nicht verfolgt werden konnte. Wahrscheinlich hat die Portikus wiederum einen größeren um die Basilika gelegenen Friedhofsbereich umschlossen, wie wir ihn ähnlich schon an SS. Marcellino e Pietro an der Via Labicana kennen gelernt haben.

Die nach einem rationalen Planschema in mehreren Schichten angelegten zeitgenössischen Bestattungsplätze, die dicht an dicht jeden Raum des Kirchengebäudes, und auch des Mausoleums und der Portikus belegen, demonstrieren den Wunsch und das Bedürfnis der Gläubigen, in geweihtem Boden in der Nähe des Ortes, an dem das eucharistische Opfer für die Märtyrer gefeiert wurde, bestattet zu werden. Im Süden scheinen sich an den Bau wie bei den anderen Umgangsbasiliken ebenfalls Mausoleen anzuschließen, wie entsprechende, im Bewuchs des Feldes sichtbare Spuren nahelegen. Diese Grabbauten sind durch Grabungen noch nicht erfaßt.

Nach der Aussage des Liber Pontificalis ist dieser Bau wahrscheinlich mit der von Papst Marcus (336) mit Förderung Kaiser Konstantins auf kaiserlichem Grund und Boden errichteten Zömeterialbasilika zu identifizieren.[19] Vorausgesetzt, daß die Identifizierung mit der von Papst Marcus (336) mit Unterstützung des Kaisers errichteten Basilika das Richtige trifft, reiht sich dieser Kirchenbau in die von Konstantin über den Märtyrergräbern und zu ihrem Gedächtnis erbauten Friedhofskirchen noch vor der Agneskirche ein. Die in der nahegelegenen Katakombe bestatteten Märtyrer, denen die Basilika gewidmet ist, konnten bisher allerdings noch nicht aufgrund der historischen Quellen benannt werden.

DIE UMGANGSBASILIKA VON S. LORENZO FUORI LE MURA

Die letzte und damit sechste dieser Umgangsbasiliken, die in der unmittelbaren Nähe der heutigen Kirche S. Lorenzo fuori le mura lag, entspricht mit mehr als 98 m Länge und 35 m Breite den Ausmaßen der Agnesbasilika und steht in den Längenmaßen nur um ein Geringes der konstantinischen Bischofskirche am Lateran und der Peterskirche am Vatikan nach. Von dieser Basilika, die mit dem Stadttor über der Via Tiburtina durch um die Wende vom 5. zum 6. Jahrhundert angelegte Säulenportiken verbunden war, konnten auf dem Gelände des heutigen städtischen Friedhofs Campo Verano nur wenige Stücke der Grundmauern durch Grabungen erschlossen werden. Sie war wie alle bisher besprochenen römischen Basiliken des 4. Jahrhunderts mit der Fassade nach Osten ausgerichtet. Wie die Agnesbasilika wies sie auch die eingezogenen Apsisbögen auf, so daß der Apsisbereich am Mittelschiff und hier auch am Außenbau architektonisch besonders artikuliert und hervorgehoben war.

Im Gegensatz zu den übrigen Umgangsbasiliken, die mit Ausnahme vielleicht von S. Agnese Pfeilerbasiliken gewesen sind, hatte die große Basilika von S. Lorenzo Säulen als Innenstützen, die einen Architrav trugen, auf dem der Obergaden des Mittelschiffs ruhte, wie der Hippolytos-Hymnus des Prudentius belegt und die Grabungen bestätigt haben.[20] Auch darin zeigt sich eine stärkere Artikulierung und Durchbildung des Baues. Fragmente von Cipollinosäulen, die sich in den Grabungen fanden, bezeugen die kostbare Ausstattung mit älteren Spolien und das Bemühen, dem Bau Glanz zu verleihen, von dem auch Prudentius spricht, wenn er den Bau ein *templum cultu nobile regifico*, eine Kirche von königlicher Ausstattung, nennt. Der Fußboden war wiederum wie in allen anderen Umgangsbasiliken dicht mit Gräbern besetzt.

An der Nordwand der Basilika fanden sich eine Reihe von Maueranschlüssen, die zu Mausoleen, Nebenbauten oder Portiken gehören, wie das ähnlich an den Basiliken von SS. Marcellino e Pietro, der Via Ardeatina und an S. Sebastiano zu beobachten ist. Auch die Südwand der Kirche war mit Mausoleen besetzt, wie Tastgrabungen ergeben haben. Eines dieser in der Nähe der Fassade gelegenen Mausoleen hatte wie der ältere Grabbau an S. Agnese in der gleichen Position eine dreiapsidale, kleeblattförmige Gestalt. So dürfte dieser Bau, der sich mit allen diesen Merkmalen, im Typus und in der Größenordnung der Agnesbasilika zur Seite stellt, mit dieser der jüngste in der Reihe der Umgangsbasiliken sein.

Die Fassade war weit durch eine Säulenstellung mit fünf Arkaden geöffnet, wie wir sie bereits in S. Sebastiano kennen gelernt haben, und die Außenmauer des Umgangs an der Apsisseite im Westen hatte weitere sieben Öffnungen, die den Zugang von der im Westen vorbeiführenden Via Tusculana, eine der großen Überlandstraßen Roms, erlaubten, während die Eingangsseite der Basilika von dieser abgewendet im Osten lag. Diese Disposition wirkt der Ausrichtung des Baues entgegen und erinnert an die den antiken, profanen Hallenbauten der Basiliken häufig eignende bipolare Ausrichtung, die häufig den Zugang von mehreren Seiten erlaubte. Daß es sich dabei nicht um eine singuläre Disposition handelt, zeigt die Zömeterialkirche S. Gennaro in Neapel vom Ende des 4. Jahrhunderts, die mit einer zweibogigen Öffnung in der Apsis den Zugang zu den naheliegenden Katakomben gestattete. Auch die Basilika S. Giorgio Maggiore in Neapel vom Ende des 4. Jahrhunderts und die Kirche S. Giovanni Maggiore aus dem 6. Jahrhundert am selben Ort, die beide die von Arkaden durchbrochenen Apsiden haben, öffneten sich auf hinter der Apsis liegende Straßen und Höfe.

Von der großen Basilika S. Lorenzo führte, wie auch in S. Agnese, eine Treppenanlage zu der neben der Kirche gelegenen Katakombe und zum Grab des verehrten Märtyrers, des in der Valerianischen Verfolgung 258 hingerichteten Laurentius, der einer der beliebtesten römischen Märtyrer war. Das Grab in der Katakombe war wohl schon in konstantinischer Zeit prächtig ausgestattet worden, sicherlich aber zur Zeit des Papstes Damasus (366–384), der die Märtyrergräber der Katakomben und Friedhöfe aufwendig ausgestaltete und mit selbstgedichteten Gedenkinschriften versah. So ähnelt diese Anlage an der Via Tiburtina dem Komplex, den die Kaisertochter Constantina an der Via Nomentana zu Ehren der Märtyrerin Agnes gestiftet hatte. Erst im späten 6. Jahrhundert wurde unter Papst Pelagius II. (579–90) dem sich wandelnden Märtyrerkult folgend über dem Grab des Märtyrers selbst unmittelbar im Norden der großen Umgangsbasilika eine weitere Kirche errichtet. Man grub dazu den Hügel über der Katakombe ab, um den Altar, wie es nun der Märtyrerkult erheischte, in unmittelbaren Kontakt mit dem Märtyrergrab in der Katakombe zu bringen. Diese kleinere Basilika, die den Chor der heutigen Lorenzkirche aus dem hohen Mittelalter bildet, ist wie der nur wenig später im 7. Jahrhundert über dem Grab der hl. Agnes an der Via Nomentana errichtete Bau eine Emporenkirche und hat ähnliche Maße. Wir werden auf beide Bauten später noch zu sprechen kommen. Wie an der Via Nomentana verfiel auch hier an der Via Tuscolana die große Umgangsbasilika nach dem Bau der kleineren Emporenkirche über dem Grab des Märtyrers.

Als Stifter der großen Umgangsbasilika an der Via Tiburtina nennt der Liber Pontificalis wiederum den Kaiser Konstantin.[21] Unter den Landschenkungen des Kaisers für die Kirche führt die Papstchronik einen *fundus* (Landgut) Veranus an, der ebendort gelegen ein Besitztum des Kaisers Lucius Verus gewesen ist, um dann in den Besitz des Fiscus überzugehen. So wurde auch dieser Bau wie die anderen Umgangsbasiliken wiederum auf einem Grundstück errichtet, über das der Kaiser unmittelbar verfügen konnte. Auch die übrigen Landschenkungen zum Unterhalt der Kirche lagen ähnlich wie bei S. Agnese, in der Umgebung der Basilika längs der Via Tiburtina.

Jüngst hat man jedoch vermutet, daß die Kirche erst unter Papst Sixtus III. (432–40) erbaut worden sei. Von ihm berichtet der Liber Pontificalis *fecit basilicam sancto Laurentio quod*

Valentinianus Augustus concessit.[22] Doch aus verschiedenen Gründen fällt es schwer, diesem Vorschlag zu folgen. Wir werden wohl annehmen müssen, daß dieser Bau, ähnlich wie die Basilika S. Agnese, der er in vieler Hinsicht nahesteht, noch in der Zeit der konstantinischen Dynastie gestiftet wurde; denn auch er ist mit der Fassade geostet, wie die ganze Gruppe der Umgangsbasiliken, während schon gegen Ende des Jahrhunderts auch in Rom, wo nicht äußere Bedingungen eine andere Ausrichtung verlangen, sich die Ostung der Apsis durchsetzt, wie es das Beispiel von St. Paul vor den Mauern zeigt. Ähnlich wie bei S. Agnese und ihrer Stifterin, der Kaisertochter Constanza, wurde der Bau später von der Papstchronik dem Kaiser selbst zugeschrieben. Denn es ist bezeichnend, daß für die Kirchengründung des Papstes Sixtus, die durch Valentinian III. unterstützt wurde, keinerlei Landschenkungen erwähnt werden, die zum Unterhalt eines so großen Baues notwendig gewesen wären und die die große Memorialbasilika über dem Grab des Apostels Paulus an der Via Ostiense kaum eine Generation früher um 400 auch erhalten hatte. Die Nachricht von der Errichtung einer dem Laurentius geweihten Kirche durch Papst Sixtus III. wird auf eine andere, sicher kleinere, diesem Heiligen geweihte Kirche zu beziehen sein oder auf eine Restaurierung der großen Basilika an der Via Tiburtina durch diesen Papst. Hinzu kommt, daß auch die Bestattungen in der Kirche der konstantinischen Zeit zuzuweisen sind und sich die genannten sechs Umgangsbasiliken typologisch eng zu einer Gruppe zusammenschließen, die auf die Stadt Rom und die Zeit der konstantinischen Dynastie (312–361) beschränkt gewesen zu sein scheint. Jedenfalls fand diese eigentümliche Form des Kirchenbaues außerhalb Roms keine unmittelbare Nachfolge.

Lediglich vereinzelt lassen sich Umgangskirchen auch in anderen Regionen aus dem 5. und 6. Jahrhundert nachweisen, wie etwa in dem antiken Siagu im heutigen Tunesien, und in Anazarbus in der Türkei. Diese Bauten haben zwar eine vergleichbare Grundrißdisposition, aber in Auslegung, Aufbau und Funktion unterscheiden sie sich deutlich von der römischen Gruppe. So umschließt in Siagu den Bau am Apsisumgang eine Reihe von Nebenräumen, die der Zweckbestimmung der Anlage als Pilgerheiligtum dienten: Offenbar ist hier auch die Grundrißdisposition auf diese Funktion zurückzuführen und steht somit nicht in unmittelbarem formalen Zusammenhang mit den älteren römischen Bauten.

Seit dem späteren 4. Jahrhundert und vor allem im 5. Jahrhundert siedelten sich um die Memorialkirche des Märtyrers Laurentius ein Baptisterium, zwei Klöster und weitere Kirchen an, die zusammen mit Bädern, Herbergen, Diakonien, Handwerkerbetrieben und Wohnquartieren dem Pilgerbetrieb dienten. Die Bedeutung dieser sich rasch außerhalb der antiken Stadt entwickelnden, stadtähnlichen Siedlung zeigen auch repräsentative Bauten, wie ein Palast für den Aufenthalt des Papstes und Bibliotheken, die schon im Laufe des 5. Jahrhunderts errichtet wurden. Die in den nahegelegenen Katakomben ausgestalteten Gedächtnisstätten für die Märtyrer Hippolytos und Genesius, die von den Pilgern besucht wurden und für die die Laurentiuskirche auch als Kultstätte fungierte, wie wir aus dem Hippolytos-Hymnus des Prudentius ersehen, trugen ebenfalls zur Entwicklung der Siedlung bei. Um das Jahr 1200 wurde die Siedlung schließlich durch eine Mauer geschützt und erhielt den Namen Laurentiopolis, Stadt des Laurentius. Während in Rom die alten Zentren an politischer und gesellschaftlicher Bedeutung verlieren und die antike Stadt seit dem Frühmittelalter im Süden und Osten innerhalb der Stadtmauern weitgehend verödet, bildet sich hier außerhalb der antiken Stadt um die Märtyrergedächtnisstätte des hl. Laurentius als einem der bedeutenderen Pilgerzentren in Rom ein neuer Siedlungsschwerpunkt von eigener Dynamik.

DIE KONSTANTINISCHEN UMGANGSBASILIKEN IN ROM UND IHRE STELLUNG IM FRÜHCHRISTLICHEN KIRCHENBAU

Betrachten wir noch einmal zum Abschluß die sechs Umgangsbasiliken auf den Friedhöfen vor den Toren der Stadt und versuchen wir uns in einer Zusammenschau Rechenschaft zu geben über den Anlaß ihrer Stiftung, ihre architektonische Gestalt und ihre Funktion, um diese für die konstantinische Zeit so eigentümlichen Kultbauten in ihrer besonderen architektonischen wie auch kultischen und religionspolitischen Bedeutung besser verstehen zu können.

Die sechs Basiliken, ungefähr zwei bis drei Meilen vor den Toren an den großen Ausfallstraßen gelegen, umgeben die Stadt in einem Halbkreis von Nordost nach Südost, von der Via Nomentana bis zur Via Appia. Ob ihnen noch eine siebte Basilika über der Praetextat-Katakombe an der Via Appia hinzuzufügen ist, über die die historischen Quellen schweigen und die uns nur durch einen, allerdings nicht eindeutig zu interpretierenden, Renaissanceplan bekannt ist und einige diesem Bau vielleicht angeschlossene große Mausoleen, die teilweise noch erhalten sind, ist ohne eine Grabung nicht zu verifizieren. Alle diese Basiliken sind aber, auch die zuletzt genannte, auf privatem kaiserlichen Grund und Boden oder Fiskalbesitz und in der Nähe meist größerer unterirdischer christlicher Friedhöfe gelegen. Lediglich an der Via Praenestina scheint die Katakombe kleineren Umfangs gewesen zu sein. Bei einer Reihe dieser Umgangsbasiliken hat eine kaiserliche

Villa oder Landgut in unmittelbarer Nähe gelegen; so an der Via Appia (S. Sebastiano/Basilica Apostolorum), an der Via Praenestina (Tor de' Schiavi), an der Via Labicana (SS. Pietro e Marcellino), an der Via Nomentana (S. Agnese), an der Via Tiburtina (S. Lorenzo) und wohl auch an der Via Ardeatina. Ein bemerkenswerter Zug ist zudem, daß einer Reihe dieser Basiliken ein Mausoleum für ein Mitglied der kaiserlichen Familie zugeordnet ist: So an der Via Labicana und an der Via Nomentana, mit großer Wahrscheinlichkeit auch an der Via Praenestina und an der Via Appia. Hier an der Via Appia scheint die Basilika mit dem großen Mausoleum an der Südflanke von Konstantin geradezu programmatisch dem monumentalen dynastischen Mausoleum des besiegten Vorgängers auf der anderen Seite der Straße gegenübergestellt worden zu sein. Über die Situation an der Via Tuscolana (S. Lorenzo) und an der Via Ardeatina und die diesen angeschlossenen Mausoleen geben uns die im Umfange sehr beschränkten Ausgrabungen leider keine Auskunft.

Der Kaiser oder seine Familienangehörigen treten bei diesen Bauten nicht nur als Stifter auf, sondern sie stellen meist auch privaten Besitz für den Bau bereit. An der Agnesbasilika der Via Nomentana wird das ältere Mausoleum später zudem durch einen größeren, besonders aufwendigen Bau, der offenbar als dynastisches Mausoleum dienen sollte, ersetzt. Kein Zweifel, daß hinter der besonderen kaiserlichen Fürsorge, der diese Umgangsbasiliken ihre Entstehung verdanken, auch ein besonderes Programm steht. Wie uns zwei der ältesten Bauten, die über der kleinen Apostelgedächtnisstätte der Via Appia errichtete Basilica Apostolorum (S. Sebastiano) und die Basilica SS. Marcellino e Pietro mit dem Helenamauseoleum an der Via Labicana zeigen, waren diese Basiliken Gedächtniskirchen mit einem Altar zur Feier der Eucharistie, die den Kultfeiern zu Ehren der Märtyrer, der Blutzeugen Christi, in den nahe gelegenen Katakomben dienten. Daß sie gleichzeitig als Begräbnisstätten dienen sollten, zeigt uns vor allem die Basilica Apostolorum der Via Appia, in deren Grundmauern schon beim Bau Grabplätze angelegt wurden, während der Fußboden wie in den übrigen Basiliken auch mit Gräbern dicht besetzt war. Wie der kaiserliche Stifter suchten auch die Gläubigen einen Bestattungsplatz in oder in der Nähe der Märtyrergedächtnisstätte, um so der Fürbitte der Blutzeugen Christi teilhaftig zu werden. Es fällt auf, daß die Märtyrer, bei deren Grabstätte die Basiliken lagen, wie etwa Petrus und Marcellinus, offenbar nicht einen besonderen Rang gehabt haben. An der Via Praenestina ist im Mittelalter die Erinnerung an die Märtyrer überhaupt verloren gegangen. Auch die *memoria Apostolorum* an der Via Appia war gegenüber der Verehrung der Apostelgräber am Vatikan und an der Via Ostiense von zweitrangiger Bedeutung. So wurde die Erinnerung an die Apostel schon im frühen Mittelalter durch die Weihung an den Märtyrer Sebastian, der in der Katakombe bestattet war, verdrängt. Lediglich die hl. Agnes und der hl. Laurentius, denen die beiden jüngsten Basiliken geweiht waren, besaßen größere Bedeutung.

Es scheint aber, daß der Kult dieser Märtyrer durch die Errichtung der Kultstätten ganz entscheidend befördert wurde und daß nicht so sehr die Auswahl bestimmter, besonders verehrter Gedächtnisstätten unter den zahlreichen Märtyrergräbern in den Katakomben für die Lage dieser Basiliken entscheidend war, als die Intentionen der kaiserlichen Stifter, die Verfügbarkeit kaiserlichen Besitzes an dieser Stelle und somit die Möglichkeit dem Kultbau ein Mausoleum zuzuordnen, so daß der hohe Stifter an dem Gedächtniskult unmittelbar teilhaben konnte. Diese Zömeterialkirchen hatten also eine doppelte Aufgabe: Sie dienten dem Märtyrerkult und im Zusammenhang mit diesem auch dem Totenkult des kaiserlichen Stifters, sie setzten den zahlreichen paganen Kultstätten in der Stadt einen Kranz von christlichen Kultbauten in der unmittelbaren Umgebung entgegen, die gleichzeitig den Kaiser und seine Familie in diesen Kult mit einbezogen und überhöhten. So fand die traditionelle Verehrung des Kaisers und vor allem die Verehrung des in göttlichen Rang erhobenen verstorbenen Kaisers in den Umgangsbasiliken gleichsam einen neuen Ort. Das traditionelle Ensemble der vor den Toren der Stadt gelegenen Villenanlage mit zugehörigem Mausoleum, das seine monumentalste und repräsentativste Ausbildung am Anfang des 4. Jahrhundert in der Villa des Kaisers Maxentius an der Via Appia gefunden hatte, erfährt hier nun durch die Hinzufügung der Märtyrerkultstätte eine neue, gleichsam öffentliche Dimension: Die Gläubigen, die hier zur Feier des Märtyrer- und Totenkultes zusammenkommen, nehmen Teil am Gedächtniskult für den kaiserlichen Stifter. Traditionelles und Neues verbindet sich hier in einer für die christliche Spätantike charakteristischen Weise. Ähnliches gilt auch für die architektonische Gestalt der Anlagen. Die von der Gestalt der christlichen Gemeindebasilika, wie sie von der Lateransbasilika begründet wurde, abweichende Form der Umgangsbasilika ist zweifellos durch ihre Funktion bedingt. Die in den Grundmauern der Basilica Apostolorum der Via Appia angelegten Grabstätten lassen den Schluß zu, daß der Umgang vor allem Raum für eine größere Zahl von Bestattungen bieten sollte und für die Feier der Totengedächtnismahle und Gedächtnisriten vorgesehen war. Er konnte zudem auch zu Umzügen der Gemeinde beim Märtyrergedächtnis dienen, während das Mittelschiff, in dessen Mitte der Altar stand, wie wiederum die Basilica Apostolorum belegt, wohl der Eucharistiefeier vorbehalten war.

Wenn bis in jüngster Zeit mehrfach die Auffassung vertreten worden ist, daß die Umgangsbasiliken in ihrer eigentümlichen Grundrißgestalt den Typus der antiken Circusbauten aufgenommen hätten, die als Bauten dem heidnischen Heroenkult als Vorläufer des Märtyrerkultes gedient hätten, so werden wir nach dem vorher Gesagten dieser Auffassung, die der Baugestalt eine Symbolik unterlegt, die zudem in überraschender Weise heidnische und christliche religiöse Auffassungen miteinander verbindet, kaum folgen können. Wie wir gesehen haben, sind die geistigen und religiösen Bedingungen, die Gestalt und vielfältige Funktion der Umgangsbasiliken bestimmen, ganz andere als die gesellschaftlichen Voraussetzungen für den Circus als Ort der Massenunterhaltung. Abgesehen davon handelt es sich bei der Umgangsbasilika um einen mehrräumigen Hallenbau, beim Circus aber um eine offene Anlage, in der das Geschehen nur im abgetrennten mittleren Bereich in gegensätzlichen Bewegungsrichtungen stattfand; beide Architekturen sind also nicht miteinander in Beziehung zu setzen, so wenig wie auch der Grundriß beider Bautypen wirklich zu vergleichen ist. Der Besucher jedenfalls, der den in drei Schiffe geteilten Raumbau einer Zömeterialbasilika betrat, wird diesen mit Sicherheit nicht als eine dem Circusbau verwandte Anlage erfahren haben.

Zudem sind auch wesentliche Einzelheiten der Baugestalt der Umgangsbasiliken nicht zu vergleichen: Die Schmalseite der Circusanlage, die *carceres*, an der die Rennwagen einliefen, war, um dieser Zweckbestimmung dienen zu können, leicht gekrümmt und setzte zur breiteren rechten Einlaufbahn hin schräg an. Im Gegensatz dazu ist die Front der Umgangsbasiliken, die eine schräganansetzende Fassade haben, so S. Sebastiano, SS. Marcellino e Pietro, die Anonyma der Via Pränestina, nicht gekrümmt und genau zur anderen Seite hin, d.h. nach Süden, schräg angesetzt, offenbar um, wie auch an anderen mit der Fassade geosteten frühchristlichen Basiliken Roms, so etwa S. Sisto Vecchio, mit dieser Disposition der durch Fenster und Arkaden weit geöffneten Front den Lichteinfall in das Innere zu erhöhen. Es dürfte damit deutlich sein, daß die angesprochene symbolische Deutung der eigentümlichen architektonischen Gestalt dieser Basiliken, die in der römischen und frühchristlichen Architektur ziemlich einzigartig wäre, keine vertretbare Grundlage hat.

Ein wesentlicher Bestandteil einiger dieser Kultanlagen waren die großen kaiserlichen Mausoleen. Während das Mausoleum von Tor de' Schiavi eine repräsentative Schaufassade mit einer giebelbekrönten Säulenvorhalle aufweist, ist diese bei dem Mausoleum der Helena, das der Basilika in der Längsachse angeschlossen ist, durch einen querschiffartigen Baukörper ersetzt. Das ebenfalls der Basilika unmittelbar angeschlossene jüngere Mausoleum der Constantina nimmt wiederum eine der traditionellen Sakralarchitektur entlehnte Aufwandsform auf, die Säulenringhalle, die dem Bau ähnlich wie die Säulenvorhalle des selbständigen Mausoleums von Tor de' Schiavi ein repräsentatives Äußeres verleiht. In Anlehnung an ältere Vorstufen der Durchfensterung des Baukörpers unter dem Kuppelansatz, wie schon Mausoleen des 3. Jahrhunderts, das Mausoleum von Tor de' Schiavi und vor allem Thermensäle zeigen, ist bei dem Grabbau der Helena an der Via Labicana der Obergaden voll ausgebildet. Vielleicht ist diese Entwicklung hier auch mitbestimmt worden durch die neuen Anforderungen des christlichen Totenkultes. Aus dem Liber Pontificalis erfahren wir, daß Konstantin nicht nur einen Altar für die Basilika, sondern ebenso einen silbernen Altar für das Mausoleum gestiftet hat, der vor dem Sarkophag gestanden haben soll. Der Innenraum des Mausoleums hat dadurch, daß er als Kultraum zugänglich ist, auch gegenüber den älteren Mausoleen wie Tor de' Schiavi zweifellos eine neue Bewertung erfahren, was auch im Außenbau durch den Obergaden zum Ausdruck kommt. Die Entwicklung ist weitergeführt beim Mausoleum der Constantina, bei dem dieser Baukörper in einen hellbelichteten Zentralraum mit Umgang aufgegliedert ist, der allein von der Basilika durch den biapsidalen Vorraum zugänglich war.

Die monumentalen Kirchengründungen Konstantins und seiner Familie vor den Toren der Stadt führen für Rom und sein Suburbium zu grundlegenden Veränderungen: Es entstehen in einer Zone von zwei bis drei Meilen außerhalb der Stadt, an den Ausfallstraßen von Süd nach Nordost in dichter zeitlicher Folge unmittelbar nach der Anerkennung des Christentums bis zu sechs große Kirchenbauten, die in der römischen Campagna neue monumentale Zentren bilden. Villenanlagen mit landwirtschaftlichen Betrieben, große, ungeordnete Gräberzonen und kleinere Heiligtümer hatten das Bild der Campagna bis dahin bestimmt. Die Präsenz des neuen Glaubens manifestiert sich abgesehen von der Lateranskirche als Pfarrkirche der Gemeinde und Sitz des Bischofs in der Stadt durch die sechs dem Totenkult geweihten Heiligtümer, die die Stadt in einem weiten Kranz umgeben.

Die Umgangsbasiliken konstantinischer Zeit sind somit eigentümliche Zeugnisse des frühen christlichen Kultbaues und der kaiserlichen Repräsentation. Ihre Gestalt ist bestimmt durch ihre Funktion als Gedächtnis- und Totenkultstätten. Es ist auffallend, daß die Bestattungen in den naheliegenden Katakomben in der ersten Hälfte des 4. Jahrhunderts deutlich nachlassen und im 5. Jahrhundert ihr Ende finden. Die Umgangsbasiliken als Zentren des eucharistischen Märtyrerkultes und des Gedächtniskultes der kaiserlichen Familie ziehen die

Bestattungen, die bisher die durch die Gegenwart der Märtyrergräber geweihten Katakomben bevorzugt hatten, zunehmend an sich, so daß nun auch in der Umgebung dieser Kirchengebäude an den Ausfallstraßen Roms große oberirdische Friedhofsbezirke entstehen. Damit vollzieht sich ein tiefgreifender Wandel der Bestattungsform. Hier liegen die Wurzeln des im Abendland seit dem frühen Mittelalter bis in die Neuzeit vorherrschenden Brauches der Bestattungen im Kirchengebäude und im Kirchhof. In der Mitte des 6. Jahrhunderts enden im wesentlichen die Bestattungen in und um diese Basiliken vor der Stadt, setzt wiederum ein Wandel der Bestattungssituation ein, mehren sich entgegen antikem Brauch auch die Bestattungen in der Stadt selbst, in deren Kirchen nun zunehmend die Reliquien der Märtyrer aus den Katakomben übertragen werden. Die großen Umgangsbasiliken verlieren so allmählich ihre Bedeutung als Zentren des Totenkultes und als Stätten des Gedächtniskultes für die Märtyrer und die konstantinische Familie und werden bis auf das heutige S. Sebastiano an der Via Appia am Ende der Antike und im Frühmittelalter aufgegeben und wie an der Via Nomentana und der Via Tiburtina durch kleinere Pilgerkirchen über dem Märtyrergrab selbst ersetzt.

Diese Umgangsbasiliken sind somit aufgrund ihrer Zahl der am besten repräsentierte Typus der Sakralbauten konstantinischer Zeit. Sie sind ein interessantes Beispiel für die schöpferische Energie der Zeit, die neben dem Typus der Gemeindebasilika den traditionellen Typus des basilikalen Hallenbaus einer weiteren neuen Funktion und Zweckbestimmung anzupassen weiß. Sie sind charakteristische Zeugnisse für den Glauben der Zeit, der seinen verbreiteten Ausdruck im Kult der Märtyrer als Mittler zwischen dieser und der anderen Welt fand. Im Rahmen dieser neuen religiösen Vorstellungen, die auch dem kaiserlichen Gedächtniskult neue Formen verliehen, sind sie darüber hinaus auch Zeugnisse für die Religionspolitik Kaiser Konstantins und seiner Dynastie an der Wende von der heidnischen zur christlichen Antike, vom heidnischen zum christlich geprägten Staatswesen.

DIE PETERSKIRCHE
S. PIETRO IN VATICANO

Die Munifizenz des kaiserlichen Hauses gegenüber der christlichen Kirche beschränkt sich nicht auf die Stiftung der Gemeindekirche in der Stadt, sondern es ist ein Ring christlicher Kultstätten, die die noch überwiegend heidnisch geprägte Stadt unter der konstantinischen Dynastie umgibt. Der bedeutendste dieser Kultbauten, der die Lateranskirche an Größe um einiges übertrifft, ist die Petersbasilika am Vatikan, die alle Stürme der Zeiten bis in das 15. Jahrhundert überstand. Nachdem Nikolaus V. 1452 bereits dem Rat Leone Battista Alberti folgend dem Architekten Rosselino den Auftrag gegeben hatte, die Apsis der Peterskirche durch einen erweiterten Neubau zu ersetzen, begann um 1505 Bramante unter Papst Julius II. mit dem Bau der heutigen Kirche, da die ehrwürdige Basilika Konstantins nicht mehr den Ansprüchen der Zeit und des päpstlichen Auftraggebers genügte und sie weder mit den Mitteln noch nach dem zeitgenössischen Verständnis zu erhalten war. Damals wurde mit Fortschreiten des neuen Baues die alte Basilika Zug um Zug abgerissen, bis 1618, als durch Carlo Maderno das Schiff und die Fassade der Peterskirche vollendet wurden, die letzten Reste des alten Baues abgetragen wurden.

Es ist wieder der Liber Pontificalis, die Papstchronik des 6. Jahrhunderts, die uns Konstantin als Stifter und Bauherrn der Basilika überliefert: *Fecit basilicam beato Petro... cuius loculum ex aere cypro conclusit* (Er errichtete dem seligen Petrus eine Basilika, ... dessen Grab er mit Bronzeplatten verkleidete). Der Liber Pontificalis berichtet weiter, daß dieses Grab Petri *iuxta palatium Neronianum, in Vaticanum* (neben Neros Palast am Vatikanischen Hügel) gelegen habe.[23] Diese Nachricht wird durch andere Quellen bestätigt. So rühmt sich der römische Presbyter Gaius um 200 n. Chr. der Gräber der Apostelfürsten Petrus und Paulus in Rom und berichtet, daß die *tropaia* (Siegeszeichen), die Grabmäler der als Sieger angesehenen Märtyrer Petrus und Paulus, sich am Vatikanischen Hügel und an der Via Ostiense befänden,[24] während der Kirchenschriftsteller Hieronymus Anfang des 5. Jahrhunderts ausdrücklich vermerkt, daß Petrus unter dem Kaiser Nero gekreuzigt und am Vatikan in der Nähe der *Via Triumphalis* bestattet worden sei.[25]

Nun wissen wir aus antiken Quellen, daß Kaiser Nero jenseits des Tibers am Vatikanischen Hügel ausgedehnte Gärten besaß, eine Villenanlage, zu der auch ein Circus gehörte. Dieser Villenkomplex, von dem Reste wohl unter dem heutigen Ospedale di S. Spirito in der Nähe der Engelsburg am Tiberufer und am Abhang des Ianiculus darüber festgestellt wurden, war eine ähnliche Anlage, wie sie sich Jahrhunderte später Kaiser Maxentius an der Via Appia mit Villenpalast, Stadium (Circus), Gartenanlagen und dynastischem Mausoleum errichten ließ. Auch am Vatikan lagen, wie überall außerhalb der Stadtgrenze, an den nach Westen und Norden vorbeiführenden Straßen, der *Via Cornelia* und der *Via Triumphalis*, Friedhofsbezirke, von denen auf dem Gebiet des heutigen Vatikanstaates verschiedene Bereiche mit Gräbern vom 1. bis zum 4. Jahrhundert aufgedeckt wurden. Eine Inschrift über der Eingangstüre einer dieser Grabbauten aus dem frühen

2. Jahrhundert, der bei den Grabungen in der Nekropole unter der Peterskirche in den Jahren 1940–1949 gefunden wurde, gibt eine interessante testamentarische Verfügung wieder, in der die Erben des Grabinhabers Popilius Heracla verpflichtet werden *ut monumentum mihi faciatis in Vatic(ano) ad circum...* (daß ihr mir einen Grabbau errichtet im vatikanischen Gebiet beim Circus...).[26]

Die Lage des Circus am Fuße des südöstlichen Abhanges des vatikanischen Hügels, in unmittelbarer Nähe der Gräberstraße, an dem der genannte Grabbau liegt, wird auch durch andere Funde bestätigt: Die halbkreisförmige Schmalseite des Circus, an der die Rennwagen wendeten, befand sich, wie Ausgrabungen ergeben haben, unmittelbar östlich der südlichen Kolonnaden des heutigen Petersplatzes. Der Circus erstreckte sich also von Ost nach West längs der heutigen Petersbasilika, die seine nördliche Längsseite überbaut. Dazu fügt sich gut der ehemalige Standort des großen Obelisken, der heute im Zentrum des Petersplatzes steht. Er wurde dorthin im Auftrage des Papstes Sixtus V. durch Domenico Fontana im Jahre 1586 in einer aufsehenerregenden, schwierigen Operation von seiner antiken Basis unmittelbar südlich der Peterskirche vor der heutigen Sakristei übertragen. Der Obelisk muß auf der Trennmauer, der sogenannten *spina*, zwischen den beiden Rennbahnen des Circus gestanden haben.

In dieser mächtigen Anlage von rund 590 m Länge scheinen nach einer Nachricht des römischen Historikers Tacitus um das Jahr 64 zahlreiche Christen auf Veranlassung des Kaisers Nero umgebracht worden zu sein.[27] Wahrscheinlich handelte es sich dabei wohl um eine isolierte Maßnahme, wie entsprechende Nachrichten bei anderen Schriftstellen des späteren 1. Jahrhunderts wie dem Historiker Suetonius nahelegen.[28] Ob Petrus allerdings bei dieser Maßnahme den Märtyrertod erlitten hat, ist nicht gesichert. Doch lassen die Nachrichten des Liber Pontificalis, des Presbyters Gaius und des Hieronymus über das Petersgrab bei Neros Villenanlage am Vatikan zusammen mit der Notiz bei Tacitus und der Erwähnung des Apostels als Blutzeugen in dem um das Jahr 100 geschriebenen Clemensbrief an die Korinther[29] auf das Martyrium Petri unter Nero am Vatikan und auf seine Bestattung in unmittelbarer Nähe schließen.

Durch die erwähnten Grabungen unter dem Petersdom in den Jahren 1940–49, die Teile der schon genannten römischen Nekropole freigelegt haben, wurde dies insoweit bestätigt, als sie den Nachweis erbrachten, daß schon im 2. Jahrhundert die christliche Gemeinde Roms an derjenigen Stelle des Gräberbezirkes, über der heute der Papstaltar unter dem Baldachin Berninis und der Kuppel Michelangelos steht, das Grab des Apostelfürsten vermutete. Hier befand sich ein Bereich, auf

dem offenbar arme Leute in einfachen Bodengräbern, die häufig nur mit großen Ziegeln abgedeckt waren, oder in einfachen Terrakottasarkophagen bestattet wurden. Ähnliche Situationen, die noch freie, von ärmlichen und einfachen Bodengräbern besetzte Flächen neben und hinter aufwendigen Mausoleen zeigen, kennen wir auch aus anderen römischen Nekropolen der Kaiserzeit wie etwa auf der Isola Sacra zwischen den römischen Hafenstädten Ostia und Portus. Im Laufe des 2. Jahrhunderts wurde dieser Platz von aufwendigen Grabbauten überbaut, die sich reiche Freigelassene und Angehörige der begüterten Mittelschicht in der ausgedehnten Nekropole am Abhang des Vatikanischen Hügels errichten ließen. Damals brachten Christen beim Bau einer durch Ziegelstempel und Münzfunde in die Mitte des 2. Jahrhunderts datierten

Stützmauer, die das Gräberfeld durchschnitt, eine Nische an, die später durch die Hinzufügung zweier Säulchen eine bescheidene architektonische Gestalt in der Art einer Ädikula erhielt. Diese Vorrichtung an der rot verputzten Mauer, die deshalb von den Archäologen den Rufnamen „Rote Mauer" erhalten hat, sollte offenbar die Erinnerung an das Grab des Apostelfürsten wachhalten, das wohl in der Nähe gelegen in Gefahr war, wie die anderen einfachen Bodengräber dieses Bereiches, durch die Überbauung des Geländes mit monumentalen Grabhäusern in Vergessenheit zu geraten. Dieses kleine, sehr bescheidene Denkmal, das das älteste Märtyrerheiligtum oder Gedächtnisstätte (*memoria*) überhaupt ist und das sicher mit dem von dem Presbyter Gaius genannten *tropaion* gleichzusetzen ist, wurde in der Folge verschiedentlich

93

*45. S. Peter. Römische Nekropole unter der
Basilika. Grab der Iulii (M).
Gewölbemosaik mit Sol-Helios im
Sonnenwagen im Weinrankengeschlinge
und am unteren Rand Szenen aus der
Jonasgeschichte: Erste christliche
Bildzeugnisse in der heidnischen
Nekropole. Anfang 4. Jh.*

restauriert und ausgestaltet. Graffiti (Kritzeleien) von Besuchern im Putz einer Stützmauer neben der Ädikula, die Anrufungen und Segenswünsche enthalten und nach Ausweis des in ihnen verwendeten Christogrammes bereits aus konstantinischer Zeit stammen, zeigen, auch wenn in ihnen nur Christus und nicht Petrus genannt wird, die Verehrung, die dieser Platz in der christlichen Gemeinde genoß. Hier blieb bis in das 4. Jahrhundert eine Tradition wach, deren erstes sichtbares Zeugnis die aus der Mitte des 2. Jahrhunderts stammende Nische in der Stützmauer über dem Begräbnisfeld mit den Armengräbern ist. Daß der Gemeinde im 2. Jahrhundert, kaum mehr als zwei Generationen nach dem Märtyrertod des Apostels, wenigstens der ungefähre Ort seines Begräbnisses noch bekannt sein konnte, die Nische in der Stützmauer also tatsächlich den Bereich gekennzeichnet hat, in dem sich das Grab des Apostels befunden hat, ist einleuchtend, wenn man bedenkt, daß die Antike viel mehr auf die mündliche Überlieferung angewiesen war als unsere Zeit.

So finden wir in der römischen Christengemeinde eine an das Petersgrab anknüpfende ungebrochene Tradition, die Konstantin veranlaßte, an dieser Stelle die große, dem Gedenken des Apostels Petrus geweihte Basilika zu errichten, wie die Papstchronik uns für das Pontifikat Silvesters I. (314–35) berichtet.[30] Der Bau wurde sicherlich nicht in den ersten Jahren der Regierungszeit des Kaisers ausgeführt. Eine Münze aus einer Emission der Jahre 317–318, die in der Aschenurne einer Trebellena Flacilla in einem Mausoleum (T) der Nekropole nahe bei der Petrus-*memoria* gefunden wurde, beweist, daß der Friedhof zu jener Zeit noch benutzt wurde. Ferner lagen die Landschenkungen des Kaisers, die dem Unterhalt der Basilika und ihres Klerus dienten, nach Aussage des Liber Pontificalis alle in den östlichen Provinzen des Reiches, über die der Kaiser erst nach dem Sieg über seinen Rivalen Licinius im September 324, auf den auch die Stiftungsinschrift auf dem Triumphbogen der Basilika hinweist, seine Herrschaft ausdehnen konnte.[31] Ziegelstempel mit dem Namen des Kaisers aus dem Mauerwerk der Apsis belegen andererseits, daß dieser Teil der Basilika vor dem Tode des Herrschers, der im Jahre 337 starb, fertig gestellt war. Wir werden also damit rechnen können, daß der Bau in den zwanziger Jahren des 4. Jahrhunderts begonnen worden ist.

Wie lange er sich hingezogen hat, wissen wir nicht mit Sicherheit. Jedenfalls scheint belegt, daß an der Peterskirche schon zur Zeit des heidnischen Prätors Lampadius, der von 335–340 sein Amt in Rom ausübte, die Versorgung von hunderten Armen stattfand, wie eine Notiz bei dem Historiker Ammianus Marcellinus nahelegt,[32] eine Praxis, die Paulinus von Nola noch für das Jahr 396 für S. Peter bezeugt.[33] Der Bau muß also damals schon fertig gestellt und auch seine Innenausstattung dürfte in wesentlichen Teilen schon vollendet gewesen sein. Auf das Jahr 333 für die Vollendung der Basilika führt uns auch das Weihedatum, das für die Grabbasiliken der beiden Apostelfürsten Petrus und Paulus am 18. November gefeiert wurde. Da die Kirchweihe an einem Sonntag stattfand, kommt in der fraglichen Zeit wiederum nur das Jahr 333 in Frage, an dem dieses Datum auf einen Sonntag fiel. Eine weitere Bestätigung dafür, daß die Basilika etwa zwischen 320 und den dreißiger Jahren des 4. Jahrhunderts errichtet worden ist, dürften die Weiheinschriften des Kybeleheiligtums geben, das in unmittelbarer Nähe der konstantinischen Basilika gelegen haben muß. Unter diesen zahlreichen Inschriften, die in die Jahre 344 bis 390 datiert sind, besagt eine aus der Mitte des Jahrhunderts, daß der Kult nach einer Unterbrechung von 28 Jahren, die wohl durch den Bau der christlichen Basilika bedingt worden ist, wiederaufgenommen worden sei.[34] Wenn der Liber Pontificalis schließlich von Papst Liberius (352–366) sagt, daß er von der Petersbasilika Besitz ergriffen habe, wird spätestens zu diesem Zeitpunkt auch die Ausstattung des Baues abgeschlossen gewesen sein.[35]

Wenn wir heute über diese konstantinische Basilika, ihre Maße und ihr Aussehen so gut Bescheid wissen, daß wir sie weitgehend rekonstruieren können, so verdanken wir das vor allem Baubeschreibungen, Vermessungen und Berichten, die während des Baues der heutigen Basilika angefertigt wurden und den Grabungen, die im Auftrage Pius XII. in den Jahren 1940–1949 unter der Peterskirche durchgeführt wurden, um das Apostelgrab zu suchen. Weitere Erkenntnisse lieferten spätere Untersuchungen in der durch die Grabungen freigelegten römischen Nekropole, an den nunmehr zugänglichen Teilen der Fundamente und Stützmauern der alten Basilika, und in der Umgebung der Kirche, sowie eine systematische Auswertung aller Nachrichten über die alte Basilika und zahlreicher Zeichnungen und Veduten, die den fortschreitenden Bau der heutigen Kirche festhalten und Ansichten der noch stehenden Teile der konstantinischen Basilika bieten.

Im Gegensatz zur Lateransbasilika, die Gemeindekirche und Sitz des Bischofs, des Vorstehers der römischen Gemeinde, stellte die Peterskirche einen neuen Typus des christlichen Kultbaues dar: Sie war eine Kirche, die dem Gedächtnis (*memoria*) eines Märtyrers, des hl. Petrus, geweiht war. Sie umgab das kleine bescheidene Denkmal mit einem monumentalen Kultbau, der dem liturgischen Gedächtnis des Märtyrers diente. Wesentliches Anliegen dieses Märtyrerkultes, der sich im Laufe des 3. Jahrhunderts entwickelt hatte, waren die Feier der Eucharistie zu Ehren des Apostelfürsten und Märtyrers

Petrus als einem der Kronzeugen für den Erlösungstod und die Auferstehung Christi und die Bitte um Interzession des Apostels für die Gläubigen.

Die kleine Ädikula bildete nun den Mittelpunkt des Kultes, auf den die große Basilika ausgerichtet wurde. Dazu mußte aber die noch in frühkonstantinischer Zeit benutzte Nekropole am Hang des Vatikanischen Hügels, in der das Petrusgrab lag, aufgelassen und zugeschüttet werden; eine solche Maßnahme konnte allein der Kaiser in seiner Eigenschaft als *pontifex maximus,* als Oberpriester des traditionellen Staatskultes, verfügen, da Gräber und Grabbezirke nach römischem Recht sakrosankt waren.

Um eine ausreichende Fläche für den Bau der Basilika zu erhalten und um die *memoria* Petri in die Kirche einbeziehen zu können, mußten auf dem nach Südosten abfallenden Gelände des Vatikanischen Hügels bis zu 10 m hohe Stützmauern errichtet, die sich den Hügel hinaufziehenden Grabbauten im unteren Bereich der römischen Nekropole zugeschüttet und die höher am Hügel gelegenen Grabmonumente in der Nähe der *memoria* niederlegt werden. Im Westen hinter dem verehrten Grab mußte man den weiter ansteigenden Hügel abtragen.

Ein Besuch der unter der Peterskirche ausgegrabenen Nekropole, in der die großen römischen Grabbauten und die hohen Stützmauern der Basilika freigelegt sind, führt eindrucksvoll vor Augen, wie aufwendig und kostspielig die Arbeiten zur Herrichtung des Bauplatzes der Basilika waren. Mehr als 40.000 m³ Erdreich mußten auf dem für eine Bebauung ungünstigen, abfallenden Gelände bewegt werden, um die Gräber zu überdecken und eine ebene Plattform aufschütten zu können. Diese aufwendigen Arbeiten zeigen, welche Bedeutung der Kaiser dem Bau der großen Basilika zu Ehren des Apostels beimaß und in welchem Maße ihm an der Errichtung einer würdigen Gedenkstätte lag. Entsprechend waren auch die Abmessungen dieser wahrhaft monumentalen Basilika, die wie die Laterankirche in dem traditionellen Gußmauerwerk mit Ziegelverschalung errichtet wurde: Die Länge betrug insgesamt 123 m, die Breite ihrer fünf Schiffe zusammen 66 m; das der Apsis vorgelagerte Querhaus hatte eine Länge von 90 m und eine Breite von über 17 m. Die Petersbasilika war also um fast ein Drittel größer als die Bischofskirche von Rom, mit der sie die basilikale Anlage und die Fünfschiffigkeit gemein hatte. Gegenüber der Lateransbasilika, die am westlichen Ende des Hallenbaues zwei quergelagerte kleine kapellenartige Annexe besaß, hatte die Petersbasilika in dem zwischen basilikaler Halle und Apsis eingeschobenen Querschiff einen eigenen, auch im Außenbau deutlich abgesetzten Baukörper. Dadurch wurde der Bereich im Westen vor der Apsis besonders hervorgehoben.

Unter diesem Querschiff stand nun vor der Sehne der Apsis die Ädikula (*memoria*) des Apostelfürsten, die der Kaiser durch Abbruch der umgebenden Grabbauten und der Stützmauer, an die sie sich lehnte, isolieren und kostbar mit Porphyr- und Marmorplatten hatte verkleiden lassen. Ein Baldachin mit wertvollen Säulen aus weißem Marmor, die durch gedrehte Schäfte und reliefiertes Weinrankenornament besonders aufwendig gestaltet waren, stand auf einer leicht erhöhten Plattform über dem verehrten Monument. Zwei weitere Säulen des gleichen Typus, die einen Architrav trugen, verbanden den Baldachin mit der Apsis. Bronzene Schrankenplatten, deren Einlaßspuren wie auch die Standspuren dieser Baldachinsäulen durch die Ausgrabungen freigelegt wurden, schlossen den Baldachin zum Querschiff hin ab. Die seltenen und kostbaren Säulen, Spolien des 2. Jahrhunderts wohl aus Kleinasien, deren Schaft, Basis und Kapitelle aus einem Marmorstück gearbeitet sind, waren mit Bedacht gewählt, um dem Denkmal des Apostels unter dem Querhaus der Basilika einen würdigen Rahmen zu geben. Der Liber Pontificalis erwähnt diese Säulen eigens unter den Stiftungen des Kaisers für die Kirche und betont, daß sie aus dem östlichen Reichsteil herangeschafft wurden, eine Nachricht, die sich durch Funde von Bruchstücken ähnlicher Säulen in Ephesus in neuerer Zeit bestätigt hat. Ihrer ungewöhnlichen Form und kostbaren Arbeit wegen fanden diese Säulen schon in früher Zeit Bewunderung: Sie galten seit dem Mittelalter als Säulen des Salomonischen Tempels und erregten das Interesse von Künstlern der Renaissance und des Barock. So wird die Gestalt des Baldachins der konstantinischen Basilika in dem barocken Baldachin Berninis, der den Papstaltar der heutigen Peterskirche über der *memoria* Petri überspannt, in Form und Dekor der Bronze-Säulen wieder aufgenommen. Die Weinrankensäulen der konstantinischen Basilika aber wurden als kostbare Zimelien in die Nischenarchitektur der Kuppelpfeiler der neuen Peterskirche versetzt.

Das 25 m hohe Querhaus, das nicht die Höhe (37,90 m) des Hauptschiffes erreichte und sich somit als eigener Baukörper deutlich von dem fünfschiffigen Hallenbau absetzte, stand wie ein monumentaler Schrein über dem Grabe Petri. Während die Öffnungen der Seitenschiffe in das Querhaus durch Säulen verstellt waren und damit dieses als eigener Raum um das Petrusgrab betont wurde, öffnete sich das Mittelschiff durch einen großen Triumphbogen in das Querschiff, in dem die *memoria* Petri von der Apsis gerahmt sichtbar wurde. An der nördlichen und südlichen Schmalseite fügte sich dem Querhaus in ganzer Breite je ein niedriger Raumteil an, der über die Flucht der fünfschiffigen Halle hinaussprang und im Inneren wie die Seitenschiffe der Basilika durch eine drei Interkolumnien breite Öffnung zugänglich war. Die Funktion dieser Annexe, die an die seitlichen Kapellen der Lateransbasilika erinnern, ist unbekannt.

Das Langhaus aber war ähnlich wie das der Lateransbasilika gestaltet. Das Mittelschiff wurde von einer Architravkolonnade gesäumt, die den Obergaden trug, während die Seitenschiffe durch Säulenarkaden getrennt waren, insgesamt ein Säulenwald von 88 Säulen. Bei der Verwendung von Säule und Architrav im Mittelschiff handelte es sich wohl nicht um einen Rückgriff auf klassische Bauformen, auch wenn das Maß der Interkolumniumsbreite den klassischen, von dem frühkaiserzeitlichen Architekturtheoretiker Vitruv empfohlenen Proportionen entspricht, sondern eher um das Bestreben, den eigentlichen Festsaal des Baues durch aufwendige und monumentale Bau- und Schmuckformen auszuzeichnen. Zudem betonte die Architravkolonnade mit ihren dicht, nur in 2,40 m Abstand gestellten 22 Säulen die Ausrichtung des Mittelschiffes auf das fast 100 m entfernte Grabmal Petri unter dem Baldachin, das hinter dem Triumphbogen in dem hell erleuchteten Querschiff vor der Kulisse der Apsis die Blicke auf sich lenkte und grenzte so auch den mittleren Festsaal des Langhauses gegen die Seitenschiffe ab: Durch den fortlaufenden Architrav, der in der Höhe des Bogenansatzes von Triumphbogen und Apsiskalotte lag, wurde das Apsisrund und der Baldachin als das Ziel des Weges und der Anlage herausgehoben.

Demgegenüber kennzeichneten die Bogenkolonnaden der Nebenschiffe, die bei gleichweiten Interkolumnien wie die des Mittelschiffes von Bögen überspannt waren, die untergeordneteren Raumverbindungen und schlossen dadurch, daß sie stärker als Öffnung empfunden wurden und die darüber aufgehende Wand weiter aufgelöst wurde, die beiden nördlichen und die beiden südlichen Seitenschiffe jeweils stärker zu einer Raumeinheit zusammen. Bei dieser sinnfälligen Differenzierung von Mittel- und Seitenschiffkolonnaden haben sicherlich auch bautechnische Probleme mitgewirkt. Um die Kolonnaden der Seitenschiffe, die gleichbreite Interkolumnien mit den Hauptschiffkolonnaden besaßen, mit einem Architrav zu überbrücken, hätte es Blöcke bedurft, die die gleichen enormen Maße hätten haben müssen wie die entsprechenden Stücke des Hauptschiffes. Diese aber hätten kaum zusammen über den niedrigeren und schwächeren Säulenstützen der Nebenschiffkolonnaden eingesetzt werden können. So wurde die Arkade gewählt, die gleichzeitig auch eine stilistisch überzeugende Lösung bot.

Dieser überlegten Verwendung von Arkade und Architrav über den Säulenstützen entsprach auch die Belichtung des Baues. Elf Rundbogenfenster, die nicht axial an die Interko-

lumnien gebunden waren, tauchten das 32 m hohe Mittelschiff in helles Licht; die gleiche Anzahl Fenster befand sich in den Außenmauern der Seitenschiffe, die somit, da das innere Seitenschiff keine eigene Lichtquelle hatte, gedämpfteres Licht empfingen und sich dadurch von dem hell erleuchteten Mittelschiff absetzten. Als einheitlicher, von Licht durchfluteter Raumkörper wirkte dagegen das Querhaus. Wenn sich auch die überlieferte Zahl von 16 Fenstern nur schwer an dem rekonstruierten Bau unterbringen läßt, so boten doch die Wände des Querschiffes, das zudem mit 25 m Höhe niedriger als das Hauptschiff war, genügend Raum für eine größere Anzahl von Fenstern, die, zusammen mit den fünf Rundbogenfenstern der Apsis, diesen Raumteil der Basilika besonders hell und licht erscheinen ließen. So finden wir auch in der Lichtführung eine überlegte Abstufung und Wertung der verschiedenen Raumelemente, durch die die Umgebung des Petersgrabes besonders hervorgehoben wurde. Wie allerdings diese Fenster verschlossen waren, ob mit Fenstergittern, Alabasterplatten oder bunten Gläsern, wie sie für andere frühchristliche Kirchen und für das frühe Mittelalter belegt sind, wissen wir nicht. So können wir uns von der Farbqualität und der Intensität des Lichtes leider keine sichere Vorstellung machen.

Der Raumeindruck der großen Basilika muß überwältigend gewesen sein: Die Säulen, die in dichter Folge die Obergadenwand des Mittelschiffes trugen, waren mit Basen und Kapitellen fast 11 m hoch und standen damit den Säulen der Vorhalle des Pantheons nur wenig nach. Die Basis mit einem Fragment des Schaftes von je einer Säule des Mittelschiffes und der Seitenschiffe sind am Ausgang der Grotten der heutigen Peterskirche noch an ihrem ursprünglichen Standort zu sehen. Auch der Architrav hatte entsprechende Ausmaße: Er war fast 3 m hoch und trug vor der Obergadenwand einen Laufgang, der für die Bedienung der großen Lampen benutzt wurde. Säulen und Architrav waren Spolien, wie wir sie bereits an der Lateransbasilika kennenlernten. Die Spolienkapitelle aus unterschiedlichem Material waren weder in Form und Ausführung noch in ihrer Zeitstellung einheitlich, ja man verwendete, wie die erhaltene und in den Grotten noch sichtbare Basis der 11. Säule der nördlichen Mittelschiffkolonnade beweist, auch nicht fertiggestellte Werkstücke, die offenbar zu diesem Zweck den großen Marmorlagern am Flußufer entnommen wurden.

Die klassische Reihung gleichwertiger Glieder in der Kolonnade wurde durch die paarweise Ordnung über die Achse des Mittelschiffes hinweg ersetzt. So ergab sich eine Bindung, die dem klassischen Prinzip der gleichmäßigen und ausgewogenen Durchformung die hierarchische Gliederung der Raumteile entgegensetzte, indem die reichsten Spolien an Säulenschäften und Kapitellen in der Nähe des Triumphbogens angeordnet wurden. Das gleiche Ordnungsprinzip drückte sich auch in der Anordnung der Säulen der Seitenschiffarkaden aus: Hier fand sich teilweise eine paarweise Anordnung über die Längsachse der Schiffe hinweg, so daß sich einige Glieder der Seitenschiffarkaden in Material und Ornament entsprachen. Eine solche Anordnung konnte kaum unmittelbar optisch erfaßt werden, sie erschloß sich nur dem aufmerksamen Besucher der Basilika und war eher Ausdruck eines ideellen Konzeptes, das eine wertende Ordnung der Architektur des Baues und ihrer Teile zum Ziele hatte, während die Vielfalt der Formen und unterschiedlichen Ordnungen der Kapitelle, die hier in bunter Reihe auftraten, Pracht und Aufwand signalisierten. Darin wird man wohl ein wesentliches Motiv für die Verwendung von Spolienkapitellen in großem Stil sehen müssen. Eine ähnliche Sicht drückt sich auch in der bunten und kostbaren Erscheinung der Säulen aus rotem und grauem Granit und verschiedenen farbigen und geäderten Marmorsorten aus, der wie in der Laterankirche, auch der übrige Schmuck der Petersbasilika entsprach.

Die Wände der Seitenschiffe trugen eine Marmorverkleidung aus bunten Platten; hingegen ist über den ursprünglichen Dekor der Wände des Mittelschiffes nichts bekannt. Die noch im 16. Jahrhundert erhaltenen Szenen aus dem Alten Testament auf der Nordwand und aus dem neuen Testament auf der Südwand, die, mehrfach restauriert und erneuert, unter den Fenstern in zwei Reihen angeordnet waren und von einer Stuckrahmung getrennt wurden, stammen spätestens aus der Zeit Papst Leos des Großen, also aus der Mitte des 5. Jahrhunderts. Vielleicht sind sie aber schon der ursprünglichen Ausstattung des 4. Jahrhunderts zuzuordnen, da Paulinus von Nola um 400 davon spricht, daß diese Art der aufwendigen Ausschmückung *raro more* sei, was heißen wird, daß sie bis dahin auf die Großbauten wie St. Peter, die vorbildhaft waren, beschränkt war. Die Existenz dieser inhaltlich aufeinander bezogenen Zyklen, in denen Petrus als zweiter Moses ausgewiesen ist, der sein Volk zum Heile führt, dürfte damit für St. Peter schon für das 4. Jahrhundert nicht auszuschließen sein.[36]

Die Apsis schmückte ein Mosaik, das wahrscheinlich den thronenden Christus und die Apostelfürsten zwischen Paradiesespalmen zeigte, also eine ähnliche Komposition, wie sie uns aus S. Costanza schon bekannt ist. So könnte dieses Apsismosaik, das später mehrfach restauriert und ergänzt wurde, schon in der Zeit der konstantinischen Dynastie entstanden sein und zur ursprünglichen Ausstattung gehört haben. Das legt auch die Apsisinschrift nahe, die im Sinne der auf dem Konzil von Nicaea im Jahre 325 festgelegten Theologie

Gottvater und den ihm gleichgestellten Sohn nennt, denen die Kirche als Sitz des Glaubens und der Gerechtigkeit gewidmet sei.[37] Der Triumphbogen trug ebenfalls ein Mosaik, von dem Reste mit einer Inschrift, die den Kaiser erwähnte, noch im 15. Jahrhundert erhalten waren.[38] Nach den Beschreibungen soll hier Kaiser Konstantin mit dem Modell der Kirche, das er Christus und dem hl. Petrus überreichte, dargestellt gewesen sein. Die Darstellung ist für die Frühzeit der christlichen Kunst ungewöhnlich, doch fügt sie sich gut zu der sicherlich konstantinischen Inschrift, die den Bau der Basilika als eine Dankesgabe an Christus ausweist und als Denkmal für den mit Hilfe Christi errungenen Sieg, durch den die Welt unter seine Herrschaft und seinen Schutz gestellt wurde: *Quod duce te mundus surrexit in astra triumphans hanc Constantinus victor tibi condidit aulam.* (Weil unter Deiner Führung die Welt sich zum Himmel erhoben hat, gründete Konstantin, der Sieger, Dir diese Halle.)

Der Fußboden der Basilika war in Querhaus und Mittelschiff mit rahmenden weißen und farbigen Marmorplatten in der üblichen Verschränkung von runden und quadratischen Feldern belegt. Im Querschiff war das Dachgespänge vergoldet. Für das Mittelschiff fehlen uns Nachrichten über die Eindeckung. Es ist durchaus möglich, daß auch hier, wie in anderen Kirchen, ein offener Dachstuhl das Schiff überdeckte. Die Peterskirche war an Dach und Wänden wie die Laterankirche mit einer reichen, buntfarbenen Ausstattung versehen, die für die Prachtentfaltung spätantiker Bauten charakteristisch ist. Diese eindrucksvolle Pracht dürfte an den Festtagen, zu denen die Pilger zusammenströmten, noch durch die von Konstantin gestiftete Ausstattung, wie einen Altar aus vergoldetem Silber und entsprechende Leuchter für das Schiff, sowie durch den Festtagsschmuck mit verzierten Vorhängen, wie wir ihn auch heute noch an hohen Festen in italienischen Kirchen sehen können, besonders erhöht worden sein. Anschaulich beschreibt uns Paulinus von Nola, adliger Großgrundbesitzer, hoher Beamte, christlicher Dichter und schließlich Bischof von Nola in Kampanien seit 409, eine solche Feier in der dortigen Felixbasilika: Weiße Vorhänge zwischen den Säulen, große Kronleuchter mit zahlreichen Lampen über dem Altar und im Schiff, welche die Kirche zur Tag- und Nachtfeier hell erleuchteten und unendliche Scharen von Pilgern anzogen.[39] Mit solcher Pracht dürfte man auch in Rom in der Basilika des hl. Petrus den 29. Juni, den Festtag des Heiligen, und den 18. November, den Kirchweihtag, gefeiert haben.

Hier dürfte es nun an der Zeit sein, daß wir uns nach der Rekonstruktion und Beschreibung des Baues der konstantinischen Peterskirche Rechenschaft darüber geben, wie sich diese neue von Konstantin gestiftete Basilika über dem Grab Petri

in ihrer baulichen Gestalt zu der älteren Gemeindekirche, der Lateransbasilika verhält. Auffallend ist zunächst, daß der Bau der Peterskirche wesentlich monumentaler angelegt ist. Sie übertrifft die Lateranskirche in den Ausmaßen um gut ein Drittel. Der Wille, mit diesem Bau einen besonders repräsentativen eindrucksvollen Kultbau zu schaffen, manifestiert sich deutlich in diesen Ausmaßen und wird auch noch durch das große, im Südosten hochaufragende Podium, auf dem die Kirche stand, betont.

So gewaltig der Bau mit seinen 123 m Länge und 37 m Höhe auch erscheinen mag, so ist er doch in seiner Gestalt überlegter strukturiert als die Lateranskirche. Das Bestreben nach harmonischer Durchgliederung wird überall deutlich. Das nach dem Vorbild der Lateranskirche fünfschiffige Langhaus hat nunmehr axial gebundene Kolonnaden mit gleich weiten Interkolumnien in Mittel- und Seitenschiffen, die Länge des Querhauses, des Langhauses und des Atriums (90 m) entsprechen sich, Triumphbogen und Apsisbogen haben die gleichen Abmessungen. Reifer und entwickelter erscheint

auch die Gestaltung des westlichen Abschlusses der Basilika. Während an der Lateransbasilika die beiden kleinen Kapellen, an denen das äußere Seitenschiff endet, eine Querachse nur andeuten, nimmt das Querschiff der Petersbasilika als ein eigenständiger Baukörper die Bewegung des Langhauses auf: Das Mittelschiff öffnet sich, gefaßt durch den Triumphbogen zur Apsis und dem davor liegenden Teil des Querhauses, in dem die *memoria* Petri in effektvoller Inszenierung als das Zentrum des Kultes und Ziel des Weges sichtbar wird, während die Bewegung der Seitenschiffe am Querhaus gleichsam zurückgehalten wird, um sich dann in geänderter Richtung wiederum zum Ziel der Anlage vor der Apsis ungehindert auszubreiten. Die Richtung des Langhauses wird also durch das Querhaus in unterschiedlicher Weise durch die Öffnungen des Triumphbogens und der engeren Säulenstellungen am Ende der Seitenschiffe aufgenommen, um dann im Querhaus auf das im Kreuzungspunkt der Längs- und Querachse liegende Denkmal versammelt zu werden.

Diese überlegte architektonische Anlage des Baues bietet

Raum für die Verehrung des Grabes und für die mit großem Aufwand und zahlreichem Klerikergefolge vom Papst zelebrierten Riten des Märtyrerkultes. Die Seitenschiffe erlaubten auch größeren Menschenmengen den leichten Zugang und Abgang zum Heiligtum. Das Mittelschiff jedoch dürfte den gemeinsamen Festfeiern der Gemeinde, der Feier der Eucharistie gedient haben, wobei der Altar im Schiff wohl nicht weit von dem Triumphbogen entfernt gestanden haben wird, hinter dem der Apostelschrein in einem eigenen Raumteil gleichsam wie in einem abgegrenzten Heiligtum sichtbar war. Die in der Lateranskirche angedeutete Ausgrenzung des westlichen Teils des Langhauses als Presbyterium oder Heiligtum ist hier bei der Petersbasilika aufgrund ihrer Bestimmung als Memorialkirche und Pilgerheiligtum weiterentwickelt worden zu einer komplexen Anlage, die dem Langhaus im Westen einen eigenen Baukörper anfügt, der gleichzeitig abgegrenzt vom Langhaus doch in differenzierter Weise mit ihm verbunden, das Heiligtum vor der Apsis besonders hervorhebt. Ähnliche Lösungen, die das Heiligtum in einer komplexen Anlage in einem eigenen, von der Gemeindekirche abgegrenzten Gebäudeteil bargen, fanden die Architekten für die großen Memorialbasiliken, die Konstantin im Heiligen Land an den Gedächtnisstätten Jesu errichten ließ: Die Kirche über der Geburtsgrotte in Bethlehem und die Auferstehungskirche über Christi Grab in Jerusalem. An die fünfschiffige Basilika schloß sich hier über dem Grab Christi ein Zentralbau an, der durch einen Hof von ihr getrennt war, während in Bethlehem ein Oktogon, das im Außenbau durch einen Querriegel kleinerer Anbauten von der Basilika abgesetzt war, die Geburtsgrotte barg. Es handelt sich hier um Anlagen, die in der Form architektonisch aufwendiger und anspruchsvoller waren als das Querhaus von St. Peter, das offenbar die ältere Lösung der Verbindung von Memorialbau und Gemeindekirche darstellte.

Mit den anderen den Märtyrern gewidmeten Memorialbauten vor den Toren Roms aber hatte die Petersbasilika gemeinsam, daß sie nicht nur der Feier der Eucharistie, sondern auch dem allgemeinen Gedächtniskult diente, der in der Frühzeit nichts anderes als eine gehobene Form des traditionellen Totenkultes mit Toten- und Gedächtnismahl war. Ebenso wie bei den schon besprochenen Zömetrialkirchen lagen auch im Fußboden der Petersbasilika dicht beieinander die Gräber der Gläubigen, die hier bestattet wurden. Es sind häufig, der besonderen Bedeutung des Ortes gemäß, privilegierte Gräber in aufwendigen Sarkophagen, in denen nach Ausweis der Inschriften Angehörige der führenden Oberschicht bestattet waren, wie der Stadtpräfekt Iunius Bassus, der im Jahre 359 starb.

Um das Jahr 400 ließ Kaiser Honorius im Süden der Basilika am Ende des Querschiffarmes ein im Kern wohl älteres Rundmausoleum im Typus der spätantiken kaiserlichen Grabbauten erweitern und als dynastische Grabstätte des theodosianischen Herrscherhauses einrichten. In ihm wurde seine 407 verstorbene Gemahlin, Maria, Tochter des germanischen Heeresmeisters Stilicho, bestattet wie auch seine zweite Gemahlin Thermantia, die 415 starb, ferner der Kaiser selbst im Jahre 423, und vielleicht auch Kaiser Valentinian III., der 455 in Rom ermordet wurde. Die Erinnerung an die kaiserlichen Grabinhaber ging später verloren, als der Bau im 8. Jahrhundert der hl. Petronilla, der legendären Tochter des Apostels geweiht wurde.[40]

Ein weiteres großes Rundmausoleum, das in severischer Zeit östlich des Mausoleums der theodosianischen Dynastie über der Spina des aufgelassenen Circus errichtet worden ist, wurde zur gleichen Zeit im Oberbau mit einem Obergaden modernisiert und diente wohl ebenfalls als vornehme und privilegierte Grablege. Unter Papst Symmachus (498–514) wurde der Grabbau nach der Niederlegung verschiedener Apostelreliquien dem hl. Andreas, dem Bruder Petri, als Kirche geweiht.

Gegen Ende des 4. Jahrhunderts entstand an bevorzugtem Platz am Scheitel der Apsis ein weiteres großes Mausoleum in Form einer apsidalen Halle für die damals wohl bedeutendste römische Adelsfamilie, die Anicier, aus dem sich prächtige, mit christlichen Szenen geschmückte Sarkophage aus dem Ende des 4. Jahrhunderts erhalten haben. Mit dem Neubau der Apsis der Konstantinsbasilika durch Rosselino 1453 und dem Bau der heutigen Basilika seit 1506 wurden diese Mausoleen, die den konstantinischen Bau im Westen und Süden umgaben, abgerissen.

Die Petersbasilika war wohl das bedeutendste Märtyrer- und Pilgerheiligtum im Westteil des Reiches. Die Quellen berichten uns auch einiges über Ereignisse und Gedächtnisfeiern, die hier stattfanden. So soll der spätere Stadtpräfekt Lampadius schon als Prätor um 335–340 Spenden an die Armen im Atrium verteilt und der Senator Pammachius, wie uns sein Freund Paulinus von Nola berichtet, im Jahre 397 bei der Totenfeier zum Gedächtnis seiner Frau Paulina ein großes Mahl in der Kirche ausgerichtet haben, bei dem die Volksmenge, der die Speisung galt, nicht nur die Schiffe der Basilika gefüllt haben soll, sondern auch das der Basilika vorgelagerte Atrium.[41] Uns erscheint es befremdlich, daß ein solches Festmahl in einer Kirche gefeiert wurde, doch müssen wir bedenken, daß für den antiken Menschen das Totenmahl zum traditionellen Bestand des Totenkultes gehörte, der auch für die Christen seine Gültigkeit hatte, und daß die Basilika auch für die privaten Totenkultfeiern der in ihr bestatteten Toten offen stand.

Daß diese bei den Massenfeiern zu Ehren des Märtyrers oder zum Totengedächtnis gegebenen Festmahle zu Trinkgelagen ausarteten und so das Mißfallen der kirchlichen Autoritäten erregten, erfahren wir von Augustinus. Von ihm hören wir auch, daß Bischof Ambrosius von Mailand gegen Ende des 4. Jahrhunderts solche Gelage in den Memorialkirchen verbot und die Mutter Augustinus', die eine solche Totenfeier noch aus Afrika gewohnt war, mit ihrem Korb voll Brei, Brot und Wein beim Betreten der Basilika abgewiesen wurde.[42] Bald darauf verboten auch Augustinus und andere afrikanische Bischöfe die Feier der *laetitia* (Freude), wie man das Totenmahl nannte.

Wie nun der offizielle Märtyrerkult und auch die privaten Totenfeiern in der Basilika vollzogen wurden, darüber haben wir keine Angaben. Ob das Querschiff, das sich gleichsam als Schrein über dem Denkmal des Apostels erhob, bei diesen Feiern eine bestimmte Funktion hatte, wissen wir nicht. Jedenfalls bot es Raum für eine Festfeier vor dem verehrten Monument und für Prozessionen, die durch die Seitenschiffe ein- und abziehen konnten. Das Querhaus trennte jedenfalls in einem weiten Abstand das verehrte Grabmonument vom Mittelschiff, in dem sich die Gemeinde versammelte und in dem sich der Altar für die Eucharistiefeier befand, ähnlich wie bei den konstantinischen Memorialbauten in Jerusalem und Bethlehem.

Der von Papst Gregor dem Großen im Apsisbereich der Petersbasilika um das Jahr 600 vorgenommene Umbau veränderte diese Disposition in bezeichnender Weise. Um den Altar der Basilika den gewandelten kultischen Bedürfnissen und der zeitgenössischen Auffassung entsprechend in unmittelbaren Kontakt mit dem heilspendenden Grabmonument bringen zu können und das Grabdenkmal Petri für die Verehrung der Pilger weiterhin zugänglich zu erhalten, ließ der Papst den Fußboden der Apsis so weit erhöhen, daß das Denkmal von allen Seiten von einem Podium eingeschlossen wurde. Über dem Grabdenkmal wurde nun auf dem Podium der Altar errichtet, über dem sich wiederum ein Baldachin erhob. Das Denkmal selbst blieb nun für die Pilger nicht nur von vorn zugänglich: Durch seitliche Zugänge in diesem Podium, das sich über den Boden des Querhauses erhob, betrat man einen an den Apsiswänden entlangführenden Gang, von dem man auch von der Rückseite an das Monument gelangen konnte. So entstand hier also zum ersten Mal eine Ringkrypta. Sie blieb in den Grotten der neuen Basilika des 16. Jahrhunderts erhalten und wurde das Vorbild für die zahlreichen Ringkrypten der mittelalterlichen Baukunst des Abendlandes, ebenso wie auch der basilikale Aufbau und das eigentümliche Querschiff dieser bedeutendsten Pilgerkirche des Westens vorbildhaft für die kirchliche Baukunst des Mittelalters wurden.

Um die Scharen von Pilgern aufzunehmen und einen würdigen Eingang zur Basilika zu schaffen, wurde der Kirche im Osten ein Vorhof, ein Atrium vorgelagert, das wie die Basilika auf dem gleichen, über der kaiserzeitlichen Nekropole errichteten Podium lag. Neben der Funktion, den Bau an die Umgebung anzuschließen und gleichzeitig auch einen Ort der Sammlung und Ruhe vor dem Betreten des Heiligtums zu schaffen, hatte dieses Atrium der Petersbasilika noch eine weitere Funktion, wie wir bereits gesehen haben: Auf diesem geschlossenen Platz an der Basilika fanden die großen Totenmähler statt, die von christlichen Angehörigen der römischen Oberschicht im Rahmen der Totenfeiern veranstaltet wurden und die gleichzeitig der Armenspeisung dienten.

Das Atrium war etwas tiefer als das Heiligtum gelegen, so daß man den Eingang der Basilika über einige Treppenstufen erreichte. Die Neigung des Geländes wurde hier geschickt genutzt, um die Wirkung des höherliegenden Baues zu steigern. Entsprechend führte im Osten des Atriums eine große Treppenanlage zu dem tiefergelegenen Gelände am Tiber, ähnlich wie auch heute noch der Petersbasilika eine große Treppenanlage, die die Wirkung der monumentalen Kirchenfassade steigert, auf dem leicht abfallenden Gelände vorgelagert ist. Eine triumphbogenartige Toranlage mit drei Durchgängen vermittelte den Zugang zum Atriumhof, der im Westen vor dem Eingang zur Basilika durch eine Säulenhalle, einen Narthex, abgeschlossen war, während die übrigen Seiten mit Ausnahme der Eingangsseite keine Portiken besaßen. Diese hat wohl nach Ausweis einer heute verlorenen Inschrift erst Papst Simplicius (468–483) hinzugefügt.[43]

In der Mitte stand ein Brunnen, der *cantharus,* der von Quellen am Hügel hinter der Basilika, die von Damasus gefaßt worden waren, gespeist wurde, wie uns der Papst in einem seiner Gedichte berichtet und den der christliche Dichter Prudentius Ende des 4. Jahrhunderts in seinem Gedicht zu Ehren der Apostel Petrus und Paulus ausdrücklich erwähnt.[44] Der von Papst Damasus im Atrium aufgestellte Brunnen hatte, wie uns Paulinus von Nola für das Jahr 397 bezeugt, einen viersäuligen Baldachin.[45] Papst Stephanus II. (752–757) erweiterte den Baldachin um weitere vier Porphyrsäulen.[46] Der monumentale bronzene Pinienzapfen, der als Brunnen unter einem von acht Säulen mit bronzenen Bögen und antiken Skulpturen wie Pfauen ausgestatteten Baldachin nach Ausweis zahlreicher Zeichnungen und Stiche bis in das 16. Jahrhundert das Atrium zierte, wurde wahrscheinlich ebenfalls im Frühmittelalter aufgestellt. Der Pinienzapfen, ein römisches Werk unbekannter Herkunft, das erst für die neue Verwendung an St. Peter zum Brunnen umgearbeitet wurde, wird im Cortile della Pigna des Vatikanischen Palastes aufbewahrt.

Die Freitreppe, der erhöht liegende Vorhof des Atriums und die dahinter aufragende mächtige Basilika, insgesamt eine Anlage von rund 250 m Länge, boten für die Pilger zweifellos ein eindrucksvolles Bild. Eine große Prachtstraße, die von Säulenkolonnaden gesäumt war, und auf deren Linie bezeichnenderweise heute die von Mussolini durch den mittelalterlichen Borgo gebrochene Via della Conciliazione verläuft, führte wohl seit der Zeit des Papstes Symmachus (489–514) von der Hadriansbrücke und dem Hadriansmausoleum, der heutigen Engelsburg, zu dem vor der monumentalen Treppenanlage des Atriums gelegenen Platz, auf dem Papst Symmachus einen weiteren Brunnen und Einrichtungen für die Bedürfnisse der Pilger errichten ließ. Dieses eindrucksvolle Ensemble repräsentativer Architektur, das in der Tradition imperialer Architekturensembles dem Besucher die Bedeutung des Heiligtums vor Augen führte, wurde jenseits des Tibers an der Hadriansbrücke am Eingang zur Stadt von einem Triumphbogen, den Kaiser Gratian (378–383) zusammen mit den Mitkaisern Valentinian II und Theodosius gestiftet hatte, eröffnet. An ihm begann eine andere prächtige Säulenstraße, die *porticus maximae*, die von den genannten Kaisern angelegt worden war und in die Stadt führte. Ein weiterer Triumphbogen, der aus Anlaß der Siege der Kaiser Theodosius, Arcadius und Honorius über die Germanen am Anfang des 5. Jahrhunderts errichtet wurde, stand auf dem Campus Martius am Beginn der alten Via Triumphalis, die mit den *porticus maximae* verbunden ebenfalls zum vatikanischen Gebiet und zur Petersbasilika führte. So war hier seit dem späteren 4. Jahrhundert eine imposante, von triumphaler Architektur geprägte Anlage entstanden, die das ursprünglich von Villen, Gärten, Schaustätten und Nekropolen besetzte Gelände am vatikanischen Hügel tiefgreifend veränderte.

Das Heiligtum des Apostels am Vatikanischen Hügel bestimmt damit schon bald nach seiner Gründung in eindrucksvoller Weise den Wandel Roms von der paganen antiken Metropole zur christlich geprägten Stadt, und initiiert damit eine Entwicklung, die die Urbanistik der Stadt in den kommenden Jahrhunderten bis in unsere Zeit hinein geprägt hat. Der Pilger wurde in diesem Heiligtum, das an Pracht, Aufwand und Größe den großen antiken Tempelanlagen nicht nachstand, durch Säulenhallen, Toranlagen, Höfe und schließlich durch die Basilika in immer sich steigernder Wirkung bis vor das Grab des Apostels im Querschiff der Peterskirche geführt, das den Abschluß dieses eindrucksvollen Prozessionsweges bildete, der gleichzeitig auch ein Triumphalweg war: Die Basilika als ein Denkmal des Sieges Christi und des Märtyrers über den Tod und gleichzeitig auch als Denkmal für den mit göttlicher Hilfe errungenen Sieg des Kaisers über seinen irdischen Widersacher Licinius, wie es dankbar die Dedikationsinschrift der Kirche am Triumphbogen vermeldet.[47] So ist es auch nicht verwunderlich, wenn die ganze Anlage, Säulenstraße und Basilika, die in Wettstreit mit den großen triumphalen Platzanlagen und Heiligtümern des kaiserlichen Rom trat, zu einem neuen städtebaulichen Kristallisationspunkt wurde, aus dem sich seit dem frühen Mittelalter ein neues Quartier außerhalb der antiken Stadt, der heute noch bestehende Borgo, entwickelte, wie ähnliche Siedlungen um die Zömeterialkirche von S. Lorenzo an der Via Tiburtina und die Paulsbasilika an der Via Ostiense. Darin zeigte sich aufs deutlichste der Wandel Roms von der Reichshauptstadt und Kaiserresidenz zur vornehmsten Pilgerstätte des Abendlandes, welche die Gebeine der Apostelfürsten Petrus birgt.

Bereits Papst Damasus (366–384) richtete im Annex des nördlichen Querhauses der Basilika, wie aus späteren Quellen zu erschließen ist, ein Baptisterium ein, dessen von ihm selbst verfaßte Stiftungsinschrift uns fragmentarisch erhalten ist.[48] Offenbar machte die sich ausdehnende Siedlung um die Basilika und der Wunsch der zahlreichen Pilger und Besucher im Anschluß an den Besuch am Grabe des Apostelfürsten getauft zu werden, ein Taufhaus an der Basilika erforderlich. Papst Symmachus (498–514) erweiterte das Baptisterium in dem Bemühen es aufzuwerten und dem Taufhaus der Laterankirche anzugleichen durch Altäre, die Johannes dem Täufer, Johannes dem Evangelisten und dem Hl. Kreuz geweiht waren und in denen offenbar Reliquien geborgen wurden. Ein Kloster, das unter Papst Leo I. (440–61) errichtet wurde, war der nächste Bau, von dem wir hören; es eröffnete die lange Reihe von Kirchen, Klöstern, Kapellen, Bädern, Armenhäusern und Palästen, die in der Folgezeit um die Basilika errichtet wurden. Der Historiker Prokop, der die Gotenkriege der ersten Hälfte des 6. Jahrhunderts beschreibt, erwähnt auch die Siedlung, die sich um den kirchlichen Bezirk entwickelt hatte und der Versorgung der kirchlichen Bauten und Institutionen diente.[49] So ergab sich auch bald die Notwendigkeit, den ganzen Bereich um die Peterskirche, der ja außerhalb der Stadt und ihres Mauerringes lag, durch eine eigene Mauer zu schützen. Sie lehnte sich an das Hadriansmausoleum an, das wohl bereits am Ausgang des 4. Jahrhunderts zu einer Festung zum Schutze des Brückenkopfes der Hadriansbrücke ausgebaut worden war. Im 9. Jahrhundert wurde sie unter Papst Leo IV. erneuert und ergänzt. So haben Konstantins Stiftungen an den Gräbern der Märtyrer, allen voran aber die Basilika von St. Peter mit den um sie entstehenden Bauten und Siedlungen die Stadt bis in unsere Zeit hinein geprägt.

S. Paolo fuori le mura

Nach dem Liber Pontificalis hat Konstantin auch über dem Grab des Apostels Paulus in der Nähe des Tibers an der Via Ostiense ca. zwei Meilen vor den Toren der Stadt eine Gedächtniskirche errichtet.[50] Auf das Grab und seine Lage an der Via Ostiense berief sich zusammen mit dem Grab Petri am Vatikan bereits um 200 der Presbyter Gaius, als er sich in der Auseinandersetzung mit der Sekte der Montanisten des apostolischen Ursprungs der römischen Gemeinde rühmt.[51] Wie Petrus hatte der zweite der Apostelfürsten Paulus in Rom unter Nero den Märtyrertod erlitten. Um 67 war er südlich der Porta Ostiense in der Nähe des Tibers enthauptet und in der nahegelegenen Nekropole an der Via Ostiense bestattet worden.[52] Der Platz des Paulusgrabes wird durch ein kleines Monument, eine *memoria*, gekennzeichnet worden sein. Im 19. Jahrhundert durchgeführte Tastgrabungen aus Anlaß des Neubaues der 1823 abgebrannten Paulsbasilika der Kaiser Theodosius, Arcadius und Valentinianus aus dem Ende des 4. Jahrhunderts, die die konstantinische Kirche ersetzt hatte, haben nur ungenügende Kenntnis vom Grab des Apostels und seiner Ausstattung erbracht. Weitere Tastgrabungen in jüngster Zeit haben bestätigt, daß das Grab des Apostels an der Sehne der schon im 19. Jahrhundert teilweise aufgedeckten Apsis der konstantinischen Basilika gelegen hat. Wir finden hier also eine ähnliche Situation wie am Vatikan vor, nur daß die konstantinische Memorialkirche für den Apostel wesentlich kleinere Abmessungen als der herausragende Bau am Vatikan gehabt hat. Die gewestete, zum Tiber gerichtete Apsis hatte einen Durchmesser von ca. 7,50 m, während das Gebäude, das durch die Grabungen nicht erschlossen worden ist, etwa die Abmessungen von 21 x 12 m gehabt haben wird.

Warum dieser konstantinische Memorialbau für den Apostel Paulus, der eher ein einfacher Saal als ein dreischiffiger Hallenbau gewesen sein wird, so bescheiden ausgefallen ist, wissen wir nicht. Die den weniger bekannten Märtyrern über den Katakomben erbauten Gedächtnisbasiliken hatten monumentalere Dimensionen und waren mit erheblich größerem Aufwand ausgelegt. Zweifellos stand damals der erste der Apostel, dem Christus die Verheißung gegeben hatte, „auf diesem Felsen werde ich meine Kirche bauen" im Vordergrund der Verehrung.[53] Und es gab sicher Anlaß, die römischen Märtyrer als Blutzeugen Christi besonders auszuzeichnen, um der neuen Religion ihren Platz in der bis dahin heidnisch geprägten Stadt und im Leben der Gesellschaft zu geben. Paulus, der Begründer der christlichen Theologie und Apostel der Heidenvölker (*magister gentium*), schloß in der Verehrung erst im Laufe des 4. Jahrhunderts zu Petrus auf, so daß sich am

Ende des Jahrhunderts die drei regierenden Kaiser veranlaßt sahen, den konstantinischen Bau durch eine neue prachtvolle Basilika, die es der Vatikanischen Kirche gleich tat, zu ersetzen. Doch werden wir uns mit diesem Dreikaiser-Bau später beschäftigen.

S. Croce in Gerusalemme

Den Memorialkirchen der konstantinischen Zeit ist ein weiterer Bau zuzurechnen, der nicht wie die bereits besprochenen Märtyrerkirchen außerhalb der Mauern liegt, sondern im Südosten der Stadt wie die Laterankirche unmittelbar an der Stadtmauer errichtet worden ist. Er ist als Kirchenbau ungewöhnlich und stellt einmal mehr die formale Vielfalt des frühchristlichen Kultbaues konstantinischer Zeit in Rom unter Beweis. Es ist die Kirche, von der der Liber Pontificalis des 6. Jahrhunderts sagt, daß sie *cognominatur usque in hodiernum diem Hierusalem* (bis zum heutigen Tage ›Jerusalem‹ genannt wird), ein Name, den schon eine Mosaikinschrift des zweiten Viertels des 5. Jahrhunderts aus der Kirche anführt und den die Kirche noch in der Bezeichnung unserer Zeit trägt.[54] Auch sie ist nach dem Bericht der Papstchronik von Konstantin errichtet worden und zeichnet sich dadurch aus, daß sie in einem kaiserlichen, *Sessorium* oder *palatium Sessorianum,* genannten Palast liegt.

Der Palast befand sich in einer ausgedehnten kaiserlichen Villenanlage, die sich vom Esquilin bis zu den östlichen Ausläufern des Caelius und nach Süden über die Aurelianische Mauer hinzog. Dieser umfangreiche kaiserliche Besitz war aus älteren vornehmen Park- und Villenanlagen entstanden, die Kaiser Septimius Severus am Ende des 2. Jahrhunderts zusammengefaßt und Kaiser Heliogabal (218–22) ausgebaut hatte. Sie umfaßte schließlich im 4. Jahrhundert Nymphäen (Brunnenanlagen), Palastgebäude, monumentale Empfangshallen, ein Amphitheater, eine große Badeanlage (Therme), einen Circus und ausgedehnte Parkanlagen. Von diesen Bauten sind unmittelbar südlich der Geleise des heutigen Hauptbahnhofes und nicht weit vom Bahnhofsgebäude entfernt noch ein monumentaler dekagonaler Zentralbau kühner Konstruktion, die sogenannte *Minerva Medica*, aus dem 4. Jahrhundert und in der Nähe der Porta Maggiore an der Stadtmauer noch ansehnliche Reste des eigentlichen Palastes erhalten. Die hochaufragende, mit großen Fenstern versehene Apsis einer großen Empfangshalle des 4. Jahrhunderts, seit der Renaissance Tempio di Venere e Cupido genannt, ein weiterer großer Hallenbau aus severischer Zeit, der vielleicht als ein Vestibül des Palastes zu deuten ist und das *Amphitheatrum Castrense*, das in

47. *S. Croce in Gerusalemme. Blick von Südosten auf die Palasthalle des Sessoriums mit der für den Einbau der Kirche angefügten Apsis.*

48. *S. Croce in Gerusalemme. Die Palasthalle des Sessoriums von Nordosten mit den großen, im Mittelalter zugesetzten Fenstern des Obergeschosses.*

die Aurelianische Stadtmauer einbezogen wurde, sowie Reste der Fundamentmauern des *Circus Varianus,* der sich ursprünglich nach Südosten noch weit über die Stadtmauer hinaus erstreckte. Wir haben es hier mit einer Villen- und Palastanlage zu tun, wie wir sie bereits in der Gordiansvilla an der Via Praenestina und in der Villa des Kaisers Maxentius an der Via Appia kennenlernten. Zu der Villa gehörte ein ausgedehnter kaiserlicher Fundus, der *Fundus Laurentum,* eine Latifundie, die sich außerhalb der Stadtmauern zwischen Via Praenestina, Via Labicana, Via Tuscolana und Via Latina hinzog. Es war derselbe kaiserliche Besitz, auf dem Konstantin an der Via Labicana über dem Friedhof der *equites singulares* die später den Heiligen Marcellinus und Petrus geweihte Umgangsbasilika errichtet hatte. Wir erinnern uns, daß in dem an die Basilika angeschlossenen Mausoleum um das Jahr 330 die Kaiserinmutter, die Augusta Helena, bestattet wurde. Ihr gehörte auch der *fundus* und der Palast am südöstlichen Rande der Stadt, den sie renovierte und erweiterte, wie uns Inschriften, die dort

gefunden wurden, lehren. Die Bäder, die die Augusta gleichfalls erneuern ließ, wurden daher in der Folge *Thermae Helenianae* genannt.[55] Ob auch die Anregung und Initiative, die Hierusalem genannte Kirche in dem Palast zu errichten, auf die von Konstantin sehr verehrte Kaiserin zurückgeht, wie meist vorausgesetzt wird, ist jedoch fraglich, da der Liber Pontificalis des 6. Jahrhunderts die Kaiserin nicht als Stifterin der Kirche neben ihrem Sohn nennt, was bei ihrem hohen Ansehen und der Verbindung ihres Namens mit der im späteren 4. Jahrhundert entstandenen Kreuzfindungslegende nicht verständlich wäre, wenn sie tatsächlich an der Gründung des Baues beteiligt gewesen wäre.

Anders als die bisher besprochenen Kirchenbauten wurde die Kirche nicht von Grund auf neu errichtet, was bemerkenswert ist, da auf dem Gelände des Palastes in unmittelbarer Nähe der späteren Kirche wohl ebenfalls in konstantinischer Zeit der schon erwähnte große Apsidensaal, offenbar eine Audienzhalle, erbaut wurde. Die Kirche wurde vielmehr in ei-

nem vorhandenen Saal des Palastes eingerichtet, der durch Ziegelstempel in severische Zeit (192 – 211) datiert ist. Dieser etwa 36 x 25 m in der Grundfläche messende und etwas über 22 m hohe Saal war auf seiner Südseite durch einen 300 m langen, gedeckten Korridor mit dem Amphitheater und dem Circus verbunden. Mit je fünf großen Bögen, von denen der mittlere jeweils breiter war, also eine Querachse markierte, öffnete sich die Halle in den Längsseiten nach außen. Darüber befanden sich über einem umlaufenden Konsolengesims, das die Außenfront gliederte, fünf große, rechteckige Fenster, das mittlere wiederum breiter, die für die Belichtung des großen, ungeteilten Raumes sorgten. An dem Konsolengesims haben sich Reste des Außenputzes erhalten, der die Mauern der Halle außen bedeckte, die sich also in der Antike nicht wie heute mit nackten Ziegelmauern präsentierte. Im Inneren schmückte den Saal eine aufwendige Marmorinkrustation, deren Reste sich noch in den Bogenlaibungen der unteren Öffnungen finden.

Der Bau besaß somit die typischen Formen, wie sie an doppelgeschossigen Eingangshallen und Vestibülen für Palast- und Forumsanlagen in der römischen Welt anzutreffen waren. Die bis an den ursprünglichen Dachansatz hochaufragenden antiken Mauern sind noch heute sehr eindrucksvoll vor allem an der Nordflanke zu sehen, aber auch an der Südwand und im Apsisbereich der Kirche, die vom Kloster des 18. Jahrhunderts umbaut wurden.

Für den Einbau des christlichen Kultraumes erhielt dieser Saal eine neue Orientierung: An die südöstliche Schmalseite wurde eine große, fast die ganze Breite des Saales einnehmende, fensterlose Apsis angebaut, die diese Kirche nun zum ersten geosteten christlichen Kultbau der Stadt machte. Zur gleichen Zeit wurde ein kleiner Raum hinter der Apsis, die heutige Helenakapelle, von den übrigen Räumen des Palastes abgeschlossen und durch einen gewölbten Gang entlang der Apsis mit dem Kirchenraum verbunden. Die westliche Schmalseite der Halle wurde durch die Erweiterung der unteren fünf Fenster zu Türen als Eingangsseite der Kirche umgestaltet. Im Süden des Gebäudes wurde der schmale, gangartige Raum mit Tonnengewölbe, der sich als Galerie nach Osten bis zu dem dort ursprünglich gelegenen Circus fortsetzte, beibehalten als Zugang zu einem dahinter liegenden, für die Kirche genutzten Raum des Palastes, der uns im folgenden noch beschäftigen wird. Fraglich ist, ob sich die großen Öffnungen auf der nördlichen Längsseite des Hallenbaues in einen Anbau öffneten, der gegebenenfalls beim Einbau der Kirche als Seitenschiff angefügt wurde. Eine Notiz des Liber Pontificalis, die besagt, daß Papst Gregor II. (715–731) *porticos vetustate quassatos* wiederhergestellt habe, ist nach dem Wortlaut kaum auf ein gegebenenfalls in konstantinischer Zeit angebautes Seitenschiff, das im 8. Jahrhundert erneuert werden mußte, zu beziehen. Diese Notiz dürfte sich eher auf einen Narthex oder die Säulenportiken eines Atriums beziehen.[56]

An den Längswänden der Aula im Inneren der Halle zu seiten der breiteren mittleren Türen- und Fensteröffnungen und unter den Umbauten des 12. und 18. Jahrhunderts, welche die Substanz des antiken Gebäudes nicht antasteten, kamen bei Untersuchungen die Anschlüsse und Reste zweier Quermauern zum Vorschein, die, beim Umbau in die Kirche eingesetzt, den Saal in zwei größere Raumteile und ein schmaleres Mittelstück gliederten. Mit drei Bögen, die wohl auf paarweise gebündelten Säulen auflagen, öffneten sich drei große Durchgänge in der Längsachse des Saales, auf denen eine zweite Bogenreihe ruhte. Eine solche Gliederung des Raumes durch Querachsen in aufeinanderfolgende Raumteile war in der kaiserzeitlichen Architektur, abgesehen von eingewölbten Hallen wie den Thermensälen oder der Maxentiusbasilika, ungewöhnlich. Überdies spricht diese Querteilung des Raumes gegen eine Rekonstruktion der Halle durch angebaute Seitenschiffe als dreischiffige Basilika. Die Funktion dieser Querwände ist jedoch nicht klar. Sie erreichten nicht die Höhe der Mauerkrone unter dem Dachgespränge, das den Raum überspannte und scheinen daher nicht eine statische Funktion gehabt zu haben. Auch die antike Halle bedurfte einer solchen Sicherung nicht. Jedenfalls wurden diese Querwände beseitigt, als im 12. Jahrhundert in einer grundlegenden Erneuerung in den antiken Saal eine dreischiffige Kirche mit Querhaus eingebaut wurde. Sie hatten damals offensichtlich ihre Funktion verloren. Die Apsis und die Querwände sind zweifellos im Zusammenhang mit dem Umbau der Halle zur Kirche im 4. Jahrhundert entstanden. Da auch für diesen Bau wie für die meisten frühchristlichen Kirchen Roms eine moderne Bauuntersuchung fehlt, läßt sich jedoch nicht mit einiger Sicherheit sagen, wann diese Einbauten im Laufe des 4. Jahrhunderts erfolgt sind. Alle bisher in der Wissenschaft diskutierten Datie-

rungen sind lediglich Einschätzungen ohne solide Grundlage.

Der Kirche wurden nach dem Liber Pontificalis Latifundien zugewiesen, die, wie für die Lateransbasilika in Italien, ja zum Teil in unmittelbarer Nähe der Stadt an der Via Labicana, Via Appia und Via Cassia lagen.[57] Doch können wir daraus nicht schließen, daß die Kirche vor 324 eingerichtet worden ist, denn auch andere sicher nach 324 entstandene Memorialbauten wie S. Agnese und S. Lorenzo, die auf kaiserlichem Besitz gestiftet wurden, besaßen Landschenkungen in der Nähe der Kirche.

Unter den kaiserlichen Stiftungen ist dieser Bau für uns von besonderem Interesse, da er nicht neu errichtet wurde. So zeigt dieser Bau durch die Art der Adaption des älteren Baukörpers, welche Elemente man für einen christlichen Kultbau offenbar als unabdingbar erachtete. Vor allem die Einrichtung der Längsachse und der Ausbau der Apsis stellten die entscheidenden Elemente dar. Interessant ist auch, daß der Bau nun von dem übrigen Palast, der noch unter dem Ostgotenkönig Theoderich im kaiserlichen Besitz war und zusammen mit den Thermen restauriert wurde, durch die Schließung der Zugänge zu den umliegenden Räumen und Baulichkeiten isoliert wurde. So ist die immer wieder geäußerte Ansicht, daß Konstantin in dieser Aula eine Palastkirche errichtet habe, zu verwerfen. Auch die Gestalt des Baues läßt sich nicht mit einer angeblichen Typologie von Palastkirchen, die es in der christlichen Antike nicht gegeben hat, begründen. Die zum Unterhalt der Kirche gestifteten Ländereien wären zudem bei einer „Eigenkirche" in kaiserlichem Besitz kaum nötig gewesen.

Die ungewöhnliche Gestalt der Kirche, die offenbar keine Einteilung in Schiffe kannte, deren Apsis fast die ganze Breite des Baues einnahm und die vor allem durch zwei Querwände in der Halle unterteilt wurde, die vielleicht baldachinartig ein Geviert im Zentrum des Raumes ausschieden, müssen wohl vor allem durch die besondere Zweckbestimmung der Kirche erklärt werden. Auch den kleinen Raum hinter der Apsis, der durch einen Gang mit der Kirche verbunden war, würde man gern mit dem Charakter der Kirche als Memorialbau in Verbindung bringen, von der uns der Liber Pontificalis berichtet, zumal er noch im zweiten Viertel des 5. Jahrhunderts aufwendig mit Mosaiken ausgestattet wurde. Hier könnte etwa im Anschluß an das der Eucharistie dienende Kultgebäude, ähnlich wie in den anderen Memorialbauten, die Kreuzreliquie als Gegenstand der Verehrung aufbewahrt und gezeigt worden sein. Doch haben wir trotz der Nachricht im Liber Pontificalis keinen sicheren Beleg, daß bereits zu Konstantins Zeit sich eine Kreuzreliquie in Rom befand und die Kirche zu ihrer Aufbewahrung errichtet wurde. Der Kirchenhistoriker und Bi-

schof Eusebius, der uns eine Lebensbeschreibung Kaiser Konstantins hinterließ, erwähnt weder die Präsenz der Kreuzreliquie noch ihre Auffindung im Heiligen Lande. Doch schon Bischof Cyrill von Jerusalem spricht in Predigten, die er um 348–350 in der Grabeskirche zu Jerusalem hielt, sowie in einem Brief an den Kaiser Constantius II. von dem unter Konstantin wiederaufgefundenen wahren Kreuz und die in alle Welt verstreuten Kreuzesreliquien.[58] Nordafrikanische Inschriften aus der Mitte des 4. Jahrhunderts bestätigen, daß Kreuzpartikel in Nordafrika zu dieser Zeit bereits als Reliquien verehrt wurden.[59]

So dürften Kreuzreliquien bereits zu Konstantins Zeiten

auch in Rom bekannt gewesen und verehrt worden sein. In jedem Falle ist vorauszusetzen, daß der Kaiser nach Auffindung des Kreuzes und des Grabes Christi in Jerusalem um 326, an die sich der Bau der Grabeskirche anschloß, sich um eine Partikel bemüht hat, um die Memorialkirche in Rom errichten zu können und der Hauptstadt des Reiches damit eine Christusgedächtnisstäte, eine Herrenmemorie, zu geben, wie sie Jerusalem besaß. Der eigentliche Kreuzeskult gewann jedoch erst allgemeine Bedeutung nach der Entwicklung einer Theologie des Kreuzes in nachkonstantinischer Zeit. In dieser Zeit entstand dann auch, wohl ausgehend von Jerusalem, die Legende von der Kreuzauffindung durch die Augusta Helena, die uns Bischof Ambrosius von Mailand am Ende des 4. Jahrhunderts auch für den Westen belegt.[60] Das Zeugnis des Cyrill von Jerusalem sowie der bauliche Befund der Kirche und die aus der Überlieferung zu erschließenden Daten scheinen zu sichern, daß dieser signifikanterweise Hierusalem genannte Kultbau ein Memorialbau war, der auf Betreiben Konstantins errichtet wurde und dessen eigentümliche Innenausstattung mit dieser Funktion als Gedächtniskirche zusammenhängen dürfte. Die Kirche war eine Herrenmemorie, die den verehrten Gegenstand, hier die Kreuzreliquie, ähnlich wie in Jerusalem an der Grabeskirche das Grab Christi und den Felsen von Golgotha in einer der eucharistischen Festhalle angeschlossenen Architektur bewahrte.

Mit der Errichtung einer Memorialkirche zur Aufbewahrung einer Kreuzesreliquie an privilegiertem Ort in der Palastregion im Südosten der Stadt und in der Nähe der Bischofskirche, mit der sie, wie heute noch, durch eine Blick- und Straßenachse verbunden war, erhielt die Hauptstadt Rom, die keine eigentliche Gedächtnisstätte Christi besaß, neben der Bischofskirche ein weiteres christliches Kultgebäude von besonderem Rang. Die Errichtung der Kirche im Südosten der Stadt

zeigt das Bestreben Konstantins, der Hauptstadt neben der Bischofskirche durch einen weiteren gewichtigen Kultbau ein christliches Gepräge zu geben und dem durch zahlreiche große heidnische Heiligtümer dominierten Zentrum der Stadt einen Bereich entgegenzusetzen, der die neue, vom Kaiser geförderte Religion angemessen repräsentierte. Die zahlreichen, den Märtyrern gewidmeten Zömeterialbasiliken in dem angrenzenden, außerhalb der Stadtmauer gelegenen Suburbium. verstärkten diese durch christliche Kultbauten geprägte Zone.

So wenden auch in der Folgezeit die Kaiser der Kirche Hierusalem ihre Aufmerksamkeit zu. Galla Placidia, die Tochter Kaiser Theodosius und ihr Sohn Valentinian III. statteten die Kapelle hinter der Apsis in den Jahren 425–444 mit Mosaikschmuck aus, von dem noch im 16. Jahrhundert das Bild des Papstes Coelestin I. (422–433) erkennbar war. Der Wortlaut der Stiftungsinschrift ist uns überliefert.[61] Im Osten schloß sich an die Kapelle und mit ihr durch eine Türe verbunden in einem apsidalen Raum, der ursprünglich zu einem Bad der Palastanlage gehörte, ein Baptisterium an, wie Grabungen der letzten Jahre ergeben haben. Das Taufbecken im Zentrum des Raumes, das ca. 4 m im Durchmesser mißt, ist mit Marmorplatten verkleidet. Es konnte bei den Grabungen der letzten Jahre nur teilweise freigelegt werden, da es im 16. Jahrhundert von dem Kreuzgang des Klosters überbaut worden ist. Dieses Baptisterium, dessen Datierung archäologisch noch nicht gesichert ist, das aber wahrscheinlich im 5. oder 6. Jahrhundert dort eingerichtet worden ist, zeigt, daß S. Croce schon bald als Memorialkirche auch der pastoralen Versorgung der Gläubigen und Pilger gedient hat. Noch am Ausgang der Antike läßt der Ostgotenkönig Theoderich (493–526), Statthalter des in Konstantinopel residierenden Kaisers, die Kirche nach Ausweis der Ziegelstempel, die sich auf dem Dach gefunden haben, restaurieren.

IV. DIE PÄPSTLICHEN MEMORIALBAUTEN KONSTANTINISCHER ZEIT IM SUBURBIUM

Hatte der Kaiser durch eine gezielte Baupolitik und mit den ihm zur Verfügung stehenden Mitteln die bedeutendsten christlichen Kultbauten errichtet, um die neue Religion zu befördern, so folgen ihm als Bauherrn nun die Päpste, die Vorsteher der an Zahl und auch finanzieller Macht rasch erstarkenden römischen Gemeinde. Auch sie errichten Gedächtniskirchen an den Gräbern der Märtyrer, so daß nun die Stadt auf den Friedhöfen längs der großen Ausfallstraßen von einem Kranz an Memorialbauten umschlossen war. In der großen Umgangsbasilika an der Via Ardeatina, die Papst Marcus (336) mit kaiserlicher Unterstützung bauen ließ, ist er wohl auch bestattet worden.[1] Ebenso ließ sich Papst Julius I. im Jahre 352 in der von ihm errichteten Gedächtniskirche über der Calepodiuskatakombe an der Via Aurelia bestatten. Zwei weitere Zömeterialkirchen soll der Papst in der Nähe des Gra-

bes des Hl. Valentinus an der Via Flaminia und am dritten Meilenstein der Via Portuense erbaut haben.[2] Von keiner dieser Memorien, die mit Sicherheit kleinere Bauten gewesen sind, haben sich sicher deutbare Reste erhalten. Ihre Bedeutung besteht jedoch darin, daß nun, nachdem der Kaiser durch die ersten monumentalen Gründungen christlicher Kultbauten die Richtung gewiesen hatte, die kirchliche Bautätigkeit von den Bischöfen aufgenommen und fortgesetzt wird. So schließt sich der Kranz an Memorialkirchen nun auch im Norden der Stadt und setzt sich damit die Umgestaltung des Suburbiums fort, das in diesen Zömeterialbauten neue Zentren erhält und vor allem zu einer „Sakrallandschaft" umgestaltet wird, die der Campagna in der Umgebung der Stadt ein neues Gesicht und eine neue Bedeutung verleiht, die sie in der Antike in dieser Weise nicht gekannt hat.

V. DIE ERSTEN GEMEINDEKIRCHEN IN DER STADT
DIE SOGENANNTEN TITULI

Bald nach und zum Teil schon gleichzeitig mit den bereits besprochenen Bauten, wenn auch keineswegs in gleicher Dichte wie die Kirchengründungen des Kaisers und seiner Familie im Suburbium, werden nun auch vornehmlich von Päpsten, aber auch von Privatleuten in den Wohnvierteln Roms Kirchen gegründet, die den nach der Anerkennung des Christentums rasch ansteigenden pastoralen Anforderungen dienten. Im Gegensatz zu den älteren christlichen Versammlungsstätten in der Stadt treten diese neu gegründeten Kirchenbauten nun im Stadtbild hervor. Sie setzen die Christianisierung der Stadt nach einer überlegten Planung fort, wie vor allem die päpstlichen Gründungen zeigen.

Schon für das 3. Jahrhundert berichtete der Kirchenhistoriker Eusebius, daß unter Papst Cornelius (251–53) die römische Gemeinde, bei einer städtischen Bevölkerungszahl von schätzungsweise 700 000 Einwohnern, ungefähr 30 000 bis 40 000 Seelen umfaßt habe. Diese Zahl dürfte nach der offiziellen Anerkennung der Kirche durch Konstantin im 4. Jahrhundert sprunghaft angestiegen sein. So wurden bereits Mitte des 3. Jahrhunderts neben den schon von Kaiser Augustus eingerichteten 14 Verwaltungsregionen, sieben Verwaltungs- und Seelsorgsbereiche von der Kirche eingeführt.

Der Seelsorge dienten nun im 4. Jahrhundert die neu errichteten Kirchen, denen Presbyter zugewiesen waren, welche die Seelsorge im Namen und im Auftrag des römischen Bischofs versahen. Diese Kirchen werden nach einer Bezeichnung, die allerdings erst seit dem späten 4. Jahrhundert zu belegen ist, Titelkirchen genannt. Dieser Begriff, der von dem lateinischen *titulus* abgeleitet ist, das „Inschrift, Titel, Rechtstitel", bedeutet, ist eine kirchliche Verwaltungsbezeichnung, die nach der Einrichtung der kirchlichen Seelsorgstellen in der Stadt, die auch einen Kirchenbau umfaßten, die Kirchen im Range einer Pfarrkirche bezeichnete. Die besaßen allerdings noch nicht, wie wir es heute kennen, einen festumrissenen Sprengel. Die Bezeichnung hat sich bis heute im wesentlichen

für die auf dieses spätantik-frühmittelalterliche Pfarrsystem zurückgehenden Kirchen bewahrt. Aus den Presbytern dieser Kirchen, die durch die Bezeichnung *cardinalis* von anderen unterschieden wurden, entwickelte sich das Kardinalskollegium. Seinen Mitgliedern werden auch heute noch diese Kirchen, soweit sie bestehen geblieben sind, als Titelkirchen zugewiesen, mit einer Anzahl weiterer Kirchen, die man im Laufe der Zeit mit dem Anwachsen des Kollegiums in diesen Rang erhoben hat. Im 4. Jahrhundert sind 18 Titelkirchen nachweisbar, am Ende des 5. Jahrhunderts 26; diese Zunahme ist bedingt durch die wachsende Zahl der Gemeindemitglieder und die zunehmenden Aufgaben der Presbyter dieser Kirchen, die auch den Dienst an den nunmehr vier großen Patriarchalbasiliken und an den Zömeterialbasiliken vor den Toren der Stadt zu versorgen hatten.

In der Benennung dieser Kirchen finden sich häufig noch die Namen der Stifter oder ursprünglichen Eigentümer der Gebäude und der Liegenschaften, auf denen sie errichtet wurden. Also hören wir in den Schriftquellen vom *titulus Pudentis, titulus Vestinae, titulus Equitii, titulus Pammachi, titulus Anastasiae* und anderen. Der Name weist damit als juristischer Rechtstitel die Stiftung aus und ihren Übergang in den Besitz der Kirche, die diese Stiftung oder die mit Hilfe der Stiftung erworbenen Grundstücke oder Gebäude als Seelsorgstellen nutzte. Die Vermutung der älteren Forschung, daß sich unter diesen Namen einige der frühen Hauskirchen vorkonstantinischer Zeit befunden haben, die in Privathäusern eingerichtet oder von Privaten auf ihren Grundstücken erbaut wurden, läßt sich nicht halten. Damit geht überein, daß Rämlichkeiten und Bauten, die unter den meisten der Titelkirchen aufgedeckt wurden, in keinem Fall als christliche Kultstätten aus der vorkonstantinischen Zeit oder der ersten Hälfte des 4. Jahrhunderts zu bestimmen sind. In vielen Fällen schließen die Art der Vorgängerbauten oder auch die Beschaffenheit des Grundstückes, auf dem die spätere Kirche errichtet worden ist, einen vorkonstantinischen christlichen Kultbau an dieser Stelle geradezu aus. Die Tatsache, daß es im 4. Jahrhundert vornehmlich die Bischöfe sind, die als Bauherren der neuen Kirchenbauten in der Stadt auftreten, spricht im Falle dieser Kirchenbauten ebenfalls für unabhängige Neugründungen.

Aus unseren Quellen ersehen wir, daß im Frühmittelalter die alten Namen der *tituli* immer mehr zurücktreten und durch die Namen der Heiligen und Märtyrer, die man in diesen Kirchen verehrte, ersetzt wurden. Durch den Zusatz *sanctus* wurden nun auch viele Besitzer oder Stifter zu Heiligen erhoben und durch Legenden legitimiert. So wird aus dem *titulus Pudentis* oder der *ecclesia Pudentiana* der *titulus Sanctae Pudentianae* oder die *Ecclesia S. Pudentiana* der mittelalterlichen Quellen. Diese Namen haben sich bis in die heutige Zeit erhalten.

TITULUS SILVESTRI

Der *Titulus Silvestri* wurde nach dem Bericht des Liber Pontificalis von dem gleichnamigen Papst (314–35) in einem zentralen Bereich der Stadt auf dem Collis Oppius, einem Ausläufer des volkreichen Esquilin auf einem von dem Presbyter Equitius zur Verfügung gestellten Grundstück errichtet.[1] Die Kirche ist daher zunächst unter beiden Bezeichnungen *titulus Equitii* und *titulus Silvestri* bekannt gewesen, bis ab dem späten 6. Jahrhundert nur noch der Papst im Namen der Kirche genannt wird.[2]

Die Kirche muß in unmittelbarer Nähe der heutigen Kirche S. Martino ai Monti bei der *Porticus Liviae*, der zu Ehren der Kaiserin Livia von Tiberius errichteten großen, von Säulenhallen umgebenen Hofanlage gelegen haben, die noch im 4. Jahrhundert frequentiert wurde. Die Kirche hatte also eine bevorzugte Lage auf dem Hügel in der Nähe der *porticus Liviae* und des *lacus Orphei*, eines großen Fassadenbrunnens unterhalb der Martinskirche, den schon der Dichter Martial erwähnt und der dem Quartier seinen Namen gegeben hat, wie noch die im 7. Jahrhundert in unmittelbarer Nähe in einen großen Saal eines reichen spätantiken Privathauses eingebaute Kirche *S. Lucia in Orphea* zeigt. Papst Symmachus (498–514) erneuerte nach dem Liber Pontificalis den *titulus* und die nahegelegene Kirche S. Martino, die beide wiederum von Papst Hadrian I. (772–795) restauriert werden.[3]

Unter und neben dem karolingischen Bau der Martinskirche haben sich römische Baulichkeiten des 3. Jahrhunderts erhalten, eine von Pfeilern getragene Halle, die im 6. Jahrhundert und im Mittelalter mit christlichen Malereien ausgestattet wurde. Diese Pfeilerhalle des 3. Jahrhunderts, die man mit

dem *titulus Silvestri* identifiziert hat, ist jedoch denkbar ungeeignet, um als Kultraum einer größeren Gemeinde und ihrer Liturgie zu dienen: Der verhältnismäßig kleine, 11 x 18 m messende, durch Pfeiler in sechs kreuzgratgewölbte Kompartimente unterteilte Raum, hat ursprünglich wohl als Lager- oder Ladenraum kommerziellen Zwecken gedient. Es ist auszuschließen, daß man in konstantinischer Zeit unter Papst Silvester, der als erster Bischof der Stadtgemeinde in der neuerbauten, monumentalen Lateransbasilika residierte, einen solchen Raum als Kirche eingerichtet hat. Möglicherweise ist dieses ehemalige Lagergebäude, das heute von der Krypta der Martinskirche aus zu besuchen ist, seit dem 6. Jahrhundert als Diakonie genutzt worden, als eine der christlichen Sozialstationen, die uns auch von anderen Stellen der Stadt seit der ausgehenden Antike bekannt sind. Die genaue Lage der vom Papst gestifteten Kirche aber bleibt unbekannt, da es keine archäologisch nachweisbaren Reste gibt. Immerhin wurde im Bereich der heutigen Kirche S. Martino im 18. Jahrhundert eine heute verschollene antike silberne Lampe gefunden, die inschriftlich dem hl. Silvester geweiht ist. Auch dieser Fund bestätigt die Vermutung, daß die antike Kirche in der Nähe der Martinskirche zu suchen ist.

TITULUS MARCI
S. MARCO

Der *titulus Marci*, der von Papst Marcus 336 am Beginn der Via Lata, dem heutigen Corso, unterhalb des Kapitols, am Rande des von repräsentativen öffentlichen Gebäuden und großen paganen Heiligtümern überbauten Campus Martius (Marsfeld), errichtet wurde und der am selben Platz in der heutigen Kirche S. Marco im Palazzo Venezia fortlebt, hatte sicherlich nicht nur die Aufgabe der Seelsorge zu dienen, sondern vor allem auch die christliche Präsenz im Zentrum der Stadt zu manifestieren.[4] Es ist der erste Kirchenbau im eigentlichen Zentrum Roms und neben dem *titulus Silvestri* und den beiden großen konstantinischen Basiliken auch die früheste Kirchengründung in der Stadt. Das Quartier, in dem die Kirche errichtet wurde, hieß *Pallacinae*, und lag in unmittelbarer Nähe der *Via Lata*, nicht weit von großen öffentlichen Portikusanlagen, wie der *Saepta Iulia* und der *porticus Divorum*. Vor allem die Lage am Beginn und in unmittelbarer Nähe der *Via Lata*, an dem wichtigsten Verkehrsweg nach Norden, von dem die *Via recta* ausging, die zum Vatikan führte, mag die Gründung der Kirche an diesem Ort mitbestimmt haben. Die gleiche Überlegung dürfte auch für die wenig später gegründete *basilica Iulia* zwischen Trajansforum und *Via Lata* gegolten haben, die nun mit der Marcuskirche den Weg vom Süden aus dem Gebiet der Bischofskirche zu dem großen Pilgerheiligtum am Grabe des Apostels Petrus säumte.

Grabungen in den vierziger Jahren und gegen Ende der Achtziger haben unter der dreischiffigen Basilika des 9. Jahrhunderts, die im 15. Jahrhundert erneuert und in den Palazzo Venezia eingeschlossen wurde, die Reste der antiken Kirche aufgedeckt. Der antike Bau war entgegen der Ausrichtung der mittelalterlichen Kirche mit der Apsis nach Süden gerichtet. Dieser schloß sich nach Norden, wie es scheint, eine einschiffige, fast 40 m lange Halle an, deren Mauern die einer älteren *domus* sind, eines vornehmen Stadtpalastes des 2. oder 3. Jahrhunderts, dessen Fußboden aus farbigen Marmorplatten ebenfalls übernommen wurde. Die Kirche ist also in ein größeres älteres, aufwendig ausgestattetes Gebäudes eingebaut worden. In einem Nebenraum der Apsis wurde im 5. oder 6. Jahrhundert ein Baptisterium mit einem rechteckigen Becken eingebaut. Dies zeigt, daß die Kirche mit der Zeit weitgehende pastorale Befugnisse erhalten hat. Die Ausrichtung des Titulus mit der Apsis nach Süden entsprach dem Verlauf der 50 m entfernten *Via Lata* und der sie flankierenden Gebäude. Die Lage, Größe und Ausstattung des Baues konstantinischer Zeit, von dessen äußerer Erscheinung wir uns allerdings kein Bild machen können, entsprach der Aufgabe, die die Kirche als repräsentativer Kultbau und päpstliche Stiftung im Zentrum der Stadt erfüllen sollte.

Später, im 6. Jahrhundert und erneuert im späteren 8. Jahrhundert unter Papst Hadrian I. (772–795), wurde der Fußboden erhöht, Seitenschiffe angebaut und eine lange *solea* eingerichtet, die im Mittelschiff einen für die liturgischen Begehungen bestimmten Raum durch Mauerschranken abgeschlossen hat. Diese Kirche bestimmte offenbar auch die Ausmaße (ca. 40 m Länge, 16 m Breite), den Aufbau und die Ausrichtung der heutigen, im Kern karolingischen Kirche Gregors IV. (827–844), die jedoch nach Norden ausgerichtet ist.

TITULUS IULII

UND

BASILICA IULII ET CALLISTI

(S. MARIA IN TRASTEVERE)

Im gleichen Bereich, aber auf der anderen Seite der *Via Lata,* errichtete in ähnlich bevorzugter Lage schon der Nachfolger des Marcus, Papst Julius I. (337–51), einen *Titulus Iulii* oder eine *basilica iuxta forum divi Traiani* (Basilika neben dem Forum des göttlichen Trajan), deren genaue Lage wir aber nicht kennen.[5] Sie muß sich im Umkreis der heutigen Kirche SS. Apo-

stoli befunden haben. Eine Säulenhalle, die *porticus Constantini,* von der uns die Quellen berichten und die der gleichen Zeit zuzuweisen ist, hat möglicherweise, wenn wir frühmittelalterlichen Pilgerberichten folgen, die Kirche durch eine repräsentative Architektur mit der *Via Lata* verbunden. Reste der antiken Kirche sind nicht nachzuweisen und auch der in der Forschung gemachte Vorschlag, die *basilica Iulii* als den Vorgängerbau der im 6. Jahrhundert errichteten Apostelbasilika anzusehen, läßt sich nicht erhärten. Jedenfalls ist die Basilika in privilegierter Position in unmittelbarer Nähe einiger der bedeutendsten Monumente des antiken Rom, wie des Trajansforums oder des Serapistempels auf dem darüber gelegenen Viminal, erbaut worden. Hier zeigt sich wiederum ein von den Päpsten konstantinischer Zeit initiiertes Bauprogramm mit einer gezielten Ausrichtung, das sicher nicht allein der seelsorgerischen Aufgabe dienen sollte, da die Basilika dafür dem *titulus Marci* zu sehr benachbart ist. Hier ist vielmehr die repräsentative Präsenz christlicher Kultbauten im Zentrum der Hauptstadt angestrebt, die auf dem Pilgerweg von der Bischofskirche zum Vatikan den Zugang über die Via Lata und die Via recta mit christlichen Kultbauten säumen sollte. Auch in diesem Fall ist uns allerdings die Bewertung dieser Stiftung erschwert, da wir weder den genauen Ort der Kirche noch etwas über eventuelle Vorgängerbauten wissen, oder ihre Ausmaße und Anlage kennen.

Eine weitere Gründung desselben Papstes, die *basilica (Iulii) trans Tiberim iuxta Callistum* (Basilika des Julius jenseits des Tibers neben dem Calixtum) war in dem dichtbesiedelten Stadtteil jenseits des Tiber unterhalb des Ianiculus, dem daher heute noch so genannten Trastevere, angesiedelt, in dem meist griechischsprechende Bewohner aus den östlichen Reichsteilen, Syrer, Levantiner und Juden, lebten.[6] Aus den wie so häufig lückenhaften antiken Nachrichten zu diesen frühen Kirchen scheint sich folgendes Bild für die Gründung des Papstes Iulius in Trastevere zu ergeben: Auf oder neben einem ursprünglich von Papst Calixtus am Anfang des 3. Jahrhunderts der Kirche überlassenen, daher *Calixtum* genannten Besitz, wurde von Papst Julius I. die Kirche errichtet, die in anderen zeitgenössischen und in späteren Quellen entsprechend *titulus Iulii, basilica Iulii oder titulus Iulii et Callixti* heißt.[7] Diese Gründung des Papstes Iulius, die der Mitte des 4. Jahrhunderts zuzuweisen ist, ist damit einer der ältesten christlichen Kultbauten in der Stadt.

Mauerreste eines Vorgängerbaues einschließlich Teile einer Apsis kamen bei Grabungen im 19. Jahrhundert unter der mittelalterlichen Kirche S. Maria in Trastevere zum Vorschein, die nach der Biographie des Papstes Hadrian I. (772–795) des Liber Pontificalis die Nachfolgerin des älteren Titulus ist, der in der Papstchronik nun nur noch unter dem Namen des

Calixtus erscheint.[8] Sondagen aus den letzten Jahren konnten sichern, daß es sich bei diesen Resten um den ältesten Kirchenbau an dieser Stelle handelt. Aus dem Liber Pontificalis erfahren wir, daß der Altar bis in das 9. Jahrhundert in der Mitte des Schiffes gestanden hat.[9] Diese Disposition, die die frühchristliche Position des Altares bewahrte, müssen wir auch für St. Peter, S. Sebastiano und andere frühe Kirchenbauten voraussetzen. Das Mittelschiff dieser frühen Basiliken war also weitgehend für den Kult und den Klerus reserviert, während die Gläubigen vor allem von den Seitenschiffen aus an der Liturgie teilnahmen.

Diese päpstliche Gründung aus der Mitte des 4. Jahrhunderts sollte in einem der volkreichsten Quartiere Roms die seelsorgerische Versorgung der Bevölkerung sichern und die Christianisierung des Quartiers einleiten. Unter der meist aus dem Osten stammenden Bevölkerung von Trastevere war das Christentum sicher weiter verbreitet, als unter den lateinischsprechenden Bewohnern Roms auf der anderen Tiberseite. Papst Hadrian I. (772–795) erneuerte die Kirche grundlegend und weihte sie nun der Gottesmutter.[10] Anlaß dazu gab sicherlich die frühe, dem 6. Jahrhundert zuzuschreibende Ikone der Madonna, die noch heute in der Kirche aufbewahrt wird. Im 9. Jahrhundert unternahm Gregor IV. (827–844) nach dem Bericht des Liber Pontificalis weitere eingreifende Restaurierungen, die den älteren Bau den liturgischen Erfordernissen der Zeit anpaßten.[11] Nach weiteren Erneuerungen in der Folgezeit erhielt die Basilika, die neben S. Maria Maggiore die wichtigste Marienkirche Roms ist, unter Papst Innozenz II. (1130–1143) schließlich die majestätische Gestalt, die sie sich bis heute im wesentlichen erhalten hat. Die Gestalt und die eindrucksvollen Abmessungen des Baues mit den aus antiken Spolien gebildeten Architraven über antiken Säulen mit großen, reichgeschmückten ionischen Spolienkapitellen, die großenteils den Caracallathermen entnommen sind, bewahren das Vorbild einer frühchristlichen Basilika.

BASILICA LIBERII

Die Kirchengründungen der Päpste um die Mitte des 4. Jahrhunderts reißen bezeichnenderweise nicht ab. Jeder dieser Päpste, die oft nur wenige Jahre das Pontifikat innegehabt haben, sieht es offenbar als seine Aufgabe, wenigstens einen Kirchenbau zu errichten, um die seelsorgerische Betreuung der rapide wachsenden christlichen Bevölkerung und die Christianisierung der Stadt durch öffentliche christliche Kultbauten in den Wohnquartieren weiter voranzutreiben. Eine von Julius' Nachfolger Liberius (352–66) erbaute Kirche, die *basilica Liberii* lag auf dem Esquilin in einem der volkreichsten Quartiere der Stadt *iuxta Macellum Liviae* (neben dem Fleischmarkt der Livia) wie der Liber Pontificalis berichtet.[12] Dieses *macellum* wird ungefähr 300 m östlich von der Kirche S. Maria Maggiore lokalisiert, dort wo am Gallienusbogen die Kirche S. Vito liegt, die, im 15. Jahrhundert gegründet, die Erinnerung an die nahegelegene Kirche *S. Vitus in macello* (*Liviae*) bewahrt. Diese *ecclesia Viti presbyteri*, also die Stiftung eines Presbyters Vitus, wird unter Papst Iulius (337–352) zum ersten Mal genannt.[13] So ist in der *basilica Liberii* sicher nicht der Vorgängerbau der von Sixtus III. (432–440) errichteten Kirche S. Maria Maggiore sehen, wie es der Liber Pontificalis des 6. Jahrhunderts nahelegt, zumal auch die ausgedehnten Grabungen unter der Marienkirche keine Spuren eines älteren Kirchenbaues an dieser Stelle zu Tage gefördert haben.[14] Die genaue Lage der *basilica Liberiana*, kennen wir also nicht, es sei denn, wir wollten sie, wie es kürzlich vorgeschlagen worden ist, mit der heute noch bestehenden Kirche S. Bibiana gleichsetzen, die in den antiken Quellen, wie wir sehen werden, durch die topographische Bezeichnung *iuxta forum Tauri* (neben dem Stierforum) gekennzeichnet wird. Dieses *forum Tauri* aber ist eine spätantike Platzanlage gewesen, die das *macellum Liviae* ersetzt hat, in dessen Nähe vielleicht die *basilica Liberii* gelegen hat.

Die Nachrichten über die Kirche *S. Vitus in macellum Liviae* und über die *basilica Liberii iuxta macellum Liviae* zeugen von einer von Mitgliedern des Klerus getragenen kirchlichen Bautätigkeit in der Mitte des 4. Jahrhunderts. Daß diese *basilica Liberiana* ein größerer, repräsentativer Kirchenbau gewesen ist, der im Leben der römischen Gemeinde eine wichtige Rolle gespielt hat, können wir auch daraus schließen, daß sie für die Versammlung der Gemeinde zur Wahl des römischen Bischofs diente. Wie der heidnische Historiker Ammianus Marcellinus, aber auch christliche Kirchenhistoriker, berichten, verlief die Wahl des Nachfolgers des Liberius im Jahr 366 sehr unerfreulich. Bei den heftigen Auseinandersetzungen zwischen den Anhängern des rigoristischen Ursinus und dem Vertreter des konservativen kirchlichen Flügels, dem Presbyter Damasus, die als Kandidaten zur Wahl standen, kamen nach Ammianus Marcellinus 137 Menschen in dieser Kirche ums Leben[15].

VI. DIE MEMORIALBASILIKEN
DES SPÄTEREN 4. JAHRHUNDERTS

Die Paulsbasilika an der Via Ostiense
(S. Paolo fuori le mura)

Die letzte und aufwendigste kaiserliche Stiftung in Rom, die bereits nach der Verlegung der Hauptstadt durch Konstantin im Jahre 330 in das neu gegründete Konstantinopel erfolgte, war die Paulsbasilika an der Via Ostiense, zwei Meilen vor den Toren der Stadt. Die Basilika zu Ehren des Apostels Paulus schließt die Reihe der Memorialkirchen des 4. Jahrhunderts in Rom ab.

Im Spätherbst des Jahres 383 richteten die drei regierenden Kaiser, Theodosius, Valentinian II. und Arcadius ein Schreiben, an den Vertreter der kaiserlichen Gewalt in Rom, den *praefectus urbi* Sallustius.[1] Das Schreiben enthielt Anweisungen für den Bau einer Basilika über dem Grabe des Apostels Paulus in einer Nekropole längs der Via Ostiense. Dem Brief, der als sogenanntes *rescriptum* den Charakter eines rechtssetzenden Dekrets hatte, war ein Bericht des Stadtpräfekten Sallustius über den vorgesehenen Bauplatz vorausgegangen, den die Kaiser schon früher angefordert hatten. Aufgrund dieses Berichtes erläutern die Kaiser in ihrem Brief das Bauvorhaben und erteilen dem Stadtpräfekten den Auftrag zur Vorbereitung des Baues. Veranlaßt durch die schon seit alters geheiligte Verehrung, so heißt es am Anfang des Schreibens, und durch die große Menge der Gläubigen und Pilger, die am Grabe des Apostels zusammenkämen, hätten sie, die Kaiser Theodosius, Valentinianus und Arcadius sich entschlossen, die bestehende Basilika Pauli größer und aufwendiger neu zu errichten. Nunmehr solle der Stadtpräfekt mit dem verehrungswürdigen Priester, gemeint ist der Papst Damasus, dessen Name allerdings nicht genannt wird, dessen Beratern, der Priesterschaft und dem christlichen Volk die Angelegenheit gründlich besprechen. Zudem solle, wenn das römische Volk und der Senat zustimme, der alte Weg, der am Tiber entlang liefe und hinter der Basilika vorbeiführe, erneuert werden, so daß eine andere Straße der Ausdehnung der zukünftigen Kirchenanlage angepaßt, d.h. durch sie überbaut werden könne und die Architekten die Basilika so auslegen könnten, wie es die Flußebene erlaube, damit nichts die Pracht des größer und weiter ausgelegten Gebäudes behindere. Bei aller Schönheit und Schmuck des Baues solle vor allem aber, so heißt es bemerkenswerterweise weiter in dem Reskript der Kaiser, die Fassade des großen Gebäudes die Intentionen der Bauherren erkennen lassen. Schließlich bitten die Kaiser, ihnen die Baupläne und einen ausführlichen Kostenvoranschlag zur Begutachtung und Genehmigung vorzulegen.

Aus diesem, hier nur auszugsweise mitgeteilten Brief, erfahren wir also zunächst, daß über dem Grab des Apostels in einer Gräberstätte ungefähr drei km südlich der Stadt an der Via Ostiense eine ältere kleinere Basilika bestand, die aber den Bedürfnissen nicht mehr genügte und den Pilgerstrom nicht mehr fassen konnte. Der Rang und das Ansehen der römischen Christengemeinde und ihres Bischofs gründete sich vor allem auf die Überlieferung, daß beide Apostelfürsten in Rom am Ort ihres Martyriums bestattet worden waren. Die Bedeutung, die der Kult der Märtyrer Petrus und Paulus im Leben der frühen Gemeinde an der Wende zum 5. Jahrhundert hatte, führt uns der christliche Dichter Prudentius in einem schönen Hymnus zu Ehren der beiden Apostel vor Augen.[2] Mit den veränderten kirchenpolitischen Verhältnissen und dem Verbot der heidnischen Kulte gegen Ende des 4. Jahrhunderts durch Kaiser Theodosius, als sich auch die Angehörigen des Senatorenstandes und die Gebildeten mehr und mehr dem Christentum zuwandten, gewann die Verehrung des Apostels Paulus, des *doctor gentium*, des Lehrers der Völker, wie ihn eine Dedikationsinschrift der Paulsbasilika nennt, neues Gewicht:[3] Es ist offenbar dieser gesellschaftliche und religiöse Wandel, der den Bau der neuen großen Paulsbasilika in Rom durch die drei Kaiser veranlaßt hat.

Der eingangs zitierte Brief der drei Kaiser an den Stadtpräfekten drückt dies deutlich aus. Größe und Pracht des geplanten Baues sollen die Intentionen der Stifter deutlich sichtbar machen, die ein dem Alter und der Bedeutung des Kultes würdiges Gebäude errichten wollen. Diese Kirche ist als kaiserliche Stiftung und als öffentlicher Kultbau durch die Weihung an den *magister gentium,* wie Paulus auch in dem schon angeführten Hymnus des Zeitgenossen Ambrosius genannt wird, ein Bau von staatspolitischer Bedeutung, der die Christianisierung der Hauptstadt und des Reiches bezeugt.[4] Um es mit den Worten des Ambrosius auszudrücken, erhält Rom durch die Gräber der beiden Apostelfürsten, der *magistri gentium,* den Rang des *caput gentium,* wird zum christlichen Vorort der Völker.[5] Die Dreikaiserbasilika, wie sie offiziell genannt wird, ist der sichtbare Ausdruck dieser Auffassung. Dieser öffentliche Anspruch, mit dem die Paulskirche neben die konstantinische Peterbasilika tritt, hat in der Wissenschaft auch die Frage aufgeworfen, ob der Bau der Basilika nicht auch der Ausdruck der Intentionen des Theodosius und seines Hauses gewesen sein könnte, die Hauptstadt und den Sitz des Herrschers wieder nach Rom zu verlegen. Wie dem auch sei, zu einer Entscheidung in dieser Frage fehlen uns entsprechende Nachrichten, doch lassen solche Überlegungen die eminente staatspolitische Bedeutung dieser Stiftung deutlich werden.

Die Paulsbasilika übertraf die Petersbasilika noch an Größe und Pracht. Sie ist auch heute noch nach dem Neubau der Peterskirche im 16. Jahrhundert der zweitgrößte Kirchenbau Roms. Die Basilika überdauerte die Zeiten bis 1823, als ein Großbrand Teile des Langhauses zerstörte. In den folgenden Jahren wurden die noch stehenden Teile niedergerissen und das Langhaus im klassizistischem Geschmack der Zeit wiederaufgebaut unter Benutzung der Grundmauern und offenbar auch der Außenmauern der Seitenschiffe der alten Basilika. So kann uns die heutige Basilika trotz der klassizistischen Veränderungen in Aufbau und Ausstattung und einer Höherlegung des Fußbodens im Langhaus um ungefähr 90 cm doch in den Ausmaßen und im Raumgefüge einen guten Eindruck von der Monumentalität und den riesigen Dimensionen der Dreikaiserbasilika geben. Wenn sich auch, abgesehen vom Querhaus, das im wesentlichen verschont geblieben ist, nur geringe architektonische Reste des Baues durch den Brand und den völligen Neubau des Langhauses erhalten haben, so können wir uns doch dank zahlreicher alter Ansichten, Zeichnungen und Beschreibungen aus der Zeit vor und unmittelbar nach dem Brand sowie auch einer Baubeschreibung und Planunterlagen des frühen 19. Jahrhunderts kurz vor der Katastrophe und neuerer archäologisch-architektonischer Studien und Grabungen eine gute Vorstellung von der Gestalt der Basilika und ihrer Ausstattung machen.

Die Erstreckung des Baues über Langhaus, Querschiff und Apsis maß 128 m. Die Schiffe allein besaßen eine Länge von 90 m. Die Gesamtbreite des fünfschiffigen Langhauses betrug 65 m: Das Querhaus ragte mit 71 m Länge nur leicht über die Flucht des Langhauses vor. Während das Mittelschiff eine lichte Breite von 24 m hatte, waren die Seitenschiffe fast 9 m breit. Das Querhaus hatte wie das Mittelschiff eine Weite von 24 m, wie auch die Apsis sich in der ganzen Breite des Mittelschiffes, also auf 24 m, öffnete. Während das Mittelschiff 30 m hoch war, erreichte das Querhaus nur 26 m. Sein Dach war also gegenüber dem Langhaus abgesetzt und betonte im Außenbau das Querhaus als einen eigenen Baukörper. Die Höhe der Apsis und des Triumphbogens betrug 23 m. Auf der gleichen Höhe lagen auch die Solbänke der Fenster des Obergadens. Wesentlich niedriger und damit deutlich abgestuft waren die Seitenschiffe: Die inneren Seitenschiffe maßen 16 m in der Höhe, 11 m die äußeren. Die Schiffsäulen, 80 an der Zahl, jeweils 40 im Mittelschiff und in den Seitenschiffen, waren mit Basen und Kapitellen im Hauptschiff 10,40 m hoch, in den Nebenschiffen 8,50 m. Schließlich trug auch das Atrium mit seinen 66 m Länge zu den wahrhaft monumentalen Dimensionen der Basilika bei. Ein Vergleich mit den Maßen der Petersbasilika zeigt, daß die Dreikaiserbasilika diese in fast allen Abmessungen übertraf. Der Wille zur Monumentalität, den ja auch der Brief der Kaiser an den Stadtpräfekten bekundet, und den auch noch der heutige Bau mit seinen der antiken Basilika entsprechenden Dimensionen vermittelt, wird hier deutlich spürbar. Das Vorbild der Petersbasilika, das sich auch in der Anlage als Querhausbasilika zeigt, soll noch übertroffen werden. Die Größe des Baues demonstriert die Bedeutung des Kultes, die Macht der Herrscher und ihren Rang.

Aber nicht nur durch schiere Größe zeichnet sich die Paulsbasilika aus. Die verschiedenen sich einander entsprechenden Maße zeigen, daß hier die Tendenz zur Harmonisierung, der Abstimmung des Raumgefüges und seiner Teile aufeinander, der schon bei der Petersbasilika in Erscheinung trat, noch stärker verwirklicht ist. Die Seitenschiffe sind, verglichen mit den beiden älteren römischen Großbasiliken, der Lateranskirche und der Petersbasilika, im Verhältnis zum Mittelschiff breiter ausgelegt. Wesentlich tiefer sind Querhaus und Apsis: Das Querschiff tritt nunmehr stärker als Raumteil von eigenem Gewicht in Erscheinung und besitzt ein größeres Gegengewicht zum Langhaus. Die breitere Apsis nimmt entsprechend die Bewegung des Mittelschiffes in ganzer Breite auf und bindet das Querhaus optisch stärker an das Langhaus. Die Paulsbasilika ist somit offener und weiter dimensioniert, das Streben nach Vereinheitlichung des Raumgefüges ist deutlich spürbar. Dem entspricht, daß das Querhaus auch im

50-51. S. Paolo fuori le mura. Inneres der heutigen, um die Mitte des 19. Jh. in den Dimensionen der antiken Basilika wiedererrichteten Paulskirche.

Außenbau nur leicht über die Flucht der Basilika hervortritt, höher ist als das Querschiff der Petersbasilika und dementsprechend auch in der Dachzone nicht so stark vom Langhausdach abgesetzt ist. So öffnen sich auch die Langhausschiffe in weiten Bögen in das Querhaus, ohne die trennend eingestellten Säulen in den Zugängen der Seitenschiffe der Peterskirche. Die Weite und Durchlässigkeit des Raumgefüges wird zudem unterstützt durch die weiten Säulenstellungen der Langhausschiffe. Nur je 20 Säulen, statt der 22 Stützen der Peterskirche, tragen bei gleicher Schiffslänge die Arkaden. Auch die Arkadenkolonnaden der Seitenschiffe, die dieselbe Weite der Interkolumnien wie die des Hauptschiffes aufweisen, sind wesentlich höher dimensioniert als die in St. Peter. Die somit weiteren Interkolumnien werden nun auch im Mittelschiff von Bögen überspannt, die die darüber aufgehende Wand stärker auflösen und die Schiffe mehr miteinander verbinden. Die trennende und gleichsam wertende Differenzierung von Mittelschiff und Seitenschiffen, die in der Peterskirche durch die unterschiedliche Verwendung von Architrav- und Arkadenkolonnaden bewirkt wurde, ist hier in der Paulskirche zugunsten einer weiteren Vereinheitlichung und größeren Kommunikation des Raumgefüges aufgehoben. So verleihen die weiteren und höheren Arkadenkolonnaden dem Bau von St. Paul eine eindrucksvolle diaphane Weite, von der noch der heutige Bau mit seinen den antiken Kolonnaden entsprechenden Säulenreihen zeugt.

Diese Kolonnaden bestanden allerdings nicht wie in der Peterskirche aus Spolien, sondern sie wurden aus Marmor angefertigt, der eigens für den Bau der Basilika von den Prokonnesischen Inseln im Marmara-Meer bei Konstantinopel importiert worden ist. Die Säulenschäfte, Basen und Kapitelle der Seitenschiffe, sowie alle die sich zu einem guten Teil erhalten haben und in einem südlich an die Kirche anschließenden Bereich museal ausgestellt sind, sind für die Kirche am Ende des 4. Jahrhunderts in der kaiserlichen Bauhütte in Rom eigens angefertigt worden. So wird auch dieses in Form und Farbe einheitliche, helle Material der weitgespannten Kolonnaden nicht unwesentlich zu dem Eindruck der lichten Weite des Langhauses beigetragen haben. Die Säulen des Mittelschiffes waren kanneliert, ihre korinthischen und kompositen Kapitelle hatten einen sorgfältig ausgearbeiteten Blattdekor, der nicht die zeitgenössischen Formen aufnahm, sondern sich an die klassischen Vorbilder der Kaiserzeit anlehnte. Diese korinthischen und kompositen Kapitelle sind in der Mittelschiffkolonnade nebeneinander im Wechsel verwendet worden, wie die graphischen Dokumentationen der Stücke aus dem frühen 19. Jahrhundert und die erhaltenen Reste schließen lassen. Besonders die differenzierte und sorgfältige Ausarbeitung der Blattkapi-

116

telle stellt für das späte 4. Jahrhundert einen außergewöhnlichen Aufwand in der Ausführung der Bauglieder dar, der in dieser Zeit nur noch an einem kaiserlichen Großbau geleistet werden konnte. In den Seitenschiffkolonnaden setzten in dieser Zeit übliche glatte Säulenschäfte und einfache Vollblattkapitelle, wiederum als korinthische und komposite Kapitelle ausgebildet, diese Raumteile in der Bewertung von dem zentralen Festsaal des Mittelschiffes ab. Eine größere Anzahl von Exemplaren beider Kapitelltypen unter den noch erhaltenen Baugliedern der antiken Basilika sichern für die Schiffe diese eigentümliche Verwendung unterschiedlicher Kapitellformen im gleichen Bauverband.

So bedeutsam die ästhetische Wirkung der in die Tiefe fluchtenden Kolonnaden auch im Zusammenhang mit dem Raumgefüge der Paulsbasilika ist, so dürfte hierin doch nicht die entscheidende Begründung für die Verwendung eines einheitlichen Baudekors liegen. Für die Lateranskirche und die Petersbasilika hatte man, um für diese Großbauten eine angemessene Ausstattung an prächtigem Baudekor zu sichern, der in dieser Qualität und in den benötigten Abmessungen und Umfang von heimischen Werkstätten offenbar nicht mehr geliefert werden konnte, Spolienmaterial unterschiedlicher Form, Machart und zeitlicher Herkunft verwendet. Am Ende des Jahrhunderts wird die Bereitstellung eines umfangreichen und qualitätsvollen Spolienmaterials für die Paulsbasilika Schwierigkeiten gemacht haben, denn die öffentlichen Großbauten der antiken Stadt standen als *ornamenta*, Zierde der Stadt, wie sie in zeitgenössischen gesetzlichen Verfügungen genannt werden, unter staatlichem Schutz, konnten also nicht ohne weiteres zur Materialgewinnung abgebrochen werden, und auch die während der Kaiserzeit reich ausgestatteten Marmordepots am Tiberufer werden geeignetes Material in diesem Umfang nicht mehr haben liefern können. So mußte man die Schmuckglieder mit großem Aufwand in Rom aus importiertem Material eigens für die Kirche anfertigen. Der weiße Marmor aus Prokonnesos bot die offenbar erstrebte helle, lichte Wirkung der Kolonnaden in Mittel- und Seitenschiffen, während die abwechselnde Folge von kompositen und korinthischen Kapitellen in den Kolonnaden das Prinzip der Variierung und der paarweisen Verwendung der Bauglieder, das in der Peterskirche dominiert hatte, entsprechend bewahrte. Die in der Petersbasilika durch die Architrav- und Arkadenkolonnade angedeutete abgestufte Wertigkeit der Schiffe wird in S. Paolo durch die ausgearbeiteten Blattkapitelle und kannelierten Säulenschäfte im Mittelschiff wie durch die vereinfachten Vollblattkapitelle, glatten Schäfte und geringeren Abmessungen der Werkstücke in den Nebenschiffen angezeigt. So ist auch hier in der Paulsbasilika trotz der retrospektiven

Grundhaltung in Aufbau und Formen der Blattkapitelle des Mittelschiffes und der Verwendung kannelierter Säulen eine grundsätzliche Abkehr vom klassischen System einheitlicher Werkstücke festzustellen, die auch in den zum Teil beträchtlich variierenden Abmessungen der einzelnen Glieder der Säulen, – Kapitelle, Basen, Schäfte – innerhalb der Stützenreihen der Schiffe zum Ausdruck kommt. Hier zeigt sich in der Verwendung des Bauschmuckes eine Nachlässigkeit oder Sorglosigkeit, die ihr Gegenstück in den vereinfachten Formen dieser Schmuckglieder, und auch in ihrer nachlässigen und somit variierten Ausführung findet, die mit der Neuanfertigung der Stücke in Rom offensichtlich gegeben war. Diese Sicht, die von einer geringeren Wertschätzung der Einzelformen, ihres Systemzusammenhanges und ihrer präzisen und einheitlichen Ausformung bestimmt ist, und die mit dem Verlust traditioneller handwerklicher Fähigkeiten zusammengeht, hat wesentlich auch die Spolienverwendung möglich gemacht. Der Rückgriff aber auf ältere Formen in der Dekoration der Kapitelle des Mittelschiffes dürfte zweifellos dadurch bestimmt sein, es dem Vorbild der Petersbasilika und ihren prachtvollen Spolienkapitellen an Reichtum der Formen und Aufwand gleich zu tun.

Im Einklang mit der Pracht und dem Anspruch des Baues stehen die reichen Blattkapitelle des Mittelschiffes, die in ihrer sorgfältigen detaillierten Ausführung zeigen, welch außergewöhnlicher Aufwand und Prachtentfaltung nach dem Willen der kaiserlichen Bauherren mit dem Bau der Paulsbasilika verbunden ist. Zum ersten Mal werden nun an einem repräsentativen Bau die vereinfachten korinthischen und kompositen Kapitellformen, die Vollblattkapitelle der Seitenschiffkolonnaden, in größerer Stückzahl nicht mehr wie bis dahin üblich in Nutzbauten verwendet, sondern durchgehend in den Kolonnaden eines Kultbaues eingesetzt. Hierin, sowie in der paarweisen Verwendung unterschiedlicher Kapitellformen im Wechsel, und nicht zuletzt auch in der Vernachlässigung der Schmuckformen der Bauglieder zugunsten der großen dekorativen Zusammenhänge, die von Wandmosaiken und Marmorinkrustation bestimmt werden und auf denen nun das Gewicht der künstlerischen Ausstattung liegt, zeigt sich ein tiefgreifender Wandel der Anschauungen.

Die signifikante Verbindung von materieller Beschränkung und ästhetischer Wirkung, die sich in der Wahl des Materials und in der Neuanfertigung der Bauglieder zeigt, findet sich auch in der durchgehenden Verwendung der Arkade statt der Architravkolonnade im Mittelschiff, welch letztere den Raumeindruck der Peterskirche wesentlich bestimmt hatte. Der Wunsch, den Aufwand in Anfertigung und Materialverwendung zu verringern, mag die Reduzierung der Stützenzahl

in den Schiffen mit der entsprechenden Erweiterung der Interkolumnien bedingt haben, was andererseits die Einführung der Arkade nach sich zog, um die nun erweiterten Interkolumnien überbrücken zu können, die mit marmornen Architravblöcken kaum zu überspannen waren. Damit vollzieht sich allerdings auch ein wesentlicher Schritt über die Formen der traditionellen römischen Architektur hinaus, die die Arkadenkolonnaden auch im Großbau kannte, wie etwa bei den Portiken des severischen Forums in Leptis Magna in Libyen, aber sie normalerweise nicht als Träger einer darüber aufgehenden Hochwand verwendete. Entsprechend waren die Arkaden in der kaiserzeitlichen Architektur mit einem traditionellen Profil geziert, das sie gleichsam als aufgebogenen traditionellen Architrav verstehen ließ. Diese Profile fehlen den Arkaden in S. Paolo, wie denen in den Nebenschiffen von St. Peter und der Lateranskirche, die sich mit einem flächigen Dekor von Stuckranken verziert, ungehindert von einer schmalen Leiste über den Bögen in die aufgehende Wand fortsetzen.

Die Wirkung dieser weiten, hohen Arkadenkolonnaden steht in bestem Einklang mit der geräumigen und lichten Anlage des gesamten Baues, der stärker als die früheren von Licht durchflutet gewesen sein muß: Ein großes Fenster befand sich über jedem Interkolumnium im Obergaden, also 21 an der Zahl, eine entsprechende Zahl schmalerer Fenster in den Außenwänden der Seitenschiffe. Auch das Querhaus war besonders hell belichtet. Je zwei große Fenster mit jeweils drei Rundfenstern (*oculi*) darüber durchbrachen die Ostwand. Die gleiche Kombination, je drei große Fenster und drei *oculi*, befand sich auf den Schmalseiten des Querhauses, während die beiden Seiten der Westwand wiederum die Fensteranordnung der Ostwand aufwiesen. Allerdings könnten hier die großen Rundbogenfenster geschlossen worden sein, da sie teilweise vom Dach der Seitenschiffe durchschnitten wurden. Gerade die Kombination von großen Rundbogenfenstern und *oculi*, die sicher gewählt wurde, um die Statik der hochaufragenden Wand nicht durch riesige Fenster zu gefährden, zeigt das Bemühen, dem Rauminneren ein Höchstmaß an Licht zuzuführen. Die Paulsbasilika verdeutlicht als kaiserliche Stiftung auf der Höhe der zeitgenössischen Baukunst deutlich den Fortschritt in der Beherrschung der technischen Mittel und die vorherrschenden Tendenzen in der Gestaltung des basilikalen Kultbaues, zu denen als wesentliches Element auch die Lichtführung gehört.

Der Eindruck, den der riesige, licht und weit wirkende, prachtvoll ausgestattete Bau gemacht haben muß, läßt sich in dem Neubau des 19. Jahrhunderts nur schwer erahnen. Der in der heutigen Basilika dominierende graue Granit mit seiner wesentlich dunkleren Tönung gibt dem Raum ein ganz ande-

res Aussehen als es der lichte Glanz der Säulen aus weißem Marmor in der antiken Basilika getan haben wird. Eine Beschreibung des großen christlichen Dichters Prudentius, der die Basilika bei seinem Romaufenthalt am Ende des 4. Jahrhunderts besuchte, vermittelt uns etwas von der überwältigenden Wirkung dieses großartigen Raumes auf den zeitgenössischen Besucher. Von königlicher Pracht, *regia pompa*, sei der Bau. Es ist vor allem das Licht und der Glanz der prächtigen Halle, den Prudentius umschreibt, die goldenen Balken des Dachgestühls, die vier Reihen (*quadernus ordo*) von Säulen aus weißem Marmor, den er ausdrücklich erwähnt, und das bunte Glasmosaik mit vegetabilischen Mustern in den Bogen-

121

laibungen oder Fenstern.[6] Der Bau war zu dieser Zeit auch in seiner Innenausstattung im wesentlichen vollendet. Nach Errichtung des Querhauses hatte man offenbar im Jahre 390/391 mit dem Bau des Langhauses begonnen, wie Inschriften des Papstes Siricius und des für die Bauleitung verantwortlichen Beamten auf Basis und Schaft der ersten Säule der nördlichen Seitenschiffe am Querhaus bezeugen.[7] Mit dieser Dedikation hatte man wohl schon das fertiggestellte Querhaus und das Presbyterium für die Liturgie genutzt, wie wir das auch von entsprechenden Weihungen des Mittelalters kennen. Eine metrische Inschrift, die heute nach dem Wiederaufbau des 19. Jahrhunderts im Triumphbogenmosaik angebracht ist, deutet in Übereinstimmung mit der Beschreibung des Prudentius an, daß der Bau um die Jahrhundertwende vollendet war: *Theodosius coepit, perfecit Honorius aulam / doctoris mundi*

sacratam corpore Pauli (Theodosius begann die Halle, die durch den Leib Pauli, des Lehrers der Welt, geheiligt ist, Honorius aber vollendete den Bau).[8] Die Dreikaiserbau wurde also durch Kaiser Honorius (395–425), den Sohn des Theodosius, fertiggestellt.

Neben der von Prudentius erwähnten goldenen Balkendecke und dem Glasmosaik der Arkadenreihen oder bunter Glasfenster wird die Basilika ein figürliches Apsis- und Triumphbogenmosaik gehabt haben und die übliche Wandverkleidung aus kostbaren, bunten Marmorplatten. So besaß die Basilika eine Ausstattung, die wahrhaft eine *regia pompa*, genannt werden konnte. Das heutige Apsismosaik wird einer Erneuerung des 13. Jahrhunderts unter Papst Honorius III. (1216–1227) verdankt, das Triumphbogenmosaik aber und der Wandschmuck aus biblischen Szenen, der sich im Ober-

gaden bis zum Brand von 1823 befand, wurden von Papst Leo dem Großen (440–461) angebracht, der die Basilika nach einem Blitzschlag oder Brand im Jahre 441 restaurierte, wie uns der Liber Pontificalis berichtet.[9] Diesen Bildzyklus an den Hochwänden des Mittelschiffes, der mehrfach erneuert und übermalt worden ist, kennen wir aus zeichnerischen Kopien, die vor dem Brand angefertigt worden sind. Die Bilder waren an der Hochwand des Mittelschiffes zwischen Arkade und Fensterzone in zwei Friesen angeordnet, so daß über jedem Interkolumnium, getrennt jeweils durch Stucksäulchen, zwei Bilder zu stehen kamen. Die Südwand zeigte Darstellungen des Alten Testamentes, in denen vor allem Aaron als der alttestamentliche Vorläufer des Paulus gefeiert wurde, während auf der Nordseite Szenen aus dem Neuen Testament und aus der Apostelgeschichte angebracht waren, die sich auf den Apostel

Paulus bezogen. Zusammen mit dem zeitgenössischen Bildzyklus der Obergadenwand der Petersbasilika, in denen der Apostel als ein zweiter Moses dargestellt wurde, bildete diese bedeutende Dekoration das Vorbild für die biblischen Bildzyklen mittelalterlicher Kirchen, in denen die Erfüllung der Verheißungen des Alten Testamentes im Neuen dargestellt wurde. Unter diesen biblischen Bilderfriesen befand sich über den Arkaden der berühmte Fries mit Papstbildnissen von Petrus bis auf Leo dem Großen (440–461), von denen einige wenige nach dem Brand gerettet wurden und sich heute im Museum der Abtei von S. Paolo befinden. Unter diesem Fries waren die Bogenzwickel mit Stuckranken auf farbigem Grund verziert. Zusammen mit den von Prudentius erwähnten Mosaiken der Bogenlaibungen war dies eine überaus prächtige, in Form, Farbe und Materialien variierte, aufwendige Dekoration, die

123

wesentlich den Raumeindruck des großen Saales mitbestimmt haben wird.

Das Erscheinungsbild der großen Halle aber wurde vor allem geprägt durch die Mosaiken, die den Triumphbogen und die Apsiskalotte bedeckten. Diese Mosaiken, die optisch das Grab rahmten und umfingen, waren Ziel der imposanten weißen, in die Tiefe fluchtenden Kolonnaden.

Das Triumphbogenmosaik zeigt eine Christusbüste in der Aureole inmitten der 24 Ältesten der Apokalypse, die ihre Kronen dem Weltenherrscher als Tribut darbringen. In den Bogenansätzen darunter stehen die beiden Apostelfürsten Petrus und Paulus mit verehrungsvoll erhobener Rechten. Das Mosaik wurde nach Ausweis der Inschrift von der Kaiserin Galla Placidia (421–450), der Schwester des Kaisers Honorius gestiftet.[10] So wird in der abschließenden Ausstattung der Dreikaiserbasilika gegen die Mitte des fünften Jahrhunderts die Bedeutung des Baues als kaiserliches Denkmal ein halbes

Jahrhundert nach seiner Errichtung bekräftigt. Entsprechend aufwendig wurden auch die Wiederherstellungsarbeiten nach dem Brand von 441 ausgeführt. Ob in diesen Wiederherstellungsarbeiten auch aufwendige Sicherungsarbeiten am Triumphbogen vorgenommen worden sind, wie heute allgemein angenommen wird, muß zweifelhaft bleiben, da die zwei über 13 m hohen Säulen, die den inneren Bogen unterfangen, qualitätvolle ionische Kapitelle aus prokonnesischem Marmor trugen, die nach den Dekorformen eindeutig aus der Werkstatt stammen, die um 390 den Baudekor der Basilika geschaffen hat. Fünfzig Jahre später zur Zeit der Restaurierungsarbeiten unter Leo I. sind so präzis gearbeitete, reich geschmückte Kapitelle mit diesen Formen als Einzelanfertigung nicht mehr denkbar. In diesem Zusammenhang ist es bezeichnend, daß für die 13 Säulen der südlichen Mittelschiffswand und die 11 der nördlichen, die bei dieser Restaurierung ersetzt wurden, klassische Spolien verwendet wurden. Es handelt sich um 24 kannelierte Spoliensäulen aus kostbarem, geädertem Pavonazzetto-Marmor und um monumentale Kapitelle in entsprechender Zahl aus verschiedenen Bauten, wie etwa der *porticus Octaviae* oder dem *forum Pacis*, die unter Septimius Severus (193–211) in Rom restauriert worden sind. In dieser Gestalt, die die Basilika durch die umfangreichen Wiederherstellungsarbeiten der Kaiserin Galla Placidia und des Papstes Leo des Großen in der Mitte des 5. Jahrhunderts erhielt, hat sie mit wenigen Veränderungen bis zur Brandkatastrophe von 1823 bestanden. Nach diesem Brand und dem Neubau des Langhauses im 19. Jahrhundert blieb von der ursprünglichen Ausstattung lediglich das stark restaurierte Triumphbogenmosaik erhalten. Die Pavonazzettosäulen wurden zersägt und aus diesen Teilen die Halbsäulen an den neuen Altären des Querhauses zusammengesetzt. Einige Säulenschäfte der Seitenschiffe aus prokonnesischem Marmor sind stark überarbeitet, in der dem Querschiff im Norden angefügten neuen Vorhalle verbaut. Unter ihnen auch der Säulenschaft aus dem nördlichen Seitenschiff der alten Basilika, der die Dedikationsinschrift des Papstes Siricius aus dem Jahre 390 trägt.

Unterschied sich die bauliche Gestalt der Dreikaiserbasilika am Ende des 4. Jahrhunderts gegenüber ihrem Vorbild am Vatikan in signifikanter Weise, so war auch die Lage des Grabes innerhalb der Paulsbasilika eine andere als in der konstantinischen Peterskirche. Die Überlieferung, die uns schon bei christlichen Schriftstellern am Ende des 1. und im frühen 2. Jahrhundert das Martyrium Pauli in Rom bezeugt, lokalisierte das Grab des Apostels in einer römischen Nekropole, deren Reste an der Via Ostiense für den heutigen Besucher noch beiderseits der Straße in unmittelbarer Nähe der Basilika zu sehen sind.[11] Dort wurde auch der Apostel unweit des Ortes seines Martyriums um das Jahr 67 bestattet. Der Platz wird auch an der Via Ostiense durch ein kleines Monument, eine *memoria* gekennzeichnet gewesen sein, denn der Presbyter Gaius erwähnte um das Jahr 200 die Tropaia, die Gräber und Gedächtnismale der Märtyrerapostel am Vatikan und an der Via Ostiense.[12] Schürfungen und Sondagen im Altarbereich der Basilika, die bald nach der Brandkatastrophe von 1823 und während des Neubaues im vorigen Jahrhundert gemacht wurden, haben die Situation nicht klären können. Man fand 3,80 m unter dem Niveau des heutigen Querschiffes das Pflaster einer Straße, die im schrägen Winkel zur Via Ostiense und vor einer nach Westen gerichteten Apsis verlief. Offenbar handelt es sich hier um die *praesens via*, die nach dem Brief der drei Kaiser an den Stadtpräfekten nach der Erneuerung des am Tiber verlaufenden *iter vetus* von der neuen Basilika überbaut werden sollte. Die Apsis umschloß die Reste zweier tiefer gelegener römischer Mausoleen der Kaiserzeit und weitere Reste

auf dem Fußbodenniveau der aufgefundenen Apsis. Die Apsis dürfte zu der kleineren konstantinischen Kirche gehören, die in dem Brief der drei Kaiser erwähnt wird. Auf ihrer Apsissehne wird sich die *memoria* über dem von der Überlieferung bezeichneten Apostelgrab erhoben haben. Das Gelände zwischen den beiden Straßen ließ keinen Raum für ein größeres Kultgebäude.

Da sich unmittelbar im Osten der Via Ostiense, deren heutiger Verlauf dem der antiken Straße entspricht, hügeliges Gelände erhebt, mußte man für den Bau der großen Basilika die ältere Kirche niederlegen und die hinter der Apsis im Westen vorbeiführende Straße überbauen, um einen angemessenen Bauplatz in der Flußebene zu gewinnen. Zudem mußte die Basilika nach Osten gerichtet werden, damit die *memoria* Pauli in den Bau einbezogen und vom Querhaus überbaut werden konnte. Während der Fußboden der neuen Basilika wenig über dem Niveau der älteren Kultstätte lag, wurde der Fußboden des Querhauses um 4 Stufen erhöht. Über der Grabstelle erhob sich offenbar ein rechteckiger Block, der als *memoria* und gleichzeitig wohl auch als Tisch, als sogenannte *mensa*, für die Niederlage von Gaben und der Totenspende im Zusammenhang mit dem Märtyrer- und Totenkult diente. Auf den marmornen Verkleidungsplatten dieser *memoria* befand sich die Weiheinschrift *Paulo apostolo mart(yri)* (Paulus dem Apostel und Märtyrer), die nach den epigraphischen Merkmalen um 400, also in die Erbauungszeit der großen Basilika datiert werden kann. Ein Baldachin über der *memoria* und eine Abschrankung werden die Anlage vervollständigt haben. Leo I (440–461) hob den Fußboden um die *memoria* nochmals um drei bis vier Stufen an, um Platz für privilegierte Sarkophagbestattungen in der Nähe des Grabes zu gewinnen. So ragte die *memoria* nunmehr nur noch mit ihrem oberen Teil über das umgebende Podium heraus.

Gegenüber der Petersbasilika hat sich in der Lage des Grabmonuments des Apostels in der Paulsbasilika eine bezeichnende Veränderung vollzogen. Das Denkmal, dem der Bau der Basilika gilt, liegt nun nicht mehr wie in der vatikanischen Basilika nur wenig erhöht über dem Fußboden der Schiffe an der Sehne der Apsis, fast durch die ganze Breite des Querhauses vom Schiff und Altar getrennt, sondern in dem über dem Fußboden der Längsschiffe erhöhten Querschiff unmittelbar hinter dem Triumphbogen. Es war damit den Gläubigen gut sichtbar und ihnen, die sich im Langhaus um den Altar zur Eucharistie versammelten, nahegerückt. Die *memoria* als Ziel des Pilgerweges und Zentrum der Anlage ist hier deutlicher hervorgehoben und mit dem Ort der Liturgie und des eucharistischen Opfers im Schiff enger verbunden.

Das erhöhte und tiefere Querhaus ist als eigener Baukör-

56. *S. Paolo fuori le mura. Atrium und Fassade der heutigen Basilika.*

57. *Der mittelalterliche Kreuzgang (spätes 12./ frühes 13. Jh.) am antiken Querhaus der Basilika.*

58. *S. Paolo fuori le mura. Triumphbogen mit dem von der Augusta Galla Placidia gestifteten, im 19. Jh. stark restaurierten Mosaik und der dahinterliegenden Apsis mit dem Mosaik Honorius III. (1216 – 1227).*

per, der die *memoria* überhöht, als Schrein über der Grabstätte des Apostels betont, auch wenn dieses durch die größeren Öffnungen zum Langhaus und die ausgeglicheneren Proportionen stärker dem Raumgefüge der Basilika eingebunden ist. Die zweifache Funktion der komplexen Anlage ist stärker als am Vatikan durch die bauliche Gestalt des Querhauses akzentuiert. Während das Langhaus der Feier der Eucharistie diente, nahm das Querhaus, das über vier Stufen von den Schiffen aus zu erreichen war, die Riten zur Feier des Märtyrerkultes und der Pilgerverehrung auf, wie wir das auch aus den Berichten der Pilgerin Ätheria vom Ende des 4. Jahrhunderts aus der Grabeskirche in Jerusalem ersehen können, wo ein eigenes Gebäude über dem Grabe Christi besonderen Betgottesdiensten und der Pilgerverehrung diente, während die anschließende fünfschiffige Basilika der Eucharistiefeier reserviert war. Die größere Tiefe des Querhauses der Paulsbasilika wird die Aufnahme größerer Pilgermassen erlaubt haben und damit den Bedürfnissen des an Bedeutung und Umfang stark wachsenden Märtyrerkultes entsprochen haben. Die Gläubigen, die über die Treppe aus dem Langhaus das Querschiff er-

reichen konnten, fanden zwischen Apsis und *memoria* ausreichend Platz, um zur Verehrung zu verweilen oder in Prozession vorbeizuziehen und ihre Gaben niederzulegen. Andererseits aber war das Denkmal auf erhöhtem Podium dem Geschehen der Eucharistie auf dem Altar des Mittelschiffes nähergerückt und für die Gemeinde während der Feier ungehindert sichtbar. In diesem Bezug scheint eine Vorstellung anzuklingen, die in zeitgenössischen Quellen, so bei dem Kirchenvater Hieronymus oder dem Dichter Prudentius, zum Ausdruck kommt: Der römische Bischof bringt die zur Ehre der Apostel gefeierte Eucharistie Christus über den Grabstätten der Märtyrer dar, die gleichsam als Altäre Christi gelten.[13] Die Bitte um die Interzession der Märtyrer und das ihnen zur Ehre gefeierte Meßopfer werden hier mit der heilbringenden Gegenwart der Blutzeugen Christi im Grabe in einen engen Zusammenhang gebracht. Es sind wohl diese Vorstellungen einer sich wandelnden Märtyrerverehrung, die die engere räumliche Zuordnung der *memoria* zu dem Festsaal des Langhauses als Ort der Eucharistiefeier bedingt haben. Aus diesem ideellen und in der Paulsbasilika auch räumlich schon angedeute-

59. S. Paolo fuori le
mura. Museum der
Abtei. Bildnistondi der
Päpste aus der antiken
Basilika. Papst Linus
(67? – 79?). 5. Jh.

ten Bezug von Märtyrergrab und Opferaltar erwuchs im Laufe des 5. Jahrhunderts mit der sich ausbreitenden Märtyrerverehrung auch die materielle Vereinigung von Altar und Grablege des Märtyrers.

Im Zuge dieser Vorstellungen ordnet um das Jahr 600 Papst Gregor der Große in St. Peter und auch hier in St. Paul den Presbyteriumsbereich um die Apostelmemorien neu, um diesen nun den neuen Erfordernissen der Märtyrerverehrung anzupassen. Hier in St. Paul wurde um die *memoria* mit der Märtyrer-Mensa ein Podium errichtet, das das ältere des Papstes Leo I. umschloß und sich auf dem schon erhöhten Fußboden des Querhauses erhob. Auf diesem Podium wurde

60. S. Paolo fuori le
mura. Museum der
Abtei. Bildnistondi der
Päpste aus der antiken
Basilika. Papst Siricius
(384–399). 5. Jh.

über der *memoria* nun der Altar errichtet, den ein Baldachin überhöhte, während eine Schrankenanlage den Bezirk abgrenzte. So erhob sich nunmehr der Altarbereich abgesondert im Querhaus und war dort nicht mehr vom Mittelschiff, sondern nur noch von den Seitenschiffen her zugänglich. Die Marmorplatten mit der Dedikationsinschrift *Paulo Apostolo Martyri* der alten Märtyrermensa der Dreikaiserbasilika wurden nun oben auf der *memoria* befestigt und waren dort durch eine vergitterte Öffnung im Altar sichtbar. Löcher, die in diesen Platten angebracht wurden, erlaubten es, Tücher auf das Grab herabzusenken. Diese Tücher nahmen die Pilger als heilbringende Reliquien, sogenannte *brandea* nach Hause. Um

aber den Gläubigen auch den unmittelbaren Zugang zum Grabe Pauli unter dem Altare zu ermöglichen, legte Papst Gregor wie in der Petersbasilika auf der Rückseite des Podiums einen Gang an, durch den man an die Rückseite der *memoria* gelangen konnte.

Wie bei den übrigen konstantinischen Zömeterialbasiliken und der Peterskirche, war auch der Boden der Paulsbasilika dicht mit Gräbern besetzt. Aus dem Wunsch heraus in der Nähe des Märtyrergrabes bestattet zu werden, um so der Fürbitte des verehrten Märtyrers teilhaft zu werden, entwickelt sich im 5. Jahrhundert um die Basilika ein großer christlicher Friedhof, der weit bis in das Frühmittelalter benutzt wurde.

So wie die Errichtung der Gedächtnisstätte für den Apostel Petrus am Vatikan diesen vor den Toren der Stadt gelegenen Landstrich in der Folgezeit tiefgreifend verändert hat, so brachte auch der Bau der Paulsbasilika für den vor der *Porta Ostiensis* gelegenen Bereich zwischen der nach Ostia führenden Straße und dem Tiber eine nachhaltige Wandlung. Auch hier führte spätestens seit der Wende zum 6. Jahrhundert eine von Säulenhallen gesäumte Prachtstraße vom Stadttor, das seinen antiken Namen verloren hatte und seit dem 5. Jahrhundert *porta domini Pauli Apostoli* hieß, zu dem neuen Heilig-

tum drei Meilen vor der Stadt. Gegen Ende des 5. Jahrhunderts entstand ein Baptisterium an der Kirche, daß uns anzeigt, daß sich hier um das Heiligtum eine Siedlung gebildet hatte, die im 5. und 6. Jahrhundert durch zahlreiche Kirchen, Kapellen und Klöster, Pilgerherbergen und andere Einrichtungen für den Pilgerbetrieb und in der Folgezeit auch durch den Zugang von Handwerkern und Handelstreibenden erweitert wurde. Papst Johannes VIII. (872–882) befestigte schließlich diese Siedlung, um sie vor den Einfällen der Sarazenen zu sichern, die die Küsten unsicher machten und auf Beutesuche über die Flüsse tief in das Land eindrangen. So hatte sich hier vor den Toren der antiken Stadt die gleiche Entwicklung vollzogen, die am Ausgang der Antike und im frühen Mittelalter auch um das Heiligtum des Apostels Petrus und um die Märtyrerkirche des Hl. Laurentius ein neues religiöses Zentrum und eine befestigte Siedlung hatte entstehen lassen. Das alte monumentale Zentrum Roms mit den Bauten vergangener herrscherlicher Macht und den absterbenden paganen Kultstätten entvölkerte sich allmählich und verfiel langsam, soweit es nicht von den neuen Kirchenbauten besetzt wurde. Damit wurde eine Entwicklung eingeleitet, die das Gesicht der Stadt vom Mittelalter bis hin in die Neuzeit wesentlich bestimmt hat.

VII. KLEINERE ZÖMETERIALKIRCHEN DES SPÄTEN 4. JAHRHUNDERTS

Mit den großen Stiftungen der Memorialbasiliken an den bedeutendsten Apostel- und Märtyrergräbern durch Konstantin und seine Familie wurde der offizielle Gedenkkult eingerichtet. Daneben entstanden im Laufe des 4. Jahrhunderts auf den Friedhöfen vor der Stadt in der Nähe zahlreicher anderer Märtyrergräber weitere Memorialbasiliken, von denen wir zehn oder vielleicht zwölf durch die Überlieferung und archäologische Forschungen nachweisen können. Eine Reihe dieser Friedhofsbasiliken zu Ehren bestimmter Märtyrer wurde laut Liber Pontificalis von Päpsten errichtet. Von den noch zur Zeit der konstantinischen Dynastie gestifteten Memorialkirchen der Päpste Julius I. (337–52) zu Ehren des hl. Valentinus an der Via Flaminia, einer anderen Basilika an der Via Portuense und einer dritten an der Via Aurelia über der Calepodiuskatakombe, in welcher Papst Calixtus bestattet war, hatten wir bereits gehört, wie auch von der Umgangsbasilika, die Papst Marcus (336) mit Hilfe des Kaisers Konstantin hatte errichten lassen. Eine weitere Basilika läßt Papst Damasus (366–384) nun im späteren 4. Jahrhundert an der Via Ardeatina erbauen, in der er und andere Angehörige seiner Familie bestattet wurden. Auch von ihr haben sich keine Reste erhalten, ebensowenig wie von der von Papst Felix II. (335–58) an der Via Aurelia den „beiden Märtyrern Felix" geweihten Basilika.

In der Nähe der Via Appia wurde über der Domitillakatakombe wohl gegen Ende des 4. Jahrhunderts die den Märtyrern Nereus und Achilleus geweihte Basilika errichtet. Die Einbindung der Kirche in die Entwicklung der Katakombe sowie datierte Inschriften legen diese Zeitbestimmung nahe. Die dreischiffige Basilika wurde mit dem aufgehenden Mauerwerk zur Hälfte in den Grund versenkt, um die nun aus den Katakombengängen isolierten Märtyrergräber unmittelbar in den Bau einschließen zu können. Um die Kirche auch zu ebener Erde betreten zu können und um für die zahlreichen Pilger ausreichend Platz zu schaffen, wurde die Kirche als Emporenbasilika ausgelegt. Sie nimmt wesentliche Züge der späteren Emporenbasiliken S. Lorenzo und S. Agnese aus der Wende vom 6. zum 7. Jahrhundert vorweg. Die Basilika der hl. Nereus und Achilleus hat sich in großen Teilen erhalten, so daß sie weitgehend restauriert werden konnte. Sie kann zusammen mit der Katakombe besucht werden.

Der Bauschmuck bestand aus älteren Spolienkapitellen und Säulenschäften. Über den Gräbern der Märtyrer stand ein Baldachin, von dem sich einige Säulen noch erhalten haben. Eine von ihnen trägt auf dem Schaft in Relief eine der ältesten uns bekannten Martyriumsdarstellungen mit der Wiedergabe der Enthauptung des hl. Achilleus. Der Märtyrer ist durch die

Namensbeischrift gekennzeichnet. Der Stil des Reliefs weist die Darstellung dem späteren 4. Jahrhundert zu und bestätigt den zeitlichen Ansatz der Basilika.

Die Wahl des Typus der Emporenbasilika ist hier wie bei den späteren Emporenbasiliken von S. Lorenzo und S. Agnese nicht architekturgeschichtlich als die Übernahme eines älteren, im Osten des Reiches gebräuchlichen Typus zu erklären, wie

man bisher meist angenommen hat, sondern bei diesen drei Kirchen ist die Auslegung als Emporenbasilika eine pragmatische Lösung, die bedingt ist durch die topographische Situation, die Funktion des Kultbaues als Märtyrergedächtnisstätte und Pilgerkirche und den dadurch veranlaßten Wunsch, das tief im Grund liegende Märtyrergrab in den Bau einzubeziehen. Wir werden uns mit dieser Frage noch später beschäftigen.

VIII. DIE PÄPSTLICHEN UND PRIVATEN KIRCHENSTIFTUNGEN DER NACHKONSTANTINISCHEN ZEIT IN DER STADT

In konstantinischer Zeit hatten die päpstlichen und die privaten Kirchenstiftungen hinter den kaiserlichen Gründungen deutlich an Zahl, Größe und Aufwand zurückgestanden. Doch änderte sich die Situation in der zweiten Jahrhunderthälfte. Rom, nominell immer noch Hauptstadt, Sitz des Senats, der von Konstantin mit neuen Privilegien ausgestattet und durch den unerhörten Reichtum seiner Mitglieder immer noch eine wirtschaftliche und auch politische Bedeutung hatte, büßte seine überragende Stellung ein, da es nicht mehr Residenz des Kaisers und Sitz des Hofes war. Die Kirche mit ihrer sich festigenden Organisation und der zunehmenden Zahl der Gläubigen prägt nunmehr die *urbs* nach den Zielen ihrer Gemeinschaft und nach den Bedürfnissen und Notwendigkeiten ihrer administrativ und finanziell erstarkten Organisation. Die Unterdrückung der alten Religion unter der Valentinianischen Dynastie (364–392) und die Konversion von mehr und mehr Mitgliedern auch der Oberschicht und der Senatsaristokratie zum Christentum beförderten die nun einsetzende Wandlung Roms von der Hauptstadt des Reiches zum Zentrum der christlichen Welt, das die Gräber der Apostelfürsten mit Stolz als kostbarsten Besitz, als Ausweis der Rechtgläubigkeit und seines Vorranges vor anderen Städten des Reiches bewahrt.

So nimmt die kirchliche Bautätigkeit auch mit der Mehrung der christlichen Bevölkerung merklich zu und häufen sich auch die privaten Stiftungen. Durch Schenkungen, Landzuweisungen an kirchliche Institutionen und Hinterlassenschaften sammelte sich in der Hand der Kirche ein großes Vermögen an, das sie bald zu einem wichtigen wirtschaftlichen Faktor in der Stadt und in ihrer Umgebung machte. Die Geschichte der jüngeren Melania, Erbin der alten senatorischen Familien der Ceionier und der Valerier, Ehefrau ihres Vetters Valerius Pinianus, führt uns diese Situation in Rom am Ende des 4. Jahrhunderts deutlich vor Augen. Die junge Frau, so berichtet ihr Biograph Gerontius, entschloß sich, zusammen mit ihrem Mann nach dem Tode ihrer beiden Kinder sich dem klösterlichen Leben zu weihen und ihre Güter der Kirche zu schenken. Allein in Sizilien hatte sie einen Grundbesitz von fürstlichen Ausmaßen, der von 400 Sklaven bearbeitet wurde. Als sie diesen und anderen Grundbesitz der Kirche übereignen wollte und 8000 Sklaven freiließ, stieß sie auf den Widerstand des Senates, der zu Recht unüberschaubare wirtschaftliche und soziale Folgen durch solche Transaktionen befürchtete.

Auf diesem Hintergrund tiefgreifender wirtschaftlicher und sozialer Veränderungen als Folgen eines geistigen und religiösen Wandels der spätantiken Gesellschaft müssen wir die kirchliche Bautätigkeit des späteren 4. und des frühen 5. Jahrhunderts sehen, die mit einem umfangreichen Bauprogramm den gestiegenen pastoralen Bedürfnissen einer schnell wachsenden Gemeinde zu entsprechen und die Wohnquartiere mit kirchlichen Neubauten auszustatten sucht.

IX. DIE NEUEN GEMEINDEKIRCHEN IM SPÄTEN 4. UND IM 5. JAHRHUNDERT

Die Anzeichen dieses tiefgreifenden gesellschaftlichen und religiösen Wandels sind vor allem unter dem Pontifikat des Papstes Damasus (366–384) deutlich zu erkennen. Wurden seit der Mitte des 4. Jahrhunderts, wie wir gesehen hatten, eine Reihe von Kirchen für die Feier der Eucharistie und des Gedächtniskultes in der Nähe oder an Märtyrergräbern in den christlichen Zömeterien errichtet, so ging Damasus daran, die zahlreichen Märtyrergräber, die nun mehr und mehr in den Mittelpunkt des Kultes rücken, in den Katakomben und Begräbnisstätten monumental auszugestalten und mit kostbarer Dekoration und mit von ihm selbst verfaßten rühmenden Versinschriften zu versehen. Auch den Kultbauten in der Stadt, die den pastoralen Bedürfnissen der schnell wachsenden Gemeinde dienten, galt die Fürsorge des Papstes. Allein fünf Gemeindekirchen in der Stadt wurden in seiner Amtszeit errichtet oder begonnen. Diese Bauten sollten zweifellos neben ihrer pastoralen Aufgabe schon allein durch ihre Größe auch die christliche Präsenz in der Stadt eindrücklich sichtbar machen.

TITULUS ANASTASIAE
(S. ANASTASIA)

Der *titulus Anastasiae* liegt unterhalb des Palatin am Südwest-Abhang des Hügels in der Talsenke, die vom Forum zum Tiber führte, an der Stelle der heutigen Kirche S. Anastasia, also in unmittelbarer Nähe des monumentalen politischen und herrschaftlichen Zentrums der Stadt. Das Datum der Erbauung ist ungewiß. Aus der Inschrift der Apsis, die heute nicht mehr erhalten ist, aber in einer mittelalterlichen Sammlung von Versinschriften aus kirchlichen Bauten überliefert ist, erfahren wir, daß Papst Damasus (366–384) die Kirche mit einer Apsisdekoration geschmückt hat, die ein Jahrhundert später unter Papst Hilarus (461–468) durch ein Mosaik ersetzt wurde.[1] Danach hat der *titulus* bereits in der

zweiten Hälfte des 4. Jahrhunderts bestanden. Nach einer weiteren Versinschrift hat Stadtpräfekt Flavius Macrobius Longinianus, der eine der höchsten Beamtenstellen im Reich bekleidete, in den Jahren 402–408 der Kirche ein Baptisterium gestiftet[2]. Es ist nach dem Baptisterium des Damasus (366–384) in St. Peter das früheste Taufhaus, das für eine Kirche in der Stadt nachgewiesen ist. Wir sehen daraus, daß die Pfarrkirchen nun allmählich alle wichtigen pastoralen Aufgaben der Lateransbasilika übernehmen.

Auf der römischen Synode von 499 unterschreiben drei der teilnehmenden Kleriker als Vertreter des *titulus Anastasiae*.[3] In frühmittelalterlichen Quellen ist dann im Namen der Kirche aus der uns sonst unbekannten Stifterin bereits die Titelheilige geworden, die mit der in Smyrna und Konstantinopel verehrten Märtyrerin Anastasia identifiziert wurde.[4] Die Inschrift, die die Stiftung eines Baptisteriums an der Kirche durch einen Stadtpräfekten bereits am Beginn des 5. Jahrhunderts bezeugt, zeigt, daß der *titulus* ein wichtiges, von führenden Vertretern des Staates gefördertes Seelsorgezentrum gewesen ist. Ein Festkalender aus dem 7. Jahrhundert führt den *titulus,* der in der päpstlichen Liturgie des Weihnachtsfestes eine Rolle spielte, an dritter Stelle nach der Lateransbasilika und S. Maria Maggiore an und bestätigt damit den Rang, den die Kirche in dieser Zeit besaß.

Die bisherigen Untersuchungen des Baues unter den barocken Umbauten der heutigen Kirche haben einen für die kirchliche Baukunst Roms im 4. Jahrhundert ungewöhnlichen Plan ergeben. In der Nähe kommerzieller Magazingebäude am Fuße des Palatins wurde auf dem ersten Stock eines großen kaiserzeitlichen Wohnblocks des 2. und 3. Jahrhundert mit Ladenlokalen im Untergeschoß und flankiert von zwei Straßenzügen, unter Ausnutzung der aufgehenden Mauern des Hauses der *titulus* als einschiffige Halle ausgebaut. Gleichzeitig wurde dieser Halle im Südosten ein Querhaus mit Apsis angefügt. Die Apsis, außerhalb der älteren Bausubstanz gelegen, erhielt eine eigene Fundamentierung aus Mischmauerwerk von Tuffsteinen und Ziegelschichten.

Fügt sich die einschiffige Halle gut zu anderen frühen Kirchenbauten Roms im 4.und 5. Jahrhundert wie S. Marco und S. Crisogono, so ist das Querhaus ungewöhnlich und die daraus resultierende Kreuzform der Kirche der frühchristlichen Baukunst erst am Ende des Jahrhunderts allein bei Märtyrerkirchen bekannt. Der einzige Kirchenbau mit Querhaus in dieser Zeit war die Petersbasilika am Vatikan, in der das Querschiff als Schrein über dem verehrten Grab des Apostels diente. Zu berücksichtigen ist allerdings bei einer Beurteilung von S. Anastasia auch die Tatsache, daß durch den Umbau vorhandener Bausubstanz Unregelmäßigkeiten in der Auslegung der Kirche selbstverständlich gegeben waren, wie wir das auch aus anderen Fällen, etwa bei S. Pudenziana, kennen. Falls das Querschiff dem Urbau zuzuweisen sein sollte, was, wie gesagt zu bezweifeln ist, könnte es als Erweiterung des Presbyteriums fungiert haben, das liturgischen Bedürfnissen gedient hat, wie etwa der Niederlegung der Opfergaben der Gläubigen während der Eucharistiefeier. Insgesamt war der frühchristliche Bau des *titulus* in der Ausführung und in seinen Maßen nicht von bemerkenswertem Aufwand.

Der Umbau zu einer kanonischen dreischiffigen Basilika dürfte, wie die Bautechnik in den Fundamenten mit großen Tuffblöcken und im Aufgehen mit leicht unregelmäßigen, wellenförmigen Ziegelschichten nahelegt, in karolingischer Zeit erfolgt sein. In der gleichen Zeit wurde auch der unkanonische Bau von S. Pudenziana zu einer dreischiffigen Normalbasilika hergerichtet. Man würde gerne auch das Querhaus an S. Anastasia diesem Umbau des Frühmittelalters zurechnen, wenn der Baubefund den mittelalterlichen Obergaden aus unregelmäßigem Ziegelmauerwerk und das Querhaus aus *opus listatum* nicht als zwei unabhängige Baukörper ausweisen würde, deren Mauerwerk auch nicht einbindet und somit auch unterschiedlichen Bauphasen zuzuordnen ist. Der *titulus Anastasiae* bedarf einer neuen, modernen Bauuntersuchung, um diese Fragen klären zu können. Zur Datierung der dreischiffigen Kirche in frühmittelalterliche Zeit fügt sich gut, daß uns eine gründliche Restaurierung des Baues unter Papst Leo III. (795–816) überliefert ist.[5] Die Kirche, die nunmehr auch verlängert wurde, erhielt die für die *tituli* geläufigen Maße von 40 m Länge und 23 m Breite. Dieser Erweiterungsbau aus dem 8.–9. Jahrhundert ist noch in der heutigen barocken Kirche erhalten: Teile der Mauern der frühchristlichen und mittelalterlichen Kirche wie auch des römischen Hauses, in das sie eingebaut wurde, sind vor allem auf der Nordseite in den Außenwänden und auch im Untergeschoß der barocken Kirche zu sehen.

Das frühchristliche Apsismosaik des Hilarus war offenbar schon in der frühen Neuzeit weitgehend zerstört; das Thema der Darstellung ist unbekannt. Es ist lediglich überliefert, daß die in Versen gehaltene Dedikationsschrift des Papstes, die auch die beiden adligen Stifter des Mosaiks, Severus und Cassia nennt, in großen goldenen Lettern auf blauem Grund wiedergegeben war.

Die Lage der Kirche am Fuße des Palatin, sowie der Name des *titulus Anastasiae*, der ohne Grund mit der gleichnamigen Tochter des Kaisers Constantius Chlorus verbunden wurde, hat die ältere Forschung zu dem Schluß verleitet, in diesem Kultbau eine kaiserliche Gründung zu sehen, die als Palastkirche für die Herrschersitze des Palatins gedient habe. Doch widerspricht die Funktion als Palastkirche dem Charakter eines *titulus,* der die Aufgaben einer Pfarrkirche in den Wohnquartieren zu erfüllen hatte. Kürzlich wurde vorgeschlagen, die auffällige Lage der Kirche unmittelbar am monumentalen Zentrum vielmehr dadurch zu erklären, daß sie zu dem nahe im Abhang des Palatin gelegenen uralten römischen Kultlokal des Lupercal, der Grotte des Faunus – Lupercus, in der Romulus und Remus von der Wölfin genährt worden sind, einen Gegenpol bilden sollte, um dieses noch in der Spätantike rege pagane Kultzentrum zu neutralisieren. Wie dem auch sei, die möglicherweise schon bald nach der Mitte des 4. Jahrhunderts gegründete Kirche dürfte vor allem aber das pastorale und liturgische Zentrum der dichtbesiedelten und betriebsamen Viertel um das *Forum Boarium* und das *Forum Holitorium* gewesen sein, die am Tiberhafen gelegen auch in der Spätantike ein wichtiges und vitales Handelszentrum der Stadt waren.

TITULUS DAMASI
(S. LORENZO IN DAMASO)

Wie wir aus zwei überlieferten Weiheinschrift wissen, errichtete Papst Damasus eine dem hl. Laurentius geweihte Kirche als Neubau (*nova tecta*) auf dem Grundstück oder an Stelle des Gebäudes auf dem südlichen Marsfeld, in dem sein Vater bereits als Kleriker gelebt hatte.[6] Dieser Neubau an der Stelle vielleicht des väterlichen Hauses, dem nach dem Liber Pontificalis auch eine *domus in circuitu basilicae* als Donation vom Papst zugewiesen wurde, war dem Märtyrer Laurentius geweiht.[7]

Nach den vom Papst selbstverfaßten Weiheinschriften war die Kirche eine dreischiffige Basilika, nunmehr der Normaltyp des christlichen Kultbaues. Nachfolgerin dieses Baues ist die Kirche des späten 15. Jahrhunderts im Palazzo della Cancelleria am heutigen Corso Vittorio Emanuele gelegen, die in ihrem

seit dem Mittelalter bezeugten Namen S. Lorenzo in Damaso noch heute den Stifter nennt. Unklar ist, ob die Weiheinschrift von Archiven spricht, die mit der Kirche verbunden waren, so daß wir hier an diesem Platz auch mit einem älteren kirchlichen Verwaltungszentrum rechnen könnten. Doch ist der überlieferte Wortlaut nicht eindeutig und fehlt uns auch sonst in den Quellen jeder Hinweis auf ein vorkonstantinisches Gemeindezentrum in der Stadt.

Das Grundstück war im Süden von einer Straße begrenzt, die das Quartier von Ost nach West durchschnitt und die der heutigen Via del Pellegrino entspricht. Ausgrabungen jüngster Zeit unter dem Hof des Palastes der Cancelleria neben der heutigen Kirche haben Teile des Mittelschiffes und des südlichen Seitenschiffes, sowie Reste einiger Nebenräume des im ausgehenden 15. Jahrhunderts aufgelassenen frühchristlichen Kultbaues erschlossen. Er wurde über älteren Bauten des 3.–4. Jahrhunderts errichtet, die, wie Teile einer Portikus, in den Kirchenbau teilweise miteinbezogen wurden. Die Stiftung des Damasus ist eine dreischiffige Kirche von ungefähr 40 m Länge, die in den Maßen damit denen der bisher besprochenen *tituli* entspricht. Die Apsis der Kirche weist, der Ausrichtung der älteren antiken Bebauung folgend, nach Nordwesten. Die Front im Südosten war durch eine dreiteilige Arkade geöffnet, die das Licht der aufgehenden Sonne, Symbol für den auferstandenen Christus in das Mittelschiff einließ.[8] Von der Ausstattung haben sich noch einige antike Säulenbasen an ihrem Standort und Reste des bunten Marmorplattenbodens aus ineinander gesetzten Quadraten, ähnlich dem Boden im *titulus Marci*, erhalten. Nach einer überlieferten Inschrift besaß die Kirche

auch ein Baptisterium, das die Funktion des *titulus* als Pfarrkirche belegt.[9] Leider gibt die Inschrift keinen Anhaltspunkt für die Datierung dieses Baptisteriums. Da Damasus aber bereits in St. Peter im Vatikan ein Baptisterium eingerichtet hat, ist es immerhin wahrscheinlich, daß er auch den von ihm gegründeten *titulus* mit einem Baptisterium ausgestattet hat.

Die Kirche S. Lorenzo in Damaso ist der erste kirchliche Neubau auf dem Marsfeld, das abgesehen von den Kaiserfora die bedeutendsten öffentlichen, stark frequentierten Bauten, wie Theater, Thermen, Säulenhallen und große pagane Heiligtümer der hohen Kaiserzeit beherbergte. So überliefert uns eine mittelalterliche Nachricht als Ortsbezeichnung der Kirche *in prasino*, was soviel heißt wie „bei den Gebäuden der grünen Circusfraktion", die nach den antiken Quellen in nächster Nähe gelegen haben müssen.[10] Der Liber Pontificalis aber nennt ausdrücklich im Sinne einer hervorhebenden Auszeichnung die Nähe der Kirche zu dem Pompeius-Theater, einem der prachtvollsten öffentlichen Gebäude Roms.[11] Die päpstliche Stiftung der Laurentiuskirche hatte also einen privilegierten Platz in diesem monumentalen Ensemble inne.

TITULUS FASCIOLAE
(SS. NEREO ED ACHILLEO)

Wahrscheinlich ist auch der *titulus Fasciolae* in der Nähe der Caracallathermen unter Damasus entstanden. Grabinschriften von Klerikern, so eines *lector tituli Fasciolae* aus dem Jahre 377 aus dem Friedhof von S. Paolo fuori le mura zeigen

65. S. Pudenziana. Nordwand der Basilika mit antikem Mauerwerk, der Erweiterung unter Papst Hadrian (772–795). Links an der Fassade und im Vordergrund mittelalterliche Anbauten.

uns jedenfalls, daß die Kirche zu dieser Zeit bereits bestanden hat.[12] Eine weitere Grabinschrift aus dem Bereich der Domitillakatakombe, wiederum eines *lector,* belegt die Kirche für den Beginn des 5. Jahrhunderts. Noch im späten 5. Jahrhundert wird der *titulus* unter diesem Namen auf der römischen Synode von 499 von drei Presbytern vertreten, während dann im 6. Jahrhundert, nach Übertragung der Märtyrerreliquien aus den Katakomben des Suburbiums, die Kirche auf der Synode von 595 unter den Namen ihrer Titelheiligen, den in der Domitillakatakombe verehrten Heiligen Nereus und Achilleus, angeführt wird. Die Übertragung von Märtyrerreliquien in die Kirchen der Stadt, die in dieser Zeit beginnt, setzt sich durch das ganze Frühmittelalter fort. Die Gründe dafür sind nicht nur in den Gotenkriegen des 6. Jahrhunderts zu sehen, die die Stadt und vor allem auch das Umland verwüstet haben, sondern hinter der Translation der Gebeine der Märtyrer steht auch der Wunsch, die kostbaren Reliquien unter dem eucharistischen Altar der Kirchen zu bergen, um der Fürbitte der Heiligen und ihres Schutzes teilhaftig zu werden. Diese Dedikation an die beiden Märtyrer hat, wie in anderen Fällen auch, die ursprüngliche Benennung nach der Stifterin oder Eigentümerin verdrängt.

Die heutige, aus karolingischer Zeit stammende Kirche SS. Nereo e Achilleo, die ein schönes Apsismosaik besitzt, das die Titelheiligen neben Christus zeigt, dürfte den frühchristlichen Bau an der gleichen Stelle ersetzt haben.[13] Bei archäologischen Untersuchungen haben sich allerdings keine Reste gefunden, die sich mit Sicherheit der frühchristlichen Kirche zuweisen ließen.

Die Lage des *titulus* unmittelbar an der Via Appia, der bedeutendsten der Konsularstraßen, nicht weit von der Stadtgrenze innerhalb der Mauern, dort wo die Wohnquartiere und die monumentale Bebauung beginnt, gibt der Gründung des *titulus* ein besonderes Gewicht.

TITULUS PUDENTIS
(S. PUDENZIANA)

Der *titulus Pudentis* oder die *ecclesia Pudentiana,* wie die Kirche in Dokumenten des späten 4. Jahrhunderts und des 5. Jahrhunderts genannt wird, [14] die heutige Kirche S. Pudenziana, in der Talsenke zwischen Viminalis und Esquilinus am *Vicus Patricius,* der heutigen Via Urbana gelegen, ist durch die Grabinschrift eines ihrer Kleriker, des *lector Leopardus* aus dem Jahre 384 bereits für das letzte Viertel des 4. Jahrhunderts bezeugt.[15] Wahrscheinlich ist der *titulus* unter Papst Damasus (366–384) als Seelsorgezentrum in dem volkreichen Quartier der *Subura* gegründet worden.[16] Dieses Gründungsdatum wird durch eine weitere Inschrift auf den Schrankenplatten aus dem Presbyterium der frühchristlichen Kirche gestützt, die vermeldet, daß die Ausstattung und Einrichtung des Altarraumes unter Papst Siricius (384–402) von den schon erwähnten Presbytern Ilicius, Maximus und Leopardus gestiftet wurde. Reste der Inschrift sind heute im linken Seitenschiff der Kirche eingemauert. Eine weitere Inschrift auf dem Buch des Apostels Paulus im Apsismosaik schreibt die Gründung des Baues den Presbytern Leopardus und Ilicius zu und nennt das

Datum von 387–390 oder 398, das offenbar den Abschluß des Baues bezeichnet. Schließlich gibt die heute zerstörte, aber von Panvinio, einem Gelehrten des 16. Jahrhunderts, aufgezeichnete Stiftungsinschrift des Apsismosaiks als Datum der Ausführung der Marmordekoration und des Mosaiks das Pontifikat des Papstes Innozenz (402–417) an. Aus diesen inschriftlichen Angaben können wir erschließen, daß der *titulus* bereits in den frühen achtziger Jahren des 4. Jahrhundert von den genannten Klerikern gegründet[17] und rund zwanzig Jahre nach seiner Gründung Anfang des 5. Jahrhunderts in seiner Ausstattung vollendet wurde.

Diese Bauzeit scheint für einen Kirchenbau durchschnittlicher Größe von rund 30 m Länge etwas lang zu sein, zumal die Kirche in einem älteren Gebäude eingerichtet wurde. Möglicherweise liegt der Grund für diese längere Bauzeit in der aufwendigen Ausstattung, auf die nun in den ersten Jahrzehnten des 5. Jahrhunderts im Zuge der aufblühenden kirchlichen Bautätigkeit besonders Wert gelegt wurde und in Folge der gestiegenen Ansprüche, die jetzt an die Ausstattung der Kulträume nach dem Vorbild der kaiserlichen Stiftungen gestellt wurden.

Der *Vicus Patricius*, an dem die Kirche liegt, ist einer der wichtigen Verkehrswege, die die Talsenken zwischen den Wohnquartieren auf den Hügeln durchlaufen und das monumentale Zentrum der Stadt mit der Peripherie und den Ausfallstraßen, wie der *Via Tuscolana* verbinden. Die Kirche hatte also gleichsam eine strategische Position und an der wichtigen Straße auch eine privilegierte Lage.

In einem größeren Baukomplex des 2. Jahrhunderts, der auf einer ca. 8 m hohen Plattform über hohen Substruktionen hinter einem ebenerdigen gewölbten Laden- und Magazingeschoß eines Mietshauses des 2. Jahrhunderts am *Vicus Patricius* lag, das seinerseits wiederum Wohnhäuser der republikanischen Zeit überbaut hatte, wurde für die Einrichtung der von den genannten Klerikern auf eigene Kosten gestifteten Kirche ein Hofgebäude aus dem Verband der umstehenden Anlage herausgelöst und nun in seiner Längsausrichtung genutzt. Die aufgehenden Mauern des ursprünglichen Gebäudes, das von der Forschung bisher irrtümlich mit den in den mittelalterlichen Märtyrerakten der Heiligen Pudenziana und Praxedis genannten *thermae Novatii* gleichgesetzt wurden, sind an der Via S. Pudenziana und an den Flanken der Kirche bis zu den Fenstern der Außenmauern im ersten Stock heute noch sichtbar.[18] Dieses Gebäude war kaum eine Therme, da in der Anlage alle Räumlichkeiten und Einrichtungen, wie etwa Hypokaustenheizung, die in Thermen üblich sind, fehlen. Die niedrigen Becken unterschiedlicher Form, die sich im Zentrum der Anlage befinden, scheinen als Badebecken ungeeignet und

werden neuestens wohl zu Recht als Nymphäen, Brunnenanlagen, in einem offenen Hof gedeutet. Der vermutete Thermensaal kann zudem nicht eingewölbt gewesen sein, wie bisher angenommen wurde, da die äußeren Pfeilervorlagen der Fensterwand kaum den Schub eines weitgespannten Gewölbes haben aufnehmen können. So sprechen auch die konstruktiven Merkmale des Baues für die Deutung als Hofanlage. Welchem Zweck dieses Hofgebäudes gedient hat, wissen wir allerdings nicht, da auch der Typus des Baues dazu keine eindeutigen Hinweise gibt. Die im Mauerwerk verwendeten Ziegel tragen interessanterweise den Stempel der Ziegelei des *Quintus Servilius Pudens,* der einer bekannten römischen Familie des 2. und 3. Jahrhunderts entstammte, die auch einen Konsul gestellt hat. So liegt es nahe zu vermuten, daß die Familie auch die Besitzerin des Gründstückes und der Gebäude war, die ein Nachkomme im späten 4. Jahrhundert dann der christlichen Gemeinde für den Kirchenbau zur Verfügung gestellt haben wird. Dies würde auch überzeugend die Verbindung des Familiennamens mit dem *titulus* erklären. Bemerkenswert an dieser Gründung ist, daß hier offenbar ein privater Stifter und die kirchliche Autorität in der Person der drei Kleriker des *titulus*, die als Bauträger auftreten, zusammenwirken. Diese Verbindung von privatem Stifter und klerikalem Bauträger wird uns noch öfters bei den Kirchengründungen dieser Zeit begegnen.

Der allseitig von Pfeilerarkaden und darüber im ersten Stock von einer überwölbten Galerie mit großen Fensteröffnungen umgebene Hof wurde als Kirchenraum eingerichtet, indem die nordwestliche, kreissegmentförmig abschließende Schmalseite als Apsis der Kirche bestimmt wurde. Die Becken im Zentrum der Hofanlage wurden beseitigt und mit einem heute noch in Resten sichtbaren, mehrfarbigen Mosaik mit Delphinen und Fischen überdeckt. Die beiden Gänge im Erdgeschoß unter den Galerien des ersten Stockes, auf die sich die Pfeilerarkaden öffneten, dienten nun als Seitenschiffe. Diese Umbauten des ursprünglichen Hofgebäudes lassen sich an dem nach den Restaurierungen freigelegten Mauerwerk, die im Obergaden der heutigen Kirche sichtbar sind, gut ablesen. Ein zweites Stockwerk mit Fenstern, von dem sich die Reste von Fensterlaibungen erhalten haben, hat offenbar unter der nunmehrigen Eindeckung des Hofes als eine Art Obergaden für die Belichtung des Raumes gesorgt. Der Einbau von Chorschranken zur Abgrenzung des Presbyteriums und vor allem das große Apsismosaik, dessen Kalotte über den zugemauerten Fenstern an der nordwestlichen Schmalseite des Hofgebäudes liegt, vervollständigten den Umbau.

Es ist bemerkenswert, daß die Kirche im Inneren des Hofgebäudes unter Beibehaltung seiner Strukturen und offenbar

auch ohne wesentliche Veränderungen im Außenbau eingerichtet wurde. Der Kirchenbau wird damit trotz seines beachtlichen Volumens im Stadtbild kaum hervorgetreten sein. In
der nordwestlichen Apsis blieben die ursprünglichen Pfeilerarkaden als Öffnungen bis in das 16. Jahrhundert erhalten. Lediglich das Apsismosaik, für das die Fenster der Schmalseite
des Hofes geschlossen wurden, und die Schranken des Presbyteriums gaben dem Bau, der bedingt durch die Struktur des
älteren Gebäudes die ungewöhnliche Gestalt einer Emporenkirche besaß, die liturgische Ausrichtung.

Unter Papst Hadrian (772–795) wurde die Kirche, die sich
im Verfall befand, restauriert, wie der Liber Pontificalis berichtet.[19] Bei diesen Restaurierungsarbeiten ist die Kirche offenbar dem kanonischen Schema der christlichen Säulenbasilika angepaßt worden: Die Pfeiler der Arkaden wurden durch
Spoliensäulen mit Palmblattkapitellen des 4. Jahrhunderts ersetzt. Die Säulen haben keine Basen, was ebenfalls für eine

mittelalterliche Baumaßnahme spricht. Die südöstliche
Schmalseite der ursprünglichen Hofanlage wurde abgerissen
und das Schiff nach Osten um zwei Arkaden und mit einer
neuen Fassade über den nicht mehr genutzten Untergeschossen des älteren Wohnhauses zum *Vicus Patricius* hin erweitert.
Da die Säulen und Kapitelle, die die Pfeiler des Hofbaues er-
setzten, auch in den beiden Arkaden der Verlängerung eingesetzt sind, ist beides, der Umbau zur Säulenbasilika und die
Verlängerung des Baues um zwei Arkaden einer Baumaßnahme zu zuweisen. Das unregelmäßige Ziegelmauerwerk der
Hochwand über den Arkaden spricht ebenfalls für mittelalterliche Entstehung dieser Erweiterung. Bei dem gleichen Umbau wurden auch die Galerien beseitigt, deren ursprüngliche
Hoffenster nunmehr zusammen mit den kleineren Obergadenfenstern der mittelalterlichen Erweiterung das Kircheninnere belichteten. Die Erweiterung des Gebäudes zum
Vicus Patricius hin war sicherlich auch durch die bis zum Mit-

67. S. Pudenziana. Apsismosaik.
Paulus mit anderen Aposteln
und der Personifikation der
Heidenkirche.

telalter merklich erhöhten Straßenniveaus veranlaßt, die das ursprünglich hohe Podium der Erdgeschoßbebauung in der Auffüllung des Tales weitgehend verschüttet haben. Nunmehr war es möglich, die Kirche vom *Vicus Patricius* aus über die zum Straßenverlauf hin vorverlegte Fassade zu betreten.

Das Mosaik der Apsis ist nach den Mosaiken der Apsidio-len in S. Costanza das älteste der uns erhaltenen frühchrist-lichen Apsismosaiken. In Aufwand und Qualität, sowie durch seine vielfigurige Komposition, den komplexen und viel-schichtigen Bildinhalt, steht dieses Mosaik in eigentümlichem Kontrast zu dem mit geringem Bauaufwand zu einer Basilika umgestalteten Hofbau. Es ist dies ein Gegensatz, der für die

68. S. Pudenziana. Apsismosaik.
Der thronende, lehrende
Christus.

spätantike Architektur durchaus charakteristisch ist, in der eine
kostbare Ausstattung und eine prächtige Dekoration besonders
hoch bewertet wurde. Der barocke Umbau der Kirche, durch
den das Mosaik an den Rändern beschnitten wurde, sowie ausgedehnte Restaurierungen haben diesem bedeutenden Werk
seine großartige Erscheinung nicht nehmen können.

Auf einem mit Gemmen reich besetzten herrschaftlichen
Thron sitzt Christus im Gewand des philosophischen Lehrers,
das ihn jedoch durch die Gold- und Purpurfärbung gleichzeitig als Herrscher ausweist. Christus hat die Rechte im Lehrge-
stus erhoben, in der Linken hält er ein aufgeschlagenes Buch,
auf dessen Seiten die Schrift *Dominus conservator ecclesiae Pu-*

141

dentianae (Der Herr, Bewahrer der pudentianischen Kirche) zu lesen ist. Zu seinen Seiten sind die Apostel diskutierend und argumentierend ganz in der Art antiker Darstellungen philosophischer Lehrversammlungen im Halbrund vor einer Portikus sitzend wiedergegeben. Hinter ihnen stehen die Personifikationen der Judenkirche und der Heidenkirche, die über den Köpfen der Apostelfürsten Petrus und Paulus goldene Märtyrerkronen oder wohl eher das dem Herrscher als Tribut zustehende *aurum coronarium* halten. Die Apostel der rechten Bildseite und die Figur der Kirche sind in der Barockzeit restauriert und überarbeitet worden. Über der Portikus im Hintergrund, die mit goldenen Dachziegeln gedeckt ist, sind als Verheißung der Endzeit die Gebäude des himmlischen Jerusalems der Johannesapokalypse zu sehen, in deren Mitte auf einem Hügel ein großes, mit Gemmen besetztes Kreuz sich erhebt, das von den vier apokalyptischen Wesen in den Wolken des Himmels begleitet wird. So ist in diesem Mosaik in dem Abbild des von Kaiser Theodosius I. (384–395) auf dem Felsen von Golgatha errichteten sieghaften Gemmenkreuzes der Sieg Christi über den Tod und die apokalyptische Vision des Zeichens des Weltenherrschers Christi am Ende der Tage verbunden mit dem Bild des göttlichen Lehrers, der im Kreise seiner Schüler die neue *disciplina*, die Heil verheißende christliche Lehre verkündet und der gleichzeitig als Weltenherrscher unter dem Siegeszeichen des Erlösung versprechenden Kreuzes thront. Das nimbierte Christuslamm mit der Taube des Heiligen Geistes am unteren Mosaikrand, das die Erlösung symbolisierte, ist der barocken Rahmung zum Opfer gefallen.

Dieser komplexe, vielschichtige Inhalt der Komposition kennzeichnet die frühchristliche Mosaikkunst der Frühzeit, die mit der Kombination von Bildchiffren, die dem zeitgenössischen Betrachter aus der antiken ikonographischen Tradition vertraut waren, die neuen christlichen Glaubenswahrheiten darzustellen und zu vermitteln sucht. Charakteristisch für die Darstellung dieser theologischen Inhalte ist, daß die von Zeichen bestimmte symbolische Darstellung der oberen Mosaikzone in Kontrast zu der lebendigen, vielfigurigen, traditionellen Bildschemata verhafteten, eher erzählenden Darstellung der Lehrszene steht, die in den schönlinigen Formen, der differenzierten Modellierung und der reichen, fein abgestuften Farbgebung ihren adäquaten, stärker traditionellen Stilidealen verhafteten Ausdruck findet. So ist dieses großartige Mosaik einer privaten Kirchenstiftung ein beredtes Zeugnis für den Status dieser frühen christlichen Mosaike am Beginn der Entstehung einer christlichen Bildkunst, die traditionelle Bildformen und Stilelemente mit neuen Inhalten füllt und neue Bildformeln findet, um die christliche Botschaft zu verkünden. In gleichem Maße aber bezeugt dieses Mosaik den hohen künst-

lerischen Standard und die Pracht christlicher Mosaikkunst der Zeit in Rom, die die Tradition der weitgehend verlorengegangenen römischen und spätantiken Wandmosaiken fortsetzt. Es läßt uns erahnen, was an Kunstwerken verloren gegangen und wie schwer es ist, sich ein angemessenes Bild von der frühchristlichen Architektur und ihren Raumschöpfungen zu machen, die maßgeblich von der kostbaren Ausstattung mit bestimmt wurden.

TITULUS CLEMENTIS (S. CLEMENTE)

Der *titulus Clementis*, der in der heutigen Kirche S. Clemente aus dem Jahre 1128 fortlebt, ist ähnlich wie der *titulus Pudentis* gegen Ende des 4. Jahrhunderts in einem älteren Bau eingerichtet worden. Auch hier versetzt die Legende die Ursprünge der Kirche in das 1. Jahrhundert zurück, in das Haus des hl. Clemens, des Nachfolgers des hl. Petrus als Bischof der römischen Gemeinde. Wahrscheinlich ist auch in diesem Falle ein Stifter des 4. Jahrhunderts mit Namen Clemens in der Legendenbildung mit dem frühen Papst gleichen Namens gleichgesetzt worden.

Bei Grabungen unter und in der unmittelbaren Umgebung der Kirche fand man längs der antiken Via Tuscolana, der heutigen Via S. Giovanni in Laterano den aus Tuffblöcken errichteten Unterbau eines großen Ost-West ausgerichteten Gebäudes von 29 m Breite und ca. 60 m Länge. Dieses Gebäude, das in die zweite Hälfte des 1. Jahrhunderts, in flavische Zeit, zu datieren ist, hatte zu einem Hof geöffnete tonnengewölbte Kammern. Ein im Westen anschließendes Gebäude, das um einen Hof gruppiert ist, besaß im Erdgeschoß eine Reihe Räume mit Mosaikböden und schönen Stuckarbeiten an den Wölbedecken. Die qualitätvolle dekorative Ausstattung würde es nahelegen, in diesem Bau ein herrschaftliches Wohnhaus zu sehen. Die unmittelbare Nähe aber zu den im Westen bis zum Colosseum sich anschließenden Gladiatorenkasernen und deren Übungsstätten macht es jedoch wahrscheinlich, daß das Gebäude einen öffentlichen Charakter gehabt hat. Dazu fügt sich gut, daß im Hof dieses Hauses am Ende des zweiten oder am Anfang des 3. Jahrhunderts ein Tonnengewölbe eingezogen und eine Kultstätte für den Mysterienkult des persischen Sonnengottes Mithras eingebaut wurde. Die Kulträume des Mithras, dessen Anhänger sich vornehmlich aus Beamten und Militärs rekrutierten, wurden mit Vorliebe in den Untergeschossen öffentlicher Gebäude eingerichtet. Der schon erwähnte große Bau unter der Kirche selbst aber dürfte mit der staatlichen Münze (*moneta*) oder einem mit ihr verbundenen

142

Gebäude, Prägestätte oder Magazin, gleichzusetzten sein, die nach Inschriften in diesem Bereich zu suchen ist und die einem *procurator monetae et ludi gladiatorii* (Vorsteher der Münzstätte und der Gladiatorenkasernen) unterstand. Nach der Mitte des 3. Jahrhunderts wurde das Untergeschoß dieses Baues aufgegeben und auf seinem Fundament eine Halle von ca. 35 m Länge und 29 m Breite errichtet, deren Wand zur Straße hin von einer Reihe großer Öffnungen durchbrochen war. Die Mauern dieses Gebäudes wurden gegen Ende des 4. Jahrhunderts wohl unter Papst Siricius (384–399) für die Errichtung der Kirche wiederbenutzt. Daß dieser Saal bereits im 3. Jahrhundert den Christen als Kultraum gedient hat, ist unwahrscheinlich, da es dafür keine Indizien im Baubefund gibt und vor allem weil in vorkonstantinischer Zeit ein öffentliches Gebäude von den Christen kaum als Kultsaal genutzt werden konnte.

Die Umwandlung dieser Halle in eine Kirche, die die Ausgrabungen unter der mittelalterlichen Kirche freigelegt haben und die dort heute zu besichtigen ist, geschah unter weitgehender Bewahrung der älteren Bausubstanz. Im Westen wurde die Wand der Schmalseite des Gebäudes durchbrochen und im ersten Geschoß des nebenliegenden Hauses die Grundstücksgrenzen überschreitend die Apsis angebaut, die somit über einem Teil des Untergeschosses dieses Hauses lag. Der Saal, der in seiner Breite die entsprechenden Abmessungen des Kirchenbaues bestimmte, wurde durch zwei Reihen von je acht Säulen in eine breitgelagerte dreischiffige Halle unterteilt, ein Atrium im Osten angebaut und die großen Öffnungen zur Straße teilweise geschlossen. Mit fünf Arkaden öffnete sich das Hauptschiff in ganzer Breite auf das Atrium, eine Disposition, die wir ähnlich schon bei S. Sebastiano kennengelernt hatten und die bei den Basiliken des späten 4. und des frühen 5. Jahrhunderts häufiger auftritt. Es ist eine Disposition, die das Licht der aufgehenden Sonne, ein Symbol Christi, wie uns die Quellen lehren, ungehindert in das Innere einlassen soll. Das Datum dieses Umbaus liegt nicht genau fest. Hieronymus, der große Theologe und Übersetzer der Hebräischen Bibel ins Lateinische, erwähnt in einem seiner Werke aus dem Jahr 392 eine Kirche in Rom, „die bis heute die Erinnerung an den Namen des hl. Clemens (des Papstes und Märtyrers) bewahrt".[20] Man hat aus dieser Notiz geschlossen, daß diese Kirche schon länger bestanden haben müsse, was aber

nach dem Wortlaut keineswegs schlüssig ist. Dagegen scheint uns eine leider nur in Bruchstücken erhaltene Weiheinschrift eines Presbyters weiterzuführen, die belegt, daß die von Hieronymus erwähnte Kirche unter dem Papst Siricius (384–399) dem Märtyrer Clemens geweiht war.[21] Die Inschrift ist jetzt an der Treppe zur Ausgrabung unter der Kirche angebracht. Die Kirche ist weiterhin gut bezeugt in Briefen von Papst Zosimus (417–418), der sie mit dem noch heute gülti-

gen Namen als *sancti Clementis basilica* erwähnt, und ebenso von Papst Leo dem Großen (440–461) sowie einer Reihe von Inschriften.[22]

Der Bau dürfte allerdings im Aufbau, abgesehen von den Maßen, nicht mehr in allem der frühchristlichen Basilika entsprechen: So haben die Arkaden der Säulenstellung verschiedene Weiten und unterschiedliche Säulenschäfte und Kapitelle, die ohne Ordnung eingesetzt zu sein scheinen. Die Ko-

70. S. Clemente. Inneres der mittelalterlichen,
barock erneuerten Kirche.

71a. und b. S. Clemente. Kapitelle
konstantinopler Handwerker aus dem vom
späteren Papst Johannes II. (533 – 535)
gestifteten Baldachin der frühchristlichen Kirche.

lonnaden stehen zudem auf einem höheren als dem ursprünglichen Bodenniveau. Die kompositen Vollblattkapitelle, die einem bekannten, in Rom hergestellten Typus des späten 4. und frühen 5. Jahrhunderts entsprechen, stammen offenbar aus dem frühchristlichen Bau und sind bei der Erneuerung im 6. Jahrhundert wiederverwendet worden. Hinzu kommt, daß die Säulen im Verhältnis zu dem aufgehenden Mauerwerk des Obergadens, das mit den Arkaden in der

rechten Außenwand des schmaleren mittelalterlichen Nachfolgebaues in der Nähe der Fassade sichtbar ist, niedriger sind als in anderen römischen Basiliken des späten 4. Jahrhunderts. Ein letztes Indiz gibt noch das Mauerwerk dieser Partie, das nicht der an der Wende zum 5. Jahrhundert gebräuchlichen Technik entspricht. Die Kolonnaden der ausgegrabenen Kirchen und der Obergaden gehören also offenbar zu einer Wiederherstellung des 6. Jahrhunderts oder des

145

frühen Mittelalters auf den Fundamenten der frühchristlichen Kirche. Dieser Wiederherstellung der Kirche gehört
auch der in Resten erhaltene Fußboden aus Feldern von grobem weißem Mosaik mit stilisierten Blütenmustern und einer
Rahmung aus Marmorplatten an, der in das späte 6. oder
7. Jahrhundert zu datieren ist. Grabungen in den letzten Jahren
haben neben dem rechten Seitenschiff der frühchristlichen
Kirche einen Gang mit Fußböden frühchristlicher Zeit und
des 6. Jahrhunderts aufgedeckt, der verschiedene im Norden
gelegene Räumlichkeiten mit der Kirche verband, darunter

vor allem ein im 5.–6. Jahrhundert eingerichtetes Baptisterium, dessen Becken mit Marmorplatten verkleidet war.

Einige Ausstattungsstücke der frühchristlichen Basilika haben sich noch erhalten. Unter Papst Hormisdas (514–23) stiftete der Presbyter Mercurius laut Inschrift einen Altar und ein
Ziborium. Die kostbaren, mit durchbrochenem Relief und figürlichen Motiven verzierten, von Konstantinopler Meistern
aus Carrara-Marmor hergestellten Kapitelle dieses Altarziboriums sind in der heutigen Kirche des 12. Jahrhunderts am Ende des linken Seitenschiffes im Grabmonument des Kardinals

*73. S. Clemente. Schrankenplatte mit dem
Monogramm Papst Johannes II. aus der
frühchristlichen Kirche.*

Antonio Venier aus dem Ende des 15. Jahrhunderts wiederverwendet worden. Der gleiche Mercurius, nunmehr unter dem Namen Johannes zum Papst (533–35) gewählt, stiftete die Schrankenplatten für das Presbyterium der Kirche, wie das Monogramm auf einigen Platten zeigt. Diese kostbaren Schranken wurden in der mittelalterlichen Kirche für die *schola cantorum* wiederbenutzt. Die Stücke sind aus prokonnesischem Marmor gearbeitet und zeigen die charakteristischen Rahmenprofile und Dekorationselemente – Kreuze, Christogramme und Stiftermonogramme – wie sie von entsprechenden Werkstücke in der Hagia Sophia in Konstantinopel bekannt sind, so daß wir vermuten können, daß sie in der Werkstatt gefertigt wurden, die auch die Schrankenplatten für die von Kaiser Justinian erbaute Kirche hergestellt hat. Der Import solcher qualitätvoller Stücke aus der östlichen Hauptstadt war in der bewegten Zeit vor den Gotenkriegen ein beachtliches Unternehmen. In Rom und im Westen gab es nichts von vergleichbarer Qualität. Der Aufwand dieser päpstlichen Stiftung zeigt die Bedeutung, die diesem Kirchenbau zugemessen wurde.

74. S. Clemente. Frühchristliche Kirche
(Unterkirche). Mittelalterliches Wandbild
mit Szenen der Alexiuslegende (um 1100).

75. S. Clemente. Frühchristliche Kirche
(Unterkirche). Frühmittelalterliches
Wandbild. Madonna zwischen Heiligen 7./8. Jh.

Von der Innendekoration der antiken Kirche hat sich leider nichts erhalten. Bescheidene Reste älterer Fußböden sind bei den Ausgrabungen und Restaurierungsarbeiten des 19. und 20. Jahrhunderts verlorengegangen. Im 8. Jahrhundert wurde die Kirche nach Verlust der antiken Dekoration wieder mit Fresken ausgestattet. Ein Rest dieser Malereien befindet sich in einer Nische des rechten Seitenschiffes und zeigt in einem schönen Bild die Madonna im vornehmen Gewand als Himmelskönigin mit dem Christuskind auf dem Schoß. Ein Christuszyklus im linken Seitenschiff weist die Darstellung Papst Leos IV. (847–855) mit einem quadratischen Nimbus auf, der ihn als lebenden Stifter ausweist. Vor allem aber sollten die Bilder des späten 11. Jahrhunderts erwähnt werden, die von Beno di Rapiza und seiner Frau gestiftet, auf die Mauern gemalt wurden, mit denen die Interkolumnien der Kirche des 6. Jahrhunderts geschlossen wurden, um die gefährdete Statik des Baues nach dem durch den Einfall von Robert

Guiscard verursachten Brand abzusichern. Sie erzählen die Geschichten der mittelalterlichen Legende des hl. Clemens mit erklärenden, teilweise drastischen Beischriften, die zu den ersten Zeugnissen des volkssprachlichen Italienisch gehören. An den Wänden des Narthex haben sich weitere Malereien des 12. Jahrhunderts mit Themen aus der Clemenslegende erhalten, die einen seltenen Einblick in die mittelalterliche Malerei Roms geben.

Bald nach dem Brand und der Plünderung des umliegenden Quartiers durch Robert Guiscard im Jahre 1084 wurde die Kirche endgültig aufgegeben und bis zur Höhe der Kapitelle zugeschüttet. Die kleinere Kirche des frühen 12. Jahrhunderts, die an ihre Stelle trat, nutzte die Mauern und Stützreihen der antiken Kirche als Fundamente: Das Mittelschiff wurde schmaler angelegt und erhielt eine neue Apsis, die Mauern des rechten Seitenschiffes ruhten nunmehr auf der Seitenschiffkolonnade der alten Kirche, während das linke Seiten-

76. S. Clemente. Apsismosaik der
mittelalterlichen Kirche (12. Jh.). Das
Mosaik scheint ikonographische Elemente
(Rankengeschlinge) der Apsisdekoration
der frühchristlichen Kirche zu bewahren.

77. S. Clemente. Mittelalterliches
Apsismosaik, Ausschnitt.

CRVCIS·IACOBIDENS·IGNATIIQ:INSVPRASCRIPTI·REQVIESCVNT·CORPO

schiff in den Dimensionen des alten errichtet wurde. Die kostbaren Ausstattungsstücke aus den Konstantinopler Werkstätten, die Schrankenplatten des Presbyteriums und die Kapitelle des Altarziboriums, wurden in den neuen Bau versetzt. Das schöne Apsismosaik der Kirche des 12. Jahrhunderts wird beherrscht von einer grün-gold-blau abgefaßten Akanthusranke auf goldenem Grund, deren regelmäßige Ranken aus einem großen Akanthusblattkelch aufsteigen. Dieses Motiv erinnert unmittelbar an die Akanthusranke, die den Hauptvorwurf des Apsismosaiks des 5. Jahrhunderts in der Vorhalle des Lateranbaptisteriums bildet. Auch der muschelförmig sich öffnende Himmel mit der Hand Gottes, die vier Paradiesströme, aus denen zwei Hirsche trinken und an deren Wassern sich am Fuße des Mosaiks alles mögliche Getier labt, begegnen auch in anderen frühchristlichen Mosaiken, nur daß hier in dem Mosaik des 12. Jahrhunderts neben mittelalterlichen Motiven wie dem Cruzifixus und den Figuren von Maria und Johannes die Darstellung flächiger, ornamentaler wirkt: Die zahlreichen, häufig dem Leben entnommenen Einzelmotive sind in das Formgefühl des Mittelalters umgesetzt. So hat man denn nicht ohne Grund vermutet, daß sich der Mosaizist des 12. Jahrhunderts von der Darstellung des Mosaiks aus dem frühen 5. Jahrhundert in der frühchristlichen Kirche hat inspirieren lassen und durch die Hinzufügung des mittelalterlichen Motivs des Cruzifixus die alten Lebenssymbole neu gedeutet und dem zeitgenössischen Verständnis nahegebracht hat. So lebt die frühchristliche Tradition in den aus der älteren Kirche übernommenen Ausstattungsstücken und in den traditionsreichen, aber neu interpretierten Motiven des Apsismosaiks in der heutigen Kirche weiter.

TITULUS CRESCENTIANAE
(S. SISTO VECCHIO)

Nach dem Liber Pontificalis wurde die Basilica Crescentiana unter Papst Anastasius (399–402) errichtet.[23] Auf der römischen Synode von 499 wird der *titulus Crescentianae* unter diesem Namen von drei Presbytern vertreten.[24] Er dürfte mit dem *titulus sancti Xisti* identisch sein, der am gleichen Ort lokalisiert wird und mit dieser Weihung zum ersten Mal auf einer römischen Synode von 595, die von Gregor dem Großen einberufen wurde, durch den Presbyter Felix vertreten wurde.[25] Wie so oft wurde also auch hier der Name des Stifters seit dem 6. Jahrhundert durch den des verehrten Heiligen, den Papst Sixtus II. und Märtyrer der Calixtuskatakombe ersetzt, nachdem die Reliquien dieser Märtyrer aus dem Bereich der Katakomben an der Via Appia am Ende der Antike in die Stadtkirchen übertragen worden waren.

Von dem frühchristlichen Bau, der etwa um 400 entstanden sein wird, sind ca. 3,50 m unter der Kirche S. Sisto Vecchio an der Via Appia gegenüber den Caracallathermen und in der Nähe des *titulus Fasciolae* die Reste einer dreischiffigen, in Ziegelmauerwerk aufgeführten, 47 m langen und 25 m breiten Basilika durch Grabungen und Restaurierungen in der heutigen, aus der Zeit des Papstes Honorius III. (1198–1222) stammenden Kirche aufgedeckt worden. Die mittelalterliche Kirche des frühen 13. Jahrhunderts ist auf höherem Niveau als die frühchristliche angelegt und auf ein Schiff reduziert worden. Dreizehn Säulenarkaden des Mittelschiffes der antiken Basilika, deren Bögen und Kapitelle in den Wänden des heutigen Baus und im anschließenden Kreuzgang teilweise freigelegt sind, begleiteten das Mittelschiff, das sich zum Atrium mit einer dreifachen Arkade nach Osten öffnete und im Westen von einer Apsis mit drei Fenstern abgeschlossen wurde. Den Arkaden im Schiff und in der Front entsprachen im Obergaden je ein Fenster, die zusammen mit den Fenstern der Apsis für eine helle Durchlichtung des Baues sorgten. Diesem offensichtlichen Bemühen, den Bau durch eine möglichst große Lichtfülle zu erhellen, mag auch die eigentümliche Disposition der leicht schräg ansetzenden Fassade zuzuschreiben sein, durch die die Front des mit der Apsis gewesteten Gebäudes nach Südosten exponiert wurde. Die durch Arkaden und Fenster allseitig durchbrochenen Wände des Baues haben die Basilika so zu einer offenen, weiten und lichten Halle gemacht, die für diese frühen christlichen Basiliken an der Wende zum 5. Jahrhundert charakteristisch ist.

Die Säulenschäfte bestanden aus grauem oder rotem Granit. Nur das siebte Säulenpaar das wohl den Beginn des Presbyteriums kennzeichnete bestand aus prokonnesischem Marmor. Die kompositen Vollblattkapitelle mit leicht unterschiedlichen Maßen entstammen zeitgenössischer römischer Produktion, wie wir sie in ähnlichen Formen und Machart, aber in größeren Formaten bereits in den Seitenschiffen der kaiserlichen Basilika S. Paolo fuori le mura vom Ende des 4. Jahrhunderts und in ähnlicher Formgebung und Dimensionen auch in S. Clemente kennengelernt haben und später noch in anderen römischen Kirchen der Zeit sehen werden. In den Bogenlaibungen haben sich Reste des antiken bemalten Stucks erhalten. Die unterschiedlichen Maße von Basen und Kapitellen wurden durch eine Deckplatte unter dem Bogenansatz ausgeglichen. Diese nachlässige Bauausführung bezeugt, daß die Elemente der Baudekoration und der Kolonnaden aus Beständen stammen, die auf Lager gearbeitet worden waren. Es ist bemerkenswert, daß die daraus resultierenden Unregelmäßigkeiten nicht wahrgenommen wurden. Hier zeigt sich ein deutlicher Wandel der Baugesinnung, der nun bei den kirchlichen Bauten des frühen 5. Jahrhunderts deutlich in Erscheinung tritt.

Vom Fußboden des frühchristlichen Baues haben sich lediglich unscheinbare Reste eines groben Mosaikbodens aus dem Bereich des Atriums erhalten, das sich mit vierseitigen Portiken an die schräg ansetzende Fassade der Kirche anschloß.

S. Sisto Vecchio ist in der Auslegung des Baues und in seinen Maßen, durch die Säulenarkaden des Schiffes und der reichen Durchfensterung des Obergadens, sowie der charakteristischen Öffnung der Front in ganzer Breite des Mittelschiffes durch Arkaden ein frühes Beispiel einer ex novo errichteten römischen christlichen Basilika, die uns in vergleichbarer Gestalt unter den kirchlichen Neubauten des 5. Jahrhunderts noch öfters begegnen wird.

Die Gründung des *titulus* an dieser Stelle gegenüber dem annähernd gleichzeitigen *titulus Fasciolae* mag überraschen. Doch hatten wir beim *titulus Fasciolae* bereits vermerkt, daß die Lage am Beginn des innerstädtischen Traktes der Via Appia und in der Nähe der monumentalen, viel frequentierten und in der Spätantike wiederholt restaurierten Thermen sicherlich mit Bedacht gewählt worden ist. Das gleiche dürfte für die Kirche S. Sisto Vecchio gelten. Sie hat Teil an dieser privilegierten Lage an der wichtigsten Überlandstraße Roms, über die der Verkehr nach Süden lief und auf der auch viele Pilger die Stadt an dieser Stelle betraten. Beide Kirchen machten als Seelsorgszentren die christliche Präsenz an dieser wichtigen Schnittstelle augenfällig.

TITULUS VESTINAE
(S. VITALE)

Der *titulus Vestinae*, die spätere Kirche S. Vitale, wurde nach dem Liber Pontificalis von den Presbytern Ursicinus und Leopardus sowie dem Diakon Livianus unter dem Pontifikat des Papstes Innozenz (402–417) am *Vicus longus,* der ungefähr dem Verlauf der heutigen Via Nazionale zwischen dem Quirinals- und dem Viminalshügel folgte, als *basilica sanctorum Gervasi et Protasi* errichtet. Die Mittel dazu stellte nach dem Liber Pontificalis eine Schenkung der *illustris femina Vestina,* die nach dem angeführten Titel *illustris* eine vermögende Dame der römischen Oberschicht gewesen sein muß.[26] Die im Liber Pontificalis erwähnte Dedikation an die Titelheiligen, deren Reliquien zusammen mit denen ihres Vaters Vitalis von Bischof Ambrosius in Mailand und Bologna aufgefunden wurden, ist offensichtlich von der Papstchronik bereits in die Frühzeit versetzt worden. Jedenfalls erscheint die Kirche noch

als *titulus Vestinae* in der Signatur der Kleriker Ianuarius, Soronus und Opilius bei dem nun schon öfter genannten römischen Konzil von 499, während auf dem späteren Konzil von 595 Johannes und Expectatus als *presbyter tituli sancti Vitalis* unterschreiben. Wie in anderen Fällen so hat sich auch hier im späten 6. Jahrhundert die Dedikation an die Heiligen in der Benennung durchgesetzt.

Der *titulus* lag an bevorzugter Stelle zwischen den Quartieren auf dem Quirinalis und dem Viminalis an einer der Hauptarterien der Stadt, der bezeichnenderweise *vicus longus* genannten Straße, die diese Quartiere mit dem Zentrum und der Peripherie verband. Die Lage des *titulus Vestinae* ist der von S. Pudenziana vergleichbar, die östlich des Viminalis auf annähernd gleicher Höhe an dem fast parallel verlaufenden *vicus Patricius,* einer ebenso wichtigen Verkehrsverbindung, gegründet worden war. So zeigt sich in der Gründung dieser fast zur gleichen Zeit errichteten Kirchenbauten ein Konzept der Christianisierung und der seelsorgerischen Versorgung der wachsenden christlichen Bevölkerung Roms ab.

Weite Teile des mit der Fassade geosteten Baues mit den beachtlichen Maßen von 51 m Länge und 14 m Breite im Mittelschiff haben sich in der jetzigen Kirche erhalten, die 6 m unter dem Niveau der Via Nazionale liegt und in der schräg zur heutigen Straße liegenden Fassade den Verlauf des antiken *vicus longus* berücksichtigt. Die Restaurierungen nach dem Kriege haben die antiken Teile in der heutigen Kirche, die seit den Erneuerungsarbeiten unter Sixtus IV. im Jahre 1475 nur noch das Mittelschiff der frühchristlichen einnimmt, sichtbar gemacht. So ist die Fassade und der Narthex, die Apsis im Westen sowie Teile der nördlichen Säulenarkaden in dem die Kirche umgebenden Hof, der den Raum der alten Seitenschiffe einnimmt, zu sehen. Die Mauern bestehen aus *opus listatum* mit regelmäßigem Wechsel von je einer Schicht Tuffsteinen und Ziegeln. Die Arkaden mit dem umgebenden Mauerwerk sind in Ziegel aufgeführt. Das Mittelschiff öffnete sich in ganzer Breite mit fünf Arkaden auf die vorgelagerte Säulenvorhalle, den Narthex. Eine lange Reihe von 15 Arkaden trennte die Seitenschiffe vom Hauptschiff. Entsprechend viele Fenster öffneten den Obergaden, denen in der Fassade weitere 5 Fenster entsprachen. Diese durch Arkaden und Fenster aufgelösten Wände verleihen der Kirche den Charakter einer lichten Halle.

Von der Innendekoration hat sich abgesehen von der Architekturplastik nichts erhalten. Lediglich einige Spuren der ursprünglichen Marmorverkleidung finden sich noch in den Bogenlaibungen der Arkaden des Narthex. Die Säulenschäfte bestanden aus grauem Granit. Als Architekturdekoration sind wiederum keine Spolien, sondern unterschiedlich große Kapi-

telle des gleichen Typus mit vereinfachten, nicht ausgearbeiteten Blattkränzen, sogenannte Vollblattkapitelle, in den Kolonnaden von Front und Schiff verwendet worden. Es handelt sich dabei um komposite Kapitelle, die neben korinthischen Stücken in den Kolonnaden der Schiffe eingesetzt wurden, während komposite Vollblattkapitelle die Fassade und den Narthex schmücken. Die im Narthex verwendeten Stücke sind kleiner und weisen nur einen Blattkranz auf. Ob die zwei Kapitelltypen, der korinthische und der komposite, wie in S. Paolo fuori le mura in der Kolonnade im Wechsel verwendet wurden, oder ob sie nach anderen Kriterien eingesetzt worden sind, lässt sich leider nicht mehr bestimmen, da bis auf die erste Arkade an der Fassade alle anderen im Mittelalter erneuert

worden sind, wie das Mauerwerk anzeigt. Dabei wurden als Ersatz auch ältere Korintische Kapitelle des 3. und 4. Jahrhunderts als Spolien eingesetz und die ursprüngliche Ordnung der Schmuckglieder aufgehoben.

Wie in S. Sisto Vecchio sind in dieser Kirche zeitgenössische Werkstücke verwendet worden. Einen einheitlichen Satz an Spolienkapitellen zu erhalten, dürfte in dieser Zeit, in der die Tempel und öffentlichen Bauten unter staatlichem Schutz standen, nicht einfach gewesen sein. Die in dem Bau verwendeten Kapitelltypen sind in dieser Zeit offenbar in größeren Serien auf Lager hergestellt worden. Für die Ausstattung der verschiedenen Baumaßnahmen der Zeit bediente man sich aus den Magazinen oder Werkstätten, die das Material anboten

und richtete nach diesem in Formgebung und Maßen verhältnismäßig einheitlichen Material die Bauten ein. Die Stücke hatten Durchschnittsmaße, so daß sie zu den weitgehend genormten Säulenschäften problemlos paßten. Durch die Verwendung vorfabrizierter Bauglieder setzt sich die Baupraxis der spätantiken deutlich von der der kaiserzeitlichen Architektur ab. Innerhalb einer bestimmten Variationsbreite bestimmen diese Bauglieder die Maße des Gebäudes und sichern so den Bauten eine bestimmte Uniformität in den Abmessungen und Proportionen. Die Vernachlässigung des dekorativen Details geht Hand in Hand mit der Tendenz zu vereinheitlichten Raumschöpfungen, bei denen die künstlerische Gestaltung sich großflächiger, farbiger, das Licht reflektierender Marmor-

verkleidung und Mosaiken zuwendet, die die Raumgrenzen aufzuheben scheinen. So zeigt sich hier an diesen frühen Kirchenbauten Roms an der Wende vom 4. zum 5. Jahrhundert ein tiefgreifender Wandel der Baugesinnung.

TITULUS PAMMACHII
(SS. GIOVANNI E PAOLO)

Der *titulus Pammachii,* dessen Nachfolger die heutige Kirche SS. Giovanni e Paolo ist, wurde auf dem Caelius am *clivus Scauri,* am westlichen Rande des Quartiers errichtet, in dem sich viele Stadtpaläste der römischen Aristokratie des 4. und

5. Jahrhunderts erhoben. Zu diesen gehörte auch die *domus* des Senators und Stadtpräfekten Symmachus, des Gegenspielers des Ambrosius im Streit um den Victoria-Altar und die *domus Lateranorum,* die der Zone im östlichen Teil des Hügels ihren Namen gab. Auf dem Hang zum Circus Maximus hin auf der anderen Seite des *clivus* besaß die bedeutende Adelsfamilie der Anicier einen Stadtpalast, in dessen Gebäuden Papst Gregor der Große (590–604), ein Nachfahre der Anicier, Oratorien und ein Kloster gründete, während über einem großen Wohnhaus mit Ladenlokalen, die die Südseite des Clivus säumten, im 4. Jahrhundert nach Auflassung der älteren Gebäude eine luxuriöse *domus* mit einer großen apsidalen Empfangshalle eingerichtet wurde, die in großen Teilen erhalten, fälschlich als eine von Papst Agapitus (535–536) gegründete Bibliothek angesehen wurde. Der *titulus Pammachii* hatte also eine prominente, gleichsam strategische Position am Zugang des Quartiers, das seit dem 4. Jahrhundert einer weitreichenden Umstrukturierung unterworfen wurde, indem die ältere intensive Bebauung mit standardisierten *insulae* mit einer Vielzahl von Wohnungen und Ladenlokalen zugunsten reicher

ausgedehnter Stadtpaläste aufgegeben wurde. In diesem Kontext ist auch die Stiftung des *titulus* zu sehen, der von einem vermögenden Stifter im senatorischen Rang über einer älteren intensiven Wohnbebauung in bevorzugter Lage erbaut wurde.

Der *titulus Pammachii* aber beansprucht darüber hinaus unser besonderes Interesse, da im 19. Jahrhundert unternommene Grabungen unter der heutigen Kirche einen älteren christlichen Kultort freigelegt haben. Er ist der einzige, den wir unter einer frühchristlichen Kirche in der Stadt nachweisen können.

Der *titulus* nennt den Namen des Gründers, jenes Pammachius, der neben anderen Stiftungen ein Pilgerhaus in Portus, der Hafenstadt Roms, erbaute und aus Anlaß des Begräbnisses seiner Frau Paulina im Jahre 396 das schon erwähnte Gedächtnismahl in der Petersbasilika gab, mit dem er die Armen Roms speiste. Er war einer jener reichen römischen Aristokraten der Senatorenschicht, von denen wir schon Melania die Jüngere und ihren Mann Pinianus kennengelernt hatten, die ihr Vermögen an der Wende zum 5. Jahrhundert in den Dienst des neuen Glaubens stellten. Offenbar hatte die Kirche

einen weiteren Stifter, einen gewissen Byzans, wie eine Grabinschrift aus der Zeit des Papstes Innozenz (401–417), die einen *titulus Vizantis* anführt, belegt.[27] Beide *tituli* werden von Presbytern auf der römischen Synode von 499 vertreten und auf der des Jahres 595 als *titulus sanctorum Iohannis et Pauli* angeführt, eine Dedikation, die auch der Liber Pontificalis kennt.[28] In welcher Weise die Gründung der Kirche durch die beiden Stifter gefördert wurde, wissen wir nicht. Auch hier machten die Stifternamen im Laufe der Zeit in der Benennung der Kirche den Heiligen, denen der *titulus* geweiht wurde, Platz. Unter diesem Namen, *titulus sanctorum Iohannis et Pauli* wird die Kirche noch heute geführt. Da Pammachius, von dem wir einige Lebensdaten kennen, im Jahre 410 starb, muß die Basilika jedenfalls vor diesem Jahr begonnen worden sein.

Auch für diesen Kirchenbau wurde ein älteres Gebäude benutzt und adaptiert. Von mehreren Wohnhäusern des 2.–3. Jahrhunderts wurden die zum *clivus Scauri* gelegenen Fassaden über den Ladenlokalen in den Kirchenbau einbezogen; sie sind an der heutigen Straße, die der Führung des antiken *clivus* folgt, noch bis zu den Fenstern des ursprünglichen zwei-

ten Stockes zu sehen. Ältere Grabungen am Ende des vorigen und am Anfang dieses Jahrhunderts haben das Erdgeschoß dieser Häuser unter der Basilika freigelegt. Es sind wenigstens drei Häuser, die am *clivus Scauri* und an zwei Nebenstraßen gelegen sind, von denen eine zum *Claudianum*, dem Tempel des vergöttlichten Kaisers Claudius führte, dessen mächtige Unterbauten unter dem Kloster und dem mittelalterlichen Glockenturm der Kirche aufragen. Die Häuser mit unregelmäßigem Grundriß wurden vielfach umgebaut.

Zur Straße, zum *Clivus Scauri* lagen Ladenlokale mit rückwärtigen Räumen, die sich zu einer Hofanlage öffneten, in denen im frühen 4. Jahrhundert aufwendige Brunnenanlagen, sogenannte Nymphäen, eingerichtet wurden. Diese und einige der Räume hinter den Ladenlokalen, die zu besichtigen sind, zeigen gut erhaltene Malereien mit traditionellen Motiven römischer Wandmalerei, die zu den besterhaltenen Beispielen kaiserzeitlicher und spätantiker Wanddekoration in Rom zählen. So zeigt das große Wandbild an der Stirnseite des Hofes in einer mit spielenden Putten besetzten idyllischen Seelandschaft in einer auch von römischen Sarkophagen her be-

kannten ikonographischen Fassung zwei gelagerte weibliche Gestalten, von denen eine bekleidet, die andere in Venusgestalt mit bloßem Oberkörper sich einem nebenstehenden jugendlichen Mann, wohl ebenfalls eine Göttergestalt in idealer Nacktheit, zuwendet. Dieser schenkt ihr aus einem Füllhorn in eine Schale ein. Über die Deutung dieses dem frühen 4. Jahrhundert zuzuweisende Wandbild, das einen typischen *locus amoenus*, einen idyllischen Ort, an dem man sich wohl sein lassen kann, darstellt, ist viel gerätselt worden. Doch dürfte es sich bei dieser Darstellung, die auch auf Sarkophagen vorkommt und dort hinter der Figurengruppe den Leuchtturm und die Hafenanlagen von Ostia zeigen, um eine Evozierung der als idyllische Landschaft par exellence beschworenen Isola Sacra bei Ostia handeln, die der Venus geweiht war. Sie wird noch von einer spätantiken Kosmographie oder Erdbeschreibung und dem Historiker Prokop im 6. Jahrhundert als idyllische Gartenlandschaft beschrieben und Isola sacra genannt.[29] Das Wandbild eignet sich thematisch gut als Schmuck einer großen Brunnenanlage und umschreibt ihre Zweckbestimmung, Erholung und Erfrischung zu spenden.

Die etwa zeitgleiche Dekoration mit großfigurigen, Girlanden haltenden, nackten Jahreszeitengenien, die ebenfalls ein Symbol für Glück und Wohlergehen sind, schmückt einen anderen anliegenden Raum. Einige weitere Malereien in den nach Osten anschließenden Räumen gehören schon dem fortgeschrittenen 4. Jahrhundert an. Sie zeigen über einem hohen, gemalten Sockel, der die im 4. Jahrhundert so beliebte Marmorinkrustation imitiert, eine Malerei in einem grünroten Liniensystem mit einigen eingestreuten Figurenbildern, so einer Darstellung des ägyptischen Apistieres. Es ist dies ein Dekorationssystem, das wir auch aus den zeitgenössischen Katakomben kennen, das dorthin aber aus der Wandmalerei der Häuser übertragen worden ist. In einem angrenzenden, etwas größeren Raum, in dem die Malerei sorgfältiger und qualitätvoller ausgeführt ist, erscheinen über der imitierten Wandinkrustation in der Deckenmalerei der Einwölbung, die durch breite Rahmen in Felder aufgeteilt ist, neben schönen dionysischen Masken und traditionellen Genremotiven die Figur einer weiblichen *orans* (Beterin) und zwei männliche Gestalten in weißer Tunica und Pallium mit Buchrollen in Lesehaltung, die dem in der römischen Bildkunst so beliebten Typus des Philosophen oder Lehrers, aber auch der Apostel- und Jün-

gerdarstellungen der zeitgenössischen christlichen Bildkunst entsprechen. Bis in jüngste Zeit hat man in diesen Malereien, dem Leser und der Orans, nun ohne weiteres eine christliche Thematik erkennen wollen, eine Bilddeutung, die sich aber abgesehen davon, daß beide Bildtypen der traditionellen römischen Kunst ebenso bekannt sind, schon durch die Gegenwart der dionysischen Masken im selben Bildkontext, wie auch des Apisstiers im Nebenraum und der Venusdarstellung über dem Nymphäum verbietet. Die stilistischen Merkmale datieren diese Wandbilder mit traditionellen Motiven der römischen Wandmalerei nach dem heute mit einiger Sicherheit zu überblickenden Vergleichsmaterial gegen die Mitte des 4. Jahrhunderts.

Auf der wohl gleichzeitig errichteten Treppe, die zum ersten Stock der beiderseits des Hofes gelegenen, nunmehr verbundenen Häuser führte, wurde später nach Auflassung des Oberlaufs der Treppe auf dem ersten Absatz eine kleine Nische eingebaut und diese mit Bildern ausgemalt. Diese Bilder belegen nun mit Sicherheit eine christliche Präsenz in diesem vereinigten Wohnhaus. Zwischen zwei gerafften Vorhängen, ein Motiv der ehrenden Hervorhebung, steht eine männliche

Gestalt in Beterhaltung, angetan mit einer *paenula*, einem weiten Obergewand, das als Überwurf in der Spätantike getragen wurde. Der Beter wird von zwei Frauen verehrt, die sich ihm zu Füßen geworfen haben. Wegen der zeitgenössischen Kleidung und auch der Gebetshaltung kann die Beterfigur nicht Christus, sondern nur einen Heiligen oder Märtyrer darstellen. Männliche und weibliche Gestalten in zeitgenössischer Tracht flankieren zu beiden Seiten das Hauptbild. Darüber befindet sich links die Darstellung vielleicht einer paradiesischen Szene und rechts eines Martyriums mit drei am Boden knienden männlichen und weiblichen Gestalten, deren Hände auf den Rücken gebunden sind, während die Schergen, die leider stark zerstört sind, hinter ihnen stehen, um die Exekution auszuführen. Es ist dies eine der wenigen, und neben der Reliefdarstellung auf der Ziboriumssäule von SS. Nereo e Achilleo in der Domitillakatakombe wohl auch die älteste Darstellung eines Martyriums in der frühchristlichen Kunst. Nach dem Stil ist die Malerei mit Sicherheit in die letzten Jahrzehnte des 4. Jahrhunderts zu datieren. Das kleine in die rechte Wand der Treppe eingemauerte Inschriftfragment, das dort bei einer Restaurierung in eine literarisch überlieferte Versinschrift im Stile

*84. SS. Giovanni e Paolo. Fassade.
Kaiserzeitliche Spoliensäulen und
Kapitelle in der Arkadenöffnung.*

*85a. SS. Giovanni e Paolo. Fassade.
Rest der fünfteiligen Arkade mit
kaiserzeitlichen Spoliensäulen.
85b. Die frühchristliche Apsis der
Kirche mit mittelalterlicher
Zwerchgalerie; rechts als Abschluss
des Seitenschiffs, die Mauern
römischer Häuser.*

der Gedächtnisinschriften des Papstes Damasus (366–384) integriert ist, die die Märtyrer Paulus und Johannes preist, wird allerdings zu Unrecht mit einer angeblichen Ausstattung dieser Stätte durch den Papst Damasus verbunden.

Die Malereien mit der Darstellung eines Martyriums belegen uns für das Ende des 4. Jahrhunderts eine christliche Gedenkstätte in der Art einer Hauskapelle. Welcher Art allerdings dieser Kult war, können wir nicht eindeutig sagen. Sicher dürfte es sich nicht um die Verehrung von Märtyrergräbern handeln, wie es uns die Märtyrerlegende der Heiligen Johannes und Paulus aus dem 6. Jahrhundert überliefert, die die Begräbnisstätte der beiden sonst unbekannten Märtyrer in dieses Haus verlegt. Die Legende gibt hier ganz offensichtlich eine Version wieder, die den Vorstellungen der Märtyrerverehrung des 6. Jahrhunderts entspricht, in der Gedächtnisstätte und Grab des Märtyrers in eins gesetzt wurden, während da-

gegen im 4. Jahrhundert, wie überall zu dieser Zeit in der römischen Welt, nicht innerhalb des Stadtgebietes bestattet werden konnte. Die heute über der Adorationsszene befindliche Öffnung in der Stirnwand der Kapelle, zu deren Nebenseiten sich die mit Tunica und Pallium bekleideten Apostel und römischen Märtyrer Petrus und Paulus befinden, war ursprünglich als Nische geschlossen. So ist mit Sicherheit auszuschließen, daß es sich bei dieser Anlage um eine Confessio über Märyrergräbern gehandelt hat, die überdies durch Grabungen nicht nachgewiesen werden konnten. Abgesehen davon lassen sich weder die einzelne Figur des Beters noch die Gestalten der Martyriumsszene, unter denen sich eine Frau befindet, mit den in der Legende genannten Märtyrern Johannes und Paulus zusammenbringen. Die Art des Kultes an dieser Stelle läßt sich daher nicht sicher bestimmen, wenn wir ihn auch allgemein als Märtyrerkult bezeichnen können. Die Tatsache, daß

im Zusammenhang mit der Einrichtung der Kapelle auf dem Treppenabsatz die Türe zu dem Raum mit der rot-grünen Rahmenmalerei am Fuße der Treppe erweitert und mit einem weitgespannten Bogen erhöht wurde, sowie daß die Malerei des Nymphäums mit einer Malschicht, die Marmorinkrustation imitierte, überdeckt wurde, weist daraufhin, daß hier am Ende des 4. Jahrhunderts im Erdgeschoß dieses Hauskomplexes ein Märtyrerkult eingerichtet wurde, der auf eine größere Besucherzahl ausgelegt war.

Warum sich dieses Heiligtum auf dem ehemaligen Treppenabsatz befand, während die unteren Räume durch den erweiterten Zugang mit ihm in Verbindung gesetzt wurden, läßt sich nicht mehr ausmachen. Da eine moderne Bauuntersuchung des gesamten Komplexes, seiner Dekoration und seiner komplizierten Baugeschichte fehlt, können wir hier nur die vorstehende Deutung des Monuments vorlegen, die sich auf

eine kritische Auswertung der Befunde und der Untersuchungen stützt.

Schon wenige Jahrzehnte nach der Einrichtung der Märtyrergedenkstätte wurde das Untergeschoß, die Hofanlage und die aufgegebene Märtyrergedenkstätte zugeschüttet und auf dem vereinten ersten Stockwerk der Häuser ein Kirchenbau eingerichtet. Im Westen wurde dafür über die Grundstücksgrenzen hinaus jenseits der Hofwand, an die sich das Nymphäum angelehnt hatte, in den angrenzenden Häusern eine große Apsis angebaut und zwei Fundamentmauern für die Kolonnaden der dreischiffigen Basilika in das Untergeschoß des Hauskomplexes am *clivus Scauri* herabgesenkt. Die Öffnungen der Ladenlokale zum *clivus,* deren Fassaden im Aufgehenden die Außenmauer des linken Seitenschiffes der Kirche bildeten, wurden geschlossen. Im Norden, wo die Ausrichtung der Häuser eine Nutzung der Mauern als Fundamente für den Kirchenbau nicht erlaubte, wurde eine Stützmauer für die nördliche Seitenschiffwand in die älteren Bauten eingezogen und nur eine leicht schräg verlaufende Mauer hadrianischer Zeit als westlicher Abschluß des Seitenschiffes genutzt. In der Fassade des kaiserzeitlichen Mietshauses über den Ladenlokalen am *clivus*, die als Außenwand des linken Seitenschiffes genutzt wurde, wurden die Fenster des ersten Stocks zugemauert und die des zweiten Stockes mit halbkreisförmigen Rundbögen und umgebendem Mauerwerk aus *opus listatum* erhöht. Entsprechend wurde die Fassade des im Osten anschließenden Hauses des 3. Jahrhunderts mit ebenerdigen Ladenlokalen am *clivus* in den Kirchenbau mit einbezogen.

Im Inneren der dreischiffigen Kirche trugen 13 Arkaden mit Granitsäulen den Obergaden, der durch 13 große Rundbogenfenster und darüber noch durch eine Reihe von 13 Rundfenstern, sogenannten *oculi*, durchbrochen wurde. Die Obergadenwand war also weitgehend durch Fenster aufgelöst. Auch die neu errichtete Fassade wurde in einer kühnen Konstruktion durch eine fünfteilige Arkade von 13 m Breite und 8 m Höhe, die sich im Obergadengeschoß darüber nochmals mit gleicher Breite und etwas verringerter Höhe wiederholte, weitgehend geöffnet. Diese Auflösung der Fassade hatte die Kirche mit den gleichzeitigen *tituli* von S. Clemente, S. Vitale, S. Sisto Vecchio und S. Pietro in Vincoli gemeinsam. Die Rundbogenfenster der südlichen und nördlichen Obergadenwand haben unterschiedliche Abmessungen, die denen der darunter liegenden Bogenfenster entsprechen, die im Süden, auf der der Sonne zugewandten Seite, 1,75 m in der Breite messen, im Norden aber nur 1,55 m. Die *oculi* im Norden unterscheiden sich auch dadurch, daß sie von einem Kreis aus Ziegel eingerahmt sind, während die im Süden allein einen oberen Ziegelhalbkreis als Rahmung aufweisen. Der Mauerstreifen des Obergadens, in dem sich die *oculi* befinden, ist durch einen Mauerrücksprung abgesetzt. Mit der schon angeführten ungleichen Fensterbreite, sind die Unterschiede in der Ausführung der Fenster zweifellos nicht als Indiz für eine spätere Bauphase zu werten, da das sorgfältige Ziegelmauerwerk in diesem oberen Teil des Obergadens mit dem übrigen der Kirche identisch ist und die Anlage der *oculi* über den Fenstern zweifelsohne auf das Bemühen zurückzuführen ist, die Statik des Baues bei größtmöglicher Durchfensterung des Obergadens nicht zu gefährden. Ein ähnliches, aus Rundbogenfenstern und *oculi* bestehendes Fenstersystem hatten wir bereits am Querhaus der großen Basilika von S. Paolo fuori le

mura kennengelernt, das zweifellos angelegt war, dem Querhaus unter Wahrung der Statik eine möglichst große Lichtfülle zuzuführen.

In der mittelalterlichen Umgestaltung der heutigen Fassade hinter der Vorhalle des 13. Jahrhunderts sind die Säulen der Arkaden der frühchristlichen Basilika noch sichtbar, ebenso wie die meisten der Säulen der Mittelschiffsarkaden sich auch noch in dem barocken Umbau erhalten haben. Die Kapitelle sind Kompositkapitelle severischer Zeit, also Spolien. Die Säulenschäfte zeigen Fabrikations- oder Händlermarken, die sich identisch auf Schäften in den Marmormagazinen der Hafenstadt Portus finden. Die Stücke sind also Magazinbeständen entnommen. In dem fünfteiligen Fenster der oberen Fassade sind dagegen kannelierte marmorne Säulen mit korinthischen Spolienkapitellen der früheren Kaiserzeit eingesetzt. Diese Verwendung verschiedener Typen von Spolienkapitellen in unterschiedlichen Bereichen des Baues läßt darauf schließen, daß der Bauschmuck auch im Schiff, das barock erneuert worden ist, ursprünglich aus Spolienkapitellen bestand, die nach einem überlegten Schema eingesetzt worden sind. Der Narthex des 13. Jahrhunderts, der der Kirche an der Stelle des ursprünglichen Atriums vorgelagert ist, hat eine schöne Architravkolonnade mit antiken Basen und Spolienschäften und qualitätvollen mittelalterlichen ionischen Kapitellen, die in ihren Formen sich an spätantike Stücke anlehnen. Über den Säulen sind, die harmonische Auslegung der Vorhalle bereichernd, in der aufgehenden Wand tiergestaltige antike Tischfüße als Schmuckstücke eingemauert.

Die Basilika entspricht mit 44 m Länge und 30 m Breite den durchschnittlichen Maßen der anderen Kirchenbauten vom Ende des 4. und dem Anfang des 5. Jahrhunderts. Es bildet sich damit also ein Normaltypus für die Gemeindekirche heraus, der bemerkenswert einheitlich in Grundriß, Aufbau und Abmessungen ist, obwohl diese Bauten nicht alle von Grund auf neu errichtet wurden, sondern häufig ältere Gebäude für den christlichen Kultbau adaptiert oder umgebaut wurden. Lediglich für den *titulus Vizantis et Pammachii* ist eine ältere Märtyrergedenkstätte belegt, die die Gründung der Basilika an eben dieser Stelle bedingt haben kann. Die Identität der dort verehrten Märtyrer mit den späteren Titelheiligen der Kirche ist nach dem Bildzeugnis unwahrscheinlich. Dennoch kann eine Kultkontinuität bestanden haben, aufgrund deren die monumentale Kirche die ältere Kapelle als Gedächtnisstätte ersetzte und den Kult in den Neubau aufnahm.

X. DIE GEMEINDEKIRCHEN DES 5. JAHRHUNDERTS

Bald nach der Stiftung des *titulus Pammachii* (S. Giovanni e Paolo) wurde Rom von den Goten unter Führung des Alarich im Jahre 410 erobert. Der Umfang der Zerstörung und der Brandschatzung ist für uns schwer einzuschätzen; sie waren möglicherweise verhältnismäßig begrenzt und beschränkten sich wohl auf bestimmte Viertel im Norden und Nordosten der Stadt. Doch hat dieses Ereignis, der Fall der Hauptstadt und des Zentrums der zivilisierten Welt, die Zeitgenossen tief erschüttert und verunsichert. Der Bestand des Reiches schien gefährdet zu sein. Der Anklage der heidnischen Welt, daß der Fall der *Roma aeterna*, die Vorort der zivilisierten Ökumene und Symbol des Reiches und seiner Macht war, eine Folge der Abwendung vom alten Götterglauben sei, begegnete der hl. Augustinus mit der Abfassung seines Werkes über den Gottesstaat, der *civitas dei*, in dem er in einer umfassenden Geschichtsdeutung voller Zuversicht dem weltlichen römischen Staat das Bild des christlichen Staates entgegensetzt, dem als geistiges Konzept das himmlische Jerusalem, das kommende Reich des Weltenherrschers Christus gegenübersteht.

Man spricht davon, daß die allgemeine Verunsicherung, die die Eroberung und Plünderung Roms durch die Goten zur Folge hatte, auch nicht ohne Folgen für die kirchliche Bautätigkeit gewesen sei. Sie soll eine Unterbrechung in der kirchlichen Bautätigkeit gebracht haben, die erst unter Coelestin I. (422–432) und seinem Nachfolger Sixtus III. (432–440) wieder voll aufgenommen worden sei. Doch wenn wir uns vergegenwärtigen, daß der *titulus Pammachii*, der sicher vor 410, dem Todesjahr des Pammachius gegründet wurde, wahrscheinlich erst nach der Eroberung der Stadt fertig gestellt worden ist, schließt sich die Lücke, und schon im zweiten Jahrzehnt nach der Katastrophe werden unter Sixtus III. einige besonders aufwendige Kirchenbauten errichtet, darunter die große päpstliche Stiftung der Marienkirche, die einen Höhepunkt frühchristlicher Kirchenbaukunst darstellt. Die kostbare Ausstattung der Kirchen an Gerät und Einrich-

tungsgegenständen wie auch die Schatzkammern, hatten bei der Plünderung ihr kostbares Gut verloren. Die von den Kaisern, reichen Privatleuten und den Bischöfen gestifteten Leuchter, Weihrauchständer und liturgischen Gerätschaften, die uns der Liber Pontificalis mit Angabe des Silbergewichtes aufzählt, waren eine leichte Beute der Barbaren. Diese kostbare Ausstattung wurde schon bald, wenn auch in bescheidenerem Umfange von den Bischöfen und Kaisern in den Jahren nach der Katastrophe wieder ersetzt. Auch der Lateran erhielt so an Stelle des von Konstantin gestifteten, mit Silberfiguren ausgestatteten *fastigium* ein neues, jedoch weniger aufwendiges. Den Reichtum der Senatorenschicht, die sich nun weitgehend dem Christentum zugewendet hat, haben auch die Kriegsereignisse kaum schmälern können. Neben dem großen repräsentativen Bau von S. Maria Maggiore, der als päpstliche Stiftung mit den kaiserlichen des 4. Jahrhunderts in Konkurrenz trat, entstanden in der ersten Hälfte des 5. Jahrhunderts noch eine Reihe von Gemeindekirchen, die von Privatleuten und Klerikern gestiftet und auch vom Kaiser gefördert wurden. Diese Bauten, die in der Architektur des Kirchengebäudes Erfahrungen aus dem Kirchenbau des 4. und frühen 5. Jahrhunderts aufnehmen und weiterentwickeln, bereichern wesentlich das Bild der frühchristlichen Baukunst in Rom und zeugen von der schöpferischen Kraft der Architektur am Ausgang der Antike.

TITULUS CHRYSOGONI
(S. CRISOGONO)

Über die Gründung des *titulus Chrysogoni* geben uns die antiken Quellen leider keine Auskunft. Das Martyrologium Hieronymianum, ein Kalender der Märtyrergedenktage aus dem 6. Jahrhundert, der älteres Material enthält, bezeugt für Rom den Festtag des Märtyrers Chrysogonus, so daß wir annehmen können, daß ihm schon im 5. Jahrhundert in Rom eine Kirche geweiht war. Diese Kirche wird in den Synodalakten von 499 durch die Unterschriften der Kleriker, die den *titulus Chrysogoni* in der Versammlung vertreten haben, auch für das 5. Jahrhundert belegt.[1] In Grabinschriften von Klerikern des frühen 6. Jahrhunderts sowie in den Synodalakten von 595 ist die Kirche dann als *titulus sancti Chrysogoni* angeführt.[2].

Der *titulus* liegt am innerstädtischen Trakt der Via Aurelia in Trastevere in der Nähe der Tiberbrücke, des antiken *pons Aemilius*. Er läßt sich in seinem ältesten Bestand nur durch die archäologischen Ausgrabungen unter der heutigen Kirche erfassen. In eine *domus* aus der zweiten Hälfte des 2. Jahrhunderts, die noch im 4. Jahrhundert ausgebaut und vergrößert wurde, vielleicht die *domus* des uns auch aus anderen Quellen bekannten Chrysogonus, wurde die Kirche nach Ausweis des Mauerwerks wahrscheinlich im 5. Jahrhundert eingebaut. Mit zwei Mauerzügen aus Ziegelmauerwerk der spätantiken Phase des Hauses, die nun die nördliche und südliche Außenmauer der Kirche bilden, übernimmt der *titulus* auch die Ausrichtung der *domus* von Ost nach West längs der Via Aurelia, der heutigen Via della Lungaretta. Um einen ausreichend großen Kultbau zu erhalten, werden die beiden Mauerzüge nach Ost und West verlängert. Eine Fassade im Osten mit einer dreiteiligen Arkade in ganzer Breite der Halle, mit einer vorgelagerten Portikus und eine Apsis von 10,50 Weite mit Nebenräumen im Westen vervollständigen den Umbau. Damit entsteht eine einschiffige, apsidale Halle von beachtlichen 60 m Länge. Die neuen Anbauten werden in regelmäßigem *opus listatum* ausgeführt, einem Mischmauerwerk mit Tuffsteinen und Ziegelbändern im Wechsel, das für das frühe und hohe 5. Jahrhundert charakteristisch ist. In dem linken Nebenraum der Apsis wird ein Baptisterium eingerichtet, dessen Becken außen sechseckig, im Inneren rund ist und noch die Stufen aufweist, auf denen die Täuflinge herabstiegen. Die Apsis der Halle war mit Marmorplatten verkleidet, während die Längswände wohl im 6. oder 7. Jahrhundert eine Dekoration in Malerei erhielten, von der sich Reste erhalten haben, die geraffte Vorhänge, sogenannte *vela* zeigen, wie sie zur Ausstattung antiker und mittelalterlicher Kirchen gehörten und in kostbarer Ausführung oft auch in den Schenkungslisten für Kirchen angeführt werden. Im 8. Jahrhundert ersetzt in der Apsis Wandmalerei die ältere Ausstattung in *opus sectile*. Diese Reste und eine Ausmalung der Wände der Aula dürften nach dem Liber Pontificalis unter Papst Gregor III. (731–741) entstanden sein.[3] Papst Gregor nahm eine umfassende bauliche Veränderung des Presbyteriums durch, die den neuen liturgischen Erfordernissen entsprach: Um den Altar über dem Reliquiengrab aufstellen und so auch die materielle Verbindung von Reli-

quienbergung und Altar herstellen zu können, läßt der Papst nach dem Vorbild von St. Peter in der Apsis ein Podium mit einer Ringkrypta einbauen.[4]

Die heutige Kirche ist die barocke Erneuerung der mittelalterlichen Kirche des frühen 12. Jahrhunderts, die mit leicht verschobener Achse fast 5 m über dem frühchristlichen Bau errichtet wurde, um das in der Umgegend gestiegene Niveau auszugleichen. Die Ruinen des frühchristlichen *titulus* sind mit den Resten seiner malerischen Ausstattung in den Ausgrabungen unter der bestehenden Kirche S. Crisogono zu besichtigen.

Die Lage der Kirche in strategischer Position in unmittelbarer Nähe des *pons Aemilius* am Beginn der wichtigen Verbindungsstraße der Via Aurelia, die mit einer Abzweigung über das Vatikangebiet in das etruskische Land und an die Thyrrenische Küste führte, ist zweifellos mit Bedacht gewählt. Diese Straßenführung verband das Zentrum der Stadt mit dem großen Apostelheiligtum am Vatikanischen Hügel. An ihrem Anfang am rechten Tiberufer stand der *titulus* des Chrysogonus, und bevor die Straße wieder die Mauer verließ, um in das Vatikangebiet einzutreten, wurde sie von der *basilica Iulii* an der Stelle von S. Maria in Trastevere begleitet. Der Weg zum und vom Vatikan war also an markanten Stellen von Kirchen gesäumt. Diese überlegte Wahl des Platzes schließt eigentlich aus, daß die Lage der Kirche an dieser Stelle durch eine Stiftung, Schenkung oder durch eine vorangegangene vorkonstantinische *domus ecclesiae* bestimmt wurde. Die *domus*, in die der *titulus* eingebaut wurde, ist offenbar eigens zu diesem Zweck und bewußt an dieser Stelle von der römischen Gemeinde erworben worden. Unter diesem Aspekt ist es allerdings bemerkenswert, daß die Errichtung des Kirchengebäudes sich auf den Ausbau und den Umbau vorhandener Bausubstanz mit einfachen Mitteln beschränkte und nicht Wert auf einen repräsentativen Neubau an dieser prominenten Stelle gelegt wurde, wenn auch der Kultbau die bemerkenswerte Länge von rund 60 m hatte.

TITULUS MARCELLI
(S. MARCELLO AL CORSO)

Der Stadtpräfekt Symmachus berichtet im Jahre 418 an Kaiser Honorius, daß die Konsekration des Presbyters Bonifatius zum Bischof (419–422) von Rom in der *ecclesia Marcelli* stattfinden sollte.[5] Sie war mit Sicherheit kein unbedeutender Bau, wenn sie für Papstwahl und Konsekration den geeigneten Rahmen bieten konnte, auch wenn diese Wahl von innerkirchlichen Auseinandersetzungen überschattet war und daher vielleicht nicht mit dem üblichen Aufwand vollzogen wurde. Möglicherweise ist der Bau bereits an der Wende zum 5. Jahrhundert entstanden und gehört so zu der größeren Zahl an Kirchenbauten, die um die Jahrhundertwende noch vor der Katastrophe von 410 gegründet worden sind. In den Unterschriften der Synodalakten von 499 wird die Kirche *titulus Marcelli* genannt. Sie hatte also als *titulus* einen eigenen Klerus und die seelsorgerische Betreuung der Bevölkerung zur Aufgabe. In den Subscriptionen der Akten der römischen Synode von 595 ist der Stifter wie auch in zahlreichen anderen Fällen zum Titelheiligen aufgerückt: *titulus sancti Marcelli* lautet nun die offizielle Bezeichnung der Kirche.[6]

Die heutige Kirche S. Marcello am Corso, der antiken Via Lata, hat jedoch nur geringe Reste ihrer frühchristlichen Vorgängerin bewahrt, die vor allem durch Grabungen der letzten Jahre erschlossen wurden. Im Gegensatz zur heutigen Kirche des 16. Jahrhunderts, die geostet ist, lag die Apsis des frühchristlichen Baues im Westen am heutigen Corso. Während die Apsis aus einem älteren Vorgängerbau, vielleicht wiederum einer spätantiken *domus* des 4. Jahrhunderts übernommen wurde, sind die Längswände der dreischiffigen Halle, von der die südliche gefunden wurde, für den Kirchenbau errichtet worden. Die Apsis besaß offenbar eine dem Halbrund vorgestellte Säulenreihe, eine für frühchristliche Bauten ungewöhnliche Disposition, die aus der Dekoration der voraufgegangenen *domus* übernommen zu sein scheint. Es zeigt sich auch bei diesem Bau, daß möglichst viel der älteren Bausubstanz in ökonomischer Bauweise übernommen wurde. Mit rund 25 m Breite, die sich aus den Grabungsbefunden ergeben, ist für die Basilika eine Länge von ungefähr 50 m zu erschließen. Der *titulus* hat demnach Maße gehabt, die ihn geeignet erscheinen ließen, dort die Zeremonien einer Papstwahl und Konsekration zu vollziehen.

Fragmente einer Wandmalerei, wohl des 5. Jahrhunderts, haben sich in den Grabungen gefunden. Dem 7. Jahrhundert gehören wahrscheinlich die Malereien auf der Südwand an, die wiederum Vorhänge (*vela*) an Stelle der an festlichen Anlässen verwendeten kostbaren Tücher wiedergeben. Ein Fußboden aus groben, bunten Mosaiksteinen mit einfachen Mustern und eingeschlossenen größeren farbigen Marmorplatten im Zentrum der Felder, der dem in S. Clemente entspricht, dürfte dem 6. Jahrhundert angehören.

Ein Baptisterium wurde im 5. Jahrhundert zur Vervollständigung des Seelsorgezentrums des *titulus* in einem der Kirche benachbarten Gebäude in der Nähe der im Osten liegenden Fassade installiert. Auch bei diesem Taufhaus verkleidete man das polygonale Becken aufwendig mit Marmorplatten. Dieses Baptisterium stellt sich zu den zahlreichen anderen in den letz-

ten Jahren ausgegrabenen Baptisterien römischer *tituli,* so daß wir auch aufgrund der in den Quellen überlieferten Baptisterien annehmen müssen, daß im Laufe des 5. Jahrhunderts wohl jeder *titulus* ein Baptisterium erhielt. Das Baptisterium wurde bereits zu Anfang des 20. Jahrhunderts ausgegraben.

Unter Papst Hadrian (772–795) wurde die Kirche restauriert und im 12. Jahrhundert nunmehr mit der Ausrichtung nach Osten und mit einem Querhaus auf höherem Niveau neu errichtet.[7] Der barocke Umbau der mittelalterlichen Kirche erfolgte dann Ende des 16. Jahrhunderts.

Bemerkenswert ist, daß die Kirche in unmittelbarer Nähe zweier älterer Kirchenbauten des 4. Jahrhunderts, des *titulus Marci* und der *basilica Iulii iuxta forum Traiani* am Beginn der Via Lata und in der Nähe der Kaiserfora und des monumentalen Zentrums auf dem Marsfeld gegründet worden ist. Es handelt sich hier also um eine beachtliche Konzentration von Kirchenbauten, von denen zwei päpstliche Stiftungen waren, die *basilica Iulii* und der *titulus Marci,* und ebenfalls zwei, die *basilica Iulii* und der *titulus Marcelli* für Papstwahlen gedient haben. Kein Zweifel, daß hier schon früh seit der konstantinischen Zeit und an der Wende zum 5. Jahrhundert im monumentalen Zentrum dort, wo die wichtige Verkehrsader der Via Lata unterhalb des Kapitols begann, die christliche Präsenz durch Kirchenbauten vergegenwärtigt werden sollte. Nicht unbedeutsam ist in diesem Zusammenhang, daß der Corso auf seiner linken Seite in diesem Bereich von öffentlichen Bauten besetzt war. Die Kaserne, *statio,* der *cohors I vigilum,* die gleichzeitig das Hauptquartier der römischen Polizeitruppe und Feuerwehr war, befand sich hier ebenso wie das Zentrum des *cursus publicus,* des staatlichen Post- und Transportwesens mit den *catabulum* genannten Ställen und den Bauten für den Wagenpark der Abteilung für die Schwertransporte ebenso wie eine von Hadrian angelegte Porticus sowie die *porticus Constantini,* die offenbar die *basilica Iulii* mit der Via Lata verband. Nach dem Liber Pontificalis soll der *titulus Marcelli* über dem *catabulum* errichtet worden sein, in dem nach der Legende Papst Marcellus in der diokletianischen Verfolgung als Strafgefangener gearbeitet haben soll.[8] Offenbar hat die Kirche, wie ungefähr auch zur gleichen Zeit S. Clemente, für die Errichtung des *titulus* und seiner Annexbauten aufgelassene öffentliche Bauten, die teilweise wohl schon von einer privaten *domus* des 4. Jahrhunderts besetzt waren, genutzt und mit dem Kirchenbau diese Grundstücke wieder monumentalisiert und einer öffentlichen Nutzung zugeführt.

TITULUS LUCINAE
(S. LORENZO IN LUCINA)

An einem *in Lucinis* genannten Ort oder Gebäude fand im Jahre 366 die Wahl des Damasus zum Bischof (366–384) von Rom statt.[9] Auch diese Bischofswahl wurde wiederum von einem Teil der Gemeinde angefochten. Leider wissen wir nicht, in welcher Art Gebäude die Wahl stattfand. Wie die Wahl des Marcellus oder der Gegenpäpste fand auch diese nicht in der Lateranskirche statt; vielmehr diente dazu eine geeignete Kirche der Stadt, über die die jeweilige Faktion verfügen konnte. Wir müssen daher annehmen, daß die Bezeichnung *in Lucinis*, die üblicherweise einen Besitz anzeigt, hier eine Kirche benennt, die auf einem Grundstück oder in einem Gebäude errichtet wurde, das von der Stifterin Lucina für den Kirchenbau oder die Einrichtung der Kirche zur Verfügung gestellt wurde. Mit der Ausbildung einer Pfarrorganisation gegen Ende des 4. Jahrhunderts erhielt diese Kirche die Bezeichnung eines *titulus,* wie eine um die Wende zum 5. Jahrhundert datierte Grabinschrift eines Presbyters des *titulus Lucinae* aus dem Friedhof von S. Valentino an der Via Flaminia bestätigt. Ob die Nachricht des Liber Pontificalis, daß Papst Sixtus III. (432–440) mit Genehmigung des Kaisers Valentinian III. dem hl. Laurentius eine Basilika errichtet habe, auf unseren *titulus* zu beziehen ist, Sixtus III. die ältere Kirche also durch einen Neubau ersetzt hätte, ist in der Forschung umstritten, da die Basilika in dem Text nicht näher bezeichnet wird, es aber in und um Rom mehrere, dem hl. Laurentius geweihte frühchristliche Kirchen, gegeben hat.[10] Entsprechend der Titulierung anderer römischer Kirchen der Zeit erscheint in den Unterschriften der Kleriker der Synode von 499 der *titulus Lucinae,* aber daneben auch der *titulus Laurentii,* so als ob es sich um zwei getrennte Kirchenbauten und Sprengel handele. Doch haben wir ähnliches schon im Falle des *titulus Pammachii* gesehen: Offenbar sind in solchen Fällen mehrere Bezeichnungen im Gebrauch, die verschiedene Stifter und verehrte Heilige im Namen festhalten, bis es dann im 6. Jahrhundert zur Festlegung auf den Namen des Titelheiligen kommt. Hundert Jahre später auf der Synode von 595 wird nur noch der *titulus sancti Laurentii* genannt.[11] Die Erwähnung der Kirche in einem Brief Gregors des Großen (590–604) als *titulus beati Laurentii martyris qui appellatur Lucinae,* belegt, daß beide *tituli,* wenn sie denn ursprünglich wirklich getrennte Bauten mit getrennten Sprengeln waren, eine Pfarrkirche bezeichnen, die den Namen des Titelheiligen Laurentius trägt unter Bewahrung der Erinnerung an die Stifterin der Kultstätte des 4. Jahrhunderts.[12] Der ähnlich gelagerte Fall der Kirche S. Sabina, die ebenfalls in den Akten von 499 unter zwei getrenn-

ten Namen geführt wird, die aber zweifellos denselben Kirchenbau meinen, stützt diese Deutung. Die heutige Kirche an der gleichnamigen Piazza in unmittelbarer Nähe des Corso hat diese Erinnerung bis auf den heutigen Tag in ihrem Namen *S. Lorenzo in Lucina* erhalten.

Die Kirche liegt im Norden des Marsfeldes in unmittelbarer Nähe der Via Lata auf deren rechter Seite*,* dort wo in der Antike die monumentale Bebauung am innerstädtischen Trakt der Via Flaminia begann. Etwas weiter im Norden liegt das Mausoleum des Augustus, auf der Höhe der Kirche die große Sonnenuhr des Kaisers mit seinem Friedensaltar, der *ara Pacis,* gegenüber aber der riesige Sonnentempel des Kaisers Aurelian. Ein Triumphbogen über der Straße, den Kaiser Hadrian hatte erbauen lassen, markierte zwischen diesen monumentalen Baukomplexen gleichsam den Eintritt in die eigentliche Stadt. Es ist also eine markante Stelle, an der die Kirche schon früh errichtet wurde, als Pendant zum *titulus Marci* und der *basilica Iulii iuxta forum Traiani* am Ende der Straße und des Marsfeldes zu Füßen des Kapitols. Diese frühen Kirchen wirken wie Grenzsteine im Süden und Norden der Via Lata, gesetzt wie zur Eingrenzung des Territoriums, das man in Besitz zu nehmen trachtete.

Der *titulus* liegt über einem großen kommerziellen Baukomplex des 2. und frühen 3. Jahrhunderts, der im Erdgeschoß Ladenlokale und Magazine, in den Geschossen darüber aber wohl Wohnungen gehabt hat, ein in gewisser Weise standardisierter Bautypus, wie er für die intensive Bebauung Roms in der hohen Kaiserzeit, die der hohen Bevölkerungszahl gerecht werden mußte, charakteristisch ist. Dieser Bau überdeckt einen Teil der zu dieser Zeit bereits aufgelassenen Sonnenuhr des Augustus, also ein Gelände, das zweifellos in Fiskalbesitz war.

Diese Tatsache hat man mit der oben erwähnten Nachricht des Liber Pontificalis in Verbindung gebracht, daß Papst Sixtus III. (432–440) mit Erlaubnis des Kaisers Valentinian III. die Kirche des hl. Laurentius errichtet habe. Das ist zweifellos ein suggestiver Vorschlag, der berücksichtigt, daß Fiskalbesitz nicht ohne weiteres bebaut werden konnte und erklärt, warum Sixtus III. für die Errichtung des Kirchenbaues gegebenenfalls eine Genehmigung des Kaisers benötigte. Doch wird in der Nachricht nicht gesagt, um welche Laurentiuskirche es sich handelt, und wir wissen nicht, ob der große hochkaiserzeitliche Baukomplex unter der Kirche bereits Privatbesitz war, was wahrscheinlich ist, oder ob er in der Spätantike noch zum kaiserlichen Vermögen gehörte.

Reste, die eindeutig einem frühchristlichen Bau des 4. Jahrhunderts zuzuweisen wären, haben sich nicht gefunden. Die engen, durch kreuzförmige Pfeiler gebildeten Kammern des kaiserzeitlichen Magazinbaues lassen sich ohne Umbauten auch nicht für einen Kultbau nützen. So fehlen uns an dieser Stelle alle archäologischen Befunde für den aus den Quellen erschlossenen Kirchenbau *in Lucinis*.

Die in das römische Gebäude abgesenkten Grundmauern des Mittelschiffs, der Eingangsfront und der Apsis der Kirche, die aus einem unregelmäßigen *opus listatum*, Ziegelmauerwerk und auch Bruchmauerwerk bestehen, scheinen unterschiedlichen Perioden zuzuweisen sein. Die Mauerteile aus Ziegelwerk mit hohen Mörtelfugen dürften dem 5. Jahrhundert angehören. Die Apsismauer der Kirche, die der Ausrichtung der antiken Bebauung längs der Straße von Nord nach Süd folgt, besteht aus Zielmauerwerk des 5. Jahrhunderts und ist mit einem Mischmauerwerk verstärkt, das auf einem Sockel aus großen Tuffblöcken ruht, einer Mauertechnik, die charakteristisch für die karolingische Zeit in Rom ist. Dieser Befund ist sicherlich der Restaurierung der Kirche unter Papst Hadrian I. (772–795) zuzuschreiben, von der der Liber Pointificalis berichtet.[13] Am Ansatz des östlichen und westlichen Obergadens haben sich im Süden ältere Reste von Ziegelmauern in dem nach den Verwüstungen durch den Einfall Robert Guiscards errichteten Neubau Pasqualis II. (1099–1118) erhalten. Die südliche Mauerkante und die Fensterlaibung mit dem aus Bipedales-Ziegeln gemauerten Ansatz des Fensterbogens sind auf beiden Flanken gut auszumachen, da sie sich deutlich von dem mittelalterlichen Mauerwerk und den wesentlich kleineren Fenstern des Neubaues Pasqualis' abheben.

Die mittelalterliche Kirche, die nach einer barocken Ausstattung heute die klassizistische Ausgestaltung einer Restaurierung des 19. Jahrhunderts zeigt, besitzt die Maße der frühchristlichen Baues, dessen Seitenschiffe heute allerdings von den Seitenkapellen eingenommen werden. Nach den vorhandenen Resten der frühchristlichen Kirche läßt sich so eine dreischiffige Basilika von rund 54 m Länge und 25 m Breite rekonstruieren. Das Hauptschiff war wohl von Arkadenkolonnaden mit neun Säulenstützen gesäumt. Drei Eingänge führten in der Fassade ins Mittelschiff. Die weite Öffnung der Fassade hatte man hier also aufgegeben. Der Bau entsprach in Aufbau und Maßen dem kanonischen Typus der frühchristlichen *tituli* des 5. Jahrhunderts in Rom.

Ein im Ursprung frühchristliches Baptisterium, das im Mittelalter erneuert wurde, ist in den letzten Jahrzehnten zu Seiten der Basilika in der Nähe der Fassade unter dem heutigen Saal der Kanoniker teilweise freigelegt worden. Es belegt die seelsorgerische Funktion der Kirche, die am Beginn der städtischen Bebauung im Norden des Marsfeldes auch eine eminent repräsentative Funktion einnahm und im 5. Jahrhundert zwischen den nicht mehr genutzten und verfallenden antiken öf-fentlichen Großbauten am Eingang zur Stadt eine monumentale Bebauung wahrte.

TITULUS SABINAE
(S. SABINA)

Die unter Coelestin I. (422–432) errichtete Kirche S. Sabina auf dem Aventin, der in der Spätantike vor allem von der Aristokratie bewohnt wurde, verdient unser besonderes Interesse, da sie die am besten erhaltene frühchristliche Kirche Roms ist. Sie vermag daher den vollkommensten Eindruck von diesen frühchristlichen Kultbauten zu vermitteln, zumal auch wichtige Teile ihrer Dekoration und Ausstattung erhalten sind. Eine Mosaikinschrift, die sich wie Stiftungsinschriften anderer frühchristlicher Kirchen auch über dem Eingang an der inneren Fassade befindet, nennt den Presbyter Petrus aus Dalmatien, oder Illyrien, wie es damals genannt wurde, als den Stifter der Kirche unter dem Pontifikat des Papstes Coelestin.[14] Der Wortlaut der Inschrift legt es nahe, daß die Kirche erst unter seinem Nachfolger, dem Papst Sixtus III. (432–440) vollendet wurde. Dies scheint auch durch die Notiz des Liber Pontificalis bestätigt zu werden, die die Errichtung der *basilica Sanctae Sabinae* und eines Baptisteriums in die Regierungszeit dieses Papstes setzt.[15] Auf der römischen Synode von 499 unterzeichnen zwei Presbyter des *titulus Sabinae* und ein weiterer des *titulus sanctae Sabinae*. Sicher handelt es sich hier um dieselbe Kirche, wenn auch einer der Presbyter die zu dieser Zeit möglicherweise schon geläufige, aber noch nicht amtliche Nennung unter dem Namen der Heiligen gebrauchte, die auf der Synode von 595 dann als alleinige Bezeichnung erscheint.[16] Möglicherweise handelt es sich bei der Sabina, die im Namen des *titulus* aufscheint, um eine weitere Stifterin des Kirchenbaues, die neben dem Presbyter Petrus den Bau gefördert hat und im 6. Jahrhundert für die Titelheilige der Kirche gehalten wurde.

Die Kirche lag zwischen zwei parallelen, auf der Höhe des Hügels verlaufenden Straßenzügen, dem sogenannten *vicus altus* und dem *vicus Armilustri,* der wie die heutige Via Santa Sabina den Aventin in ganzer Länge durchlief.

Grabungen unter der Basilika haben die Reste verschiedener kaiserzeitlicher Privathäuser freigelegt. In die südliche Seitenschiffwand der nach Nordosten orientierten dreischiffigen Basilika ist die Fassade eines römischen Hauses des 4. Jahrhunderts einbezogen, deren Höhe mit der des Seitenschiffes übereinstimmt. Eine Säule, die in der Wand des südlichen Seitenschiffes sichtbar ist, dort wo die Mauer der Kirche nach außen ausbiegt, gehört auch einem älteren Bau an, dessen

*86. S. Sabina. Die
Basilika von Südosten.*

87. S. Sabina. Inneres.

Grundmauern die Ausrichtung der an dieser Stelle neu aufgeführten Seitenschiffwand der Kirche bestimmt haben. Auch
die Unregelmäßigkeiten in der Auslegung des Ostteils des
nördlichen Seitenschiffes sind durch ältere Vorgängerbauten
bedingt, deren Mauern von der Kirche benutzt wurden. Reste
eines anderen Hauses liegen unter dem Narthex und dem
westlichen Mittelschiff der Kirche und haben mit ihr die Ausrichtung gemein. Seine Fassade mit einer mehrteiligen Arkadenöffnung in der Höhe der Fenster ist in die Außenwand des
Narthex verbaut. Dieses Haus hat man, da auf dem Mosaikboden ein abgeschrankter Gang zu erkennen ist, als eine der
Basilika voraufgegangene *domus ecclesiae*, also eine Hauskirche der vorkonstantinischen Zeit ansehen wollen. Doch ist
diese Deutung wegen der Disposition der Schranken in der
Nähe der westlichen Abschlußwand, sowie vor allem auch
aufgrund der Datierung der Mosaiken, die dem frühen
3. Jahrhundert angehören, abzulehnen. Die architektonischen
Elemente dieses Gebäudes, ein großes Rundbogenfenster, ein

bunter Marmorfußboden aus groben Steinen, der teilweise
den Mosaikboden im 4. Jahrhundert ersetzt hat, und ein Badehaus lassen eher auf ein luxuriöses spätantikes Privathaus (*domus*) schließen. Ähnlich wie bei manchen anderen der schon
besprochenen Gemeindekirchen wurden also die aufgehenden
Mauern der voraufgegangenen Baulichkeiten in den Kirchenbau mit einbezogen, der mit 53 m Länge zu den größeren der
Gemeindekirchen gehört. Das Äußere ist schmucklos; der
Außenbau wird allein durch das Volumen der einzelnen
Raumteile und durch die großen Fensteröffnungen des Obergadens gegliedert.

Es ist nicht sicher, ob die Kirche ein Atrium besessen hat.
Reste einer Kolonnade, die in den letzten Jahrzehnten gefunden wurde, könnten zur nördlichen Portikus dieses Vorhofes
gehört haben. Der Eingang zum Narthex, der auf den Schmalseiten im Norden und im Süden lag, vermittelte den Zugang
von den dort vorbeiführenden Straßen, denen auch die ältere
Bebauung folgt, die die Ausrichtung der Kirche von Südwest

nach Nordost bestimmt. Im Gegensatz zu den Kirchen des frühen 5. Jahrhunderts, die eine große, fünfbogige Öffnung in der Breite des Mittelschiffes in den nach Osten gewendeten Fassaden besaßen, betrat man die mit der Eingangsseite nun nach Westen gerichtete Basilika von S. Sabina durch drei Portale, die in die drei Schiffe führten. Von diesen Portalen, die mit wiederverwendeten Werkstücken römischer Bauten gerahmt sind, ist das nördlich heute durch den mittelalterlichen Campanile verbaut.

Eine Restaurierung der Kirche in den Jahren 1936–1939 hat die barocke Ausstattung des späten 16. Jahrhunderts beseitigt und versucht, das Innere wieder der Erscheinung des 5. Jahrhunderts anzupassen. Die Arkaden des Mittelschiffes werden von 24 kannelierten Säulen aus weißem prokonnesischem Marmor getragen. Wie diese Säulenschäfte stammen auch die einheitlichen, fein gearbeiteten korinthischen Kapitelle aus einem einheitlichen Bestand des späteren 2. Jahrhunderts, sind hier also wiederverwendet. Der nachträglich eingeritzte

Name eines Händlers *Rufenus* auf dem Fuß einer der Säulenschäfte der linken Kolonnade bezeugt, wie in ähnlichen Fällen in S. Stefano Rotondo oder in S. Maria Maggiore, daß die Werkstücke aus einem Marmormagazin stammen. Für die Herkunft der Werkstücke aus einem Marmorlager spricht auch die Tatsache, daß in S. Sabina nicht ein Architrav verwendet wurde, der in einem abgebauten Tempel vorhanden gewesen wäre, sondern daß man den Kolonnaden Bögen aufgesetzt hat. Bemerkenswert ist weiterhin, daß man einen sicher teuer zu bezahlenden, einheitlichen Satz Schäfte, Kapitelle und auch Basen verwendet hat. Hier zeigt sich der Wunsch nach einer Ausstattung mit qualitätvollen Werkstücken, die dem Bau Pracht und Auszeichnung verleihen sollten. Die Ausstattung von S. Sabina mit einheitlicher kaiserzeitlicher Baudekoration zeugt also von einem besonderen Aufwand.

Die schönen 5,90 m hohen Säulenstützen vermitteln den Eindruck feierlicher Pracht und geben zusammen mit den leicht gestelzten Arkaden und dem hochaufragenden Oberbau

88. *S. Sabina. Inneres. Blick aus dem linken Seitenschiff nach Osten.*

89. S. Sabina. Inneres. Kolonnade mit
Spoliensäulen und Kapitellen des 2. Jh.

mit den großen Fenstern dem Bau eine Ausrichtung in die Höhe. Dreizehn große, mit 4,30 m x 2,30 m ungewöhnlich hohe und breite Fenster durchbrechen den Obergaden und lassen nur einen schmalen Wandpfeiler von 1,20 m zwischen sich stehen. Gegenüber den älteren Kirchenbauten wie etwa SS. Giovanni e Paolo bezeugt damit die Auslegung des Baues von

S. Sabina in den Proportionen und in der Anlage der großen, den Obergaden gleichmäßig strukturierenden Fenster eine größere Erfahrung und sichere Beherrschung der Bautechnik und zeigt damit auch in ästhetischer Hinsicht die reifere Lösung an, die sich auch in den ausgewogenen, harmonischen Proportionen des Mittelschiffes manifestiert. Das Gitterwerk

der Obergadenfenster ist modern, aber den wohl antiken oder frühmittelalterlichen Fensterrahmen aus Gipsstein nachgebildet, von denen sich Reste bei der modernen Restaurierung gefunden haben. Die Scheiben bestehen wie in der Antike aus Glimmer oder leicht gefärbtem Glas, geben dem Licht also eine Tönung, die dem alten Zustand entspricht.

Auch die Apsis hatte drei Fenster, von denen ursprünglich das mittlere aus optischen Gründen breiter war. Die Frontwand im Westen war ebenfalls durch ein großes Fenster mit fünf Bögen, die auf Säulen ruhten, durchbrochen. Während das Mittelschiff, in dem die Eucharistie gefeiert wurde, von allen Seiten helles Licht empfing, lagen die schmalen Seiten-

schiffe, die keine Fenster besaßen, im Dämmerlicht. Entsprechend traten auch die Nebenschiffe in der dekorativen Ausstattung neben dem Mittelschiff als dem eigentlichen Kultraum zurück. Sie hatten an den Wänden Malereien und über den Bögen eine Imitation der Inkrustation aus bunten Marmor- und Porphyrplatten, die die Arkadenbögen im Mittelschiff schmückten. Dieser Inkrustationsfries, mit der symbolischen Darstellung von liturgischem Gerät, stellt einen besonders reichen Dekorationsaufwand dar. Er bildet eine völlig flächige Dekoration ohne Profile, die in ihrem oberen Ornamentstreifen keine Bindung an die Säulenachsen zeigt. Eine Marmorinkrustation, die der heutigen, restaurierten entsprochen hat, schmückte auch die untere Zone der Apsis bis zum Ansatz der Kalotte und die Wände des Narthex. Diesem Schmuck, der in seinem Aufwand der Pracht der Säulenkolonnaden entspricht, folgte in der oberen Wandzone in der Apsis ein Mosaik. Zahlreiche Reste dieses Mosaiks der Apsis-

kalotte haben sich im Putz erhalten. Das große Wandbild des Taddeo Zuccari aus dem 16. Jahrhundert, das heute die Apsiskalotte und den Triumphbogen ziert, gibt im wesentlichen wohl die ursprüngliche Mosaikdekoration wieder, die Christus auf dem Paradiesesberg inmitten von Heiligen zeigt, den vier Paradiesesströmen und dem Christuslamm inmitten der Apostellämmer zu Füßen. Die Schildwand über der Apsis war wie üblich ebenfalls mit Mosaik geschmückt, in dem Tondi mit Bildnisbüsten von Heiligen und darunter die Städte Bethlehem und Jerusalem erschienen. Auch im Schiff hat sich unter den Fenstern des Obergadens ein Mosaik befunden, von dem noch im 17. Jahrhundert kleine Reste vorhanden waren. Wahrscheinlich wird es figürliche Szenen gezeigt haben, deren Inhalt wir allerdings nicht mehr erschließen können.

Ein entsprechendes Mosaikband ist auf der westlichen Eingangswand unter den Fenstern noch erhalten. In goldenen klassischen Lettern erscheinen hier auf blauem Grund sechs

Verszeilen der in Hexametern abgefaßten monumentalen Stiftungsinschrift, die zu beiden Seiten von zwei großen Frauengestalten auf goldenem Grund flankiert wird, die in der Linken ein aufgeschlagenes Buch halten und die durch Inschriften als die *ecclesia ex circumcisione*, die Judenkirche, und die *ecclesia ex gentibus*, die Heidenkirche gekennzeichnet sind. Von dem übrigen Mosaikschmuck der Innenfassade, die nach alten Zeichnungen zu den Seiten des Fensters Paulus als den Apostel der Heiden und Petrus als den Apostel der Juden wiedergab und in den Zwickeln der Fensterbögen die vier Evangelistensymbole, hat sich nichts mehr erhalten. Die Frauengestalten des Mosaiks unterscheiden sich durch die festen Formen, die sich scharf vom Goldgrund abheben, die lineare Zeichnung und die klare Farbgebung im Stil deutlich von den fast glcichzcitigcn Mosaikcn von S. Maria Maggiore. Diese Gegenüberstellung läßt den thematischen Reichtum und die Ausdrucksmöglichkeiten der römischen Mosaikkunst der Zeit ahnen, von der wir uns nur eine ungenügende Vorstellung machen können.

Bemerkenswert ist, daß der flächige Schmuck der Arkaden sich ohne Unterbrechung durch ein Profil in das Wandmosaik fortsetzt, die Wände also von einer buntschimmernden Fläche aus Marmoren und farbigen Glassteinen überzogen sind, die Arkaden also im Gegensatz zu einem Architrav integraler Teil der darüber aufgehenden Wand sind. Diese bunten Glasmosaiken und die farbige, flächige Marmorinkrustation müssen in S. Sabina zusammen mit den hellen Marmorsäulen von besonders eindrücklicher Wirkung gewesen sein. Die Wand als Raumgrenze wurde dadurch ihrer festen Struktur beraubt und in das Widerspiel bunten, hellen Lichts getaucht; Arkaden und Wand bildeten eine Einheit, die auch durch den Dekor betont wurde. Aus einer Erneuerung des 9. Jahrhunderts unter Papst Eugen II. (824–827) stammen die mit ornamentalen Mustern und Symbolen dekorierten Schrankenplatten, die während der Restaurierung der dreißiger Jahre etwas willkürlich zu einer *schola cantorum* im Presbyterium zusammengesetzt worden sind. Sie haben sicher eine antike Abschrankung, wie sie ja auch in S. Clemente erhalten ist, ersetzt. Der Fußboden aus Marmorplatten stammt aus dieser letzten Restaurierung der Kirche, er nimmt Motive der im rechten Seitenschiff erhaltenen Reste des antiken Bodens auf.

Das Baptisterium, das der Liber Pontificalis als Teil des unter Sixtus III. errichteten Baukomplexes des *titulus* erwähnt, und das wir nach der Aufdeckung einer Reihe von Baptisterien an den frühchristlichen Gemeindekirchen Roms in den letzten Jahrzehnten auch für S. Sabina voraussetzen können, ist bis heute archäologisch noch nicht nachgewiesen.

Neben dem Mosaik hat die Kirche S. Sabina aber noch ein weiteres einzigartiges Ausstattungsstück aus der Zeit ihrer Gründung bewahrt, das seinesgleichen sucht. Es sind die hölzernen Türflügel des Hauptportals, die mit ornamentalen Rahmenleisten und reliefierten Platten geschmückt sind. Die Türe zeichnete das Hauptportal, das in das Kircheninnere führt, durch ihren reichen, bedeutungsvollen Reliefschmuck, der wesentliche Inhalte der christlichen Glaubensbotschaft darstellte, besonders aus. Von vergleichbaren anderen antiken reliefierten Holztüren haben sich nur einige fragmentierte Platten der etwas älteren Tür von S. Ambrogio in Mailand mit alttestamentlichen Szenen erhalten und eine etwas jüngere Tür der Kirche S. Barbara in Kairo mit christologischen Darstellungen. Doch berichtet uns bereits Eusebius in seiner Weihepredigt der Basilika von Tyros, die um 318 von dem Bischof Paulinus errichtet worden war, daß ihre Haupttüre mit bronzenem Reliefschmuck verziert war.[17] Die reliefverzierte Holztüre von S. Sabina steht also bereits in einer längeren Tradition der besonderen Ausschmückung des Hauptportals, bekannt auch von paganen Tempeln, durch die man das Heiligtum betrat.

Die Rahmenleisten der aus Zypressenholz gefertigten Tür von S. Sabina sind zwar weitgehend restauriert, doch hat sich die Mehrzahl der Relieftafeln erhalten, auch wenn sie nicht mehr in der ursprünglichen Abfolge angebracht sind. Da von den ursprünglich 28 Tafeln zehn verloren sind, läßt sich der Szenenbestand nicht vollständig rekonstruieren. Von den erhaltenen Reliefplatten weisen fünf Szenen aus dem Alten und zehn aus dem Neuen Testament und einige symbolische Darstellungen auf. Sie sind ein einzigartiger, bedeutungsvoller Bildschatz aus den Anfängen der christlichen Kunst. In der Zusammenstellung von alttestamentlichen und neutestamentlichen Szenen wie symbolischen Darstellungen zeigen die Relieftafeln der Türe die gleiche Zusammenstellung wie die Bilddekoration der Kirchenräume seit dem 4. Jahrhundert, die neben die symbolischen Darstellungen an Apsis und Innenfront häufig alttestamentliche Bilder als Hinweis und Ausdeutung der in den neutestamentlichen Szenen dargestellten Heilswahrheiten stellten, so wie es auch die Kirchenväter und christliche Dichter wie Prudentius in ihren Predigten und Dichtungen taten.[18] Die Relieftafeln der Türe waren ursprünglich sicher bemalt, so wie wir das heute noch an der romanischen Holztür von S. Maria im Kapitol in Köln sehen können, die in Form und Aufbau in der Tradition antiker Türen wie der von S. Sabina steht.

In der heutigen Abfolge, die auf einen Streifen von jeweils vier kleinen Tafeln vier hochrechteckige folgen läßt, enthalten alttestamentliche Darstellungen, die fünfte Tafel mit Moses und den Israeliten in der Wüste, die kleine 12. Tafel Habakuk und Daniel in der Löwengrube, die 13. Tafelszenen aus dem

Leben Mose, so unter anderem den brennenden Dornbusch, die 15. Moses und den Auszug der Israeliten aus Ägypten, und die 16. die Himmelfahrt des Elias. Nach alten Zeugnissen hatten sich bis ins 17. Jahrhundert auch Szenen aus der Jonasgeschichte erhalten, so daß wir schließen können, daß sich die Darstellungen aus den beiden Testamenten wohl ursprünglich die Waage gehalten haben.

Den neutestamentlichen Themen sind gewidmet die Tafeln 1 mit der Kreuzigung, die Tafel 2 mit den Frauen am Grab Christi, die Tafel 3 mit der Epiphanie Christi. Die Tafel 4 zeigt Christus auf dem Weg nach Emmaus, die 5. Tafel Wunder Christi, die 7. Tafel die Auferstehung Christi, die 9. Tafel Christus und Thomas, die 10. Tafel den auferstandenen Christus und die beiden Marien, die 17. Tafel Christus vor Pilatus und die letzte 18. Tafel schließlich Christus vor Kajphas. Da die Bildfolge beider Reihen nicht dem historischen Ablauf entspricht, und auch eine Ordnung, die die alttestamentlichen Bilder zu den neutestamentlichen in Beziehung setzen würde, nicht erkennbar ist, müssen wir damit rechnen, daß der ursprüngliche Zusammenhang der Tafeln in der heutigen Anordnung nicht gewahrt ist.

Zwei der hochrechteckigen Tafeln, die Nummer 8 und die Nummer 14 geben symbolische Themen wieder, die nicht einfach zu deuten sind, da es keine unmittelbar vergleichbare Bildfassungen gibt. Die Darstellung der ersten dieser Tafeln, die Christus begleitet von den Buchstaben Alpha und Omega in einem Lichtkranz und umgeben von den apokalyptischen Symbolen wiedergibt und darunter auf dem Grund eines gestirnten Himmels und den Symbolen von Sonne und Mond die Gestalt der Kirche, über die Petrus und Paulus das Christusmonogramm halten, kann als der Triumph Christi und der Kirche umschrieben werden. Die zweite Tafel ist schwieriger zu erklären. In einer Hallenarchitektur mit Giebel und Vorhängen an den Säulenstützen, die von zwei Türmen überragt wird und auf der ein gemmenbesetztes Kreuz sich erhebt, erscheint eine bärtige männliche Gestalt im Militär- oder Beamtenkostüm in Gebetshaltung mit einem Engel neben ihr. Darunter stehen in zwei Registern sechs männliche Gestalten in Amtstracht und auch mit der gewöhnlichen Pänula bekleidet und grüßen Amtsträger und Engel in Akklamationshaltung. Vielleicht hat diese Szene einen christologischen Gehalt und symbolisiert, wie einige christliche visionäre Texte nahelegen könnten, die Verehrung Christi des Herrschers durch die Kirche in der Gegenwart Gabriels vor dem Heiligtum des himmlischen Jerusalems. Diese Darstellungen weisen damit ähnlich wie die Apsiskompositionen und die Darstellungen auf der Eingangsfront der Kirchen, wie etwa bei S. Maria Maggiore, in abstrakter, symbolischer Form auf die in den narrativen Sze-

nen wiedergegebenen Glaubenswahrheiten der Kirche hin, die in der Endzeiterwartung und der Wiederkunft des Herrn und Weltenherrschers am Ende der Tage und der Schaffung einer neuen Welt ihre Erfüllung finden.

Auf die erste der Tafeln im oberen Register der kleinen Felder sollte zuletzt noch hingewiesen werden, da sie eine besondere Darstellung enthält. Sie zeigt die früheste Kreuzigungsdarstellung der christlichen Kunst in einer für uns ungewöhnlichen Fassung mit dem bis auf einen Lendenschurz nackten Christus in aufrechter, nicht leidender Haltung am Kreuz: Ein früher Versuch, das Mysterium des Kreuzestodes wohl aus der Sicht des Sieges über den Tod zu fassen. Auffallend sind auch die großen stilistischen Unterschiede zwischen den einzelnen Platten. Tafeln mit plumpen, fast häßlichen Gestalten, in expressiver, eindringlicher Haltung stehen neben Tafeln, die wie die Himmelfahrt des Elias eine kühne Komposition und elegante, klassischen Vorbildern verpflichtete Figuren in differenziert modelliertem Relief vortragen. Offensichtlich haben an der Türe verschiedene Künstler unterschiedlicher Herkunft und Werkstadttradition nebeneinander gearbeitet, wie das bei einem so großen Auftrag auch zu erwarten ist. Bemerkenswert und für die Spätantike charakteristisch ist, daß eine einheitliche Stilprägung fehlt, jeder Künstler offenbar in der ihm zugewachsenen Stilhaltung arbeitet und nicht der Versuch gemacht wird, diese Vielfalt, die sich deutlich auch in unterschiedlicher Qualität ausdrückt, zu vereinheitlichen oder auszugleichen.

PÄPSTLICHE REPRÄSENTATION
ECCLESIA SANCTAE DEI GENITRICIS
(S. MARIA MAGGIORE)

Unter den ersten Kirchenstiftungen nach der Eroberung Roms durch Alarich im Jahre 410 beansprucht die von Sixtus III. zu Ehren der Gottesmutter auf dem Esquilin geweihte *ecclesia sanctae dei genetricis,* heute S. Maria Maggiore, einen besonderen Rang. Sie ist nicht nur die größte der von den Päpsten in frühchristlicher Zeit errichteten Basiliken, sondern sie hat zudem durch die Jahrhunderte hin die Gestalt ihres Innenraumes sowie die ursprüngliche Mosaikdekoration in wesentlichen Teilen bewahrt, so daß sie wie kein zweiter der römischen Kirchenbauten noch den Raumeindruck einer großen frühchristlichen Basilika vermitteln kann. Bezeichnenderweise war diese Stiftung keine Pfarrkirche. Sie wird daher von den alten Quellen nicht unter die römischen *tituli* gezählt und hatte somit auch keinen eigenen Klerus, wenn sie auch nach dem Liber Pontificalis ein von Sixtus gestiftetes, mit Porphyrsäulen prächtig ausgestattetes Baptisterium gehabt haben soll.[19] Doch

erhielten auch die großen Zömeterialbasiliken vor den Toren der Stadt seit dem späten 4. Jahrhundert und im 5. Jahrhundert Baptisterien, um dem Bedürfnis der Gläubigen und Pilger nach Aufnahme in die kirchliche Gemeinschaft genüge tun zu können. Die Kirche diente der Stadtgemeinde, die in ihr mit dem Bischof zur Verehrung der Gottesmutter zusammenkam, der dieser Titel, auf Griechisch *Theotokos* und Lateinisch *genetrix dei,* auf dem Konzil von Ephesos im Jahre 431 zugesprochen worden war. So bezeugt diese Kirchenstiftung den Wandel, der sich in Rom seit der zweiten Hälfte des 4. Jahrhunderts vollzogen hatte, den Wandel Roms von der Hauptstadt des Reiches zum Vorort der Christenheit. An Stelle des Kaisers, der nicht mehr ständig in der Stadt residierte, tritt nunmehr der Papst mit Santa Maria Maggiore als Stifter eines großen repräsentativen Kirchenbaues auf, der Maria als Gottesmutter geweiht wird.

Nach dem Liber Pontificalis soll die Kirche an der Stelle des älteren *titulus Liberii* errichtet worden sein.[20] Diese Nachricht ist schon an sich wenig glaubwürdig, da die Ortsangaben für die *basilica Liberii* diese, wie wir gesehen haben, an anderer Stelle, wenn auch nicht weit entfernt, lokalisieren. Nun haben Grabungen vor wenigen Jahren unter der Basilika die Reste eines größeren römischen Gebäudes der Kaiserzeit freigelegt, das nach Ausweis der verschiedentlich erneuerten Wandmalereien noch bis in die Mitte des 4. Jahrhunderts hinein in Benutzung war. Somit besaß die Basilika keinen kirchlichen Vorgängerbau an dieser Stelle, und alle Theorien, die die Kirche mit dem *titulus Liberii* identifizierten und in das 4. Jahrhundert datieren, müssen aufgegeben werden. Die Inschrift im Mosaik über dem Triumphbogen nennt als Bauherrn den Papst Sixtus III.: *Xystus episcopus plebi Dei* (Sixtus, Bischof des Volkes Gottes). Die Inschrift ist ein Programm. Es sind nicht mehr *Senatus populusque romanus*, sondern der Bischof von Rom und das christliche Volk, die hier genannt werden. Der Bischof als Vorsteher der Gemeinde übergibt die von ihm gestiftete Kirche dem christlichen Volk, der Gesamtgemeinde der Stadt. Eine andere, heute nicht mehr erhaltene Inschrift an der inneren Fassade der Kirche meldete, daß Sixtus die Basilika (*nova tecta*) der Gottesmutter geweiht habe.[21] Damit ist der Bau unzweifelhaft in die Zeit des Pontifikates dieses Papstes, also in die Jahre 332–340 datiert.

Die Kirche folgt in ihrer Ausrichtung von Nordwest nach Südost dem größeren Hauskomplex, einem Wohnhaus mit gewerblichen Einrichtungen, den sie zusammen mit einer Straße überbaut. Sie ist ausgelegt als eine dreischiffige Basilika von 79 m Länge, 35 m Breite und 18 m Höhe im Mittelschiff. Mit diesen Maßen übertrifft die Basilika die zeitgenössischen Neubauten der *tituli*. Die Apsis im Westen, dürfte nicht, wie nach neueren Untersuchungen vermutet wird, einen Umgang in der Art der konstantinischen Zömeterialbasiliken gehabt haben. Die Basilika lag auf dem Grundgeschoß der Vorgängerbauten gleichsam auf einer Substruktion oder Plattform. So dürfte die im Nordwesten das Seitenschiff und die Apsis begleitende Mauer, die als Außenmauer des Umgangs gedeutet worden ist, eher eine Stützmauer für die Apsis auf dem nach Westen stark abfallenden Gelände gewesen sein. Der abgeknickte Verlauf der Mauer läßt eine Rekonstruktion des Aufgehenden und eine entsprechende Eindeckung des vermuteten Umgangs an Apsis und Seitenschiff als problematisch und technisch kaum zu bewältigen erscheinen. Die frühchristliche Apsis wurde im Mittelalter unter Nikolaus IV. (1288–92) durch ein Querschiff mit einer neuen, nach Westen versetzten Apsis ersetzt.

Im Innern hat die Basilika in wesentlichen Zügen den Raumeindruck des frühchristlichen Baues bewahrt. 40 Säulen mit ionischen Kapitellen, in der Mehrzahl aus prokonnesischem, einige aus Cipollino-Marmor, trugen einen Architrav, auf dem der Obergaden des Mittelschiffes ruhte. Die Ergänzung der Schäfte aus prokonnesischem Marmor durch weitere Stücke aus anderem Material machen es wahrscheinlich, daß die Säulenschäfte einem Magazinbestand entnommen worden sind. Die ungleichmäßig hohen Basen mit unterschiedlichen Maßen waren offenbar zum Teil zeitgenössische Werkstücke, zum Teil aber Spolien. Die ionischen Kapitelle des frühchristlichen Baues aber dürften zeitgenössische Werkstücke gewesen sein. Nach den Beschreibungen des 18. Jahrhunderts waren sie ungleich in den Maßen und ungleichmäßig in Machart und Formbestand. Die Säulenschäfte sind großenteils noch in der heutigen Kirche erhalten, wenn auch ihre Schäfte bei der von Ferdinando Fuga in den Jahren 1746–1750 durchgeführten

gründlichen Restaurierung überarbeitet und auf eine einheitliche Stärke gebracht wurden. Die unterschiedlich hohen Basen aber wurden bei der Restaurierung des 18. Jahrhunderts auf gleicher Höhe ummantelt und die Kapitelle durch Neuanfertigungen ersetzt, da die nachlässig gearbeiteten spätantiken Stücke nicht dem klassizistisch geprägten zeitgenössischen Verständnis entsprachen. Die in klassizistischem Geschmack neu angefertigten ionischen Kapitelle wahren jedoch den Charakter des antiken Bestandes. Lediglich kurz vor dem Triumphbogen wurden vor der im 16. Jahrhundert am linken Seitenschiff angebauten Cappella Paolina und der im 17. Jahrhundert gegenüber errichteten Cappella Sistina aus der Kolonnade des Mittelschiffes einige Interkolumnien herausgenommen und der Architrav durch einen Bogen ersetzt, so daß hier der Rhythmus der antiken Kolonnade unterbrochen wurde.

Über den 21 Interkolumnien befand sich im frühchristlichen Bau je ein großes Fenster, wie das antike Mauerwerk des Obergadens am Außenbau erkennen läßt. Heute ist jedes zweite dieser Fenster, die mit 3,40 m x 4,30 m ungewöhnlich große Maße haben und nur von einem schmalen Mauersteg getrennt werden, der nur die Hälfte der Fensterbreite ausmacht, zugesetzt und geschlossen. Das Schiff war also in der frühchristlichen Kirche weit stärker von Licht durchflutet, als dies heute nachvollziehbar ist. Mit der zeitgenössischen Kirche S. Sabina, deren Fenster bei kleineren Ausmaßen des Kirchenbaues noch größer sind, stellt S. Maria Maggiore den Höhepunkt der basilikalen Kirchenbaukunst der Spätantike dar, die in dem Bestreben nach größtmöglicher Durchlichtung des Baues in Beherrschung der bautechnischen und statischen Probleme zu einer ausgewogenen und harmonischen Raumwirkung führt.

Der Pilastergliederung des 18. Jahrhunderts im Obergaden, die über den Kolonnaden eine zweite Ordnung bildet, entsprachen auch am antiken Bau Pilaster, die die vertikale Gliederung der Säulenstellung im Obergaden fortsetzten. Die Fenster und die darunterliegenden Felder waren zudem von übereinander gestellten Stucksäulchen mit Spiralkanneluren und Profilbögen darüber gerahmt. In diese Rahmung eingestellte Ädikulen mit Rundbögen und Giebeln im Wechsel bildeten unter den Fenstern die Rahmen für 42 Mosaikfelder, die in der Mehrzahl heute noch erhalten sind. Ein Fries mit einer Stuckranke, von dem sich Reste erhalten haben, lief anstelle des heutigen Gesimses unter dem Dachstuhl entlang. Auf dem Stuck-Architrav über der Mittelschiffkolonnade, dessen oberer Abschluß ursprünglich wohl durch ein kräftigeres Profil gebildet wurde, befindet sich noch der mosaizierte Rankenfries des 5. Jahrhunderts, der in der Mitte des Schif-

fes auf beiden Seiten von einem Medaillon mit dem Christuslamm unterbrochen wird.

Die Eingangsseite im Osten wird kaum eine fünfbogige Öffnung in der ganzen Breite des Mittelschiffes besessen haben, wie wir sie in den Kirchen des späten 4. und frühen 5. Jahrhunderts kennen gelernt haben. Die Säule, die sich in der Laibung der mittleren Tür der Front erhalten hat, ist wesentlich kleiner als die Säulen des Schiffes, so daß die Rekonstruktion einer offenen Säulenstellung, die die Höhe der Mittelschiffkolonnaden erreichen sollte, sich als problematisch erweist. Zudem ist eine mehrteilige Arkadenöffnung in der Front neben Architravkolonnaden unter den Hochwänden des Mittelschiffes kaum zu erwarten. Über dem Architrav der Eingangsseite befand sich im Inneren die mehrzeilige Weihinschrift des Papstes Sixtus (432–440), die wir eingangs schon zitiert haben. Außer der Widmung der Kirche an Maria erwähnt die Inschrift nach dem uns überlieferten Text fünf Märtyrer, die ihre *praemia*, also wohl ihre Märtyrerkronen, der Muttergottes darbieten. Diese Verse beziehen sich auf ein Mosaik, das sich über der Inschrift und wohl auch auf den Wandstücken zwischen den Fenstern befunden haben wird. Leider können wir uns von diesem Mosaik und wie es über die Innenwand der Front verteilt war, keine genauere Vorstellung machen, da uns weitere Zeugnisse fehlen, noch wissen

wir, wie viele Fenster ursprünglich in der Fassade vorhanden waren. Die mittelalterlichen und neuzeitlichen Umbauten lassen eine Untersuchung des antiken Mauerwerkes der Ostwand nicht zu.

Der heutige Triumphbogen im Westen, der in der frühchristlichen Kirche den Schildbogen über der Apsis bildete, ist dagegen noch mit Mosaiken aus der Erbauungszeit Kirche geschmückt. Wie dagegen die Wandverkleidung in der unteren Zone aussah, ist unbekannt. Die ursprüngliche Apsis war von fünf Fenstern durchbrochen. Über ihre Dekoration, die wahrscheinlich in der unteren Zone aus kostbarer Marmorinkrustation und in der Wölbung aus einem Mosaik bestand, haben wir keine Nachrichten.

Der Baumeister der *basilica sanctae Mariae*, wie sie in den alten Quellen genannt wird, hat mit dem Bau dieser Kirche den seit der zweiten Hälfte des 4. Jahrhunderts bereits kanonischen Typus der dreischiffigen Basilika auf einen Großbau übertragen und zur Vollendung gebracht. Statt wie in der Paulsbasilika und den übrigen kleineren zeitgenössischen Basiliken Arkaden zu verwenden, griff der Architekt auf die Architravkolonnade zurück, die in den Großbauten der Peters- und der Lateransbasilika den Obergaden des Mittelschiffes trug. Daß es sich hierbei um eine bewußte Wahl handelte, erweist die Bautechnik, mit der die Interkolumnien überbrückt

wurden. Der über die Säulenreihe laufende Architrav bestand aus einem Holzbalken mit darüber liegendem flachen Entlastungsbogen, auf dem die aufgehende Ziegelmauer des Obergadens ruhte. Offensichtlich standen für den Architrav Marmorblöcke oder antike Spolien in den erforderlichen Maßen nicht zur Verfügung, so daß man sich mit der Konstruktion eines Scheinarchitravs behelfen mußte.

Mit der darüber liegenden Pilastergliederung der Obergadenwand, die wir ähnlich schon an der Paulsbasilika und dann auch in dem sixtinischen Neubau des Lateranbaptisteriums vorgefunden haben, wird die Marienbasilika im Wandsystem des Mittelschiffes eher römischen Profanbasiliken geglichen haben, für die wir eine ähnliche Wandgliederung voraussetzen können. Ob wir allerdings in diesem Aufbau der Mittelschiffwand von S. Maria Maggiore mit Architravkolonnade und Pilastergliederung im Obergaden ein klassizistisches Element zu sehen haben, das als Anzeichen einer Renaissancebewegung unter dem Pontifikat Sixtus III. gelten könnte, wie heute angenommen wird, muß jedoch bezweifelt werden. Es handelt sich hier vielmehr um Strukturen und Formen, die zum traditionellen Bestand antiker und spätantiker Architektur gehören, während die Verwendung der Arkadenkolonnade mit aufgehender Wand in den Nebenschiffen der konstantinischen Großbasiliken und auch im Mittelschiff von S. Paolo

zunächst eher technisch bedingt war durch die Schwierigkeit, Material in den geeigneten Maßen und Qualität für die Überbrückung der Interkolumnien mit Architraven zu beschaffen. Abgesehen davon war in Nutzbauten die Arkadenhochwand bereits in der klassischen kaiserlichen Architektur vorgebildet, wie das die Hoffassade des später zum *titulus Pudentis* umgebauten Gebäudes des 2. Jahrhunderts lehrt. Die Tatsache, daß die Architravkolonnade im Mittelschiff und die Arkadenkolonnade in den Seitenschiffen der konstantinischen Großbasiliken des 4. Jahrhunderts verwendet wurde, zeigt jedoch, daß man die Verbindung von Säule und Architrav für diese repräsentativen Großbauten als die angemessenere empfand. Die in die Tiefe fluchtenden Architravkolonnaden mit der perspektivisch zentrierten Linie des Gebälkes entsprachen zudem in idealer Weise der klaren Ausrichtung des Gebäudes auf Presbyterium und Apsis. So bestimmt die Verwendung von Architravkolonnade und Arkadenkolonnade, die einer differenzierenden Zuordnung und unterschiedlichen Wertung der verschiedenen Raumteile entspricht, die Architravkolonnade als besondere Aufwandsform. Diese Bewertung wird ganz offensichtlich auch durch die *basilica maior* von S. Lorenzo fuori le mura an der Via Tiburtina bestätigt. Diese größte und wohl auch jüngste der Umgangsbasiliken hatte ebenfalls Architravkolonnaden. Es dürfte sicher sein, daß somit auch hier die Ar-

chitravkolonnade als Zeichen einer besonders aufwendigen und repräsentativen Bauweise zu werten ist. Dazu paßt es gut, daß dieser Bau zwar die Mauern des öffentlichen Gebäudes, das ihm voraufging, zur Fundamentierung benutzte und dadurch auch in der nach Norden abweichenden Ausrichtung bestimmt wurde, daß aber die Kirche im aufgehenden Mauerwerk von Grund auf neu gebaut wurde. So bestätigt also auch der archäologische Befund die Aussage der Weihinschrift, in der sich Sixtus rühmt, der Madonna *nova tecta*, ein neues Gebäude, errichtet zu haben.

Zu dem besonderen Aufwand und zu dem Reichtum der Ausstattung sind auch die Mosaiken zu zählen, die ursprünglich die Apsis, die Apsisstirnwand, die Innenfassade der Eingangswand und die Felder unter den Fenstern der Langhauswand über jedem Interkolumnium bedeckten.

Mosaikzyklen wie in S. Maria Maggiore gehörten nicht zur selbstverständlichen Ausstattung der zeitgenössischen Kirchenbauten. Bischof Paulinus von Nola (409–431), der einen gemalten Bildzyklus an der Hochwand einer von ihm errichteten Kirche einem seiner Freunde in einem Brief beschreibt, bemerkt dazu, daß eine solche Ausstattung selten sei.[22] Sie war offenbar auf die Dekoration der Großbasiliken im wesentlichen beschränkt und wie die drei älteren großen kaiserlichen Stiftungen zeigen, die spätestens zur gleichen Zeit wie die

päpstliche Gründung mit Bildzyklen ausgestattet wurden, handelte es sich dabei um eine malerische Ausstattung. So haben die Mosaiken von S. Maria Maggiore für uns eine besondere Bedeutung, da sie uns einen vollständigen Bildzyklus und zudem in Mosaikausstattung bewahren. In keiner anderen frühchristlichen Kirche des 4. und 5. Jahrhunderts hat sich der bildliche Schmuck der Obergadenwände erhalten. Nur für St. Peter und St. Paul vor den Mauern ist die Wanddekoration mit Bilderzyklen an den Hochwänden des Mittelschiffes in der mittelalterlichen Erneuerung durch neuzeitliche Kopien bekannt.

In diesem Zusammenhang ist zu fragen, ob die umfangreiche Ausstattung der Kirche mit Mosaiken auch im Langhaus mit der Auflösung der Obergadenwand durch auffallend große, dicht gesetzte Fenster zusammenhängt, die das Innere der Basilika in ein helles Licht getaucht haben müssen. Mosaikbilder brachten das hell einfallende Licht natürlich ganz anders zur Wirkung als Wandmalereien. Daß diese Lichtinszenierung auch für die architektonische Gestaltung von Bedeutung war, legt die hymnische Beschreibung der Basilika von S. Paolo durch den großen christlichen Dichter Prudentius nahe, der vor allem Pracht und Glanz des Innenraums und die Mosaike besingt, die „wie eine blumige Frühlingswiese unter dem Licht erstrahlen".[23]

Die Mosaiken der ursprünglichen Apsisstirnseite und 27 von ursprünglich 42 Mosaikfeldern unter den Fenstern des Langhauses haben sich erhalten. Leider wissen wir nicht, wie der Bildschmuck des Apsismosaiks, in dem das Bildprogramm der Kirche seinen Abschluß fand, ausgesehen hat. So fehlt uns ein wichtiges Element für die Deutung dieser einzigartigen Bildfolge am Triumphbogen und an den Mittelschiffwänden. Lediglich die Rahmung der Apsiskalotte hat sich noch in der Laibung des Triumphbogens erhalten. Sie ist geschmückt mit einer Fruchtgirlande, in deren Zentrum sich ein Medaillon mit dem Christusmonogramm und den Buchstaben Alpha und Omega befindet.

Als zentrales Motiv wird das Apsismosaik wahrscheinlich die Darstellung der thronenden Maria mit dem Kinde gezeigt haben, so wie auch das heute verlorene Apsisbild aus der ersten Hälfte des 5. Jahrhunderts in der *basilica Suricorum* in S. Maria in Capua Vetere, das wir aus neuzeitlichen Beschreibungen kennen.[24] Dort thronte die Madonna mit dem Kind inmitten einer großen Ranke, die sich aus einem Blattkelch am unteren Rand der Apsiskalotte ausbreitete. Wahrscheinlich handelte es sich dabei um eine Akanthusranke. Es dürfte kaum ein Zufall sein, daß sich Rankengeschlinge und idyllische Motive am Fuß der Kalotte in dem Mosaik der mittelalterlichen Apsis am Querhaus von S. Maria Maggiore wiederfinden. Auf-

grund des Zeugnisses des Mosaiks in S. Maria in Capua Vetere können wir daher voraussetzen, daß diese Elemente des mittelalterlichen Apsisbildes von S. Maria Maggiore auf das antike Apsisbild der Basilika des 5. Jahrhunderts zurückgehen und dort das Bild der thronenden Madonna mit dem Kind umgeben haben. Dieses damit wiedergewonnene Apsisbild stellt unter den zeitgenössischen Apsisdekorationen eine Neuerung dar. Nahm bis dahin Christus den zentralen Platz im Apsisbild ein, dem auch der Kultbau geweiht war, so ist es nun die Gottesmutter mit dem Christuskind, die in den Vordergrund tritt. Der thronenden Madonna in der Apsis dürfte im Osten auf dem Mosaik der Innenwand über dem Eingang zum Mittelschiff noch einmal ein Madonnenbild entsprochen haben, wie es aus dem Wortlaut der überlieferten Stifterinschrift an derselben Wand hervorgeht. Daneben aber waren hier, wie es aus der Weiheinschrift hervorgeht, fünf Märtyrer wiedergegeben, die ihre Kronen der Madonna darbrachten.

Wenn nun in der Dekoration des Presbyteriums und am Eingang der Basilika die Gottesmutter besonders hervortritt, so ordnet sich dies doch in den Gesamtzusammenhang des Bildschmuckes ein, der Christus den Weltenherrscher verherrlicht, den Maria geboren hat. Am heutigen Triumphbogen, der ehemaligen Schildwand der Apsis erscheint über dem Bogenscheitel ganz in der Tradition der antiken Herrscherrepräsentation ein Bild der Hetoimasia, des leeren Herrscherthrones mit den herrscherlichen Insignien Christi, dem mit Gemmen besetzten Diadem und dem ebenso gezierten Siegeszeichen des Kreuzes, ein Hinweis auf das Ende der Tage und die Vollendung der Heilsgeschichte. Die Apostel Petrus und Paulus nahen sich dem Thron zu beiden Seiten in verehrungsvoller Haltung.

Die Verherrlichung Christi als Weltenherrscher setzt sich in den Mosaikbildern der ehemaligen Stirnwand fort. Dort sind in vier Registern übereinander vielfigurige Szenen aus dem Neuen Testament, vor allem aus der Kindheitsgeschichte Jesu, in denen Maria wiederum einen hervorragenden Platz einnimmt, angebracht. Die Figurenfriese dieser Register erinnern unmittelbar an die Reliefbänder der römischen Triumphsäulen der Kaiser Trajan und Marc Aurel, die allein durch eine Bodenlinie, auf der die Figuren agieren, getrennt sind und auch in der Bildkomposition Ähnlichkeiten aufweisen. So wird deutlich, daß sich Bildschöpfung und Darstellungsform der Friese des Triumphbogens der Kirche an römischen Staatsdenkmälern und ihrer Formensprache orientieren. Das Thema der einzelnen Bilder dieser Friese ist in immer wieder neuen Varianten die Erscheinung, die Epiphanie, des neuen Herrschers in dieser Welt. Im obersten Register links sitzt in der Szene der Verkündigung die Madonna in kaiserlichem Goldgewand und mit einem Geschmeide im Haar, zu ihren Seiten weißgekleidete Engel, die sie wie Höflinge umgeben. Ein Engel in den Himmelswolken, der ihr die Empfängnis verkündet und die weiße Taube vervollständigen die Darstellung. In dem Streifen darunter thront der weißgekleidete Christusknabe mit goldenem Nimbus und der im Redegestus erhobenen Rechten auf einem prächtigen, mit Gemmen und Purpur ausgestatteten Thron. Zu seinen Seiten sitzt links wiederum im kaiserlichen Gewand die Madonna und rechts vornehm gekleidet in Gold und Purpur eine weitere weibliche Gestalt, die wohl die Kirche darstellt oder die Sibylle, die die Geburt des Kindes neuen Weltenherrschers ankündigt. Weißgekleidete Engel stehen wie Garden hinter dem Thron, während von beiden Seiten die drei in prächtiges orientalisches Gewand gekleideten Magier als Vertreter der Völker ihre Gaben entsprechend der antiken Herrscherikonographie wie einen Tribut darbringen. Diese der höfischen Bildtradition verpflichteten Darstellungen werden auf der gegenüberliegenden Seite der Wand ergänzt durch die Darbringung Jesu im Tempel und die Aufforderung des Engels an Joseph, nach Ägypten zu fliehen; Szenen, welche die Erscheinung des Herrn vor den Juden zum Thema haben. In dem darunter liegenden Streifen wird eine Geschichte aus einem legendären, apokryphen Kindheitsevangelium dargestellt, die die Huldigung des Statthalters Aphrodisius vor dem Christuskind erzählt, das von Joseph, der fürstlich bekleideten Madonna und vier Engeln als höfischen Begleitern umgeben ist. Die unterste Zone auf beiden Seiten des Bogens aber stellt mit dem Bild des Kindermordes und der drei nach dem jüngst geborenen Herrscher fragenden Magier vor Herodes die Ohnmacht des Königs und dieser Welt vor dem Weltenherrscher Christus dar. Die Bilder der beiden herrschaftlichen Städte Bethlehem und Jerusalem mit gemmenbesetzten Mauern, die später so häufig in den Mosaikkompositionen der Kirchen begegnen, hier aber zum ersten Mal erscheinen, bezeichnen den Beginn und die Vollendung des Erlösungswerkes Christi. Die Darstellung dieser Triumphbogenmosaiken, die sich am offiziellen kaiserlichen Repräsentationsbild orientiert, ist in einem feierlichen, erhabenen Stil gehalten. Die Szenen aus der Kindheitsgeschichte Jesu weisen auf die Erscheinung, die Epiphanie des Weltenherrschers und die Verkündigung der Botschaft des Evangeliums hin. Diese Botschaft wird ergänzt durch die Bilder der Langhausmosaiken. Sie erzählen die Heilsgeschichte des Volkes Israel, die auf das Wirken Gottes in dieser Welt und das Kommen des Heilands und Weltenherrschers, dessen Epiphanie das Triumphbogenmosaik darstellt, hinweist.

Der repräsentative, erhabene Stil der Triumphbogenmosaiken findet sich auch noch auf den ersten Bildern der südlichen, linken Langhausseite, in der das Bild des Opfers des Melchisedech auf das eucharistische Opfer am Altar hinweist, der unter ihm im Schiff vor dem Apsisbogen gestanden haben muß. Gleichzeitig gibt dieses erste Bild der Reihe auch das Thema der Langhausseite an: Die Verheißung Jahwes an Abraham, so wie sie sich in der Geschichte der Patriarchen erfüllt, wie sie Melchisedech weissagte und wie sie im Besuch der drei Männer bei Abraham auf der gegenüberliegenden Langhausseite dargestellt ist. Es ist dies auch das Thema der rechten, nördlichen Langhausseite, die in der Gestalt des Moses und des Joshua den Sieg des Volkes Israel mit Hilfe Jahwes über seine Feinde darstellt. So sind diese Szenen auch Hinweis auf die Vollendung der Heilsgeschichte und das Wirken Gottes an seinem auserwählten Volk, der *plebs Dei* der programmatischen Inschrift des Papstes Sixtus über dem Apsisbogen.

Der Mosaikzyklus ist in Inhalt und Umfang, sowie in der bezugreichen Gegenüberstellung von alttestamentlichen Szenen im Schiff, die einen einprägsamen, expressiven, stärker narrativen Stil aufweisen, und den feierlichen, von herrscherlichem Prunk geprägten neutestamentlichen Bildern am Triumphbogen einzigartig. Im Gegensatz zu den Bilderfolgen in St. Paul und St. Peter hat der Zyklus von Santa Maria Maggiore, soweit wir das aufgrund des Erhaltenen beurteilen können, keine Nachfolge gefunden. Allein Paulinus von Nola berichtet uns von einem ähnlichen Zyklus alttestamentlicher Szenen in einer seiner Kirchen. Der alttestamentliche Langhauszyklus der Gründung Sixtus III. steht am Anfang der Entwicklung einer zyklischen, bildlichen Kirchendekoration. Die nächsten stilistischen Parallelen bieten die ungefähr gleichzeitigen Mosaiken von S. Aquilino in Mailand und die des Baptisteriums von Neapel, wenn auch keines dieser Mosaiken denen von S. Maria Maggiore wirklich nahesteht.

Die Künstler, die an den Mosaiken arbeiteten, waren Handwerker, die sicherlich einer römischen Werkstatt angehörten. Der entwerfende Künstler hatte offenbar die Szenen nach dem ihm vom Klerus vorgegebenen Programm neu zu fassen und bediente sich dazu der traditionellen Bildkomposition und des Formenschatzes, den ihm die zeitgenössische Kunst bot. Eine umfangreiche christliche Tradition für eine solche Bildkunst hat es zu diesem Zeitpunkt noch nicht gegeben, sicher auch nicht als Illustrationen von Bibelhandschriften. Hervorragende Aufträge, wie sie die Ausschmückung der großen *basilica sanctae Mariae* bot, haben offenbar wesentlich zur Ausbildung und Formung einer christlichen Bildtradition beigetragen.

So wird man die Quelle für die Ikonographie der Bilder in S. Maria Maggiore nicht in Buchillustrationen suchen, deren früheste erhaltene Beispiele ungefähr zur gleichen Zeit mit den Mosaiken der Kirche entstanden sind. Schon die neutestamentlichen Szenen der Mosaiken des Triumphbogens, die mit ihrer Betonung der königlichen Gestalt der Maria und Christi eine ausgeprägte theologische Note vertreten, können keine Buchillustrationen zur Vorlage gehabt haben. Auch in den Langhausmosaiken ist die historische Abfolge der Bilder einer übergeordneten theologischen Bedeutung entsprechend abgeändert. Stilistische und ikonographische Übereinstimmungen sowie Ähnlichkeiten in der Darstellungsweise mit den Illustrationen von Bibelhandschriften und Manuskripten antiker Epen sind aus dem gemeinsamen Repertoire des Formenbestandes der spätantiken Kunst zu erklären, aus dem die Mosaizisten wie die Illustratoren dieser Luxushandschriften schöpften. Die Komposition der Szenen, die am Triumphbogen wie in den kleinen Bildern des Langhauses auch bei differierendem Stil den gleichen Schemata folgt, lehnt sich an die der offiziellen kaiserzeitlichen Repräsentationskunst an. So werden die Bilder durch Betonung der Mitte oder Teilung der Figurengruppen und Gegenüberstellung der handelnden Personen häufig in Gespräch oder Ansprache gegliedert. Die Bilder sind daraufhin angelegt, eine Botschaft zu vermitteln, eine Idee oder die Aussage des dahinter stehenden Textes zu verdeutlichen. Darin haben diese Bilder durchaus vergleichbare, in die Bildform umgesetzte Strukturen, wie sie literarische antike Geschichtsdarstellungen oder spätantike epische Fassungen

von mythischen oder geschichtlichen Stoffen aufweisen. Bezeichnend sind die zahlreichen Szenen mit militärischem Aufzug und Kampfesdarstellungen in den Langhausmosaiken, die deutlich in Aufbau und Form traditionellen offiziellen Darstellungen verpflichtet sind. Die Mosaiken in S. Maria Maggiore wenden die traditionellen Formen der Darstellung auf die Wiedergabe christlicher Inhalte und Motive an.

Die Mosaiken der Kirche sind bei allen Stilunterschieden an Triumphbogen und Langhaus gleichermaßen von beachtlicher künstlerischer und handwerklicher Qualität. Die Technik der Mosaiken, die aus farbigen Glassteinchen zusammengesetzt sind und bis zu 190 verschiedene Farbabstufungen aufweisen, ist in allen Bereichen die gleiche. Daraus ist zu folgern, daß die Mosaikdekoration der Kirche einheitlich unter Sixtus III. entstanden ist. Die reichen Farbabstufungen und der breite Goldgrund, der sich hinter den Figuren ausbreitet, geben den Bildstreifen des Triumphbogens einen festlichen Glanz. Dieselbe Art der Darstellung, die einen hohen Grad an Formbeherrschung und Sicherheit in der Farbkomposition verrät, beherrscht auch die Langhausmosaiken und bewährt sich dort in Bildschöpfungen von hoher Qualität, wie etwa der Szene der Trennung von Lot und Abraham am Beginn der linken Langhausseite am Triumphbogen. Qualität, Form und Stil dieser Mosaiken sind zweifellos bestimmt durch den repräsentativen Anspruch dieses Kirchenbaues. So ist diese bedeutende Kirche mit ihrem einzigartigen Mosaikzyklus ein beredtes Zeugnis für die schöpferische Kraft der Zeit und für das Selbstverständnis der römischen Kirche und ihres Bischofs.

TITULUS S. PETRI IN VINCULIS
(S. PIETRO IN VINCOLI)

Die wohl bedeutendste Gründung unter den römischen *tituli* des 5. Jahrhunderts ist S. Pietro in Vincoli, die auf der Höhe des Oppius gelegen ist über dem steil abfallenden Tal des *Argiletum* gegenüber der *Subura,* einem der am dichtesten bevölkerten Stadtteile Roms, in nächster Nähe des monumentalen Zentrums mit dem *Forum Pacis,* den großen Trajansthermen, der *Porticus Liviae* und der Stadtpräfektur, dem administrativen Zentrum Roms. Der *clivus Pullius,* an den die Kirche grenzt und dessen Verlauf die heutige Via delle Sette Sale weitgehend folgt, mündet in den *clivus Suburanus,* der den Verkehr über die Via Tiburtina nach Nordosten in die Campagna und zu den wichtigen Landstädten Tibur und Praeneste im Osten Roms führte. Die Kirche hatte also eine zentrale und hervorragende Lage. Sie setzte im Bereich dieser älteren öffentlichen Bauten, die zu dieser Zeit vielfach schon nicht mehr

106. S. Pietro in Vincoli. Inneres.

107. S. Pietro in Vincoli. Innenfassade der frühchristlichen Kirche mit Arkadenöffnung und Rundfenstern. 5. Jh.

benutzt wurden, einen neuen monumentalen Akzent. Ihren Rang zeigt die Kirche auch schon in ihren Maßen mit 61 m Länge und 29 m Breite an. Die metrische Stiftungsinschrift an der Innenfront über den Eingängen, die uns in einer mittelalterlichen Abschrift erhalten geblieben ist, vermeldet, daß der Bau unter Sixtus III. (432–440) unter der Bauaufsicht des Presbyters Philippus errichtet worden ist.[25] Eine weitere Inschrift aus der Kirche, die ebenfalls in einer mittelalterlichen Abschrift überliefert ist, deren Anbringungsort im Bau wir aber nicht kennen, bezeugt, daß die Kaiserin Eudoxia, Frau des Kaisers Valeninian III. (425–455), das Versprechen ihrer Eltern, des Kaisers Theodosius II. und der Kaiserin Eudokia, den Kirchenbau zu fördern, eingelöst habe.[26] Die Kirche, weist sich also als eine Stiftung aus, die als päpstliche Gründung mit kaiserlicher Förderung errichtet wurde.

In den Unterschriften des Ökumenischen Konzils von Ephesus im Jahre 431 unterzeichnet offenbar derselbe Presbyter Philippus, der den Neubau der Kirche ausgeführt hat, die Akten mit *presbyter ecclesiae apostolorum*, eine Dedikation, die als *titulus apostolorum* auch in den Unterschriften der römischen Synode von 499 wiederkehrt.[27] Eine Nachricht des Liber Pontificalis über den gewaltsamen Tod eines Presbyters des *titulus* für das Jahr 501–502 führt dann die Kirche unter der neuen Bezeichnung *a vincula sancti Petri apostoli* an. In dieser wohl inoffiziellen Bezeichnung ist die in der Inschrift Sixtus III. angesprochene Weihung an die beiden Apostelfürsten Petrus und Paulus nun auf Petrus allein zurückgeführt. Die bereits in anderen Nachrichten und eine Apsisinschrift schon für das 5. Jahrhundert in der Kirche bezeugten Reliquien der Ketten des Heiligen Petrus, hatten nun offenbar im 6. Jahrhundert in der Verehrung der Gläubigen die Dedikation an Paulus und die entsprechende Benennung als Apostelbasilika verdrängt.[28] In den Synodalunterschriften von 595 heißt die Kirche wieder offiziell *titulus sanctorum Apostolorum* und *titulus Apostolorum.*

Die Kirche überbaut mehrere sich überlagernde kaiserzeitliche Stadthäuser, *domus,* die zum Teil Gartenanlagen und Wasserbecken aufwiesen. Noch im 4. Jahrhundert wurde dort ein größerer einschiffiger Apsidensaal errichtet, der sich durch weite seitliche Arkaden auf eine Hofanlage öffnete. Man hat ohne begründete Belege vermutet, daß dieser Bau, der den üblichen Empfangshallen der spätantiken *domus* in Größe und Anlage entspricht, als *domus ecclesiae* gedient haben könnte. Diese Annahme dürfte schon durch die Erbauungszeit der Halle auszuschließen sein. Die Kirche hat Mauerzüge dieser älteren kaiserzeitlichen Bauten teilweise als Fundamentierung

benutzt oder in das Aufgehende mit einbezogen. Vor allem im Bereich der Apsis und des Querhauses sind dadurch die Unregelmäßigkeiten in der Auslegung des Kirchenbaues bedingt.

Aus den Signaturen des Presbyters Philippus auf dem Konzil von Ephesos aus dem Jahre 431 läßt sich schließen, daß bereits eine *ecclesia apostolorum* vor der durch Sixtus III. errichteten Kirche bestanden haben muß. Auch die Stiftungsinschrift lehrt uns, daß der neue Bau Sixtus III. einen älteren ersetzt hat[29]. Offenbar wurde dabei die durch die Unterschrift des Presbyters Philippus überlieferte Dedikation dieses *titulus* an die Apostel auf die Weihung an die beiden Apostelfürsten erneuert. Die späteren Zeugnisse zeigen allerdings, daß die allgemeine Bezeichnung *titulus Apostolorum* bis in das späte 6. Jahrhundert erhalten blieb und daß daneben wohl ein weiterer inoffizieller Name im Umlauf war, der den *titulus* nach seiner Stifterin als *titulus Eudoxiae* benannte.[30] Alle diese Namen bleiben im Frühmittelalter in wechselnder Kombination erhalten, bis sie dann der noch heute üblichen Benennung *ecclesia sancti Petri ad Vincula* weichen.

Die aus Anlaß der Restaurierung der Kirche bis in die letzten Jahre vorgenommenen archäologischen Bauuntersuchungen haben bestätigt, daß dem Bau Sixtus III., der heute noch in der Erneuerung von Renaissance und Barock erhalten ist, ein älterer, ebenfalls dreischiffiger voraufgegangen ist, der auch in der dem Straßenzug folgenden Ausrichtung von Südwest nach Nordost den Neubau bestimmt. Große Teile dieser älteren Kirche, die von Sixtus III. erweitert worden ist, sind in dem Neubau aufgegangen. So stammen die Fassade und die Seitenwände der Schiffe aus dem Vorgängerbau. Die Fassade wird in ganzer Breite des Mittelschiffes von einer fünfteiligen Arkadenkolonnade, deren mittlere Arkade erweitert und erhöht ist, zum Narthex geöffnet. Darüber befinden sich im Bereich des Obergadens fünf große Rundfenster, *oculi*, von fast 2 m Durchmesser. Diese Gestaltung der nach Südwesten gewandten Fassade, die darauf angelegt ist, ein Höchstmaß an Licht in das Mittelschiff einzulassen, entspricht der der bereits besprochenen Gemeindekirchen wie S. Clemente, S. Vitale, S. Sisto Vecchio und SS. Giovanni e Paolo aus der Wende zum 5. Jahrhundert. Diese Öffnung der nach Osten oder Süden weisenden Fassaden, die das Licht der aufgehenden Sonne aufnehmen sollen, ist auf diese Bauten aus dem frühen 5. Jahrhundert beschränkt. Mit dieser Datierung stimmt auch das Mauerwerk der Fassade von S. Pietro in Vincoli überein, das noch im Giebelbereich der Front zu beobachten ist. Dieses Mauerwerk unterscheidet sich deutlich von dem des Obergadens, stimmt aber überein

mit dem Mauerwerk der Kirche von SS. Giovanni e Paolo, das ebenfalls ein sorgfältiges Ziegelwerk mit gelegentlich angespitzten, breiten Mörtelfugen zeigt.

In der südlichen rechten Außenwand der frühen Kirche sind bei den Restaurierungen der letzten Jahre 11 Rundbogenfenster mit den lichten Maßen von rund 2,20 m x 3,20 m zu Tage gekommen, die im anschließenden Kreuzgang des 15. Jahrhunderts des ehemaligen Klosters, der zur heutigen Ingenieurfakultät der Universität gehört, zu sehen sind. Diese ursprünglich 14 Fenster, die den Interkolumnien der Basilika entsprachen, belichteten die Seitenschiffe der Kirche des frühen 5. Jahrhunderts. Diese Anordnung ist ungewöhnlich, da die römischen Gemeindekirchen der Frühzeit normalerweise keine Fenster in den Seitenschiffswänden haben. Allein die gleichzeitige Basilika von SS. Giovanni e Paolo bietet hier wiederum eine Parallele. Unter Sixtus III. wurden diese Fenster

wieder geschlossen und zur Apsis hin versetzt eine große, dreibogige Öffnung von insgesamt 5 m Breite und 4,70 m Höhe in die Mauer eingesetzt, die den Zugang zu einem anschließenden Gebäude, vielleicht dem Baptisterium gewährte. Dieser Bau ist bisher archäologisch nicht nachgewiesen.

Im Zuge dieser Erneuerung des Baues erhielt die Kirche auch ein leicht über die Flucht des Langhauses übergreifendes, ungeteiltes Querhaus, das vielleicht in Nachfolge der Peter- und Paulsbasilika als Schrein über der nunmehr in der Kirche geborgenen Reliquie der Ketten des Apostels Petrus gedacht war. Es ist denkbar, daß der Neubau der Kirche durch Sixtus III. und die Munifizenz der kaiserlichen Familie durch die Deponierung der Reliquie in der Kirche veranlaßt wurde. Der Einbau des Querhauses machte eine Verkürzung der Kolonnade auf zehn Säulenstützen notwendig. Lediglich an der Fassade blieb der Mauerpfeiler von Kolonnade und

192

die Papst Hadrian I. (772–795) restauriert hat.[46] Doch hat der Raum eigentlich zu geringe Abmessungen, um als *titulus* gelten zu können, so daß es offen bleiben muß, ob sich Reste des frühchristlichen Kultbaues nachweisen lassen. Der Restaurierung des frühchristlichen Baues durch Papst Hadrian sind aber jedenfalls die schönen Fragmente von Fresken mit Köpfen prächtig gekleideter weiblicher Heiliger zuzuweisen, die sich bei den genannten Grabungen gefunden haben.

Titulus Praxedis
(S. Prassede)

Die Legende verbindet den *titulus* mit dem ebenfalls an den Ausläufern des Esquilin gelegenen *titulus* von S. Pudenziana. Beide Heilige, so heißt es, seien Schwestern gewesen, Töchter des Senators Pudens, der Petrus in seinem Haus aufgenommen habe. Wenn dies auch eine späte, fromme Kombination ist, die die ursprünglichen Stifternamen zu erklären und ihnen Bedeutung in der zeitgenössischen Glaubenswelt

zu geben sucht, so können wir doch vielleicht daraus schließen, daß diese gegen das 6. Jahrhundert entstandene Legende die Erinnerung an eine alte, dem 5. Jahrhundert zuzuweisende Gründung bewahrt. Dies wird durch die frühen Quellen bestätigt.

Die Kirche wird durch eine Grabinschrift aus der Hippolytus-Katakombe aus dem Jahre 491 und durch die Unterschriften des römischen Konzils von 499 bereits für das 5. Jahrhundert als *titulus Praxedis* bezeugt. In den Unterschriften des Konzils von 595 erscheint dann die Stifterin wie üblich als Titelheilige des *titulus sanctae Praxedis.* Von Papst Hadrian I. (772–806) wird der *titulus* völlig restauriert.[47] Papst Pasqualis I. (817–824), der Presbyter der Kirche vor seiner Wahl zum Oberhaupt der Kirche gewesen ist, errichtet nicht weit entfernt eine neue Kirche, da die in alten Zeiten erbaute zusammenzustürzen drohte, stattete sie reich mit Mosaiken in der Apsis und am Triumphbogen aus und errichtet an der Kirche eine dem Märtyrer Zenon geweihte Kapelle, die, wie es im Liber Pontificalis heißt, umfangreich mit Mosaiken versehen wird.[48]

Die ansehnliche heutige Kirche aus karolingischer Zeit

liegt auf der Höhe des Esquilin 100 m südlich von S. Maria Maggiore am *clivus Suburanus,* der hinaus zur Porta Nomentana führt. Wo die frühchristliche Kirche des 5. Jahrhunderts lag, die nach dem Liber Pontificalis nicht weit entfernt gestanden hat, wissen wir nicht, wenn wir auch mit gutem Grund vermuten können, daß sie ebenfalls an die wichtige Verbindungsstraße des *clivus Suburanus* angrenzte, da die meisten frühchristlichen Gründungen sich in ihrer Lage an den Hauptverkehrsadern orientiert haben. Überraschend ist in jedem Fall die Nähe zu der gut hundert Jahre älteren Gründung des *titulus Equitii* weiter im Südwesten am *clivus Suburanus,* zu dem die Entfernung nur wenig über 100 m beträgt. Das läßt schließen, daß die frühchristliche Kirche wohl erst im fortgeschrittenen 5. Jahrhundert gegründet worden ist, und daß repräsentative und devotionale Funktionen gegenüber den pastoralen im Vordergrund gestanden haben, Aufgaben, die auch die Nachfolgerin, die große karolingische Basilika Pasqualis I. erfüllen sollte. Schon in der Auslegung der über 41 m langen und über die Schiffe 25 m breiten Querschiffbasilika mit Architravkolonnaden im Mittelschiff zeigt sich der Anspruch und die Aufnahme des Vorbildes der großen kaiserlichen Basiliken von St. Peter und St. Paul.

Den gleichen Anspruch tragen auch die Mosaiken vor: Das Mosaik des Triumphbogens mit der Anbetung des Lammes durch die 24 Ältesten stellt eine Variante des von der Kaiserin Galla Placidia gestifteten und unter Leo I. (440–461) ausgeführten Triumphbogenmosaiks in S. Paolo fuori le mura dar. Das Apsismosaik, mit Christus auf den apokalyptischen Wolken erscheinend und den Märtyrern Praxedis und Pudenziana die von Petrus und Paulus im Beisein des hl. Zenon und des Stifterpapstes Christus zugeführt werden, wiederholt die Komposition des gut dreihundert Jahre älteren Mosaiks von SS. Cosma und Damiano.

In gleicher Weise ist die Zenonkapelle, ein Prunkstück der Kunst des 9. Jahrhunderts, in der der Papst seine Mutter Theodora bestatten ließ, in ihrer Ausstattung der frühchristlichen Tradition verpflichtet. So zeigt das Gewölbemosaik die Christusbüste im Kranz, der von vier weißgekleideten Engeln getragen wird, während in den Lünetten Apostel akklamieren und Heilige Gaben bringen, Motive, die uns in den frühchristlichen Mosaiken vor Augen stehen. Noch handgreiflicher wird dies Bemühen, es den großen Vorbildern gleich zu tun an einem untergeordneten Element, dem antiken Architravblock, der über dem Eingang zur Kapelle wiederverwendet worden ist. Hier hat man auf den seitlichen Bruchstellen versucht, das antike Ornament zu ergänzen. So ist diese Basilika mit anderen der karolingischen Zeit, wie etwa S. Susanna, die Jahrhunderte alte frühchristliche Kirchenbauten ersetzen, ein schönes Beispiel für die in dieser Zeit in Rom erneuerte Kirchenbaukunst. Die nun etablierte Herrschaft der Franken unter dem Szepter Karls des Großen hatte äußere Sicherheit und Ordnung der politischen und gesellschaftlichen Verhältnisse gebracht, die diese Erneuerung möglich machten. Es ist eine Erneuerung von beachtlichem Ausmaß und Qualität, die sich schöpferisch an den großen Vorbildern der christlichen Spätantike orientiert.

XI. DIE KIRCHENBAUTEN DER ZWEITEN HÄLFTE DES 5. UND DES 6. JAHRHUNDERTS

Kaiser Valentinian III. wurde im Jahre 455 nach einem Vierteljahrhundert der Herrschaft, die dem Westteil des Reiches in gewissem Rahmen Ruhe und Stabilität wiedergewonnen hatte, in Rom ermordet. Der Kaiser hatte zusammen mit seiner Mutter, der Kaiserin Galla Placidia, in Ravenna, aber immer wieder auch für längere Perioden in Rom residiert und der Stadt damit wieder etwas von ihrem alten Glanz als Residenzstadt zurückgegeben. Die Anwesenheit der Kaiser und des Hofes in Rom schlug sich auch in den Baustiftungen der Herrscher in der Stadt nieder. So unterstützte die Kaiserin den Wiederaufbau der durch einen Brand schwer beschädigten Dreikaiserbasilika von S. Paolo durch Papst Leo I. (440–461); der Kaiser und seine Frau Eudoxia förderten die große Memorialkirche von S. Pietro in Vincoli. Starke Persönlichkeiten unter den Päpsten, die in der Regierungszeit Valentinians III. den Thron Petri innehatten, wie Sixtus III. (432–440) und Leo I., festigten die Stellung des Papsttums und seinen Anspruch auf den Primat unter den Bischöfen des Reiches und wetteiferten in den Stiftungen von Kirchenbauten mit der kaiserlichen Autorität. Die Kirchenbaukunst Roms findet in dieser Zeit ihren Höhepunkt und kommt zu so reifen und ausgewogenen Leistungen wie S. Sabina und der großen päpstlichen Basilika von S. Maria Maggiore.

Die erneute Katastrophe, die Rom im Jahre 455 mit der Eroberung durch die Vandalen unter ihrem König Geiserich mit zweiwöchiger Brandschatzung und Plünderung heimsucht, trifft die Stadt schwer. Die Unsicherheit und Instabilität der Verhältnisse veranlaßten viele der mächtigen und reichen Senatorenfamilien, nach Konstantinopel überzusiedeln, ein Aderlaß, der die Stadt beträchtlich schwächt. Auch die Bevölkerung, die noch im 4. Jahrhundert um die 700.000 Einwohner betragen hatte, nimmt nun mehr und mehr ab, wenn sie auch weiterhin auf beachtlicher Höhe geblieben sein wird. Doch werden neben den Kirchen weiterhin prächtige Stadthäuser errichtet und bleiben die öffentlichen Einrichtungen wie die großen Thermen und das Amphitheater des Colosseums, die von den Stadtpräfekten noch in den Jahren 443, 450 und 484 restauriert werden, in Betrieb. Die antiken Monumente und auch die Tempel waren als *ornamenta urbis* denkmalpflegerisch seit dem 4. Jahrhundert durch die Gesetzgebung mit immer wieder erneuerten Verordnungen, die uns das Problem des Unterhaltes des monumentalen Patrimoniums der Stadt vor Augen führen, geschützt. Bauten, die nicht mehr restauriert werden konnten, durften nach Freigabe durch den Stadtpräfekten, abgerissen und die Materialien wiederverwendet werden. Hier kündigt sich der allmähliche Verfall der nicht mehr genutzten öffentlichen Bauten an, der sicher nur teilweise durch Neubauten, vor allem Kirchen und andere kirchliche Einrichtungen, wie Diakonien, Klöster, Pilgerstätten und Herbergen ausgeglichen werden konnte.

Der mächtige Heermeister Flavius Ricimer und der von den Truppen auf den kaiserlichen Thron erhobene *magister utriusque militiae,* der zweite Heeresmeister Maioranus (457–461), der sich als ein fähiger Herrscher erwies, konnten nochmals für wenige Jahre die Situation im Westteil des Reiches und damit vor allem auch in der Stadt festigen. Wahrscheinlich ist in dieser Zeit mit kaiserlicher Unterstützung und unter der Initiative des bedeutenden Papstes Leo auch der Entwurf und der Plan für den großartigen Bau der Memorialkirche von S. Stefano Rotondo entstanden, den letzten Großbau der Antike in Rom, der in den sechziger Jahren des 5. Jahrhunderts ausgeführt wurde. An den neuen Kirchengründungen manifestiert sich jedoch allmählich die zunehmende Beschränkung der Verhältnisse: Die Bauten sind in der Norm kleiner und von geringerem Aufwand als in der voraufgegangenen Jahrhunderthälfte. Vor allem aber werden nunmehr geeignete Bauten mit ihrer dekorativen Ausstattung übernommen und ohne bauliche Veränderungen zu Kirchen umgenutzt, ein Prozeß, der sich bis in das 6. Jahrhundert und zum Ausgang der Antike am Beginn des 7. Jahrhunderts fort-

113. *S. Stefano Rotondo. Ansicht von Nordosten.*

setzt. Der an Bedeutung stark zunehmende Märtyrer- und Heiligenkult führt nun auch zur Einrichtung von Memorialkirchen in der Stadt, zur Stiftung von Devotionalkirchen und zur Überführung von Märtyrerreliquien aus den außerstädtischen Friedhöfen in die Kirchen der Stadt. Der antike Brauch, nur außerhalb der Stadt zu begraben, verliert damit seine Bedeutung.

S. STEPHANUS IN COELIO MONTE
(S. STEFANO ROTONDO)

Nur wenige Jahre nach der zweiten großen Katastrophe, die Rom heimgesucht hat, die Eroberung und Plünderung Roms durch die Vandalen unter ihrem König Geiserich, wird in Rom die Kirche S. Stephanus in Coelio Monte errichtet, die eines der ungewöhnlichsten und großartigsten Bauwerke der Spätantike überhaupt ist. Die Kirche können wir als den letzten Großbau der Antike bezeichnen, der sich in Ausmaßen und Anspruch neben die großen kaiserlichen Basiliken, profane wie christliche, stellt.

Die Kirche hat auf der Höhe des Caelius gelegen eine herausragende und privilegierte Position an der antiken Via Caelimontana, der heutigen Via di S. Stefano, die das mit luxuriösen Stadthäusern und Palästen besetzte Laterangebiet mit dem Palatin verband. Nach dem Liber Pontificalis wurde die Kirche durch Papst Simplicius (468–483) geweiht; den Bauherrn und Auftraggeber nennt die Papstchronik nicht.[1] Die Kirche ist dem Gedächtnis des Protomärtyrers Stephanus geweiht, der in Jerusalem als erster Blutzeuge Christi den Tod

erlitten hatte und dessen Kult nach Auffindung der Reliquien im Jahre 415 sich rasch über die ganze Oikumene verbreitete, wie wir auch aus dem Zeugnis des heiligen Augustinus wissen. Um die Mitte des Jahrhunderts hatte die adlige Dame Demetrias aus dem Hause der Anicier bereits durch Papst Leo I. (440–461) auf ihrem Landgut eine dem Märtyrer gewidmete Kirche erbauen lassen, deren Reste durch Grabungen des 19. Jahrhunderts aufgedeckt wurden.[2] Diese von Demetrias gestiftete Kirche ist S. Stefano Rotondo nur um wenige Jahre vorausgegangen, wie die neuen Forschungen ergeben haben. Es ist dies ein beredtes Zeugnis, welche Bedeutung der Kult in kurzer Zeit erlangt hatte.

Der in Ausmaßen und Anlage außergewöhnliche Bau der Stephanskirche auf dem Caelius zeigt diese Bedeutung an. Hatte die Stephanskirche vor den Toren der Stadt an der Via Latina eine basilikale Gestalt, so ist S. Stefano Rotondo als kreisrunder Bau entworfen und errichtet worden. Umgeben von einer im Kreis angelegten Außenmauer von 65 m Durchmesser erhebt sich im Zentrum über einer Kolonnade von 22 Säulen, die einen Architrav tragen, ein von einem Tambour überhöhter Zentralraum mit einem Umgang, an den sich vier Kreuzarme anschließen. Der Umgang öffnet sich wiederum durch eine Arkadenkolonnade auf die Kreuzarme und auf die zwischen ihnen liegenden Kreissegmente. Diese sind wiederum in einen engen, an der niedrigeren Umfassungsmauer liegenden Korridor und einen größeren Raum, der sich zu den Kreuzarmen und in das Innere der Kirche weit öffnete, aufgegliedert. Damit bildete sich ein zweiter Umgang, der die Segmente mit den Kreuzarmen verband. Jeweils zwei Türen in den Außenmauern der Segmente zwischen den Kreuzarmen

erlaubten den Zugang, der über die Kreuzarme in die Kirche führte. Keine Eingangsfront, kein Presbyterium und keine Apsis geben dem Bau, der axialsymmetrisch angelegt völlig in seiner kreisförmigen Gestalt ruht, eine Ausrichtung. Diese ungewöhnliche, ja einzigartige architektonische Gestalt, die ihresgleichen sucht und wie ein Idealbau am Reißbrett entworfen zu sein scheint, hat seit der Renaissance Architekten, Bauforscher und Kunstwissenschaftler immer wieder zu der Überzeugung geführt, daß dieser Bau in seinem Ursprung ein antiker Tempel, etwa der römischen Naturgottheit Faunus, oder das nach antiken Quellen in der Nähe zu suchende *Macellum Neronis,* ein Marktgebäude, oder, wie in jüngster Zeit noch vermutet wurde, eine spätantike Palastaula gewesen sei. Doch sind alle diese Überlegungen abwegig.

Der Bau ist, so ungewöhnlich seine Gestalt für eine Kirche auch sein mag, als christlicher Kultbau errichtet worden. Beide Bautypen, der in ein Zentrum mit Umgang aufgegliederte Zentralbau und der Kreuzbau sind in der frühchristlichen Architektur konstantinischer Zeit aus den Voraussetzungen der kaiserzeitlichen Architektur zuerst für christliche Kultbauten geschaffen worden. Die konstantinische Anastasis in Jerusalem über dem Grab Christi und das Mausoleum der Kaisertochter Constantina in Rom sind zwei Beispiele für den neuen Typus des Rundbaues mit Umgang.

Kreuzbauten sind uns als Memorialkirchen bereits im 4. Jahrhundert in Mailand und auch aus dem Osten bekannt. Die von Konstantin gegründete Apostelkirche in Konstantinopel war offenbar ein Kreuzbau, der wie die von Ambrosius im Jahre 382 gestiftete Apostelkirche in Mailand, das heutige S. Nazaro, in der architektonischen Gestalt auf das Kreuzsymbol

als Erlösungszeichen hinwies, wie uns Bischof Ambrosius in der Stiftungsinschrift belehrt.[3] S. Stefano Rotondo als Memorialkirche des Protomärtyrers Stephanus nimmt diese Tradition offensichtlich auf. Die Kreuzform ist hier mit Bedacht gewählt, und mit der aufwendigen Form des Zentralbaues mit Umgang verleiht sie dem Bau eine repräsentative, signifikante architektonische Gestalt. Die Gestalt des Baues weist ihn also eindeutig als einen christlichen Kultbau aus. Die singulären, kreuzförmigen Fenster in den Außenfassaden der Kreuzarme sind überdies ein weiteres Element, das uns belegt, daß es sich um einen christlichen Kultbau und nicht um ein älteres, in eine Kirche umgewandeltes Gebäude handelt.

Die Kirche, die heute auf den Zentralraum und den ersten Umgang reduziert ist, da im Mittelalter der äußere Umgang und die Kreuzarme bis auf den nordöstlichen aufgegeben wurden, liegt über einer römischen Kaserne, in der eine Spezialtruppe, die *Peregrini,* die eine Nachrichteneinheit waren und Versorgungsdienste für das Heer zu leisten hatten, stationiert war. S. Stefano hat also wie die kaum 700 m entfernte römische Bischofskirche am Lateran die Kaserne einer Gardetruppe überbaut. Noch im späten 4. Jahrhundert war die Kaserne belegt, denn sie wurde in der zweiten Hälfte des Jahrhunderts als Staatsgefängnis für den alemannischen König Knodomar benutzt, wie uns der römische Historiker Ammianus Marcellinus berichtet.[4] Einen weiteren Beleg dafür, daß die Kaserne noch in dieser Spätzeit in Funktion war, liefert ein dort eingebautes Mithräum, ein dem Sonnengott Mithras geweihter Kultraum, den die Heeresangehörigen verehrten. Dieser Kultraum, der bei der Auffindung noch Weihungen von Offizieren der Kaserne enthielt, wurde noch im späteren

115. S. Stefano Rotondo. Inneres. Blick aus dem nordöstlichen Kreuzarm.

116. *S. Stefano Rotondo. Inneres nach Norden. Im Zentrum Stützarkade des 12. Jh. und Altarumschrankung des 16. Jh.*

4. Jahrhundert neu ausgemalt. Wenn die Kirche im 5. Jahrhundert, nachdem die Kaserne aufgegeben worden war, dieses dem Fiscus gehörende öffentliche Gebäude okkupierte, konnte dies, wie rund hundert Jahre früher am Lateran, nicht ohne die Genehmigung durch den Kaiser oder seinen Vertreter geschehen. Abgesehen von der Bischofskirche kennen wir diesen Vorgang auch aus anderen Fällen. So konnte etwa Papst Felix im 6. Jahrhundert die Kirche SS. Cosma e Damiano in einem Gebäude des Forum Pacis einrichten, nachdem König Theoderich dazu die Konzession gegeben hatte. Ebenso ging der Umwandlung des Pantheon in eine Kirche im Jahre 608 die Übergabe des Gebäudes durch Kaiser Phokas an Papst Bonifatius voraus. Wir müssen also auch für S. Stefano Rotondo voraussetzen, daß der Bau der Kirche vom Kaiser durch die Übereignung des Grundstückes an die Kirche gefördert worden ist. Die repräsentative Gestalt des Baues und auch die Ausmaße, die denen der kaiserlichen Basiliken mit 65 m Breite und 23 m lichter Weite des Zentralraumes oder Mittelschiffes entsprechen, machen die finanzielle Unterstützung durch den Kaiser für diesen ungewöhnlichen Bau, dessen Erbauung und Ausstattung ein außergewöhnliches Unternehmen darstellte, das nur mit einem besonderen Aufwand zu bewerkstelligen war, überdies sehr wahrscheinlich.

Jüngst durchgeführte Grabungen und Untersuchungen im Fundamentbereich der Kirche haben aus der Verfüllung der Fundamentgrube des äußeren Säulenkranzes drei Münzen des Kaisers Libius Severus (461–465) zu Tage gefördert. Diese Münzen aus einem stratigraphischen Befund belegen, daß der Bau der Kirche in den frühen sechziger Jahren des 5. Jahrhunderts begonnen worden ist. Eine dendrochronologische Untersuchung von Bauhölzern aus der Mauerkrone des Kreuzarmes ergab, daß die Balken gegen die Mitte der sechziger Jahre eingesetzt worden sind. Damit können wir mit Sicherheit davon ausgehen, daß die Kirche in den sechziger Jahren fertiggestellt worden ist. Dies fügt sich gut zu dem vom Liber Pontificalis überlieferten Weihedatum unter Papst Simplicius (468–483).

Doch wer hat den anspruchsvollen Bau gestiftet und das großartige Konzept erarbeitet? Libius Severus war ein ephemerer Kaiser, eine Marionette in der Hand des Heermeisters Flavius Ricimer, der ihn zum Kaiser hatte erheben lassen. Der Bau von S. Stefano Rotondo, der der voraufgehenden päpstlichen Gründung von S. Maria Maggiore in Größe und Pracht nicht nachsteht, muß in den fünfziger Jahren konzipiert und durch die Stellung des Grundstückes und die Bereitstellung der wertvolleren Materialien vorbereitet worden sein. Wahrscheinlich können wir in dem Urheber des Konzeptes den großen Papst Leo I. (440–461) sehen. Nicht zu entscheiden ist, wer der kaiserliche Förderer war: Valentinian III., der mit der Kaiserin Eudoxia bereits die Apostelbasilika in der Stadt gefördert hatte, oder sein Nachfolger Maioran, der seit 455 das Reich mit fester Hand zu ordnen und wiederherzustellen suchte.

Die ungewöhnliche, komplizierte architektonische Gestalt verleiht dem Bau eine eindrucksvolle Monumentalität, die selbst im heutigen Bau, der seit dem 12. Jahrhundert auf den Kernbereich von Zentralraum und erstem Umgang beschränkt ist, den Besucher beeindruckt. Grabungen im Außenbereich der Kirche haben einen an der Außenmauer umlaufenden Kanal aufgedeckt, der mit Stichkanälen die innen gelegenen Raumteile der Segmente zwischen den Kreuzarmen entwässert hat. Wir müssen daraus schließen, daß diese Bereiche als Höfe konzipiert gewesen sind. Da diese sich in ganzer Breite durch die äußere Arkadenkolonnade in das Innere der Kirche öffneten und durch eine dreiteilige Öffnung, eine sogenannte Serliana, auch mit den Kreuzarmen verbunden waren, muß das Kircheninnere, da auch der Tambour von 22 großen Fenstern durchbrochen war, von einer großen Lichtfülle überflutet gewesen sein. Gleichzeitig aber war das Innere durch die breit gelagerten Höfe von allen Seiten auch dem Unwetter ausgesetzt, so daß gerade am *dies natalis,* dem Festtag des Heiligen am 26. Dezember, wenn sich die Gesamtgemeinde unter Vorsitz des Papstes zur eucharistischen Feier in der Kirche versammelte, diese kaum benutzbar gewesen sein dürfte. Nun zeigt der Befund eines in diesen Höfen unregelmäßig in die

Folgende Seiten:
118. S. Stefano Rotondo. Inneres. Blick aus dem nordöstlichen Kreuzarm in den Umgang nach Südwesten.

119. S. Stefano Rotondo. Inneres. Blick aus dem Umgang auf die Kolonnade des östlichen Kreuzarmes.

Wand oberhalb der Arkaden eingetieften Bandes, in dem mit einer leichten Krümmung ineinandergesteckte Tonröhren aufrecht stehen, daß hier nachträglich ein Tonröhrengewölbe eingezogen worden ist, um diese Raumteile zu überdecken. Leichtbaugewölbe in dieser Technik wurden in der römischen Architektur zuerst in Nordafrika entwickelt, wo es an Bauholz für Lehrgerüste fehlte, um Caementicium-Gewölbe problemlos auszuführen. Im 4. Jahrhundert gelangte diese Technik nach Italien und fand in den folgenden Jahrhunderten weite Verbreitung. Viele Apsidengewölbe römischer frühchristlicher Kirchen sind in dieser Technik ausgeführt, ebenso wie die Kuppeln des Dombaptisteriums des 5. Jahrhunderts und von S. Vitale aus dem 6. Jahrhundert in Ravenna.

Diese Gewölbe haben keinen Schub, benötigen also nicht verstärkte Mauern und Widerlager. Der Mauerabsatz im Tambour von S. Stefano Rotondo in Höhe des Ansatzes der Fensterbögen läßt darauf schließen, daß auch der Zentralraum, wie bei den beiden genannten Bauten in Ravenna, von einer Tonröhrenkuppel überdeckt war. Sie würde der Tambourmauer angemessene Proportionen zurückgeben, die jetzt verschattete Wandzone über den Fenstern eliminieren und das Innere durch das reflektierte Oberlicht der Fenster gleichmäßig beleuchten.

Auch die Türen in den Außenmauern der Segmentabschnitte wurden geschlossen und allein die beiden Türen, die den nordöstlichen Kreuzarm flankieren, belassen. Von diesen beiden Türen dient die nördliche auch heute noch als Eingang zur Kirche.

Während wir von der Kuppel aufgrund der am Tambour vorgesehenen Auflager annehmen müssen, daß sie bei der Erbauung eingezogen wurde, wissen wir von den anderen Maßnahmen nicht, wann sie ausgeführt worden sind. Das ursprüngliche Konzept, das durchaus erinnern kann an die leichten, diaphanen Pavillionarchitekturen der Villa Adriana mit der wechselnden Zuordnung von belichteten Höfen und bedeckten, verschatteten Raumteilen, die durch Säulenstellungen getrennt wurden, veränderten diese Maßnahmen nachhaltig. Vielleicht geben uns heute verlorene Inschriften, die sich in der Kirche befanden, einen Anhaltspunkt für die Datierung der Tonröhrengewölbe in den Segmenträumen, denn sie berichten, daß die die Päpste Johannes I. (523–526) und Felix IV. (525–530) die Kirche mit *opus sectile* und Mosaiken ausstatteten. Die ehemaligen Höfe bedurften natürlich, nachdem sie überdacht waren, einer Innenausstattung, die die Kirche selbst bereits vor der Weihe durch Papst Simplicius erhalten haben muß.

Die Ausstattung der Kirche entsprach der anspruchsvollen Gestalt. Reste der Wandverkleidung aus farbigen Marmorplatten und die Vorrichtung für die Anbringung der Platten finden sich überall im Gebäude. Nach einer Zeichnung von Baldassare Peruzzi besaß der Tambour unter den Fenstern eine Marmorinkrustation, die das übliche Dekorationssystem

205

aus hochrechteckigen Platten, die von Pilastern und Leisten gerahmt werden, erkennen läßt. Auch hier korrespondieren also wieder die glänzende, farbige und flächige Wandverkleidung und die großen Fensteröffnungen im Obergaden, die eine angemessene Belichtung garantieren. Das gleiche System konnte auch für die Wandverkleidung in den Kreuzarmen festgestellt werden.

Auch die Fußböden bestanden in den meisten Bereichen der Kirche aus Marmorplatten. Während es Anhaltspunkte dafür gibt, daß im Zentralraum weiße Marmorplatten ausgelegt waren, wies der Umgang einen Fußboden auf, der in weiträumig ausgelegten, rahmenden weißen Marmorbändern, die die Struktur des Baues betonten, kleinteilige Muster aus ineinander versetzten Quadraten zeigt, die aus bunten Marmorplatten gebildet wurden. In dem einzigen noch vorhandenen Kreuzarm konnten die Reste eines außergewöhnlichen Plattenbodens aus der Erbauungszeit der Kirche aufgedeckt werden. Der äußerst prächtige Bodenbelag, der in dieser Aus-

legung bisher noch nicht nachgewiesen war, wurde von der zuständigen italienischen Denkmalbehörde aufgrund der zur Verfügung gestellten Befundszeichnungen wiederhergestellt und ist jetzt ein einzigartiges Zeugnis für die Pracht spätantiker Architektur und römischer Kirchenbaukunst. Drei großflächig angelegte und in den Maßen differierende Register mit farblich und in der Größe abgestuften Quadraten bestimmen den Dekor des Bodens. Die Register und der Dekor sind von einem System aus weißen Marmorrahmen eingeschlossen. Im mittleren Register umschließt eine Rahmung von 90 cm breiten Platten aus Cipollinomarmor zwei Quadrate, die mit Porphyrrotellen, farbigen Marmorplatten und einer kreuzförmigen, farbig abgestuften Rahmung gefüllt sind. Für die Ausstattung des Bodens wurde kein Aufwand gescheut. Die wichtigsten Marmorsorten aus dem ganzen Mittelmeerbereich, die in der Kaiserzeit für die Marmordekoration verwendet wurden, sind auch in diesem Fußboden vertreten, teilweise in ungewöhnlich großen Stücken. Ein gleicher Boden ist im

121. S. Stefano Rotondo. Nordöstlicher Kreuzarm mit dem restaurierten Marmorfußboden des 5. Jh. und der von Theodor I. (642-649) angebauten Apsis mit Apsismosaik.

Bereich des ehemaligen nordwestlichen Kreuzarms unter dem Fußboden der Bibliothek des der Kirche anliegenden Nonnenklosters noch erhalten. In einem der Innenräume des östlichen Segmentes neben dem Kreuzarm kam bei Restaurierungsarbeiten ein Mosaikboden zutage, der aus groben, unregelmäßigen, farbigen Mosaikwürfeln besteht, in den größere farbige Marmorstücke eingesprengt sind. Eine breite Rahmenleiste aus weißen Marmorplatten bildet in der Mitte des Bodens ein Rechteck.

Damit ist das Dekorationssystem der Fußböden der Kirche zu überschauen. Sie sind von einer überraschenden Vielfalt, die jeden Raumbereich von den anderen absetzt. Die Räume des zweiten Ringes sind durch den Mosaikboden als sekundär eingestuft, während der erste Umgang als Bewegungsraum ein traditionelles Muster aufweist. Der Zentralraum, in dem der Altar stand, ist durch den weißen Marmorbelag besonders hervorgehoben, ebenso wie die Kreuzarme durch die großflächig ausgelegten farbigen Marmorplatten.

Eine sogenannte *solea*, ein langer abgeschrankter Gang, durch den der Bischof mit Gefolge feierlich zur Liturgiefeier einzog, durchschnitt von Nord nach Süd den Zentralraum. Zwei Seitenflügel der Anlage grenzten den Altarraum ab, der im Süden des Zentralraumes lag. Die Gemeinde konnte so nur einen Teil des Zentralraumes einnehmen und mußte sicher auch vom Umgang aus dem liturgischen Geschehen um den Altar folgen. Die Datierung der Anlage ist nicht gesichert, doch legt ihre Form, die der in der Laterankirche ähnelt, nahe, daß sie in der Erbauungszeit der Kirche anzusetzen ist.

Wichtig für das Verständnis des Baues und darüber hinaus auch für die spätantike Architektur ist die Baudekoration der Kirche. Das einzige für den Bau selbst hergestellte Element der Architekturdekoration ist der aus prokonnesischem Marmor gearbeitete Architrav, der in 22 Werkstücken die Interkolumnien zwischen den 22 Säulen des Zentralraumes überspannt. Die Blöcke haben höchst unterschiedliche Längen- und Höhenmaße. Entsprechend ist auch das Krümmungspro-

122. S. Stefano Rotondo. Nordöstlicher Kreuzarm.
Ausschnitt aus dem Marmorfußboden des 5. Jh.

123. S. Stefano Rotondo. Nordöstlicher Kreuzarm.
Ausschnitt aus dem Marmorfußboden des 5. Jh.

fil sorglos und unregelmäßig gearbeitet wie auch die Profile der Stücke. Die Profile sind äußerst flach und kragen im Gegensatz zu klassischen Werkstücken kaum hervor. Die Herstellung dieser Werkstücke und ihre Anpassung an das Rund war zweifellos ein besonderer Aufwand.

Die 28 Säulen des Außenringes und die 22 des Innenringes sind mit spätantiken ionischen Kapitellen des späten 4. oder frühen 5. Jahrhunderts ausgestattet. Lediglich in den Arkaden des nordöstlichen Kreuzarmes und in denen des südwestlichen sind Spolienkapitelle eingesetzt: Große Vollblattkapitelle des 2. Jahrhunderts im Nordosten, korinthische Stücke antonischer Zeit, die denen in S. Sabina verwendeten entsprechen, im Südwesten. In dem richtungslosen Rundbau erhält somit die Achse der liturgischen Einrichtung durch die Verwendung kostbarer Spolien eine Ausrichtung und Betonung. Offenbar lagerten vier Säulen mit den dazugehörigen Kapitellen der Serie, die in S. Sabina verwendet worden war, noch im Magazin, bevor sie für den Bau von S. Stefano verwendet wurden.

Die 22 ionischen Kapitelle der Innenkolonnade stammen aus zeitgenössischer römischer Produktion und sind zum Teil aus Spolienblöcken gearbeitet. Sie zeigen eine starke Verflachung, eine Verhärtung der Formen, die über das ionische Kapitell von 390 aus der Basilika von S. Paolo entschieden hinausgeht. 19 dieser Stücke schließen sich bei allen Differenzen in Maßen und Proportionen durch die Formgebung und

Machart zusammen. Drei weitere Stücke mit ähnlicher Formgebung, jedoch reicherem, qualitätvoller gearbeitetem Dekor, ergänzen die Serie. Daraus resultiert, daß die Stücke nicht für den Bau gearbeitet worden sind, sondern wahrscheinlich einem Magazin entnommen wurden.

Im Außenring zeigt sich eine ähnlich sorglose Zusammenstellung wie im Innenring. In den Arkaden des nordöstlichen Kreuzarmes sind in den Werkstätten der Steinbrüche der ägäischen Insel Thasos gearbeitete Kapitelle verwendet worden. Händlernamen auf den Plinthen zeigen, daß sie aus dem Handel oder aus Magazinbeständen stammen. In den übrigen Bereichen der Außenkolonnade sind spätantike prokonnesische Kapitelle und Kapitelle griechischer Provenienz verhältnismäßig wahllos verteilt. Offenbar war es schwierig, in der Zeit der Erbauung der Kirche einen einheitlichen Satz an Kapitellen zu beschaffen, so daß man sich mit Sätzen von 4 oder auch mehr Stücken, die man in den Magazinen fand, begnügen mußte. Bemerkenswert ist allerdings, daß man dieses heterogene Material nur bedingt zu ordnen wußte, so daß die Arkaden der Kreuzarme einheitliches, wenn auch untereinander unterschiedliches Material erhielten, aber in den Arkaden der Segmente die Stücke wahllos eingesetzt wurden. Ähnliches läßt sich an den Basen beobachten. Hier sind im Innenring attische und ionische, spätantike und kaiserzeitliche ohne jede Ordnung und ohne Rücksicht auf unterschiedliche Abmes-

124. S. Stefano Rotondo. Umgang des östlichen Diagonalsektors. Fußboden aus grobem, buntem Marmormosaik. 5. Jh.

125. S. Stefano Rotondo. Apsismosaik Theodors I. (642–649). Ausschnitt mit Christusbüste, Gemmenkreuz und den hll. Primus und Felicianus.

sungen verwendet worden. Diese Befunde, die eine erstaunliche Nachlässigkeit in der formalen Bearbeitung des Materials und eine überraschende Sorglosigkeit in der Verwendung der Architekturdekoration aufzeigen, scheinen in einem starken Kontrast zu dem großartigen Entwurf des Baues und seiner kostbaren Ausstattung zu stehen. Wir müssen feststellen, daß die Baudekoration ihren klassischen Stellenwert innerhalb des Baugefüges verloren hat, daß der entscheidende Akzent der architektonischen Gestaltung nun vollends in der Raumschöpfung liegt.

Im 7. Jahrhundert überträgt Papst Theodorus I. (642–649), der aus Jerusalem stammte, die Reliquien der Märtyrer Primus und Felicianus aus der Katakombe S. Alessandro an der Via Nomentana in die Kirche. Es ist eine der frühesten dokumentierten Reliquientranslationen aus den Friedhöfen des Umlandes in eine der städtischen Kirchen. Diese Reliquienübertragungen hatten den Zweck, die Märtyrerreliquien vor dem Verfall zu bewahren, denen die Friedhöfe und Bauten im Umland der Stadt nach den Gothenkriegen ausgesetzt waren, aber zum anderen sollten sie auch die heilbringenden Reliquien am Altar der Stadtkirchen bergen, um auch den Gemeindekirchen die Fürbitte der Märtyrer im eucharistischen Opfer teilhaftig werden zu lassen. Dies führt zu dem noch heute in der katholischen Kirche geübten Brauch, die Altäre mit einer Reliquie auszustatten.

Um den Reliquien auch den angemessenen architektonischen Rahmen zu verleihen, bricht Papst Theodor die Stirnwand des Kreuzarmes auf und setzt dort eine Apsis an, die er mit einem Mosaik schmückt, das in der Mitte das mit Gemmen geschmückte Triumphkreuz und darüber die Büste Christi wiedergibt. Zu beiden Seiten stehen vor dem Goldgrund die beiden Titelheiligen in Amtskleidung auf einem von Rosen besetzten Grünstreifen, der das Paradies andeutet. Es ist in seiner symbolischen Abstraktion ein erstaunliches Bild, das in der Sparsamkeit der Bildelemente und der Ersetzung der Christusfigur durch das Kreuz neue Wege geht. Es erinnert an die ein Jahrhundert später in der ikonoklastischen Zeit einsetzenden Mosaikkompositionen des christlichen Ostens, die die bildhafte Wiedergabe Christi und der Heiligen vermeiden und sich auf das Kreuz als Siegeszeichen beschränken. In der kargen Komposition ohne jedes Beiwerk ist dieses Mosaik in der Beschränkung auf wenige Figuren wie in der Flächigkeit der Gestalten, mit dem vereinfachten Kontur und der linearen Faltengebung verwandt mit dem gleichzeitigen Apsismosaik in S. Agnese.

S. Stefano Rotondo war keine Pfarrkirche. Sie war eine repräsentative Memorialkirche ohne eigenen Klerus, deren Gründung offenbar auf päpstliche Initiative zurückging und deren Bau durch den Kaiser ermöglicht und gefördert wurde. Als Stationskirche, die die Gesamtgemeinde der Stadt mit

ihrem Bischof zur Festfeier vereinte, war sie wie S. Maria Maggiore auch in den Dimensionen so ausgelegt, daß sie eine größere Menge fassen konnte. Ihre außergewöhnliche, aufwendige Gestalt und ihre Lage auf der Höhe des Caelius über der niedergelegten Kaserne gaben ihr eine herausragende Position. Die Kirche verlieh ähnlich wie S. Maria Maggiore einem Bereich der Stadt, dessen öffentliche Bauten ihre Funktion verloren hatten und verfielen, eine neue Monumentalität und gab dem Stadtbild eine nachhaltige christliche Prägung.

TITULUS EUSEBII
(S. EUSEBIO)

Die erste Erwähnung des *titulus* findet sich in einer Grabinschrift eines seiner Kleriker aus dem Jahre 474. Auf dem Konzil von 499 unterzeichnet unter anderen Pascasius als Presbyter des *titulus Eusebii* [5], während in den Konzilunterschriften von 595 die Kirche schließlich mit dem Namen des Titelheiligen erscheint, den sie heute noch trägt.

Von dem zu unbestimmter Zeit im 5. Jahrhundert an einem Zweig der Via Tiburtina innerhalb der Stadt entstandenen Kirchenbau haben sich nur geringe, nicht deutbare Mauerreste unter der mittelalterlichen, von Carlo Fontana 1711 erneuerten Kirche erhalten, die heute etwas zurückgesetzt an der Piazza Vittorio Emanuele liegt. In der Nähe befand sich das große Nymphäum, das den Eintritt der von Alexander Severus gebauten Wasserleitung in die Stadt kennzeichnete und dessen monumentale Reste auf der heutigen Piazza Vittorio Emanuele zu sehen sind. In nächster Nähe befand sich weiterhin das *macellum Liviae,* eine große Marktanlage der frühen Kaiserzeit, aber auch eine Reihe von Stadtpalästen der Senatorenschicht. In einem Stadtviertel, das von wichtigen öffentlichen Anlagen, aber auch von vornehmen Wohnbauten charakterisiert wurde, diente der *titulus* an einer der wichtigen Verkehrsadern der Stadt der pastoralen Versorgung dieses geschäftigen Quartiers. Mit dem benachbarten Kirchenbau von S. Bibiana und der großen päpstlichen Basilika von S. Maria Maggiore, der vielleicht zwischen dem *macellum Liviae* und dem spätantiken *Forum Tauri* zu lokalisierenden *basilica Liberii,* sowie dem etwas weiter entfernt am Rande des Quartiers schon in konstantinischer Zeit errichteten *titulus Aequitii* ist der *titulus Eusebii* ein Zeugnis für die in den volkreichsten Vierteln der Stadt bereits in der zweiten Hälfte des 5. Jahrhunderts vollzogene Durchdringung Roms mit zahlreichen christlichen Kultbauten.

S. Bibiana

Die Kirche, die nach dem Liber Pontificalis von Papst Simplicius (468–483) geweiht wurde, liegt heute etwas versteckt unmittelbar an den Geleisen des römischen Hauptbahnhofes nur 400 m von dem Bahnhofsgebäude entfernt.[6] In der Kaiserzeit war dieser Bereich des Esquilins mit ausgedehnten Gärten und Parkanlagen bedeckt, die am Beginn der Kaiserzeit im Besitz römischer Adelsfamilien waren. Der Staatsmann und Ratgeber des Augustus, C. Cilnius Maecenas, besaß hier eine große Villa, die später in kaiserlichen Besitz überging und mit anderen kaiserlichen Besitztümern wie den *horti Liciniani,* die nach ihrem Eigentümer, dem Kaiser Licinius Gallienus (253–268) so genannt wurden, in der Spätantike eine große kaiserliche Park- und Palastanlage bildeten, die sich längs der Stadtmauer vom Gebiet des heutigen Bahnhofes bis in den Süden zum *palatium Sessorianum* erstreckte. Dieses ganze Areal befand sich im 4. Jahrhundert im Besitz der konstantinischen Dynastie. Wie wir bereits gesehen haben ließ Konstantin in diesem Palast die Memorialkirche *Hierusalem* einrichten. Ein großer, architektonisch kühner Zentralbau, mit dem Ruf-

namen *Minerva Medica,* heute noch in kaum 200 m Entfernung östlich der Kirche S. Bibiana als eindrucksvolle Ruine unmittelbar an den Geleisen stehend, ist Teil dieser großen Palastanlage und wurde wohl als prächtig ausgeschmückter Festsaal und Nymphäum in konstantinischer Zeit errichtet. Ein großes spätantikes Jagdmosaik aus der zweiten Hälfte des 4. Jahrhunderts, das beim Bau der Gleisanlagen neben der Kirche im Bereich der Straßenunterführung gefunden wurde und heute in dem Museum der Centrale Elettrica an der Via Ostiense aufbewahrt wird, ist wohl ebenfalls diesen kaiserlichen Palastbauten der ausgehenden Antike zuzuordnen.

An einem innerstädtischen Zweig der Via Tiburtina gelegen, in der Nähe des wohl an der Stadtmauer zu suchenden spätantiken *Forum Tauri,* besetzte die Kirche in der zweiten Hälfte des 5. Jahrhunderts nach dem Ende des westlichen Kaisertums offenbar ältere Gebäude des Palastareals. Die Lage am kaiserlichen Palast wird auch durch den Liber Pontificalis bestätigt, der als Ortsbezeichnung *iuxta palatium Licinianum* angibt.[7] Wie die Kirche S. Eusebio in der Nähe, die an einem anderen innerstädtischen Zweig der Via Tiburtina anliegt, war es offenbar Aufgabe dieser Gründungen, den Weg in die Stadt durch christliche Kultbauten zu säumen. So überrascht es nicht, wenn die Kirche seit dem Frühmittelalter zu einer wichtigen Pilgerstation wurde, nachdem von Papst Leo II. (682–683) die Reliquien einiger Märtyrer aus den Katakomben in die Kirche übertragen worden waren.

Der antike dreischiffige Bau in der mittelalterlichen Erneuerung durch Honorius III. (1216-1237) mit der nach Süden gerichteten Apsis bestimmt wohl noch die Auslegung der heutigen barocken Kirche, die dem Umbau der Kirche durch Bernini am Beginn seiner Karriere als Architekt in den Jahren 1624–1626 verdankt wird. Die Fassade und vor allem die rechteckigen Apsiden wurden neu hinzugefügt. Abgesehen von den beiden schönen barocken Kapitellen am Altar dürften die zwei kompositen Vollblattkapitelle des 5. und die vier korinthischen Kapitelle des 4. Jahrhunderts, wohl aus der frühchristlichen Kirche stammen. Die aufgehende Ziegelwand über einem Scheinarchitrav mit flachen Entlastungsbögen, die nach den letzten Restaurierungen in der Kirche über den Säulenstützen freigelegt worden sind, hat sich von der mittelalterlichen Erneuerung noch erhalten, so daß der Aufbau des Mittelschiffes vielleicht noch dem der antiken Kirche entspricht. Bemerkenswert ist, daß der Architrav, oder Scheinarchitrav, da geeignete Werkstücke fehlen, hier beibehalten wurde. Es handelt sich also um eine technisch bedingte traditionelle Lösung, nicht um eine primär ästhetisch bedingte Wahl im Sinne eines klassizistischen Rückgriffs auf ältere Formen.

Die Zeichnung in einer vatikanischen Handschrift, in der

127. S. Balbina. Inneres.

128. S. Balbina. Die zur Kirche
eingerichtete antike Halle.

Papst Simplicius (468–483) abgebildet ist, gibt möglicherweise einen Teil des heute verlorenen Apsismosaiks der Kirche wieder, wenn auch der barocke Künstler das Gewand des Papstes wohl in zeitgenössische Formen übertragen hat. Das Apsismosaik wird neben Christus im Zentrum zwischen Heiligen oder Aposteln am linken Rand den Stifter der Kirche gezeigt haben.

TITULUS SANCTAE BALBINAE
(S. BALBINA)

Die Kirche liegt im Süden der Stadt auf dem sogenannten kleinen Aventin am Rande des Hügels oberhalb der Caracallathermen. Die erste Erwähnung der Kirche als *titulus sanctae Balbinae* findet sich in den römischen Konzilsakten von 595.[8] Es ist umstritten, ob die Identifizierung mit dem *titulus Tigridae,* der dagegen nur in den Unterschriften des Konzils von 499 erwähnt wird, aber sonst unbekannt ist, zu Recht besteht.[9] Bei der Kirche handelt es sich offenbar um eine private Stiftung einer uns unbekannten Balbina, die später zur Titelheiligen aufgestiegen ist.

Die Kirche ist in einer großen, 20 m x 11 m messenden einschiffigen Apsidenhalle des 4. Jahrhunderts eingerichtet worden, die zu einer älteren ausgedehnten *domus* gehört, die mit dem Stadtpalast des L.Fabius Cilo, Konsul und Stadtpräfekten unter Septimius Severus identifiziert wird, von der sich vor Ort noch ansehnliche Reste in den ehemaligen Klostergebäuden an der Kirche erhalten haben. Die Lage der Stadtvilla an dieser Stelle ist durch verschiedene Dokumente, unter anderem durch ein Fragment des marmornen Stadtplanes der severischen Zeit, Statuenbasen mit Inschriften und bleierne Wasserleitungsrohre mit dem Namen des Cilo gesichert.[10] Reiche Marmorfunde im Bereich der *domus* lassen darauf schließen, daß die Villa luxuriös ausgestattet gewesen ist. Neben verschiedenen kaiserzeitlichen Bauphasen hatte die Stadtvilla noch in der Mitte des 4. Jahrhunderts eine letzte Umbauphase, der die große apsidale Halle angehört. Wir können annehmen, daß die Halle spätestens im 5. Jahrhundert in eine Kirche umgewandelt worden ist, auch wenn uns der *titulus sanctae Balbinae* erst seit dem späten 6. Jahrhundert durch die Konzilsunterschriften nachgewiesen ist, da die Halle, ohne daß sie schon früh als Kirche genutzt worden wäre, sich kaum in diesem guten Erhaltungszustand erhalten hätte.

Die Mauern des Gebäudes bestehen im Fundament aus

opus listatum, im Aufgehenden aber aus Ziegelmauerwerk. Im Osten hat die Halle eine Vorhalle, eine Art Narthex, der ursprünglich auf vier Säulen ruhte. Die gewestete Apsis, auf die die Halle ausgerichtet ist, ist von drei großen Fenstern durchbrochen, während die Mauern des Erdgeschosses im Inneren durch sechs tiefe Nischen im Wechsel zwischen Halbrund- und Rechtecknischen aufgelöst sind. Die zurückgesetzte Hochwand weist über den Nischen wiederum 6 große Fenster mit den beachtlichen Maßen von 2,20 m x 3,90 m auf. Die an der Außenmauer als Pilaster ausgebildete Mauerzone zwischen den Fenstern ist mit jeweils 1,60 m wesentlich schmaler als die lichte Weite der Fenster. In ihrer Struktur mit der Ausrichtung auf die Apsis, der Ausweitung der unteren Raumzone durch die Nischen und dem zurückgesetzten, durch Fenster aufgelösten Obergaden nähert sich die Halle dem basilikalen Schema. Die kühne Auflösung der Hochwand und auch der Apsis durch sehr große Fenster, die das Innere in eine blendende Lichtfülle getaucht haben müssen, zeigt, daß hier bereits ähnliche Dispositionen verwirklicht sind, wie sie sich später bei den großen Kirchenbauten der Zeit Sixtus III. in S. Sabina und S. Maria Maggiore im fortgeschrittenen 5. Jahrhundert wiederfinden.

Der überreichen Lichtführung durch die Fenster wird die kostbare Ausstattung mit Buntmarmoren und gegebenenfalls auch Mosaik in den Wölbezonen dieser profanen Halle entsprochen haben, die in reichem Glanz zu eindrucksvoller Wirkung kam. Die frühchristlichen Kirchenbauten, vor allem auch die reifen Schöpfungen der ersten Hälfte des 5. Jahrhunderts aus der Zeit Sixtus III., standen in Struktur und Ausstattung somit in einer älteren spätantiken Tradition. Wir können vermuten, daß nicht nur die Gestalt des gerichteten Baues, sondern auch die Pracht der kostbaren Wandverkleidung, wie wir auch an anderen Beispielen sehen können, die Übernahme der Halle für die kirchliche Nutzung veranlaßt hat. Der Bau wurde, so weit wir sehen, ohne bauliche Veränderung als Kirche genutzt. Die Apsis wurde allerdings mit einem Mosaik ausgeschmückt, in dessen Zentrum nach Beschreibungen des 18. Jahrhunderts Christus dargestellt war, wahrscheinlich begleitet von den Aposteln, doch haben wir darin keine Sicherheit, da sie in der Beschreibung nicht aufgeführt werden. Ähnlich verfuhr man auch bei der Einrichtung der Kirche S. Andrea in Cata Barbara in der Aula des Stadthauses der Bassi. Fragmente von Schrankenplatten des 8. Jahrhunderts, die sich in der Kirche gefunden haben, werden sicher entsprechende antike er-

129a. und b. S. Andrea in Cata Barbara.
Marmorne Wandverkleidung der antiken
Halle. 4. Jh.

setzt haben. Die Mosaiken im Fußboden der Kirche stammen aus kaiserzeitlichen römischen Mausoleen in der Nähe der Caracallathermen und wurden bei der Restaurierung des Baues in den dreißiger Jahren hierhin verlegt.

S. ANDREAS CATA BARBARA
(S. ANDREA IN CATA BARBARA)

An der Kirche S. Andrea in Cata Barbara können wir die Umnutzung der großen Empfangshalle eines adligen Stadtpalastes für eine Kirche noch besser verfolgen als im Falle von S. Balbina, auch wenn der Bau von S. Andrea heute nicht mehr besteht. Auf dem *mons Cispius*, dem nordwestlichen Ausläufer des Esquilin nicht weit vom *macellum Liviae* im Osten, in einem Bereich, in dem eine ganze Reihe vornehmer Stadthäuser (*domus*) bestanden, hatte sich der Konsul des Jahres 331, Iunius Bassus, Mitglied einer der führenden adligen Senatorenfamilien Roms, eine prachtvolle Stadtvilla mit einer großen apsidalen Empfangshalle gebaut, wie wir aus der uns überlieferten Inschrift an der Apsis des Gebäudes erfahren.[11] Iunius Bassus war wohl der Vater des gleichnamigen Iunius Bassus, der als Stadtpräfekt im Jahre 359 als Christ starb und in einem prachtvollen Sarkophag in der Petersbasilika an privilegiertem Platz in der Nähe des Apostelgrabes bestattet wurde, wie wir oben bereits sahen. Eine weitere, später in der Apsis hinzugefügte Inschrift und eine Notiz des Liber Pontificalis belehren uns, daß der Gote Flavius Theodosius Valila, *patricius* und hoher Militär des Westreiches, die Aula der *domus*, in deren Besitz er war, testamentarisch dem Papst Simplicius (468–483) zum Geschenk gemacht habe, so daß dieser darin die dem hl. Andreas geweihte Kirche einrichten konnte. Der heute geläufige Name geht auf das 8. Jahrhundert zurück und ist abgeleitet von dem Namen Barbara, der Stifterin des benachbarten Klosters.[12]

Die Kirche, die bis zum 15. Jahrhundert bestanden hat, verfiel danach, bis ihre letzten Reste bei der modernen Bebauung des Viertels um 1932 abgerissen wurden. Durch die vor dem Abriß unternommenen, wenn auch flüchtigen Untersuchungen der Ruine, und durch ältere Beschreibungen können wir uns jedoch ein verhältnismäßig gutes Bild von dem Gebäude machen. Wie die Halle der *domus Cilonis*, S. Balbina, war auch das repräsentative, aus Ziegelmauerwerk errichtete Empfangsgebäude der *domus Iunii Bassi* auf eine Apsis ausgerichtet. Der nach Südosten gewendeten Apsis lag eine biapsidale Eingangshalle gegenüber. Der Obergaden war von einer dichten Reihe sehr großer Fenster gegliedert, die in ihren lichten Maßen von 2,90 m x 4,40 m den Fenstern der zeitgenössischen christlichen Großbasiliken des 4. Jahrhunderts vergleichbar waren. Der ausgesprochen reichen Belichtung entsprechend, die der Bau durch die großen Fenster erhielt, war die Aula ausgestattet mit einer prachtvollen Wandverkleidung aus farbigen, kostbaren Marmorplatten, denen das helle Licht vielfältigen Glanz verlieh. Es dürfte kein Zweifel sein, daß zwischen der prunkvollen Ausstattung mit Buntmarmoren und Glasmosaik und dem deutlich faßbaren Bemühen den Innenräumen dieser Hallen, profanen wie christlichen, eine möglichst große Lichtfülle zuzuführen, eine Verbindung besteht. Die Kirchenbaukunst der Spätantike ist, wie sich auch hierin zeigt, Teil der römischen und spätantiken Architektur.

Von dieser festlichen Wanddekoration, die die Bewunderung der Renaissance erregte und die wir daher aus Beschreibungen, Zeichnungen und Kopien von Renaissancekünstlern wie Giuliano da Sangallo in ihrem Dekorationssystem kennen, haben sich vier große Tafeln mit figürlichen Motiven erhalten, die im kapitolinischen Museum und im Museo Nazionale Romano delle Terme (Palazzo Massimo) aufbewahrt werden. Über einem reich geschmückten Sockel mit kostbaren großen Marmorplatten, die von Pilastern mit aufwendigen Kapitellen in detailliertem Steinschnittmosaik gerahmt wurden, gliederte ein perspektivischer, imitierter Konsolenfries unter den Fenstern die Wand. Auf den Wandfeldern zwischen den großen Fenstern befanden sich über imitierten Vorhängen mit ägyptisierenden Motiven auf den Bordüren mythologische Darstellungen wie der Raub des Hylas. Weitere Paneele mit figürlichen Motiven wie die Darstellung eines siegreichen Rennfahrers und die Felder mit den eindrucksvollen Darstellungen Rinder reißender Tiger haben sich aus der überreich mit prächtigen Details ausgestatteten Dekoration bewahrt, von der wir aber nur einen Teil kennen.

Diese prächtige, profane Wanddekoration wurde bei der Umwandlung des Baues in eine Kirche gegen Ende des 5. Jahrhunderts trotz der mythologischen und religiösen Motive übernommen. Es war offenbar die Pracht der Ausstattung, auf die Wert gelegt wurde und die dem Kirchenbau Glanz verlieh. Darüber traten die mythologischen Bilder, die ohnehin nur geringen Raum einnahmen und in dieser Zeit keine religiöse Aussage mehr enthielten, zurück; sie waren abgesehen von ihrer formalen Qualität unbedeutend und erregten keinen Anstoß. Lediglich das Mosaik der Apsiskalotte wurde durch ein christliches Mosaik ersetzt. Durch alte Zeichnungen und Beschreibungen können wir uns eine Vorstellung von diesem Apsisbild machen: Der bärtige Christus, angetan mit purpurner Tunica und Pallium stand im Zentrum auf dem Paradiesesberg mit den vier Paradiesesströmen, umgeben von Petrus und Paulus und weiteren vier Aposteln auf einem das Paradies

mit Rosen und Lilien andeutenden Bodenstreifen. Bemerkenswert ist, daß in dieser Mosaikdarstellung der Apostel Andreas, dem nach der Inschrift die Kirche geweiht ist, noch nicht besonders hervortritt.

Die Umgestaltung und Ausstattung der Aula der *domus Iunii Bassi* kann uns eine Vorstellung davon geben, wie die Halle von S. Balbina für die Einrichtung der Kirche, die sicher zur gleichen Zeit erfolgt ist, adaptiert wurde. Auch hier handelt es sich um eine Umnutzung. Beide Kirchen nutzen jetzt gegen Ende des 5. Jahrhunderts offenbar bewußt diese prächtigen Hallen in ihrer gegebenen Ausstattung als repräsentative Kulträume. Bemerkenswert ist dabei, daß der Schmuck mit christlichen Inhalten dabei auf die Apsis reduziert blieb.

Diente S. Balbina als ein *titulus* der pastoralen Versorgung der Bevölkerung, war die Stiftung der Andreaskirche sicher ein Ausdruck privater Devotion. Sie bereicherte die bereits durch eine Reihe von Kirchenbauten besetzte Zone des Esquilins um einen weiteren kleineren, aber prächtig ausgestatteten Bau.

S. AGATHA GOTHORUM
(S. AGATA DEI GOTI)

In dem volkreichen Quartier der Subura zwischen den Ausläufern des Quirinal und des Viminal hat der gotische Heermeister, *magister utriusque militiae*, Flavius Ricimer, der

mächtigste Mann seiner Zeit im römischen Westreich, um 470, wie wir aus der Apsisinschrift erfahren, die heute noch bestehende Kirche mit einem Mosaik ausgestattet.[13] Wahrscheinlich hat der gotische Heermeister auch die Kirche gegründet, auch wenn die Inschrift davon nicht spricht. Der Bau ist eine private Gründung und hat sicher der arianischen Gemeinde in Rom, die aus Germanen, vornehmlich aber wohl aus Goten bestand, als Kirche gedient. In dem Stadtviertel waren die gotischen Milizen stationiert. Entsprechend heißt die Kirche noch am Ende des 6. Jahrhunderts *ecclesia Gothorum*.[14] Papst Gregor I. (590–604) übergibt die Kirche dem katholischen Kultus und weiht sie der hl. Agathe.[15] Seitdem ist sie als *ecclesia sanctae Agathae sita in Subora* bekannt, einen Namen, den sie auch im Mittelalter beibehält.

Die aus Ziegelmauerwerk errichtete frühchristliche Basilika von 30 m Länge und 16 m Breite hat sich in den barocken Umbauten des 17. Jahrhunderts im wesentlichen erhalten. Die dreischiffige Basilika ist nach Nordosten ausgerichtet und hat im Inneren sieben Arkaden über Spoliensäulen mit ionischen Kapitellen und Kämpfern. Den Arkaden entsprechend hatte der Obergaden sieben Fenster auf jeder Seite, während die Apsis noch von zwei weiteren Fenstern belichtet wurde. Die Mauerpfeiler zwischen den Fenstern erreichen fast die lichte Weite der Fenster. Auch an diesem Bau manifestiert sich also mit den in dichter Reihung in Apsis und Obergaden eingesetzten großen Fenstern das Bestreben, dem Mittelschiff und dem

130. *San Giovanni a Porta Latina. Blick von Osten.*

131. *San Giovanni a Porta Latina. Inneres.*

132. *San Giovanni a Porta Latina. Kaiserzeitliches jonisches Spolienkapitell.*

Presbyterium möglichst viel Licht zuzuführen. In seiner Auslegung fügt sich der Bau also in das Bild der römischen Kirchenbaukunst des fortgeschrittenen 5. Jahrhunderts gut ein, das uns die größeren Basiliken wie S. Sabina vermitteln. Die gelehrten Versuche, für den Bau statt des römischen den byzantinischen Fuß als Entwurfsmaß zu reklamieren, entbehren einer sicheren Grundlage.

Das Apsismosaik, das bei einem Einsturz der Apsis im 16. Jahrhundert verloren ging, kennen wir aus alten kolorierten Zeichnungen. Es zeigte Christus auf dem Globus sitzend zwischen den 12 Aposteln. Die Darstellung des Mosaiks legt nahe, daß die Kirche ursprünglich dem Salvator geweiht war. Petrus, der eine bevorzugte Stellung unter den Aposteln einnahm, empfing, wenn wir der Zeichnung folgen können, aus den Händen des Heilands mit verhüllten Händen die Schlüssel als Symbol der Sündenvergebung durch die Kirche, ein Motiv, das hier zum ersten Mal belegt ist. Jüngst wurde allerdings der Vorschlag gemacht, in den Zeichnungen nicht die Wiedergabe des Mosaiks der Apsiskalotte zu sehen, da der Platz für die Darstellung mit dem auf dem Globus sitzenden Christus und weiteren 12 Gestalten zu beengt sei, sondern die Zeichnung auf das Mosaik der Stirnwand zu beziehen und es als eine Stiftung Papst Gregors I. (590–604) anzusehen, der bei der Neuweihe der Kirche für den katholischen Kultus das Mosaik dort habe anbringen lassen. Daß Gregor der Große aus Anlaß der Neuweihe die Kirche mit Mosaiken ausgestattet hat, erfahren wir aus einem Brief Papst Hadrians I. an Karl den Großen.[16] Eine ikonographische Parallele würde dazu das

entsprechende Mosaik des ausgehenden 6. Jahrhunderts in S. Lorenzo fuori le mura bieten. Ob, wie zu erwarten, die heilige Agathe, wie in der zeitgenössischen Kirche S. Agnese fuori le mura die heilige Agnes, mit dem immer stärkeren Hervortreten der Titelheiligen nunmehr im Zentrum der Apsiskomposition gestanden hat, darüber fehlt uns jedoch jedwede Nachricht.

S. Ioannis in Portam Latinam (S. Giovanni a porta Latina)

Die schöne Kirche, die sich dem heutigen Besucher zunächst in ihrem mittelalterlichen Gewande präsentiert, liegt im Süden Roms unmittelbar hinter der Stadtmauer an der Porta Latina auf der nördlichen Seite des innerstädtischen Traktes der Via Latina in einem Gebiet, das auch in der Antike von Gärten bedeckt war, während an der Straße sich ältere Grabbauten und Hypogäen meist republikanischer Zeit hinzogen. Die frühesten Erwähnungen des Kultes und der Kirche begegnen erst am Ende des 7. und im folgenden Jahrhundert.[17] Ziegelstempel des Gotenkönigs Theoderich (495–526), der viele Bauten in Rom nach kaiserzeitlichem Vorbild mit gestempelten Ziegeln hat restaurieren lassen, haben sich auf Dachziegeln des Baues gefunden und scheinen damit die Existenz des Kultbaues schon im 5. Jahrhundert zu belegen. Nach dem Liber Pontificalis hat Papst Hadrian I. (772–795) die *ecclesia beati Iohannis Baptistae sita iuxta portam Latinam*

restauriert.[18] Über ihren Ursprung erfahren wir nichts. Im Jahre 1191 wurde die Kirche von Papst Coelestin III. erneut geweiht.[19]

Schon die Lage der Kirche zeigt, daß sie nicht eine Gemeinde seelsorgerisch zu versorgen hatte, sondern eher den Reisenden offenstand und beim Verlassen oder beim Eintritt in die Stadt zur Einkehr Gelegenheit bot. Das allein zeigt, daß sie nicht zu den älteren christlichen Kultbauten der Stadt gehört. Wahrscheinlich war sie auch eine Memorialkirche und erinnerte an eine Märtyrergedächtnisstätte, wie sie auf der anderen Straßenseite durch das in Renaissance und Barock erneuerte Oratorium S. Giovanni in Oleo gekennzeichnet ist, das auf die ausgehende Antike oder das Frühmittelalter zurückgehen wird. Jedenfalls bezeugt ein Bericht des christlichen Schriftstellers Tertullian aus Karthago am Ende des 2. Jahrhunderts, daß man zu dieser Zeit von dem Martyrium des Apostels in Rom wußte: Der Apostel Johannes sei, so heißt es bei Tertullian, nachdem er den vergeblichen Versuch, ihn in Rom mit siedendem Öl zu töten, überstanden habe, nach Patmos exiliert worden.

Hinweise auf die Datierung können wir nur aus einer Analyse des Baues und seiner Bauphasen gewinnen. Die Kirche hat eine für Rom ungewöhnliche Gestalt. Sie ist zwar eine nach Osten gerichtete dreischiffige Basilika mit einer Vorhalle, einem Narthex, weist aber am Ende des Mittelschiffes vor der Apsis im Bereich des Presbyteriums einen ausgeschiedenen, eingezogenen Raumteil auf, dem auf gleicher Höhe am Ende der Seitenschiffe Nebenräume entsprechen, die von kleinen

Apsidiolen abgeschlossen werden. Die innen halbkreisförmige Hauptapsis ist außen polygonal ummantelt. Alles dies sind Elemente, die sich in der östlichen Kirchenbaukunst Konstantinopels im 5. und im 6. Jahrhundert und unter Konstantinopler Einfluß auch in Ravenna finden. Eine Analyse des Mauerwerks, das aus *opus mixtum* verschiedener Techniken besteht, zeigt, daß der Apsisbereich mit den Nebenräumen einer Bauphase angehört, zu der offenbar auch Teile des Mauerwerks an dem romanischen Campanile zu rechnen sind, während die Seitenwände der Kirche aus recht unregelmäßigem Mauerwerk einer anderen Periode zuzuweisen sind.

Im Inneren tragen fünf Spoliensäulen, davon drei Granitschäfte und ein Schaftpaar aus weißem Marmor, das als erstes an den Anfang der Reihe gestellt ist, mit ionischen Kapitellen die Arkaden. Vier dieser Kapitelle einer Seite von gleicher Machart entstammen einer thasischen Produktion des späten 4. oder frühen 5. Jahrhunderts, die in größerer Stückzahl nach Rom importiert und auch in anderen frühchristlichen Kirchen des Jahrhunderts verwendet wurden. Das andere Paar, das an zweiter Stelle vom Altarraum aus eingesetzt ist und so wohl die Grenze des Presbyteriums kennzeichnet, besteht aus stadtrömischen Spolienkapitellen trajanischer Zeit. Der Typus dieser spätantiken ionischen Kapitelle, die auch in S. Stefano Rotondo im 5. Jahrhundert Verwendung gefunden haben, und die Art, wie die Werkstücke eingesetzt sind, sprechen für eine ursprünglich spätantike Verwendung der Stücke am Ort. Die Kapitelle dürften aus dem frühchristlichen Bau übernommen worden sein und auch in ihrer Anordnung das

221

133. *SS. Cosma e Damiano. Der antike Saal des Forum Pacis mit dem Eingangsvestibül des 4. Jh., in den die Kirche des 6. Jh. eingebaut wurde.*

134. *SS. Cosma e Damiano. Apsismosaik mit Christus, Kosmas und Damian, dem Stifter Papst Felix IV. (526–530) und dem hl. Theodor.*

Ordnungsprinzip des Vorgängerbaues wiedergeben. Die polygonale Apsis und das von Nebenräumen begleitete Presbyterium finden allerdings in der östlichen Kirchenbaukunst des 5. und 6. Jahrhunderts ihre nächsten Parallelen. So hat man daher vermutet, daß die Präsenz dieses östlichen Bautypus in Rom mit der byzantinischen Besetzung der Stadt im 6. Jahrhundert zusammenhängt. Auch das sorgfältige Mauerwerk des Apsisbereiches, in dem zwei Ziegelschichten auf eine Tuffschicht folgen, findet an römischen Kirchen dieser Zeit seine Parallelen. Möglicherweise ist dieser außergewöhnliche Bau, der wohl von der politisch und militärisch führenden Schicht der Stadt veranlaßt wurde, an diesem exzentrischen Platz errichtet worden, um den wichtigen Zugang der nach Süden führenden Verbindungsstraße der Via Latina am Tore durch den Schutz des Heiligen zu sichern. Nur eine gründliche Bauaufnahme könnte hier Klärung bringen, da wir keine Quellen besitzen, die uns einen konkreten Datierungsanhalt geben.

Die qualitätvollen Wandmalereien, die bei der Erneuerung der Kirche am Ende des 12. Jahrhunderts angebracht worden sind, und die wesentlich den heutigen Raumeindruck mitbestimmen, wiederholen in Aufbau und Inhalt das antike Schema, das wir aus den frühchristlichen Basiliken des 5. Jahrhunderts kennen: Zwei Reihen gerahmter Felder auf jeder Seite der Hochwand zeigen in beziehungsreicher Gegenüberstellung Szenen aus dem Alten und Neuen Testament. Auch sie dürften auf einen entsprechenden Zyklus des frühchristlichen Vorgängers am Ort zurückgehen, den der romanische Bau teilweise ersetzt hat. So vermittelt ein Besuch dieser Kirche etwas von dem Raumeindruck eines römischen *titulus* des 5. Jahrhunderts.

SS. Cosma e Damiano

Mit der Kirche SS. Cosma und Damiano, die den beiden Ärzteheiligen, den Anargyroi, „die kein Honorar nehmen", geweiht ist, überschreiten wir die Schwelle zum 6. Jahrhundert. Sie ist die erste Kirche, die im eigentlichen monumentalen Zentrum, dem Forum und den Kaiserfora, eingerichtet wurde, die für mehr als fünfhundert Jahre das politische, religiöse und ideelle Zentrum des Reiches gewesen sind und in dem einige der ältesten aber auch eine Reihe der prächtigsten und politisch bedeutsamsten Kultstätten des Staates sich befanden, wie der Tempel der Venus Genetrix auf dem Caesarforum und der Mars-Ultor-Tempel auf dem Forum des Augustus. Die repräsentativen Bauten dieses einmaligen monumentalen Ensembles, das Mitte des 4. Jahrhunderts noch die Bewunderung des Kaisers Constantius II., der in Konstantinopel

residierte, bei einem Besuch in Rom erregt hatte, standen ungenutzt, soweit sie nicht wie etwa die prächtige Basilica Aemilia seit der Eroberung Alarichs in Ruinen lagen. Sie hatten ihre alten Funktionen weitgehend verloren. Durch die neuen Grabungen in den Forumsbereichen wissen wir, daß sich im Hof des flavischen *Forum Pacis* schon im Laufe des 4. Jahrhunderts kleinere Baulichkeiten und Ladenlokale angesiedelt hatten, daß offenbar während des 5. Jahrhunderts das ganze Areal aufgegeben und im 6. Jahrhundert dort Bestattungen angelegt wurden.

So besetzte nun die Kirche leerstehende Gebäude, um sie als christliche Kultbauten zu nutzen. In dem südöstlichen Saal des abschließenden Gebäudekomplexes des *forum Pacis,* das im Jahre 75 von Kaiser Vespasian zur Feier des Sieges über die aufständischen Juden und der Zerstörung Jerusalems eingeweiht worden war, richtete Papst Felix im Jahre 527 die Kirche zu Ehren der Ärzteheiligen Kosmas und Damian ein.[20] König Theoderich und seine Tochter Königin Amalasuntha als

Vertreter der kaiserlichen Autorität in Konstantinopel erteilten Papst Felix die erforderliche Konzession, dieses dem Fiscus gehörenden Gebäude für die Errichtung der Kirche nutzen zu können. Wir müssen annehmen, daß die Wahl des Ortes bewußt erfolgt ist. In diesem Bereich hatten die beamteten öffentlichen Ärzte während der Kaiserzeit und auch noch bis in das Mittelalter ihre *statio,* ihr Ambulatorium. Zudem wissen wir von dem bedeutenden Arzt Galen, kaiserlicher Leibarzt Marc Aurels und seines Sohnes Commodus im späten 2. Jahrhundert, daß er seine anatomischen Vorlesungen in einem Saal des Forum Pacis abhielt, dem auch eine medizinische Bibliothek angeschlossen war. Es war offenbar dieser Saal, der den medizinischen Vorlesungen gedient hatte, den Papst Felix für die den heiligen Ärzten geweihte Kirche adaptierte. Es handelt sich also um eine bewußte Christianisierung einer antiken Tradition, die Übernahme einer für die Gesellschaft wichtigen Institution durch die Kirche. Signifikant ist ebenso, daß es die „Anargyroi" sind, die heiligen Ärzte, die nach der

Legende ohne Honorar geheilt haben, die nun hier an der Stelle des amtlichen ärztlichen Dienstes der Stadt präsent sind und dem Gläubigen ihre Hilfe leihen.

Der rechteckige Saal, der nach einem Brand in severischer Zeit erneuert worden war, wurde noch im 4. Jahrhundert im Inneren durch eine kreissegmentförmige Wand mit einer Reihe von Arkadenöffnungen unterteilt und zudem mit *opus sectile* ausgekleidet, das wir in seinem Dekorationssystem aus einer Zeichnung des Renaissancearchitekten Pirro Ligorio kennen. Es bedeckt die Apsis bis zum Ansatz der Wölbung und die Wände des Saals bis unter die großen Bogenfenster im oberen Teil der Wand unter dem Dachansatz. Entsprechend dem üblichen Dekorationssystem besteht diese Wandverkleidung aus zwei Registern, die aus hochreckigen Marmorplatten mit reichen Ornamentleisten zusammengesetzt sind und von flachen Gesimsen getrennt werden. Die Platten sind, soweit Pirro Ligorio dies festgehalten hat, mit geometrischen Mustern verziert. Offenbar zur gleichen Zeit erhielt der

135. SS. Cosma e Damiano. Apsismosaik.
Christus.

136. SS. Cosma e Damiano. Apsismosaik.
Paulus.

137. SS. Cosma e Damiano. Apsismosaik.
Petrus.

138. SS. Cosma e Damiano. Apsismosaik.
Der hl. Damian.

139. SS. Cosma e Damiano. Apsismosaik.
Der hl. Kosmas.

Saal auch eine andere Ausrichtung mit einem monumentalen Eingang zum Forum, dem sogenannten Tempio di Romulo, der mit einem überkuppelten Rundbau und einer gebogenen, mit Spoliensäulen geschmückten Nischenfront die schräg von Südwest nach Nordost verlaufende Achse des Gebäudes mit der Via Sacra verband. Der Eingang an der Via Sacra ist mit wiederverwendeten Gebälkstücken und Spoliensäulen ausgestattet und weist noch die antiken Bronzetüren auf.

Dieser einschiffige Saal wird nun ohne bauliche Änderungen als Kirche übernommen. Selbst die Öffnungen der Apsis bleiben erhalten. Die kostbare Wandverkleidung mit farbigen Marmorplatten wird ergänzt durch ein großes Wandmosaik, das die Apsiswand in ganzer Breite des Saales überspannt. Das Mosaik mit einer eindrucksvollen Komposition ist von hoher Qualität. Es findet auch in Ravenna und andernorts unter den zeitgenössischen Mosaiken in dieser Hinsicht keinen Vergleich. Vor einem tiefblauen Grund schwebt auf den farbigen apokalyptischen Wolken, die die Endzeit ankündigen, der bärtige Christus in goldener Tunica und Pallium als Weltenherrscher und Lehrer herab. In der Linken hält er die Buchrolle, die Rechte ist weisend erhoben. Von rechts schreitet Petrus, von links Paulus heran, die die beiden Titelheiligen heranleiten, die mit verhüllten Händen Christus ihre goldenen Märtyrerkränze als Tribut, das *aurum coronarium,* darbringen. Der hl. Theodorus, gekennzeichnet durch die Beischrift, im Beamtenkostüm mit kostbar verziertem Mantel (Chlamys) und dem *aurum coronarium* sowie auf der anderen Seite Papst Felix, ebenso gekennzeichnet durch die Beischrift, mit dem Kirchenmodell als Opfergabe, schließen das Bild ab. Zwei Palmen am Rand mit dem inschriftlich bezeichneten Jordanfluß weisen auf das Paradies und der Phönix in der linken Palme auf die Auferstehung hin. So sind auch in dieser Apsiskomposition in einer mehrschichtigen Verbindung die grundlegenden Glaubenswahrheiten und Verheißungen angelegt. Eine symbolische Darstellung mit dem nimbierten Christuslamm auf dem Paradiesesberg inmitten der 12 Apostellämmer schließt das Mosaik nach unten ab. Darunter erscheint mit schönen goldenen Lettern auf blauem Grund die Stiftungsinschrift des Papstes.

Das Mosaik ist verhältnismäßig gut erhalten. Der größte Teil der Figur des linken Titelheiligen und die Gestalt des Papstes wurden in der Barockzeit allerdings erneuert. In seiner großflächigen Komposition ist das Mosaik von einer eindrucksvollen Strenge und Monumentalität. Die Figuren haben eine überraschende Körperlichkeit und ihre Gewänder sind lebendig und differenziert modelliert. Die lebendigen, kräftig geschnittenen Gesichter sind voller Ausdruck und Individualität. Eine reiche und fein abgestufte, natürliche Farbpalette

zeichnet die Darstellung aus. Diese außergewöhnliche Qualität des Mosaiks überrascht in dieser Zeit der Unsicherheit nach dem Tode Theoderichs und kurz vor dem Ausbruch der Gotenkriege. Sie zeugt für den hohen künstlerischen Stand der stadtrömischen Kunst der Zeit und das ungebrochene Fortleben der künstlerischen Tradition der Antike noch im Rom der ausgehenden Antike. Demgegenüber fehlen den zeitgenössischen Mosaiken in Ravenna bereits die bestimmenden Qualitäten des römischen Mosaiks, die es noch an die Antike binden und es besonders auszeichnen, wie die fast räumliche Wiedergabe der Gestalten in der Bildkomposition, die Plastizität der Figuren und die weiche, differenziert modellierte Schönlinigkeit der Gewänder.

Zwei reichgeschmückte sogenannte Korbkapitelle Konstantinopler Formgebung, die aus dem Kirchenbau stammen, sich heute aber in Lyon befinden, haben wohl den Baldachin über dem Altar geziert. Die Stücke tragen das Monogramm des Papstes Johannes II. (533–535), das sich auch auf den aus Konstantinopel stammenden Schrankenplatten des Presbyteriums von S. Clemente findet. Johannes II., der nur wenige Jahre später Felix III. auf dem Papstthron folgte, hat offenbar auch in SS. Cosma e Damiano die liturgischen Einrichtungen mit kostbarem, aus Konstantinopel importierten Werkstücken vervollständigt. Es ist bemerkenswert, daß diese reich geschmückten, importierten oder, wie in S. Clemente, von östlichen Bildhauern in Rom angefertigten Kapitelle wie Spolien an besonders ausgezeichneter Stelle verwendet werden, um diese als liturgischen Raum besonders hervorzuheben.

Der Einbau der Kirche in den Saal des *forum Pacis* unter Bewahrung der überkommenen kostbaren Wandverkleidung, die lediglich durch das Mosaik mit christlichem Inhalt ergänzt wird, entspricht der Umwandlung der beiden Apsidensäle eines Stadtpalastes in die Kirchen S. Balbina und S. Andrea in Cata Barbara in der zweiten Hälfte des 4. Jahrhundert. Der Vorgang, der darauf angelegt ist, die kostbare Wandverkleidung als Ganzes für die Ausstattung der Kirche zu sichern und dieser damit Glanz zu verleihen, hat jedoch im Falle von SS. Cosma e Damiano eine besondere Bedeutung, da hier zum ersten Mal ein öffentliches Gebäude, das zudem noch zu einem zentralen Baukomplex des kaiserzeitlichen Rom gehört hatte, von der Kirche mit Genehmigung der zuständigen staatlichen Autorität okkupiert und für ihre Zwecke genutzt wird. Wir können daran die Stellung der Kirche im Staat und in der Gesellschaft ablesen, in die sie hineingewachsen ist, seit Rom nicht mehr Residenzstadt ist. Die Kirche nimmt nunmehr weitgehend den Platz auch im monumentalen Erscheinungsbild der Stadt ein, den bisher die staatliche Macht ausgefüllt hatte.

SANC — THEODOR

140. SS. Cosma e Damiano. Apsismosaik.
Der hl. Theodor.

141. S. Maria Antiqua. Wandbild im
Kirchenschiff. Die Makkabäer. 7./8. Jh.

S. MARIA ANTIQUA

Die zweite Kirche, die in einem kaiserzeitlichen Gebäude am Forum eingerichtet wurde, ist S. Maria Antiqua. Ihre Datierung ist aus den Quellen nicht gesichert und kann nur aus dem Bau selbst erschlossen werden. Da eine Bauaufnahme fehlt, sind die bisher vorgelegten Deutungen der Befunde und der Bauphasen, die zum Teil auf Stilanalysen der Wandmalereien fußen, nicht genügend abgesichert. Möglicherweise ist die Kirche zur gleichen Zeit wie SS. Cosma e Damiano entstanden, mit Sicherheit aber eine Generation später nach dem Ende der Gotenkriege. Die Anlage wurde im späten 19. Jahrhundert ausgegraben.

Die Kirche liegt in einem Gebäudekomplex unmittelbar unter dem nordwestlichen Abhang des Palatins hinter dem Castor- und Pollux-Tempel und nahe der uralten Kultstätte der Iuturnaquelle. Dort befindet sich zwischen einem riesigen, mehr als 30 m hohen, mehrstöckigen Bau domitianischer Zeit (90–96) und dem Palatin ein eingeschossiger Bau, der mit dem Palatin und der darüberliegenden *domus Augustana,* dem Kaiserpalast, durch eine gedeckte Rampe verbunden ist.

Dieser Bau bestand aus einer quadratischen Halle, die sich nach Norden zum Forum öffnete und nach Süden durch eine dreifache Öffnung auf ein Atrium mit einem dahinter liegenden *tablinum.* Dies besteht aus einer großen, rechteckigen Kammer in der Mitte und zwei flankierenden kleineren Räumen, die alle mit Tonnengewölben überdeckt sind. Die ursprüngliche Bestimmung dieser Anlage, die an den monumentalisierten Kernbereich eines römischen Hauses mit Atrium und repräsentativen Räumen, das *tablinum,* erinnert, kennen wir nicht. Die Rampe macht jedoch deutlich, daß der Bau zum Kaiserpalast gehörte und vielleicht als ein Eingangsbereich vom Forum, als eine Art Vestibül an diesem Zugang anzusehen ist. Die quadratische Halle war mit kostbarer marmorner Wandverkleidung ausgestattet, von der heute noch eine Reihe marmorner korinthischer Pilasterkapitelle des 4. Jahrhunderts mit feingezackten Akanthusblättern, einer typisch östlichen Zierform, im Antiquarium des Forums aufbewahrt werden. Die gleiche ausgesprochen reiche Dekoration setzte sich an den Wänden des Atriums und im *tablinum* fort, wo sich noch ausgedehnte Reste der Mörtelbettung erhalten haben. Die Gewölbe des *tablinums* wurden mit einem Mosaik geschmückt, von dem nur noch die Abdrücke der Steinchen zu sehen sind. Der Fußboden bestand aus farbigen Marmorplatten. Der aus hadrianischer Zeit stammende Komplex muß also noch im 4. Jahrhundert eine seiner besonders kostbaren Ausstattung entsprechende bedeutende Funktion gehabt haben, die wohl mit dem Palast im Zusammenhang stand.

In der ausgehenden Antike wurde nun auf die Rückwand der mittleren großen Kammer des sogenannten *tablinums* ein großformatiges Bild einer Verkündigung gemalt, das gemeinhin schon dem frühen 6. Jahrhundert zugewiesen wird. Es ist kaum denkbar, daß der Komplex mit einer solchen Dekoration nicht schon als Kirche gedient hat. Auch hier wird ein älteres Gebäude mit ausgesucht prächtiger Wandausstattung, die ein wesentlicher Gesichtspunkt für die Auswahl gewesen sein wird, mit geringem baulichem Aufwand zur Kirche umfunktioniert. Das Verkündigungsbild wurde später durch die Anlage einer Apsis in der Rückwand dieses Raumes weitgehend zerstört. Es ist anzunehmen, daß diese Maßnahme gleichzeitig mit dem Austausch der vier Ziegelpfeiler im Atrium durch Säulen erfolgt ist, die der Anlage das Aussehen einer dreischiffigen Kirche geben sollten. Münzen aus der Zeit Iustins II. (565–578), die unter der Basis einer der Säulen gefunden wurden, datieren diesen Umbau in die zweite Hälfte des 6. Jahrhunderts nach dem Ende der Gotenkriege. Die eigentümliche Auslegung der Kirche ist also ganz durch die Gestalt des kaiserzeitlichen Baues bestimmt.

Die ältere Verkündigung wurde durch ein weiteres Verkündigungsbild mit Engelsgestalten übermalt. Über dieser liegt wiederum eine Malschicht, die der Ausstattung unter Papst Martin I. (649–653) zuzuweisen ist. In dieser Zeit wird die Kirche auch zum ersten Mal in einem Pilgerführer als *basilica quae appellatur sancta Maria antiqua* angeführt.[21] Alle diese Malschichten mit den Resten qualitätvoller figürlicher Darstellungen sind in Fragmenten übereinanderlagernd auf der Stirnwand neben der Apsis sichtbar. Papst Johannes VII. (705–707), ein Grieche, legte einen anderen Malzyklus an, wie der Liber Pontificalis berichtet,[22] dem ein weiterer folgte, den Theodotos, *primicerius defensorum*, ein Milizkommandant, unter Papst Zacharias (741–752) gestiftet hatte. In den folgenden Jahrzehnten wird die Kirche noch mehrmals ausgemalt, so unter Papst Paulus I. (757–752) und Papst Hadrian I. (772–795), bis sie nach einem Erdbeben unter Papst Leo IV. (847–855) aufgegeben wurde.

Alle diese Wandmalereien setzen allerdings voraus, daß die Marmorinkrustation im oberen Bereich der Wand spätestens an der Wende zum 7. Jahrhundert der Ausmalung hat weichen müssen. Gegenüber dem Bestreben, den Bau mit einer belehrenden und erbauenden Bilddekoration auszumalen, hatte die Kostbarkeit und Pracht der Wandverkleidung ihren Wert verloren. Teile dieser Malereizyklen, die ein Kompendium der frühmittelalterlichen Malerei in Rom darstellen, haben sich in der Kirche erhalten. Sie sind zum Teil von hoher Qualität und erstaunlicher Frische und impressionistischem Schwung. Vor allem eine Gruppe von Einzelbildern im Schiff ist hier hervorzuheben: Die hl. Anna und die Makkabäer, der heilige Demetrius und drei weitere ungedeutete Heilige sowie die heilige Barbara. Diese Malereien gehören wohl noch zu der malerischen Ausstattung der ausgehenden Antike, der auch die Verkündigung neben der Apsis zuzuweisen ist, da sie von der späteren Ausmalung unter Papst Johannes VII. (705–707) überdeckt worden sind. Da es sich bei diesen Bildern um Heilige des östlichen Reichsteiles handelt, denen zudem griechische Inschriften beigegeben sind, wird diskutiert, ob die Maler aus dem Osten kamen und die Stilprägung der Bilder charakteristisch für die frühbyzantinische Malerei sei, und ob die Auftraggeber in den Kreisen der byzantinischen Administration auf dem Palatin oder unter griechischen Mönchen zu suchen seien, die sich an der Kirche angesiedelt hätten. Da im Osten wie im Westen zu wenig vergleichbares zeitgenössisches Material bekannt ist, läßt sich die Frage nicht entscheiden.

In einer Erwähnung in der Biographie Papst Leo III. (795–816) des Liber Pontificalis erscheint die Kirche mit dem Titel *diaconia*, mit dem die seit dem frühen Mittelalter eingerichteten kirchlichen Versorgungsstationen für die Bevölkerung bezeichnet wurden. Danach schweigen die Quellen über die Kirche, die mehr und mehr von den bei Erdbeben vom Hang des Palatins abrutschenden Erdmassen verschüttet wurde. Der Name der Kirche S. Maria Antiqua leitet sich nach einer ansprechenden Deutung von der alten Madonnenikone des 6. oder 7. Jahrhunderts ab, die sich in der Kirche befand und die nach der Aufgabe der Kirche nach dem Erdrutsch in die neue Kirche S. Maria Nuova auf dem Areal des Venus- und Roma-Tempels verbracht wurde.

SS. QUIRICO E GIULITTA

Eine weitere Kirche des 6. Jahrhunderts, SS. Quirico e Giulitta ist dem Kreis der Kultbauten zuzurechnen, die in antiken Gebäuden untergebracht wurden. Die Dedikationsinschrift des Altares, den Papst Vigilius (537–555) gestiftet hat, datiert die Kirche in die Mitte des 6. Jahrhunderts.[23] Sie liegt am Eingang zum Nervaforum und am Zugang zu dem sich nördlich ausbreitenden volkreichen Quartier der *Subura*. Grabungen in den dreißiger Jahren unter der heutigen in Renaissance und Barock erneuerten und nach Nordosten gerichteten Kirche haben größere Teile des antiken Baues erschließen können. Dieser bestand aus einer 22 m langen und 12 m breiten einschiffigen, nach Süden gerichteten Halle aus Ziegelmauerwerk, die wie das antike Gebäude der Kirche S. Balbina an den Seiten tiefe halbrunde und rechteckige Nischen im Wechsel besaß. Über jeder Nische befanden sich große Bogenfenster mit 2 m x 4 m lichter Weite. Lediglich über der letzten Nische im Süden, auf deren Höhe das Presbyterium eingerichtet und der Altar aufgestellt wurde, befand sich ein kleineres Rundbogenfenster, über dem das gegenüber der Haupthalle abgesetzte Dach auflag. An diesem niedrigeren Teil des Presbyteriums befand sich eine polygonale Apsis. Dies zeigt, daß offenbar bei der Adaption der Halle zu einer Kirche im 6. Jahrhundert das südlichste Joch über der letzten Rundnische im Bereich des Obergadens tiefergelegt wurde und eine Apsis angebaut wurde, die in ihrer Form der von S. Giovanni a Porta Latina aus der gleichen Zeit entspricht. Die Außenmauer war mit Putz überzogen. Das antike Gebäude glich ursprünglich also weitgehend dem antiken Bau von S. Balbina und ist zweifellos auch eine Empfangshalle einer spätantiken *domus* wohl des 4. Jahrhunderts gewesen, die nun im fortgeschrittenen 6. Jahrhundert mit größeren Umbauten zu einer Kirche umgestaltet wurde. In den Nischen fanden sich bei den Ausgrabungen noch mittelalterliche Fresken mit der Wiedergabe von Vorhängen (*vela*) und einem Figurenfries darüber.

S. ADRIANO

Im Jahre 630 wurde auch die Curia Iulia, die Versammlungshalle des römischen Senates auf dem Forum unterhalb des Kapitols von Papst Honorius I. (625–638) in eine Kirche umgewandelt und als *ecclesia beati Hadriani geweiht.*[24] Der Bau der Curia war nach dem verheerenden Brand unter Kaiser Carinus im Jahre 283 unter Kaiser Diokletian im Jahre 303 wieder errichtet worden. Es handelt sich um einen rechteckigen Ziegelbau mit einem Obergaden, der an der Front und Nebenseiten von großen Fenstern durchbrochen wurde. Vor der Eingangsseite lag eine Säulenvorhalle. Die Bronzetüren wurden im Jahre 1660 in die Lateranskirche übertragen, wo sie heute noch am Haupteingang zu bewundern sind. Die Außenwand war mit einem weißen Putz, der Marmorquader imitierte, bedeckt. Im Inneren besitzt die Curia an den Seiten aufsteigende Stufen, auf denen die Sitze für die Senatoren aufgestellt waren. Die Nischen unter den Fenstern waren mit marmornen Säulenädikulen ausgestattet, von denen sich heute noch Reste erhalten haben. Der restaurierte Fußboden besteht aus *opus sectile* mit einem wiederholten Muster aus Rosetten, Quadraten und gegenständigen Füllhörnern in rechteckigen Feldern, die aus farbigen Marmorplatten gebildet werden. Grüner und roter Porphyr auf einem Untergrund aus gelbem numidischen Marmor sind die dominierenden Farbtöne in diesem kostbaren und prächtigen Boden. Entsprechend waren auch die Wände ausgestattet.

Die Halle wurde mit dieser prächtigen Ausstattung ohne weitere bauliche Veränderungen und unter Beibehaltung des Stufenaufbaus für die Senatorensitze als Kirche genutzt. Die repräsentative Pracht der Einrichtung wurde offenbar bewußt geschont. Der Gottesdienst und die liturgischen Verrichtungen fügten sich in die Auslegung des Baues und seiner Einrichtung. Von Papst Hadrian I. (772–795) wurde die Kirche restauriert und eine Diakonie, eine soziale Versorgungsstation eingerichtet.[25] Die Apsis und Veränderungen in der Einrichtung, wie eine *solea,* ein abgeschrankter Gang für den feierlichen Einzug des Klerus sind wohl dieser Erneuerung der Kirche unter Papst Hadrian zuzuweisen.

Der Umbau in eine dreischiffige Basilika unter Verwendung von Spoliensäulen erfolgte im 12. Jahrhundert. Alle diese Einbauten wurden bei den Restaurierungsarbeiten in den dreißiger Jahren entfernt und die Einrichtung der Curia, so weit möglich, wieder in den Zustand des diokletianischen Neubaues und damit auch des ersten Kirchenbaues versetzt.

S. MARIA AD MARTYRES
(PANTHEON)

Im Jahre 608 weiht Papst Bonifatius IV. (608–615) mit Genehmigung des byzantinischen Kaisers Phokas das Pantheon als Kirche der Madonna und der Märtyrer, deren Reliquien er in der Kirche niederlegt.[26] Damit richtet der Papst die erste christliche Kirche, die nun zugleich Memorialkirche, Devotionalkirche ist und pastorale Aufgaben zu erfüllen hat, im Zentrum des dicht mit öffentlichen Bauten, Thermen, Säulenhallen und Tempeln besetzten Marsfeldes ein, das bis dahin nur am Rande von christlichen *tituli* des 4. und 5. Jahrhunderts wie S. Lorenzo in Damaso, S. Marco, S. Marcello und S. Lorenzo in Lucina eingegrenzt worden ist. Dieses Faktum ist von umso größerer Bedeutung, als mit dem beginnenden Mittelalter der Süden und der Südosten der Stadt innerhalb der Mauern sich

233

mehr und mehr entvölkert und die Einwohner sich auf den Bereich des ehemaligen Marsfeldes zurückziehen, wo auch die Wasserversorgung durch eine ausreichende Zahl an Brunnen gesichert ist. Das Pantheon ist das erste nichtprofane Gebäude, das in Rom als Kirche genutzt wird. Der von Agrippa im Jahre 27 v. Chr. errichtete Bau wurde von Kaiser Hadrian in der heutigen Gestalt als Kuppelbau mit einer lichten Weite und Höhe von 43 m erneuert. Es war einer der repräsentativsten und monumentalsten Gebäude Roms und der größte Kuppelbau der Antike überhaupt, der mit seiner revolutionären Architektur ein Zeichen setzte und zum ersten Mal den Raumbau für einen Kultbau einsetzte, der der Verherrlichung des Kaisers diente. Daß das sogenannte Pantheon nicht ein Kultbau im herkömmlichen Sinn war, mochte es für die Umwandlung in eine Kirche geeigneter erscheinen lassen. Die monumentale Gestalt des Baues und seine prachtvolle Innenausstattung mit marmorner Wandverkleidung waren für diese Entscheidung offenbar maßgebend. Die Ausrichtung nach Süden, die mit der durch die Vorhalle definierten Achse gegeben war, war kein Hindernis, da es in der frühchristlichen Baukunst keine festgelegte Ausrichtung gab, wenn auch die Ausrichtung von West nach Ost mit der Fassade im Osten in Rom im 4. Jahrhundert bevorzugt wurde, bevor sich mit dem Ende des Jahrhunderts die Ausrichtung mit der Apsis nach Osten durchsetzte.

Der Innenraum des Pantheons wurde durch die Adaption zur Kirche im wesentlichen unberührt gelassen, lediglich um den Altar vor der Hauptnische in der Achse der Vorhalle wurde mit Schrankenplatten ein Presbyterium eingerichtet und nach dem Liber Pontificalis in der Nähe des Altares Malereien angebracht. Wo diese Malereien sich befanden und ob sie die Marmorinkrustation bedeckten, wissen wir nicht. In jedem Falle schloß die Marmorinkrustation, wenn man sie beibehielt, eine ausgedehnte malerische Wanddekoration aus, die im Mittelalter einen hohen Rang besaß, da sie nicht nur schmücken, sondern erbauen und belehren sollte.

Zur Ausstattung gehörte auch eine Marienikone, die Papst Bonifaz der Kirche stiftete und die als Kultbild diente und gleichsam die paganen Kultbilder ersetzte. Die Ikone wird noch heute in der Kirche verehrt. Die offene Vorhalle wurde durch eine dreiteilige Portalanlage abgeschlossen, so daß ein geschlossener überdachter Vorhof entstand. Die kultische Bedeutung der Gründung zeigt sich auch darin, daß der 1. November, der Weihetag des der Madonna und allen Märtyrern dedizierten Pantheons, bis heute in der katholischen Kirche als der Gedenktag Allerheiligen gefeiert wird.

XII. SPÄTE ZÖMETERIALKIRCHEN UND LÄNDLICHE PFARRKIRCHEN VOR DEN TOREN DER STADT

Mit dem fortschreitenden Märtyrerkult, der immer größere Bedeutung im kirchlichen Leben gewann, war man seit dem späten 4. Jahrhundert mehr und mehr bestrebt, das Grab der Märtyrer oder ihre Reliquien mit dem eucharistischen Altar zu verbinden. So konnten die großen Umgangsbasiliken aus konstantinischer Zeit, die fern der Gräber der Märtyrer standen, den Ansprüchen nicht mehr genügen. Da auch der Unterhalt dieser Kirchen in der ausgehenden Antike und im frühen Mittelalter Schwierigkeiten bereitete, verfielen sie langsam. Lediglich die wichtigsten dieser Basiliken, die den Aposteln gewidmet waren – S. Pietro, S. Paolo und S. Sebastiano – wurden unter großem Aufwand mit den zur Verfügung stehenden Mitteln erhalten. Unter den anderen Zömeterialbasiliken wurden die der beliebtesten römischen Märtyrer, der hl. Agnes und des hl. Laurentius, durch kleinere Kirchenbauten über den Gräbern der Märtyrer ersetzt.

Mit der fortschreitenden Christianisierung des Umlandes der Stadt ergab sich die Notwendigkeit, auch für die Landbevölkerung der römischen Campagna Kirchenbauten zu errichten. Ein Beispiel eines solchen Kultbaues, der der seelsorgerischen Versorgung dieser Bevölkerung gedient hat, ist an der Via Latina drei Meilen vor der Stadt ausgegraben worden.

S. Stefano in Via Latina

Nach dem Liber Pontificalis gründete Demetrias, eine adlige Dame aus dem Haus der Anicier, dem bedeutendsten römischen Adelsgeschlecht der Zeit, auf ihrem Landgut (*praedium*) eine dem hl. Stephan geweihte Kirche, die von Papst Leo I. (440–461) aus dem Vermächtnis der Dame errichtet wurde. Die fragmentierte Bauinschrift in Gedichtform, die bei den Grabungen der Mitte des 19. Jahrhunderts in den Ruinen der Kirche gefunden wurde, bestätigt diese Angaben und berichtet weiterhin, daß der Papst den Bau der Kirche des Pro-

tomärtyrers Stephan mit den zur Verfügung gestellten Mitteln veranlaßt und der Presbyter Tigrinus die Bauaufsicht geführt habe. Der Bau ist also um die Mitte des 5. Jahrhunderts aufgrund einer privaten Stiftung und auf einem von privater Seite zur Verfügung gestellten Grundstück ausgeführt worden.

Demetrias begegnet mit ihrer testamentarischen Verfügung einer Herausforderung, der sich die Kirche gegenüber sah, wie die Christianisierung des Landes, die sich nur langsam vollzog, gefördert werden könne. Die Situation wird von dem Bischof und Kirchenschriftsteller Johannes Chrysostomus klar umrissen, wenn er die christlichen Großgrundbesitzer auffordert, sie sollten auf ihren Gütern Kirchen bauen und den Glauben verkünden, da das Land außerhalb der Städte nur schwer durch die Kirche erfaßt werden könnte.[1] In gleichem Sinne wird der Senator Pammachius, der den *titulus SS. Iohannis et Pauli* in der Stadt gestiftet hat, von Augustinus gerühmt, daß er auf seinen Landgütern in Nordafrika die Landbevölkerung zum katholischen Glauben geführt habe.[2] Demetrias entspricht also mit dieser Stiftung der Aufforderung des Bischofs, die Verantwortung für das Seelenheil der auf den Landgütern lebenden Bevölkerung zu übernehmen und sie der Kirche und dem Glauben zuzuführen. Der Stiftungsvorgang, von dem uns die Inschrift berichtet, zeigt uns zudem an einem konkreten Beispiel, wie der Kirche im späteren 4. und 5. Jahrhundert vor allem aus den Kreisen der reichen Senatorenschicht die Mittel zuflossen, die den Bau der zahlreichen Kirchen ermöglichten. Unter Leo III. (795–815) wird das Dach der Kirche restauriert, wie der Liber Pontificalis berichtet.[3] Weitere Stiftungen empfängt die Kirche unter Papst Sergius (844–847) und Leo IV. (847–855).[4] Aus der späteren Zeit fehlen alle Nachrichten, so daß wir annehmen müssen, daß der Bau im Mittelalter aufgegeben wurde und verfiel.

Die Kirche und einige mit ihrer reichen Ausstattung noch gut erhaltene Mausoleen des 2. Jahrhunderts liegen an der dritten Meile der Via Latina in einem archäologischen Park,

143. *S. Lorenzo fuori le mura. Inneres der Emporenbasilika Pelagius II. (579–590) mit der von Honorius III. (1216–1227) im Westen angefügten Basilika.*

144. *S. Lorenzo fuori le mura. Triumphbogenmosaik des Papstes Pelagius. Christus mit Petrus und Paulus, den hll. Laurentius und Stephanus, Hippolytus und dem Stifter Pelagius.*

145. *S. Lorenzo fuori le mura. Blick aus der südlichen Empore nach Osten.*

146. *S. Lorenzo fuori le mura. Nördliche Kolonnade, kaiserzeitliche Spolienkapitelle (1. und 2. im Westen) mit als Architrav verwendeten kaiserzeitlichen Gebälkstücken und dekorierten Pfeilern.*

der zu besichtigen ist. Die Basilika wurde in der Mitte des 19. Jahrhunderts ausgegraben, als es im wesentlichen um die Freilegung der Monumente ging und Befunde weniger genau dokumentiert und beobachtet wurden.

Immerhin ist der Grundriß erschlossen ebenso wie die liturgische Einrichtung und ein Baptisterium. Die dreischiffige, aus Mischmauerwerk errichtete Basilika von ca. 36 m Länge und ca. 21 m Breite ist in die ausgedehnten Baulichkeiten der Villa eingesetzt, deren Mauern sie zum Teil als Fundamente nutzt. Im Osten hatte diese Kirche, die die beachtlichen Maße einer mittleren Basilika besaß, einen Narthex, der einen Teil einer Säulenportikus verwendete, die zu der Villa gehört hatte. Auch für die Eingangswand der Basilika, die mit drei Türen in die Schiffe führte, wurde wiederum eine Wand aus den Baulichkeiten der Villa benutzt. Acht Säulen bildeten auf beiden Seiten die Kolonnade, die wohl Arkaden trugen, da sich bei der Grabung keine Architravstücke gefunden haben und in jedem Fall Arkaden in dieser Zeit bevorzugt wurden. Neben der Apsis lag im Norden ein Nebenraum mit einem Becken, der wohl als Baptisterium diente. Eine *solea,* ein abgeschrankter Gang mit Nebenarmen in der Höhe der zweiten Säule, grenzte den Altarraum ab.

Abgesehen von der Zahl der Säulen, die sich aus den Befunden ermitteln läßt, ist die Ausstattung mit Kapitellen leider nicht mehr zu bestimmen. Während der Grabung des 19. Jahrhunderts haben sich im Schiff der Basilika 22 Schäfte, 40 Basen und mehr als 30 Kapitelle gefunden, mehr als die Basilika aufnehmen kann. Offenbar sind diese Werkstücke hier zu unbestimmter Zeit aus der Umgebung zusammengetragen worden. So läßt sich nicht mehr ausmachen, welche dieser Spolienkapitelle in der Kirche verwendet worden sind. Mit dieser Gründung, die im Zentrum eines großen Landgutes liegt, zeichnet sich eine Struktur ab, sie sich in das Mittelalter fortsetzt. Während der römische Kirchenbau durch den Schenkungsakt in den Besitz der Kirche übergegangen ist, wie die Stiftungsinschrift erkennen läßt, bildet sich im Mittelalter die Institution der Eigenkirche auf den Gütern heraus, die auch der Versorgung der Landbevölkerung dient, aber im Besitz des Grundherrn bleibt.

S. LORENZO FUORI LE MURA

Der hl. Laurentius, der zu den meist verehrten römischen Heiligen gehörte, erlitt als Diakon des Papstes Sixtus II. (257–258) in der Calixtuskatakombe den Märtyrertod und wurde nach dem Liber Pontificalis und anderen Quellen an der Via Tiburtina *in crypta agro Verano,* in einem unterirdischen Friedhof, bestattet.

Schon in konstantinischer Zeit war ihm zu Ehren dort eine große Umgangsbasilika errichtet worden[5], die nicht mehr den kultischen Anforderungen der Zeit entsprach, welche den eucharistischen Altar mit dem Grab in Verbindung zu bringen suchte, um sich der Fürbitte der Märtyrer zu versichern. Daher errichtete Papst Pelagius II. (579–590) eine neue Basilika über dem Grab des Heiligen.[6] Beide Basiliken haben bis in das Frühmittelalter offenbar noch nebeneinander bestanden, wie aus zeitgenössischen Pilgerführern hervorgeht.[7]

Um die neue Basilika über dem Grab errichten zu können, wird der Hügel abgegraben, unter dem sich die Katakombe

hinzog und die neue Basilika mit dem Presbyteriumsbereich und der Apsis unmittelbar über dem Grab angelegt. Die Basilika wurde als Emporenbasilika errichtet. Ihr Zugang lag in der Südflanke auf der Höhe der zweiten Säule der Kolonnade vor der Fassade, da der Hügel bis an die Fassade heranreichte und die Schiffe von dort nicht zu betreten waren. Dies erklärt auch die Wahl des Bautypus der Emporenbasilika für die Kirche. Da das Grab unter dem Hügelabhang lag, war der zur Verfügung stehende Platz für die Errichtung der Basilika, wenn das Grab unter dem Altar im Presbyterium liegen sollte, äußerst begrenzt. Um die Aufnahmefähigkeit für größere Menschenmengen ausreichend zu erhöhen, wurden Emporen angelegt, die zudem vom Hügel aus zugänglich waren. Die Wahl der Emporenbasilika beruht daher allein auf praktischen Erwägungen und ist bedingt durch die örtliche topographische Situation. Der Typus bot die Möglichkeit, die Kirche gemäß den Bedürfnissen des Märtyrerkultes der Zeit und den Erfordernissen, die sich an eine Pilgerkirche stellten, einzurichten. Hier ist also nicht ein älterer Bautypus des 5. Jahrhunderts, der in der östlichen Kirchenbaukunst beheimatet war, unter byzantinischem Einfluß nach Rom übertragen worden, wie immer wieder angenommen wird.

Die Seitenschiffe des Baues werden als Innennarthex im Osten um das Mittelschiff herumgeführt. Sechs Säulen bilden jeweils die Kolonnaden beider Seiten. Sie tragen einen Architrav, während die Säulen der Emporen Arkaden haben. An der Schmalseite im Osten sind jeweils zwei Säulen im Untergeschoß und in den Emporen eingestellt. Im Obergaden befindet sich über jedem Interkolumnium, so auch in der Fassade, ein Bogenfenster. Die Apsis wies nochmals vier große Fenster

auf und in der Mitte eine kleine quadratische Öffnung, die den Blick von außerhalb der Apsis auf das Grab erlaubte. Aus diesem vor der Apsis im Westen gelegenen, überdachten Bereich konnte man auch in die Katakombe und zum Grab des Märtyrers gelangen. Die Länge der Basilika betrug einschließlich der Apsis fast 32 m, ihre Breite beträgt über 20 m. Die Basilika ist also nur mäßig groß; daher die Notwendigkeit, den Raum durch Emporen zu erweitern.

Der Bedeutung des Baues gemäß ist die Kirche mit besonderem Aufwand mit qualitätvollen Spolien ausgestattet worden. Die Werkstücke sind mit Überlegung und in einer gewissen Ordnung eingesetzt worden. Die erste Säule an der Apsis hat einen kannelierten Schaft und ein ungewöhnliches Figurenkapitell severischer Zeit, das statt der Helices des korinthischen Kapitells an den Ecken Tropaia aufweist. Die Säule ist auf einen mit einem Kreuz gezierten Sockel aufgesetzt, der aus der Erbauungszeit der Kirche stammt. Alle folgenden Säulen haben einschließlich der Säulen im Narthex Pavonazzettoschäfte und einheitliche korinthische Kapitelle des 2. Jahrhunderts. Der Altarbereich ist damit also besonders ausgezeichnet. Die Architravstücke severischer Zeit und aus dem 2. Jahrhundert werden ergänzt durch einige dekorierte Türlaibungen und Rahmenstücke von Grabsteinen, die als Architrav verwendet sind. Jeweils zwei Blöcke, die sich entsprechen, sind meist in Paaren eingesetzt. Doch wird eine strenge Ordnung nicht eingehalten und das Schema an einigen Stellen unterbrochen. So dürfte auch der Dekoration der beiden Türlaibungen, die im dritten Interkolumnium eingesetzt sind und die eine von figürlichen Darstellungen und Tieren bevölkerte Ranke aufweisen, im Gegensatz zu jüngst geäußerten Vermu-

tungen, keine besondere Bedeutung beizumessen sein. Das obere Abschlußprofil über den Architravblöcken ist aus einzelnen Spolienstücken zusammengesetzt. Die kannelierten Säulenschäfte des Emporengeschosses sind aus Pavonazzetto-Marmor mit Ausnahme des ersten Paares am Triumphbogen, das Spiralkanneluren besitzt. Das erste Kapitellpaar über den spiralkannelierten Schäften ist ein Kompositkapitell, während die übrigen Stücke der korinthischen Ordnung angehören. Alle Stücke der beiden Emporenkolonnaden sind dem 2. Jahrhundert zuzuweisen. Der Altarplatz wird also auch im Obergeschoß durch die reicheren Kapitelle und die Differenzierung der Säulenschäfte besonders hervorgehoben.

Allein die Kapitelle des Narthex in der Empore fallen aus dem Rahmen. Sie sind keine antiken Spolien, sondern qualitätvolle, zeitgenössische, korinthische Kapitelle Konstantinopler Produktion, die hier auf Säulen aus Verde antico als kostbare Zimelien eingesetzt sind. Auch diese Säulen sind auf verzierte Sockel zeitgenössischer, römischer Herstellung aufgesetzt. Die Säulen des Emporengeschosses tragen Arkaden, die die Emporen als sekundäre Raumteile deutlich von der Mittelschiffkolonnade absetzt. So bietet die Architekturdekoration trotz ihrer Vielfältigkeit und Heterogeneität ein harmonisches, festliches Bild, das in seiner Zuordnung zum Altarraum auf den bedeutungsvollen Ort des eucharistischen Opfers hinweist.

Bemerkenswert ist zudem, daß die Konstantinopler Importstücke den Spolien gleichgestellt werden.

Bei dem Anbau der romanischen Basilika des 12. Jahrhunderts, für die die pelagianische Kirche als Presbyterium funktioniert, ist die Apsis abgerissen worden. Gleichzeitig wurde das erhöhte Presbyterium, auf dem sich der Altar und das Ziborium befinden, über der Confessio des Märtyrergrabes im Mittelschiff des pelagianischen Baues einbezogen. Bei diesen Umbauten ging das von Pelagius gestiftete Mosaik verloren. Wahrscheinlich stellte es den Titelheiligen im Zentrum der Komposition dar. Lediglich das Mosaik der Stirnwand hat sich erhalten. Hier thront auf goldenem Grund der bärtige Christus auf der Weltkugel, angetan mit dem Purpurgewand des Herrschers. Die Linke hält den Kreuzstab, die Rechte ist im Redegestus oder weisend erhoben. Links daneben steht Laurentius mit einem Kreuzstab und einem offenen Buch in den Händen, während Pelagius auf verhüllten Händen das Modell der Kirche Christus darbringt. Rechts steht Stephanus neben Christus während Hippolytus den Märtyrerkranz als *aurum coronarium* darbringt. In den Bogenzwickeln erscheinen die Städte Bethlehem und Jerusalem.

Die Basilika des Pelagius ist ein mit besonderem Aufwand ausgestatteter Bau, der mit seinem festlichen und ausgewoge-

nen Raumeindruck eine beachtliche Qualität beweist. Dies ist eine umso bemerkenswertere Leistung, als die Zeitläufte, wie Pelagius selbst in der Stiftungsinschrift beklagt, von Krieg und Not bedroht waren.[8] Die Kirchenbaukunst der ausgehenden Antike steht mit einer solchen Leistung den voraufgegangenen Jahrhunderten nicht nach.

Man hat vermutet, daß die Säulen der romanischen Kirche, die den Typus der frühchristlichen Säulenbasilika aufnimmt, aus der großen Umgangsbasilika konstantinischer Zeit stammen und hier wiederverwendet worden sind. Doch ist dies kaum zu halten, da die verkürzten granitenen Säulenschäfte von unterschiedlichem Durchmesser auf entsprechend dimensionierten, also in romanischer Zeit hergestellten attischen Basen aufgestellt sind. Die romanische Basilika hält sich in ihrer Erscheinung und mit dem durchlaufenden Architrav an frühchristliche Basiliken wie S. Maria Maggiore als Vorbilder. Die qualitätvollen ionischen Kapitelle stammen aus zeitgenössischer römischer Produktion und imitieren den Formbestand und die Stilhaltung entsprechender spätantiker ionischer Kapitelle, wie sie in S. Stefano Rotondo und wahrscheinlich auch in S. Maria Maggiore im 5. Jahrhundert verwendet worden sind.

147. S. Lorenzo fuori le mura. Nördliche
Kolonnade mit kaiserzeitlichen
Spoliensäulen und Gebälkstücken.

148. S. Lorenzo fuori le mura. Ostempore,
Konstantinopler Kapitell des 6. Jh.

das Presbyterium über dem Grab wurden an den abgegrabe-
nen Hügelrücken angelehnt, während das Langhaus in den
ausgeschachteten Hügel gebaut wurde. Die Fassade hatte wie
bei der Emporenkirche von S. Lorenzo keine Eingänge. Der
Zugang zur Kirche erfolgte über die große Treppe konstantinischer Zeit, die auf der Höhe des Innennarthex an der südwestlichen Flanke der Basilika in das Innere führte. Die Basilika mißt in der Länge ca. 30 m in der Breite ca. 12 m. Die Seitenschiffe sind im Inneren im Nordwesten als Innennarthex
um das Mittelschiff herumgeführt. Das Emporengeschoß, das
wie bei S. Lorenzo die Einbettung in den Abhang des Hügels
ausnützt, ist von der Straßenebene auf dem Hügelrücken zugänglich. Die Kirche konnte also größere Pilgermengen aufnehmen, die sich wie bei S. Lorenzo im Zugang und Abgang
nicht behinderten. Auch hier zeigt sich deutlich, daß die Wahl
der Emporenbasilika aus praktischen Gründen erfolgt ist. Dieser Bautypus erlaubte es, den topographischen Bedingungen
und den durch den Märtyrerkult und das Pilgerwesen gestellten Anforderungen gleichermaßen gerecht zu werden. Die
ebenfalls von Honorius im gleichen Zusammenhang der Erneuerung der Märtyrergedächtnisstätten über dem Grab des
Pankratius erbaute große Querhausbasilika belegt eindrucksvoll, daß es sich bei den Emporenbasiliken am Verano und an
der Via Nomentana um spezifische bauliche Lösungen handelte, die durch die gegebene topographische Situation bedingt
waren. Es handelt sich also nicht um die Übernahme eines älteren östlichen Bautypus unter byzantinischem Einfluß, wie
immer wieder angenommen wird. Ebensowenig lassen sich für
diese Auffassung die Proportionen des Baues, die vielmehr aus
der Wahl des Bautypus und den lokalen topographischen Bedingungen resultieren, sowie der byzantinische Fuß anführen,
der als Maßeinheit für den Bau verwendet worden sein soll.
Abgesehen davon, daß der byzantinische Fuß als Längenmaß
nicht einheitlich bestimmt ist, sind die Maßunterschiede zum
römischen Fuß von ca. 1,5 cm an einem Bau wie S. Agnese
nicht zu verifizieren.

Die Hauptkolonnaden bestehen aus sieben Säulen, die Arkaden tragen. Eine entsprechende Säulenzahl befindet sich in
der Kolonnade des Emporengeschosses. Der Obergaden darüber hatte ursprünglich über jedem Interkolumnium acht große
Rundbogenfenster, die später wie die beiden großen Rundbogenfenster in der südlichen Schildwand über der Apsis ver-
kleinert worden sind.

Auch in diesem Bau finden wir wiederum eine aufwendige
Spolienverwendung. Sieben Säulen bilden auf jeder Seite die
Kolonnaden. Die glatten Schäfte der beiden ersten Säulenpaa-
re bestehen aus rötlichem Portasanta-Marmor und tragen
Vollblattkapitelle des 2. Jahrhunderts, das nächste Säulenpaar

S. Agnese fuori le Mura

Gut eine Generation nachdem Pelagius II. (579–590) neben der Umgangsbasilika an der Via Tiburtina eine Emporenbasilika *ad corpus*, über dem Grab des Märtyrers errichtet hatte, ersetzte auch Papst Honorius I. (625–638) die zu Ehren der
Hl. Agnes gestiftete große Umgangsbasilika durch eine Emporenkirche unmittelbar über dem Grabe. Die große Treppe, die
früher vom Atrium der Umgangsbasilika die Pilger zum Grab
der Heiligen geführt hatte, erlaubte nun den Zugang zur neuen,
tiefer gelegenen Kirche. Die Umgangsbasilika ist nochmals
von Papst Hadrian (771–795) restauriert worden. Danach
schweigen die Quellen, so daß wir annehmen müssen, daß der
Bau in den folgenden Jahrhunderten verfiel, da er nicht mehr
unterhalten werden konnte und der Aufwand für den Unterhalt
nicht mehr lohnte, da die Basilika nicht mehr gebraucht
wurde.

Die Situation hier an der Via Nomentana ist die gleiche wie
an dem Märtyrergrab des Verano an der Via Tiburtina. Auch
hier lag das Grab der Agnes unter dem nördlichen Abhang des
Hügelrückens, auf dem die Via Nomentana verläuft. Der
Hügel mußte also abgegraben werden, um Platz für den Kirchenbau zu schaffen. Die südöstlich ausgerichtete Apsis und

hat einen kannelierten Schaft aus geflecktem Pavonazzetto-Marmor und trägt ein hochkaiserzeitliches korinthisches Kapitell, während die letzten vier Säulenpaare im Süden Schäfte aus einer grauen Breccia haben und wiederum korinthische kaiserzeitliche Spolienkapitelle. Diese Verteilung der Werkstücke dürfte durch das kannelierte Säulenpaar den Beginn des Presbyteriums anzeigen, das auch durch die zwei Paare der Portasanta-Säulen und die größeren Vollblattkapitelle herausgehoben wird. Der gleiche Typus an korinthischen Kapitellen, der in den Hauptkolonnaden verwendet ist, findet sich auch bei den beiden Säulen des Narthex.

Das Emporengeschoß weist keine Korrespondenz in der

150. S. Agnese. Blick aus der linken Empore nach Osten. Kaiserzeitliche Spoliensäulen und Kapitelle.

Verwendung der Spolienschäfte und Spolienkapitelle mit der Hauptkolonnade auf. So beginnen die Kolonnaden der Emporen, deren Kapitelle sich paarweise entsprechen, mit zwei kannelierten Pavonazzetto-Säulenpaaren, die ein korinthisches Paar an Kapitellen tragen und ein weiters Paar kompositer Kapitelle. Die nächste unkannelierte Säule hat dagegen ein schö-nes korinthisierendes Kapitell des ersten Jahrhunderts, dem auf einer kannelierten Pavonazzetto-Säule ein komposites Kapitell folgt. Das nächste Paar besteht wiederum aus zwei korinthisierenden frühkaiserzeitlichen Kapitellen über einem unkannelierten Granitschaft, das nächste Paar kannelierter Pavonazzettoschäfte trägt ein korinthisches Kapitell. Auf der letz-

243

151. *S. Agnese. Apsismosaik. Die hl. Agnes zwischen dem Stifter Papst Honorius I. (625–638) und Papst Gregor dem Großen (590–604).*

*152. S. Agnese. Apsismosaik. Ausschnitt mit der Titelheiligen, dem
Stifter Honorius und Papst Gregor dem Großen.*

ten spiralkannelierten Säule sitzen zwei komposite Kapitelle, die sich allerdings voneinander in Form und Machart unterscheiden. Hier stand also ein einheitliches Kapitellpaar nicht zur Verfügung. Das Kapitellpaar im oberen Narthex besteht aus vereinfachten, nachlässig gearbeiteten ionischen Kapitellen der Spätantike. Der Satz an Säulenschäften und Kapitellen der Empore zeigt eine große Variationsbreite und ist, so weit gleiche Stücke vorhanden waren, paarweise eingesetzt worden. Vier gleiche Stücke, die schönen korinthisierenden Kapitelle des 1. Jahrhunderts, wurden nicht zusammengestellt, sondern

als Paare getrennt. Auf Wechsel, Abwechslung wurde also Wert gelegt, ein Ordnungsprinzip, das schon die Spolienverwendung von St. Peter und der Lateransbasilika bestimmte.

Unter dem jetzigen Baldachin des Altares aus dem Jahre 1614 stehen vier Porphyrsäulen, die wahrscheinlich dem Ziborium der antiken Kirche entstammen. Unbekannt ist, wie die Wände ausgestattet waren. Allein die Apsis hat ihren Dekor noch erhalten. Bis zum Ansatz der Apsiskalotte ist das Apsisrund mit einer marmornen Wandverkleidung, wie sie für frühchristliche Kirchen üblich war, ausgestattet. Schmale, senk-

*154a. und b. S. Agnese. Marmorne
Wandverkleidung der Apsis.
Wiederverwendete Porphyrplatten und
kaiserzeitliche Pilasterkapitelle aus Porphyr.*

rechte Porphyrleisten rahmen breitere Streifen aus prokonnesischem Marmor. Am Ansatz des Apsisrundes werden die Porphyrstreifen von zwei kaiserzeitlichen Inkrustationskapitellen gekrönt. Die Stücke haben unterschiedliche Maße, stammen also aus verschiedenen Bauzusammenhängen. Die schöne Formgebung der Kapitelle ließ über diese Unstimmigkeiten hinwegsehen.

Das Apsismosaik zeigt wie andere zeitgenössische Mosaiken am Ausgang der Antike eine Komposition, die sich nur auf wenige Figuren beschränkt. Auf einem farblich abgestuften goldenen Hintergrund stehen auf einer schematisch wiedergegebenen Bodenlinie ohne pflanzliche Elemente im Zentrum die heilige Agnes im prächtigen, purpurfarbenen kaiserlichen Gewand mit breitem Kollier, Perlengehängen und Diadem, begleitet links von Papst Honorius, der auf den verhüllten Händen das Kirchenmodell darbringt und rechts wohl von Papst Gregor dem Großen (590–604), den das Attribut des Buches auszeichnet, und der von Honorius als Vorbild verehrt wurde. Im Zenith hält die Hand Gottes aus den apokalyptischen Wolken, umgeben vom Kreis des gestirnten Himmels, den Märtyrerkranz über die Heilige. Schwert und Feuer zu den Füßen der hl. Agnes weisen auf ihren Märtyrertod hin. Unter dem Mosaik befindet sich die mosaizierte Stiftungsinschrift des Honorius mit goldenen Lettern auf blauem Grund. Die Gestalten des Apsismosaiks erscheinen auf dem Goldgrund in hieratischer, frontaler Haltung, mit festem Kontur, flacher Körperlichkeit und linearen Falten als verehrungswürdige Abbilder der Heiligkeit. Das römische Mosaik, das die Heilige auf dem Goldgrund im Zentrum der Darstellung ohne Beiwerk wie eine Erscheinung wiedergibt, ist mit seiner kargen Komposition und den wie entrückt wirkenden Figuren von einer eindrucksvoll feierlichen Wirkung. Von dem noch antiker Sehweise und antikem Formgefühl verhafteten frühchristlichen Mosaik von SS. Cosma e Damiano, das ein Jahrhundert früher entstanden ist, trennen es Welten. Hier ist der Schritt von der Antike zum Mittelalter vollzogen.

S. PANCRAZIO

Die Kirche liegt im Westen der Stadt, 1 km außerhalb der Porta Aurelia, der heutigen Porta S. Pancrazio, auf den Ausläufern des Ianiculus über einem der antiken Friedhöfe, die die Via Aurelia säumen. In diesem Friedhof wurde der Märtyrer Pancratius, der in der diokletianischen Verfolgung von 303 – 305 seinen Tod gefunden hatte, begraben. Schon im 5. Jahrhundert muß dort nach dem Martyrologium Hieronymianum ein Kult für den Märtyrer bestanden haben.[9] Papst Symmachus (498 – 514) baut über dem Grab des Märtyrers eine Basilika, die die zahlreichen Pilger und Besucher zur Festfeier am *dies natalis,* dem Begräbnistag des Heiligen, der als Tag der Wiedergeburt zum neuen Leben gefeiert wurde, aufnehmen sollte.[10] Der Kirche schließt er offenbar auch noch einige Nebengebäude an, die wohl wie entsprechende Bauten an der Peterskirche, die er hatte errichten lassen, der Versorgung der Pilger dienen sollten. Unter diesen wird ausdrücklich ein Bad erwähnt. Papst Gregor I. (590–604), der in einem Brief die Pilgerströme schildert, die sich zum Festtag des Heiligen am Grabe einfinden, errichtet bei der Kirche ein Kloster zur Betreuung der Gläubigen, das er den Benediktinern übergibt.[11]

Bei Gregor von Tours (540–595), dem großen fränkischen Bischof, finden wir in seinem Buch über das Leben der Märtyrer einige Bemerkungen, die uns die volkstümliche Bedeutung des Kultes belegen.[12] Pankratius hatte nach allgemeiner Auffassung die Macht, Meineide aufzudecken und zu bestrafen. Wer unter dem Verdacht stand, einen Meineid geschworen zu haben, konnte durch einen Besuch am Grabe, das er als Unschuldiger ungestraft erreichte, sich von dem Verdacht befreien. Nach den Angaben, die Gregor in dieser Erzählung macht, lag das Grab in der Kirche vor den Abschrankungen des Apsisbogens. Die Kirche umschloß also im Gegensatz zu den älteren konstantinischen Zömeterialbasiliken zu Ehren der Märtyrer das Märtyrergrab, das am Altarbereich sich erhob und den Gläubigen zugänglich war.

Papst Honorius I. (625 – 639) erbaut die Kirche neu, wie die Apsisinschrift vermeldet, und gibt ihr nach dem Vorbild der Petersbasilika ein Querhaus, das sich über dem Grab erhebt.[13] Der Altar steht nunmehr nach dem Brauch der Zeit über dem Grab, und eine Ringkrypta im erhöhten Presbyterium gibt wiederum nach dem Vorbild von St. Peter den Pilgern die Möglichkeit, das Grab zu besuchen. Der Bedeutung des Kultes entsprechend weist die Kirche des Papstes Honorius eine Länge von 55 m auf. Sie besteht noch heute in den Umbauten des 15. und 17. Jahrhunderts. Der Bau ist einheitlich aus *opus mixtum* errichtet. Für die Kolonnaden der Schiffe, die Arkaden trugen, wurden kaiserzeitliche Spolienkapitele als Architekturdekoration verwendet. Das Apsismosaik hat sich nicht erhalten, und auch der Inhalt der Darstellung ist unbekannt. Die Größe des Baues und der Aufwand in der Ausstattung mit Spolien sind neben der Emporenkirche von S. Agnese ein beachtliches Zeugnis für die Möglichkeiten, die der Kirche auch in dieser Zeit für die Ausführung größerer Bauaufgaben zur Verfügung standen. Bereits von Papst Pelagius mit dem Bau der Emporenkirche über dem Grab des hl. Laurentius begonnen, führt Papst Honorius das Bauprogramm fort, das zum Ziel hat, die bedeutendsten und an der Wende zum Frühmittelalter am meisten besuchten Märtyrerstätten durch Neubauten auszuzeichnen. Mit diesen Bauten, die noch in der Tradition der spätantiken römischen Kirchenbaukunst stehen, endet für mehr als ein Jahrhundert die intensive kirchliche Bautätigkeit mit anspruchsvollen und aufwendigeren Sakralbauten und somit auch die Antike in Rom. Erst unter den neuen politischen und gesellschaftlichen Bedingungen der karolingischen Zeit lebt in der Papststadt, die die Erinnerung an die vergangene Größe wachhält, die Kirchenbaukunst an die Tradition der Spätantike anknüpfend wieder auf. Doch dies würde eine eigene Darstellung erfordern, die über den Rahmen dieser Arbeit hinausgeht.

RÜCKBLICK

Über dreihundert Jahre römischer Kirchenbaukunst von den Anfängen in der konstantinischen Zeit bis an die Wende zum Mittelalter am Beginn des 7. Jahrhunderts haben wir in der vorstehenden Darstellung betrachtet. Der Kultbau der von Kaiser Konstantin im römischen Reich anerkannten christlichen Religion fand durch die entscheidende Förderung des Kaisers hier in der Hauptstadt seine gültige architektonische Gestalt, die in den folgenden Jahrhunderten den Bedürfnissen der rasch wachsenden Gemeinde und einer an Einfluß und Reichtum erstarkenden kirchlichen Organisation, der von den Riten kleiner Konventikel zu einer repräsentativen Zeremonie sich verändernden Liturgie und dem aufblühenden Märtyrer- und Heiligenkult in ständigem Wandel dienen mußte. In diesen Jahrhunderten, ja schon in den Anfängen der konstantinischen Zeit wurden die Grundlagen für den abendländischen Kirchenbau gelegt, der in der Form der Basilika, der mehrschiffigen von Säulen oder Pfeilern gestützten, gerichteten Halle, letztlich einem Bautypus der Antike, bis in unsere Tage fortlebt.

Der erste offizielle monumentale Kirchenbau, die von Kaiser Konstantin gestiftete Bischofskirche von Rom, die Lateransbasilika, schuf in den wesentlichen Zügen bereits das Vorbild für die späteren Kirchenbauten. Auf der Grundlage des variablen und multifunktionellen Bautypus der Profanbasilika der römischen Architektur entwickelt, wurde die christliche Basilika, die eine Kultgemeinde zu beherbergen hatte, durch die konsequente Ausrichtung auf die Apsis, auf ein Presbyterium, in dem der Altar als Zentrum des liturgischen Geschehens stand, in einer grundlegend neuen Weise ausgelegt. Diese Ausrichtung, die auch architektonisch durch die in die Tiefe fluchtenden Kolonnaden optisch verstärkt wird, erfolgt zudem, wie wir an den frühen stadtrömischen Bauten ablesen können, konsequent in einer Ausrichtung auf der Ost-West-Achse, oder wenn die topographischen Verhältnisse, die Bindung an die urbanistischen Gegebenheiten es nicht anders erlaubten,

von Süd nach Nord mit gegebenenfalls entsprechenden Abweichungen. Diese Ausrichtung wird bestimmt durch die Gebetsrichtung, durch die Hinwendung nach Osten, die der kultischen Orientierung antiker und jüdischer Tradition folgend das Kirchengebäude mit der Fassade nach Osten richtet, so wie antike Tempel mit ihrer Front sich der aufgehenden Sonne zuwandten oder nach jüdischem Brauch die Synagogen mit dem Thoraschrein entsprechend ausgerichtet wurden. Im Laufe des 5. und 6. Jahrhunderts setzte sich dann mehr und mehr die Ostung des christlichen Kultbaues durch, die im Ostteil des Reiches schon länger bestanden hatte. Sie berücksichtigte die Änderung der Liturgie, die den nunmehr festen Altar in die Nähe der Apsis verlegte und damit die Ostung der Apsis beförderte, so daß die Gemeinde und der Zelebrant sich in der Gebetsrichtung gemeinsam dem Altar im Osten zuwandten.

Konstantin stellte den Bauplatz für die Bischofskirche zur Verfügung, die ehemalige Kaserne der aufgelösten Gardetruppe der *equites singulares*, der im Süden der Stadt nahe der Stadtmauer in einem Bereich lag, der durch vornehme Stadtpaläste *(domus),* kaiserlichen Besitz und das kaiserliche Residenzquartier des *palatium Sessorianum* ausgezeichnet war. Damit zeichnen sich bereits die Grundlinien der Einrichtung der neuen christlichen Kultbauten im Stadtgebiet ab. In der dicht bebauten Stadt, deren Wohnquartiere auch über den Mauerring hinausreichten, konnten neue Bauten nur errichtet werden, wenn ältere Strukturen abgerissen oder überbaut wurden. Die Initiative des Kaisers, den Bau der römischen Bischofskirche, das zentrale Heiligtum der christlichen Gemeinde der Hauptstadt, zu fördern, entsprach römischer Tradition: Die Gottheit, die dem Kaiser ihren Schutz leiht, garantiert die Sieghaftigkeit des Herrschers über die äußeren Feinde und damit das Wohlergehen des Reiches und des Volkes, der *salus populi Romani.* So hatte bereits Aurelian den riesigen Sonnentempel in den siebziger Jahren des 3. Jahrhunderts auf dem

Marsfeld errichtet und Maxentius, der Gegenspieler Konstantins, den von Kaiser Hadrian erbauten Staatstempel der Venus und Roma am Forum Romanum nach einem Brand wieder erneuert. Aber auch im Reiche fördert Konstantin den Kirchenbau, besonders an ausgewählten Plätzen, wie etwa den Christusgedächtnisstätten in Jerusalem und Palästina oder der Residenzstadt Antiochia, der er die Bischofskirche stiftet. Diese Baupolitik des Kaisers verrät uns jedoch ein neues Konzept. War es in der Vergangenheit in der von einer Stadtkultur geprägten antiken Welt Aufgabe der Städte und Gemeinwesen, die Kulte und Kultbauten auszurichten und zu pflegen, so mußte Konstantin in einer heidnisch geprägten Umwelt, die vor allem die führenden Schichten der Gesellschaft umfaßte, die Initiative zum Bau der christlichen Kultstätten übernehmen, um den neuen Glauben im Reich durchzusetzen. Aus den Anordnungen und Anweisungen des Kaisers an die Provinzstatthalter und Bischöfe, die uns der Kirchenhistoriker Eusebius im Wortlaut überliefert, lernen wir, daß die kirchlichen Autoritäten für die Planung des Kirchenbaues zuständig waren, der Kaiser aber die notwendigen Bauleute und vor allem das wertvolle Baumaterial wie Säulen und Marmor durch die Statthalter und staatlichen Stellen zur Verfügung stellte. Darüber hinaus macht er Vorschläge für die Auslegung und Ausstattung des Baues, um sicherzustellen, daß der Bau von angemessener Würde und Pracht ist. Es ist dasselbe Verfahren, das noch achtzig Jahre später nach dem Reskript der Kaiser Theodosius, Valentinian II. und Arkadius an den Stadtpräfekten und den Bischof von Rom für den Bau der großen Paulsbasilika an der Via Ostiense maßgebend ist. Auch hier legen die Kaiser wiederum besonderen Wert auf die monumentale Gestaltung des Baues, die, wie es wörtlich heißt, die Intentionen der Bauherren müsse erkennen lassen.

Die Lage der konstantinischen Lateransbasilika ist sicherlich durch das zur Verfügung stehende und für einen Großbau geeignete Grundstück der kaiserlichen Garde bestimmt, aber dennoch nicht, wie wir gesehen haben, als eine Randposition zu bewerten, da sie in unmittelbarer Nähe zu den kaiserlichen Besitztümern und Palästen im Südosten der Stadt steht. Daß es nicht etwa die Rücksicht auf die mächtige, zu dieser Zeit fast noch vollständig dem heidnischen Glauben angehörende Senatsaristokratie war, die Konstantin gehindert hat, die Bischofskirche im Zentrum zu errichten, wie immer wieder angenommen wird, zeigen die noch in konstantinischer Zeit von den Bischöfen im Zentrum errichteten Kirchen wie S. Marco, die Basilica Iulia oder S. Silvestro. Sie finden ihren Platz in unmittelbarer Nähe von großen öffentlichen Bauten von zentraler Bedeutung, wie dem Forum Traiani, der *porticus Liviae* und den monumentalen öffentlichen Bauten auf dem

Marsfeld. Zudem sind sie unmittelbar in der Nähe zur Via Flaminia an ihrem innerstädtischen Trakt, der Via Lata, dem heutigen Corso, gelegen, oder am *clivus suburanus,* eine Situation, die auch für die folgenden Kirchenbauten im späteren 4. und 5. Jahrhundert maßgebend zu werden scheint: Die Kirchenbauten grenzen an die wichtigsten Verkehrswege, die die volkreichen Quartiere der Stadt durchschneiden und über die Tore zu den in das Land führenden Ausfallstraßen leiten. Es sind dies nun im wesentlichen die nach der Einrichtung einer ersten Pfarrorganisation als Sukkursalen der Bischofskirche errichteten *tituli,* die in der Regel von Bürgern und Klerikern gestiftet, aber auch gefördert von Päpsten, seit dem späteren 4. Jahrhundert und dann vor allem seit der Wende zum 5. Jahrhundert in größerer Zahl errichtet werden.

Die Verteilung der Bauten im Stadtgebiet entspricht einem überlegten Plan, der die Verkehrswege als Leitlinien und besondere Schnittstellen, wie etwa der Eintritt in den Bebauungsbereich, der Übergang zum monumentalen Zentrum oder die Mitte eines dicht bevölkerten Wohnquartiers als Kriterien aufweist. Sie scheinen nicht an einem zufälligen, durch die Stiftung oder andere Faktoren bestimmten Ort errichtet worden zu sein. Diese Kirchenbauten ersetzen alle, mit Ausnahme vielleicht von S. Clemente, private Wohneinheiten, vornehmlich *domus,* aber auch wie etwa im Falle von S. Anastasia, ein Haus mit Mietwohnungen. Hier wird ein Phänomen sichtbar, das die Stadtentwicklung Roms seit der frühen Kaiserzeit bestimmt. In einer Stadt von sicher 700.000 Einwohnern – genaue Zahlen kennen wir nicht – mußte jeder Neubau ein älteres Gebäude verdrängen, da es frei verfügbare Bauplätze nicht gab. So wurden auch für die kaiserlichen Großbauten, etwa wie die Diokletiansthermen, ganze Wohnviertel abgerissen. Die Kirchen, die nun seit dem 4. Jahrhundert in der Stadt eingerichtet werden, sind also Teil dieses Prozesses der ständigen Erneuerung des Stadtbildes. Die aufwendigen und teilweise sehr luxuriösen *domus,* die sie vornehmlich verdrängen, hatten ihrerseits seit dem mittleren 3. Jahrhundert einen Teil der intensiven Wohnbebauung mit *insulae,* einem kaiserzeitlichen Bautypus, der kommerzielle Einrichtungen, Ladenlokale im Erdgeschoß mit Mietwohnungen verband, überbaut und dem Stadtbild eine neue Prägung gegeben. Es ist dies sicherlich ein Anzeichen, daß der Bevölkerungsdruck in der Stadt nachläßt, so daß nun die intensive Wohnbebauung in gewissen Bereichen einer aufgelockerten und aufwendigeren Bebauung weicht. Alle diese Faktoren lassen es als unwahrscheinlich erscheinen, daß die *tituli* die Nachfolgebauten vorkonstantinischer Hauskirchen der Verfolgungszeit sind, wie die ältere Forschung angenommen hatte. Dieser Annahme steht ebenfalls entgegen, daß auch durch die weitgespannten Untersuchungen der letzten Jahrzehnte unter keiner dieser Kirchen Baulichkeiten gefunden worden sind, die auch nur mit einiger Sicherheit als Hauskirchen anzusehen sind oder als solche genutzt wurden. Allein die unter SS. Giovanni e Paolo freigelegte kleine Hauskapelle aus dem späten 4. Jahrhundert, die nach der Bilddekoration einem Märtyrerkult gewidmet war, ist hier eine Ausnahme. Doch auch diese Kultstätte, der, wie wir gesehen haben, vielleicht weitere Räumlichkeiten, die eine größere Gruppe von Gläubigen aufnehmen konnten, jedoch keine Kirche angeschlossen war, stammt erst aus dem Ausgang des 4. Jahrhunderts und wird von der Kirche des frühen 5. Jahrhunderts eliminiert und überbaut.

Hatte die Lateranskirche die Basilika als monumentalen christlichen Kultbau für die Bischofskirche in ihrer herrschaftlichen fünfschiffigen Form etabliert, so folgen die *tituli* keineswegs alle dem dreischiffigen Normaltypus der Basilika. Der *titulus Marci,* der zu den frühesten nachfolgenden Bauten gehört und der *titulus Crysogoni* werden vielmehr in den einschiffigen Empfangshallen von *Domus*bauten unter weitgehender Nutzung der älteren Bausubstanz eingerichtet. Die konstantinische Memorialkirche von S. Croce in Gerusalemme war in dieser Art Nutzung älterer Bausubstanz mit dem Einbau in das Vestibül des Sessorium-Palastes vorausgegangen mit einem großen, quergeteilten Hallenbau mit angefügter Apsis. Auch im 5. und 6. Jahrhundert werden anspruchsvoll mit marmorner Wandverkleidung und Mosaiken ausgestattete Repräsentationssäle in *domus* des 4. Jahrhunderts offenbar wegen der aufwendigen Ausstattung ohne wesentliche bauliche Veränderungen als einschiffige Kirchenbauten umgenutzt. S. Balbina, S. Andrea in Cata Barbara und SS. Quirico e Giulitta sind Beispiele für diese Umnutzung.

Besonders kennzeichnend für die Kirchenbaukunst konstantinischer Zeit sind die Memorialkirchen, die der Verehrung des Kreuzes und der Märtyrer gewidmet sind. Die Märtyrer, Blutzeugen Christi, die für ihren Glauben den Tod in der Verfolgungszeit erlitten haben, weilen bereits nach Auffassung der Zeit aufgrund ihrer Verdienste vor dem Angesicht Gottes, eine Gnade, die den übrigen Gläubigen erst nach Vergebung ihrer Schuld am Ende der Tage zuteil wird. Um diese Vergebung zu erlangen, sucht man sich der Hilfe der Märtyrer und ihrer Fürbitte bei Gott durch den Kult zu ihrem Gedächtnis zu vergewissern. Für diesen Gedächtniskult läßt Konstantin die Peterskirche am Vatikan über dem Petrusgrab erbauen und werden von ihm und Mitgliedern seiner Dynastie zahlreiche Umgangsbasiliken über den Katakomben mit Märtyrergräbern gestiftet. Für die Petersbasilika als m*emoria* (Gedächtniskirche) wird von den Architekten eine Variante der Basilika geschaffen, die Querschiffbasilika, die mit dem der

fünfschiffigen Halle vorgelagerten Querhaus, das Grab des Apostels wie mit einem Schrein überbaut. Die Petersbasilika wird damit zum Vorbild für andere Memorialbauten wie S. Paolo und S. Pietro in Vincoli in Rom und als vornehmste Pilgerstätte des Westens vor allem für die mittelalterliche Kirchenbaukunst, die diese Form der Basilika als vorbildlich übernimmt und in Funktion und Gestalt weiterentwickelt. Die ebenfalls in der Zeit der konstantinischen Dynastie gestifteten eigentümlichen Umgangsbasiliken, deren Form zweifellos darauf zurückzuführen ist, daß sie nicht nur dem eucharistischen Märtyrerkult dienten, sondern auch als Bestattungsplätze fungierten und so dem Totenkult Raum boten, sind jedoch auf die konstantinische Zeit beschränkt, wenn sie auch bis in das frühe Mittelalter weiter in Benutzung blieben.

Der sich wandelnde Märtyrerkult forderte in der Folgezeit die räumliche Nähe oder Verbindung von Altar und Märtyrergrab, so daß nun mit dem Ende des 4. Jahrhunderts ein neuer Typus der Gedächtnisbasilika geschaffen wurde, deren Gestalt durch die topographische Situation und die Erfordernisse des Märtyrerkultes bestimmt wurde: Diese Memorialkirchen sind in den unterirdischen Friedhof, der das Grab umschloß, eingetieft und durch Emporen über den Seitenschiffen erweitert, die den Pilgern den Zugang auch oberirdisch erlaubten. SS. Nereo ed Achilleo in der Domitillakatakombe und die entsprechenden, in den Hügel am Verano und an der Via Nomentana eingebauten Kirchen von S. Lorenzo und von S. Agnese aus dem späten 6. und frühen 7. Jahrhundert, die zu den letzten Kirchenbauten der Antike in Rom gehören, sind dafür Beispiele. Die erste, bereits in den sechziger Jahren 5. Jh. gegründete Memorialkirche in der Stadt, die dem Protomärtyrer Stephan geweiht ist, hat als mehrräumiger Rundbau keine Nachfolge gefunden. Der Bau erscheint als ein aufwendiges, anspruchsvolles Experiment, das zwar zu einer überzeugend schönen Raumschöpfung des Inneren, aber offenbar nicht zu einer befriedigenden funktionalen Auslegung geführt hat. Dimensionen, Aufbau und Struktur lassen den Bau als eine im Kreis angelegte, fünfschiffige Basilika erscheinen, die auch in der Ausstattung mit Kolonnaden, Baudekoration und Wand- und Bodenschmuck das System der Basiliken aufweist.

Gegen Ende des 4. Jahrhundert und mit dem frühen 5. Jahrhundert erhält die Basilika als charakteristischer Bautypus des *titulus* ihre gültige, kanonische Form. In dieser kanonischen Gestalt sind Grundstrukturen angelegt, wie die der dreischiffigen Halle mit einer von Stützen getragenen Hochwand, die durchgängige Ausrichtung des Baues, die im Mittelschiff von einer Apsis aufgenommen wird, die Eindeckung mit meist offenem Dachstuhl, die Anlage eines Vorhofes, des Atriums, die vor allem bei Bauten mit offenen Fassaden notwendig war.

Die Proportionen und Maßverhältnisse, so etwa die Breite und Höhe des Mittelschiffes, die Breite der Seitenschiffe zur Weite des Mittelschiffes, sowie das Verhältnis von Fenstern zu geschlossener Wand und anderes waren variabel und sind zum Teil auch abhängig von den topographischen Voraussetzungen und den Vorgängerbauten. Hier lassen sich im allgemeinen nur gewisse Tendenzen der Entwicklung, aber keine Normen feststellen, die verbindlich für eine zeitliche Bestimmung der Bauten sein könnten.

Die Forschungen der letzten Jahrzehnte haben bei vielen der *tituli* Baptisterien freigelegt. Dies läßt darauf schließen, daß wohl bei allen Gemeindekirchen im Laufe des 5. Jahrhunderts Taufhäuser angebaut wurden. Die Pfarrkirchen übernahmen mit der wachsenden christlichen Gemeinde der Stadt damit pastorale Aufgaben, die bis dahin der Lateransbasilika als Bischofskirche vorbehalten waren. Das von Damasus im nördlichen Querhausflügel der Petersbasilika eingerichtete Baptisterium war darin vorangegangen, andere Baptisterien an Memorialbauten in und außerhalb der Stadt und Pfarrkirchen, wie das schon in den ersten Jahren des 5. Jahrhunderts an S. Anastasia installierte Taufhaus, oder die von S. Croce und S. Paolo fuori le mura folgten im 5. Jahrhundert, um dort auch Pilger und Gläubige taufen zu können. Diese Baptisterien, die im Laufe des 5. Jahrhunderts den römischen Kirchen angeschlossen worden sind, sind Zeichen für die fortschreitende Christianisierung der Gesellschaft und dafür, daß sich die ursprüngliche Scheidung zwischen Memorialkirchen und Gemeindekirchen in diesem Jahrhundert aufhebt, da mehr und mehr Reliquien aus den Friedhöfen außerhalb in die Kirchen der Stadt übertragen werden, um die Heiligen am eucharistischen Altar der Kirchen zu vergegenwärtigen. Um die 40 m lang sind diese dreischiffigen Basiliken, in einigen Fällen auch um die 60 m, eine Länge, die die Bedeutung des Baues unterstreicht. Der Obergaden ist mit Fenstern besetzt. Im Gegensatz zur Lateranskirche und zur Petersbasilika entspricht jedem Interkolumnium der Kolonnaden ein Fenster und sind wie bei SS. Giovanni e Paolo und bei S. Pietro in Vincoli auch die Seitenschiffe durch entsprechend dicht gesetzte Fenster beleuchtet. Die nach Osten, oder bei S. Pietro in Vincoli nach Süden gewandte Fassade ist aufgelöst durch eine fünfteilige Arkade, der bei SS. Giovanni e Paolo auch im oberen Teil eine gleiche Öffnung entspricht. Ähnliche Dispositionen finden sich auch bei anderen Kirchen der Zeit wie etwa S. Vitale und S. Sisto Vecchio. Der Bau nahm also die Strahlen der im Osten aufsteigenden Sonne im Mittelschiff auf. Dem Mittelschiff, als dem eigentlichen eucharistischen Festsaal, wurde zudem durch die nach Süden ausgebreitete Flanke und die dichtgesetzten Obergadenfenster reichlich Licht zugeführt.

Wie sehr die Gestalt dieser Kirchenbauten durch das Bemühen bestimmt war, eine möglichst große Lichtfülle in das Innere einzulassen, zeigen die über den Obergadenfenstern angeordneten *oculi* in SS. Giovanni e Paolo und am Querhaus von S. Paolo. Bei den späteren, reiferen Bauten der sixtinischen Zeit, wie S. Sabina und Santa Maria Maggiore, entsprechen der älteren Fensterkombination in SS. Giovanni e Paolo nun offenbar aufgrund besserer Beherrschung der statischen und bautechnischen Probleme besonders große Bogenfenster in dichter Reihung. Hier wird eine ausgesprochene Lichtregie faßbar, die ergänzt durch Fenster in der Apsis den Ort des eucharistischen Geschehens hell erleuchtet. Die zeitgenössische Dichtung hebt immer wieder in der Beschreibung der Festfeiern am *dies natalis* der Märtyrer, dem Bestattungstag, der als Tag der Geburt zu einem neuen, ewigen Leben aufgefaßt wurde, die Lichtfülle hervor, die dem Bau festlichen Glanz verlieh. Zahlreiche große Leuchter, Standleuchter und Hängeleuchter, die zu den bevorzugten Schenkungen der Kaiser und Bischöfe an die Basiliken gehören, ließen bei den Nachtfeiern das Innere in einem dem Tageslicht gleichenden Glanz erscheinen. Dieser Lichtglanz, der sich in der prächtigen Mosaikausstattung und in der farbigen Wandverkleidung aus kostbaren Marmoren bricht, wird auch immer wieder in den Stiftungsinschriften der Mosaiken beschworen und stellt offenbar ein entscheidendes Element der Raumwirkung dar, die man mit den entsprechenden architektonischen Mitteln zu erreichen sucht. Es ist zu vermuten, daß die besonders großen Fenster in S. Sabina und S. Maria Maggiore, die den Obergaden in dichter Reihung durchbrechen, angelegt worden sind, um den Mosaik- und Marmorschmuck an den Wänden der Basiliken in der einströmenden Lichtfülle zur vollen Geltung bringen. Auch hierin steht die römische Kirchenbaukunst in antiker Tradition, die für uns vor allem an spätantiken Bauten faßbar wird. Die weitgehende Auflösung der Wände durch große Fenster findet sich bereits bei der Maxentiusbasilika und an der Trierer Palastaula. Auch die apsidalen Empfangssäle von Domusbauten des 4. Jahrhunderts, die in S. Balbina, S. Andrea in Cata Barbara und SS. Quirico e Giulitta begegnen, weisen das gleiche System der Belichtung auf. Haben diese Bauten auch Apsiden, die durch ebenso große Fenster belichtet werden, so zeichnen sich die frühen Kirchenbauten des 5. Jahrhunderts jedoch dadurch aus, daß der Lichteinlaß noch gesteigert wird und vor allem bei den Bauten mit der geöffneten Ostfassade die Lichtregie der Ausrichtung des Baues entsprechend eingerichtet ist. Diese Ausrichtung, die auch bei der Ostung durch die in den Apsiden angebrachten Fenster zur Wirkung kommt, wird nun vor allem auch theologisch begründet, indem Christus mit der aufgehenden, heilbringenden Sonne (*sol salutis*), dem Symbol für den Erlöser, verglichen wird.[1]

Marmorne Wandverkleidung und Mosaiken in Apsis und gegebenenfalls auch auf den Hochwänden des Schiffs gehören wesentlich zur Ausstattung der Kirchen. Sie bestimmen entscheidend den Raumeindruck mit. In dieser meist flächigen Wanddekoration, die das reichlich einfallende Licht vielfältig und farbig reflektiert, wird die Wand ihrer materiellen Konsistenz gleichsam enthoben. Zusammen mit den raumgrenzenden Kolonnaden verleihen sie dem Bau der Basilika eine leichte, diaphane Erscheinung, die wesentlich den Raumeindruck bestimmt. Diesen aufwendigen Wandschmuck, den nur die größeren und bedeutenderen Bauten, wie die Lateransbasilika, S. Sabina und S. Stefano Rotondo aufweisen, hat die christliche Basilika mit den reich ausgestatteten öffentlichen Profanbauten und den luxuriösen Hallen der Stadtpaläste der senatorischen Familien gemein. Hier wie dort findet sich die gleiche Flächigkeit und auch die gleiche Struktur des Dekorationssystems. Der kostbare Wandschmuck dieser Profanbauten dürfte auch wesentlich veranlaßt haben, daß diese Bauten, für die seit dem späten 5. Jahrhundert mehr und mehr eine Nutzung fehlte, bevorzugt in Kirchen umgewandelt wurden, da diese Dekoration den Kirchenbauten besonderen Glanz und Rang verlieh.

Die Fußböden der Basiliken bestanden, soweit sich das heute nach den wenigen erhaltenen Resten beurteilen läßt, aus farbigen Marmorplatten, die meist in kleinteiligen Mustern, die durch ineinander gesetzte Quadrate bestimmt waren, verlegt wurden. Einige Reste aus der Lateransbasilika, der Petersbasilika und der Boden des Kreuzarmes von S. Stefano Rotondo, noch aus der zweiten Hälfte des 5. Jahrhunderts belegen, daß offenbar in Großbauten auch großflächig ausgelegte kostbare Marmorfußböden üblich waren, die den entsprechenden Wandverkleidungen korrespondierten.

Apsismosaiken können wir auch für die profanen Empfangsräume der *domus* voraussetzen. Sie werden uns im Falle der Bassus-Basilika auf dem Esquilin aus der ersten Hälfte des 4. Jahrhunderts auch durch die Stiftungsinschrift in der Apsis belegt. Wie der Dekor dieser Apsiden ausgesehen hat, wissen wir nicht. Das ältere Beispiel der unterirdischen Basilika von Porta Maggiore aus dem 1. Jahrhundert, die mit Sicherheit ein *museion*, ein repräsentativer sommerlicher Aufenthaltsraum einer vorstädtischen Villa gewesen ist und nicht ein Kultlokal einer nicht existierenden pythagoräischen Sekte, weist eine Apsis mit einer figürlichen Darstellung aus dem Sagenkreis um Sappho auf, in der die ausgedehnte Stuckdekoration der Halle sich zu sammeln scheint. Vergleichbare Darstellungen oder ornamentale Motive wie Ranken mögen die Apsiden dieser repräsentativen Hallen geschmückt haben. In der christlichen Basilika erhält das Apsismosaik als Ziel der konsequenten Ausrichtung des Baues eine neue Bedeutung, die auch durch den Inhalt der Darstellung hervorgehoben ist, in der zunächst Christus oder das Kreuz, und mit dem 5. Jahrhundert auch die Madonna, seit dem 6. Jahrhundert schließlich der Titelheilige im Zentrum steht. Die frühen Mosaiken zeigen dabei eine vielfigurige Darstellung, die auch die Titelheiligen und Stifterfiguren in Nebenrollen umfaßt. Im späten 6. und 7. Jahrhundert wird die Komposition in einer symbolhaften Reduktion jedoch auf meist drei Figurenelemente beschränkt, bevor in karolingischer Zeit wiederum die vielfigurigen Kompositionen wie die von SS. Cosma e Damiano vorbildhaft aufgenommen werden.

Für die Großbasiliken müssen wir wohl schon seit dem späteren 4. Jahrhundert eine Dekoration der Hochwände mit figürlichen Szenen annehmen, die dem Alten und dem Neuen Testament entnommen zueinander in Bezug stehen, indem die alttestamentlichen Szenen auf die Erfüllung im neuen Testament hinweisen. Ein ähnlicher Bezug liegt auch dem einzigen erhaltenen Zyklus dieser Art, den Mosaikbildern der Hochwände von S. Maria Maggiore zugrunde, die in der Darstellung der Heilstaten Gottes am Volke Israel auf die Erfüllung dieser Verheißung im Leben und der Epiphanie Christi hinweist, die auf dem Triumphbogen dargestellt ist. Paulinus von Nola läßt in einem Brief an einen Freund erkennen, daß Bildzyklen als Ausstattung von Kirchenbauten jedenfalls nicht selbstverständlich waren. Bei den mit marmornem Wandschmuck ausgestatteten, im 5.–7. Jahrhundert zu Kirchen umgewandelten Profanbauten war die Pracht der Ausstattung vorrangig vor einer Bildausstattung und ließ es sogar zu, daß pagane und profane Bildmotive, die sich im ursprünglichen Dekorationszusammenhang fanden, übernommen wurden.

Zu der Prachtentfaltung in der Kirchenausstattung, die in den kaiserlichen Reskripten und auch bei dem Dichter Prudentius um 400 als *regia pompa*, (königliche Pracht) und *cultus nobilis regificus* (vornehmer königlicher Schmuck) angesprochen wird, gehört auch die Architekturdekoration, die von dem Dichter in diesem Zusammenhang auch ausdrücklich angesprochen wird.[2] Waren noch die Diokletiansthermen, die Maxentiusbasilika und der von Maxentius wiederhergestellte Tempel der Venus und Roma am Forum mit eigens für diese Bauten hergestellten Werkstücken ausgestattet worden, so haben die von Konstantin errichteten Großbauten der Lateransbasilika und der Petersbasilika eine Baudekoration, die in allen Teilen aus älteren Werkstücken, Spolien, zusammengesetzt ist. Auffälligerweise handelt es sich dabei nicht um einheitliche

Sätze, wie in kaiserzeitlichen Großbauten im gleichen Bauzusammenhang üblich, sondern um eine Vielzahl formal und in der Zeitstellung unterschiedlicher Stücke, die älteren Bauten oder eher wohl Marmordepots entnommen worden sind. Wirtschaftliche Gründe wie auch die Notwendigkeit, diese Bauten in kürzester Zeit fertigzustellen, mögen mitverantwortlich für diese ausgedehnte Verwendung von Spolien gewesen sein. Eine weitere Schwierigkeit bestand offenbar auch darin, geeignete Werkleute oder Werkstätten für die Herstellung solch anspruchsvoller Werkstücke in größerer Zahl zu finden, da mit dem Nachlassen der Bautätigkeit sich im Laufe des 4. Jahrhunderts auch die Werkstätten und die Fähigkeiten zur Herstellung der Baudekoration für Großbauten reduziert hatten, ein Problem, das sich in der Folgezeit noch verschärfte. Doch dürften diese Gründe eigentlich bei Großbauten, die in kaiserlicher Regie erstellt wurden, kaum durchschlagend gewesen sein. Bei beiden Basiliken handelt es sich jedoch um einen neuen, ja revolutionären Bautypus, der nicht an ältere Traditionen in Auslegung und Ausstattung gebunden war. Hier wird das Motiv der Prachtentfaltung, das sich in der Fülle unterschiedlicher Formen, dem reichen Schmuck und der hohen Qualität der Stücke manifestieren konnte, den entscheidenden Ausschlag für die Verwendung von geeigneten Spolien gegeben haben.

Bemerkenswert ist jedoch, daß die Architekturdekoration nun nicht mehr wesentlich bestimmend für die Ausstattung eines Baues ist, sondern neben der marmornen Wandverkleidung und der Mosaikausstattung, die nun den Raumeindruck maßgeblich beeinflußt, deutlich in der dekorativen Ausstattung zurücktritt. Damit geht einher auch ein Wandel der Sehweise, die im Gegensatz zu der Verwendung der Bauplastik in der klassischen und kaiserzeitlichen Architektur Vielfalt und Reichtum der Formen, eben Pracht, höher bewertet als eine einheitliche, qualitativ gleichmäßig durchstrukturierte Formgebung der Stücke und die aus dieser Bewertung als „Prachtstücke" auch ältere, eigentlich dem zeitgenössischen Formempfinden nicht angemessene Werkstücke vorzieht. Diese Bewertung scheint sich durch das Faktum zu bestätigen, daß aufwendigere Bauten wie etwa SS. Giovanni e Paolo, S. Sabina, S. Pietro in Vincoli in der ersten Hälfte des 5. Jahrhunderts und auch später, wie etwa in S. Lorenzo und S. Agnese, wiederum Spolien verwenden, während kleinere Bauten wie S. Vitale mit einfachen zeitgenössischen Vollblattkapitellen aus stadtrömischer Produktion ausgestattet werden. Eine Ausnahme machen bezeichnenderweise Großbauten wie S. Paolo fuori le mura und im 5. Jahrhundert S. Maria Maggiore und S. Stefano Rotondo. Für die am Ende des 4. Jahrhunderts errichtete Paulsbasilika werden in einer eigens eingerichteten Werkstatt in Rom aus prokonnesischem Importmarmor für das Mittelschiff aufwendige komposite und korinthische Kapitelle hergestellt und für die Seitenschiffe ebensolche Vollblattkapitelle. Offensichtlich standen für diesen Großbau Spolien in den erforderlichen Maßen ebenso wie geeignete Blöcke für einen Architrav in dieser Größenordnung nicht zur Verfügung. Die gleiche Situation führte später in S. Maria Maggiore und S. Stefano Rotondo zur Verwendung von großen zeitgenössischen ionischen Kapitellen, die im Falle von S. Stefano Rotondo mit Sicherheit einem Magazin- oder Werkstattbestand entnommen worden sind. Bei S. Stefano Rotondo zeigt wiederum die akzentuierende Versetzung von korinthischen Spolienkapitellen, die sich allein in der liturgischen Achse der Kirche finden, daß diese älteren Kapitelle als kostbare Versatzstücke bewertet wurden. Die sich hier in S. Stefano Rotondo im 5. Jahrhundert andeutende akzentuierende Verwendung von Spolien, die die liturgisch wichtigen Bereiche der Kirche auszeichnet, wird deutlich ausgeführt in der differenzierenden Einsetzung der Spolien in den Emporenkirchen von S. Lorenzo und S. Agnese aus dem Ende des 6. Jahrhunderts und dem frühen 7. Jahrhundert. Sowohl in der Hauptkolonnade wie im Emporengeschoß heben die reicheren und größeren Stücke das Presbyterium und den Altarraum durch ihre Plazierung an erster Stelle der Kolonnade hervor. Eine Reihe von kostbaren, reichgeschmückten Kapitellen Konstantinopler Produktion des 6. Jahrhunderts, die mit anderen Werkstücken wie Schrankenplatten als kostbare Zimelien nach Rom importiert wurden, oder wie im Falle von S. Clemente wohl von östlichen Handwerkern in Rom ausgeführt wurden, sind ihrer prächtigen, reichen Formgebung wegen wie Spolien an besonders bevorzugten Orten, so etwa den Altarziborien von S. Clemente und SS. Cosma e Damiano, oder im Emporennarthex von S. Lorenzo in der Hauptachse der Kirche verwendet worden. Auch dies bestätigt uns wieder, daß die eigentliche Begründung für die Verwendung von Spolien in der Kostbarkeit und der Pracht der Stücke liegt und das sicher nicht, wie man indes häufig vermutet, ein ideologisches Motiv für den ausgedehnten Gebrauch der Spolien in der frühchristlichen Architektur und in der frühmittelalterlichen Baukunst, die darin dem antiken Gebrauch folgt, verantwortlich zu machen ist. So ist mit Sicherheit auszuschließen, daß die Verwendung klassischer Werkstücke in den frühchristlichen Basiliken eine Unterwerfung der paganen Welt und ihre sieghafte Überwindung durch das Christentum signalisiere oder eine Verwendung von kaiserzeitlichen Kapitellen in frühmittelalterlichen Kontexten einen ideologischen Bezug zur Idee des Imperium Romanum beinhalte, Auffassungen, für deren Begründung auch alle Quellen sich versagen. Die systematische und extensive Verwendung jedoch von Spolien und ihre Einordnung in das architektonische System der christlichen Basilika unter Kriterien, die eine neue, an den Bau und seine kultische Funktion gebundene Ordnung etablieren, sind als ein charakteristisches Phänomen der frühchristlichen Kirchenbaukunst Roms zu bewerten.

Mit der Spolienverwertung eng verbunden ist der Gebrauch des Architravs in den frühchristlichen Kirchenbauten Roms. Für die Profanbasilika und die kaiserzeitliche römische Architektur überhaupt war die Architravkolonnade das geläufige architektonische Element. Monumentale Arkadenkolonnaden treten zum ersten Mal in der severischen Zeit auf und auch die aufgehende Fensterwand über Arkaden, das Wandsystem der christlichen Basilika, ist der kaiserzeitlichen Architektur bekannt. Das für den Einbau von S. Pudenziana genutzte Gebäude ist dafür ein Beispiel. Die traditionelle Architravkolonnade, die sich auch ästhetisch dem Richtungsbau der christlichen Basilika gut einfügte, da sie die Flucht der Kolonnade in die Tiefe auf Apsis und Presbyterium verstärkte, scheint jedenfalls für anspruchsvolle Kirchenbauten auch das gegebene architektonische Element gewesen zu sein. Die Lateransbasilika und die Petersbasilika verwenden die Architravkolonnade im Mittelschiff, S. Stefano Rotondo ebenso im Zentralraum und auch in S. Maria Maggiore findet sie sich wieder. Die beiden letztgenannten Bauten können zeigen, welche Bedeutung man der Architravkolonnade beimaß: In S. Maria Maggiore ersetzt eine Konstruktion aus Holzbalken und Entlastungsbögen in der aufgehenden Ziegelwand den Architrav für den offenbar geeignete Marmorblöcke nicht zur Verfügung standen, in S. Stefano Rotondo aber sind die Architrav-

blöcke die einzigen für den Bau hergestellten Werkstücke. Wenn in S. Paolo fuori le mura die Arkadenkolonnade verwendet wurde, die diesem Großbau mit den weiten Interkolumnien und der größeren Auflösung der Wand im Verein mit dem hellen Marmormaterial einen gleichsam leichten, diaphanen Aufbau verlieh, beruht dies sicher darauf, daß Architravblöcke in diesen enormen Dimensionen nicht zu beschaffen waren. Die gleichen Voraussetzungen wie auch wirtschaftliche Gründe dürfen wir für den Gebrauch der Arkadenkolonnade in den *tituli* und kleineren frühchristlichen Kirchenbauten verantwortlich machen, wie S. Pietro in Vincoli deutlich macht, in der eine dorische Kolonnade sogar mit der Arkade verbunden wird. Der Sinn für die ursprüngliche, klassische Zusammensetzung der architektonischen Elemente ist nicht mehr vorhanden. Die Arkadenkolonnade wird so zur geläufigen Kolonnade der frühchristlichen Architektur. Aus dem Gesagten dürfte deutlich sein, daß die Verwendung der Architravkolonnade, die als traditionelle Aufwandsform zu werten ist, in anspruchsvolleren Kirchenbauten Roms nicht als Ausdruck einer klassizistischen Gesinnung oder ein bewußter Rückgriff auf ältere klassische Bauformen zu werten ist.

Die Spolienverwendung ist ein exemplarisches Beispiel dafür, wie sich im frühchristlichen Kultbau Roms antike Tradition mit Neuem verbindet und der neue Bautypus der christlichen Basilika, der in der spätantiken Architektur wieder den Primat des Kultbaues über den Profanbau durchsetzt, den ihm die kaiserzeitliche Architektur verweigert hatte, damit die Grundlagen für die abendländische kirchliche Baukunst des Mittelalters legt.

BILDDOKUMENTATION
mit Plänen, Aufrissen, Axonometrien
und Fotografien zu den Kirchenbauten

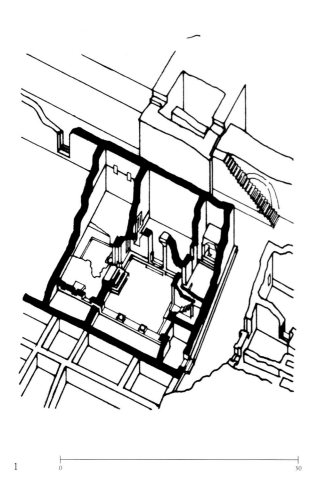

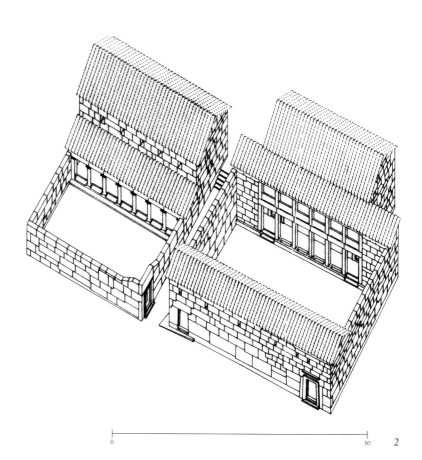

1. Dura Europos. Hauskirche (nach
Krautheimer).
2. Kirche von Qirq Bize (Kirkbize,
Syrien), Rekonstruktion (nach Tchalenko).
3. Kirche von Qirq Bize (Syrien),
Südfassade.

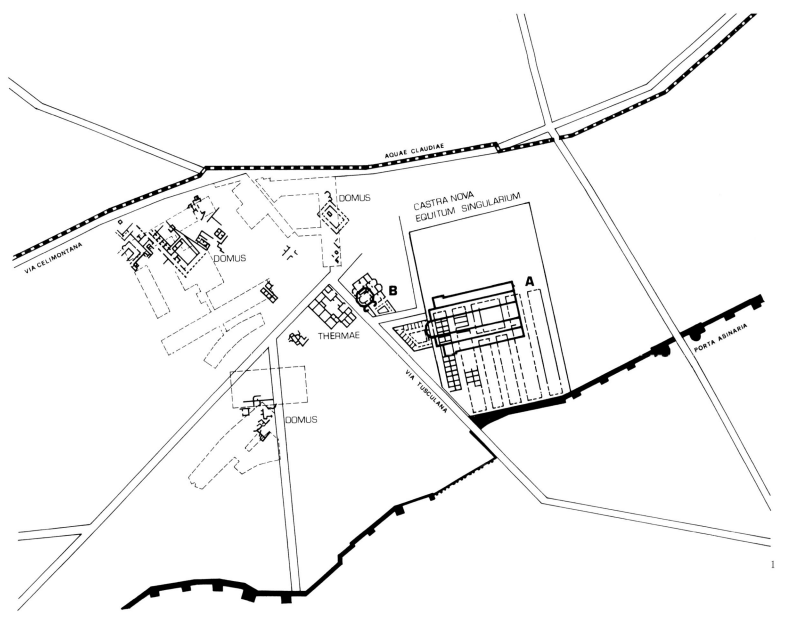

1

2

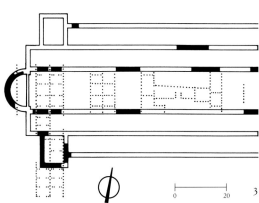

3

1. Lageplan. Die kaiserzeitliche Bebauung, die Lateransbasilika (A), das Lateransbaptisterium (B).

2. Reste der Castra equitum singulariorum unter dem Mittelschiff der Basilika.

3. Die Castra equitum singulariorum mit den nachgewiesenen Mauern der Lateransbasilika (nach Krautheimer / Brandenburg).

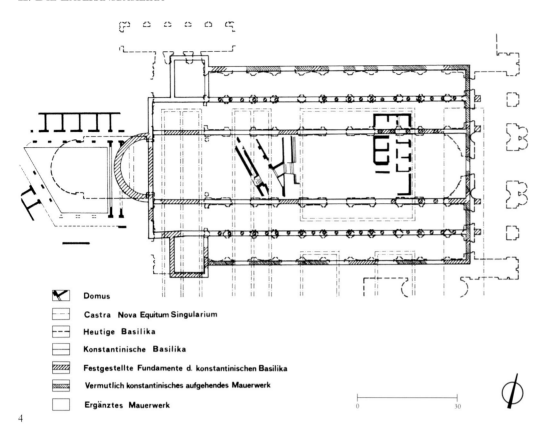

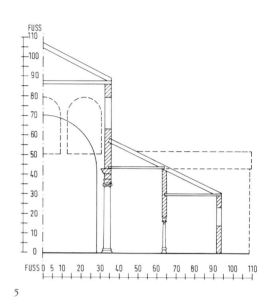

Domus

Castra Nova Equitum Singularium

Heutige Basilika

Konstantinische Basilika

Festgestellte Fundamente d. konstantinischen Basilika

Vermutlich konstantinisches aufgehendes Mauerwerk

Ergänztes Mauerwerk

4

5

6

7

4. Plan der Basilika über der Kaserne (nach Krautheimer)
5. Querschnitt der Basilika, Rekonstruktion (nach Hoffmann).
6. Fußbodenrest der konstantinischen Basilika.
7. Pfosteneinlassungen der "solea" im Mittelschiff der konstantinischen Basilika.
8. Fragment der Seitenschiffsarkaden mit Dübellöchern für die Wandverkleidung.

9. Rekonstruktion der Lateransbasilika (Entwurf H.Brandenburg; Zeichnung K.Brandenburg).
10. Lateransbasilika. Fundament der konstantinischen Apsis.
11. Konstantinische Lateransbasilika, nördliche Seitenschiffmauer.
12. Konstantinische Lateransbasilika, nördliche Seitenschiffmauer mit Rest eines Fensters.

8

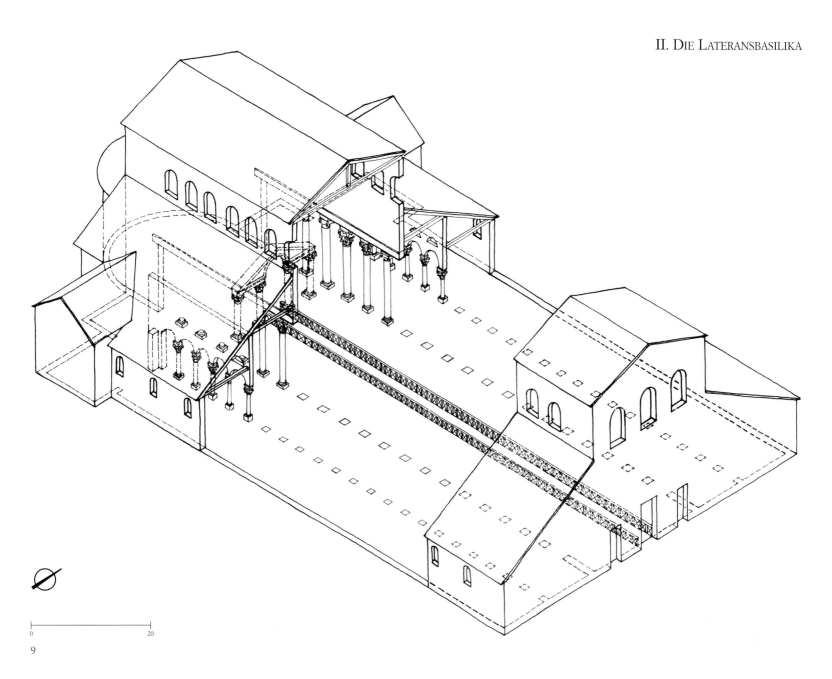

9

10

11

12

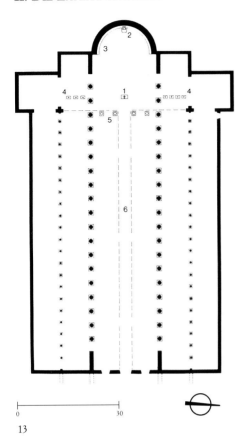

13

14

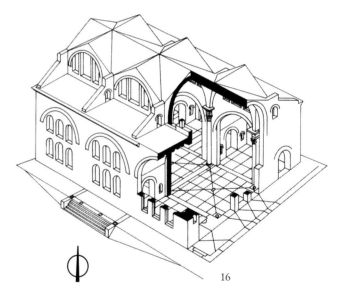

15

16

17

18

19

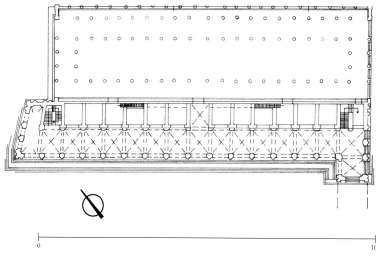

20

21

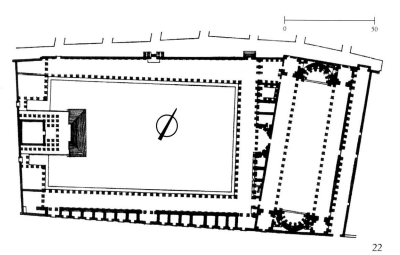

22

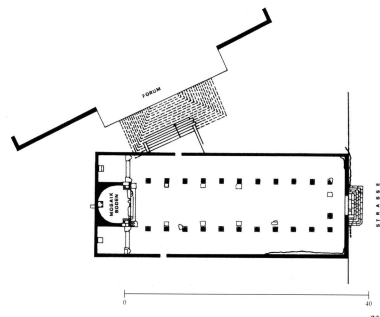

23

13. Grundriß der Lateransbasilika mit hypothetischer Rekonstruktion der liturgischen Einrichtungen (nach De Blaauw).

14. Lateransbasilika. Heutiger Sakramentsaltar (um 1600) mit Spoliensäulen des konstantinischen Fastigiums.

15. Pantheon, Inneres.

16. Rekonstruktion der Maxentiusbasilika (nach Ward-Perkins).

17. Maxentiusbasilika, Ansicht von Norden.

18. Maxentiusbasilika, nördliche Quertonnen.

19. Maxentiusbasilika, Rekonstruktion des Inneren (nach Ward-Perkins).

20. Basilica Aemilia, Forum Romanum, Plan (nach Bauer).

21. Leptis Magna. Rekonstruktion des Inneren der severischen Basilika (nach Ward-Perkins).

22. Leptis Magna. Severische Basilika, Plan (nach Ward-Perkins).

23. Tipasa, Basilika am Forum (nach Christern).

263

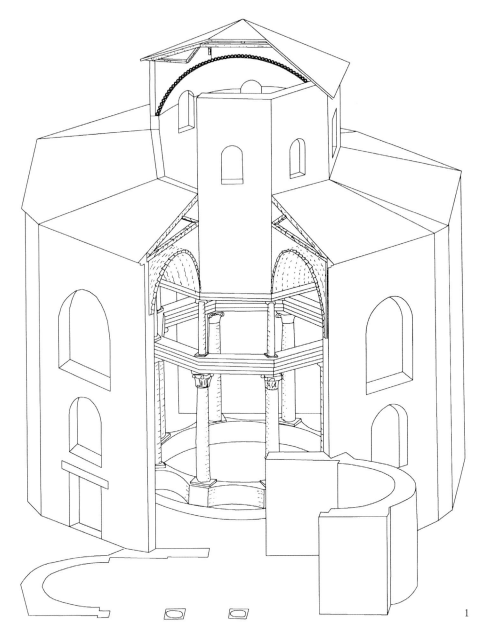

1. Das Lateransbaptisterium Sixtus III. Schematische Rekonstruktion (Entwurf H. Brandenburg; Zeichnung M. Bordicchia).
2. Lateransbaptisterium. Ältere Thermen mit Fundament des konstantinischen Baptisteriums unter dem sixtinischen Neubau (nach Brandt).
3. Lateransbaptisterium. Plan des sixtinischen Baptisteriums mit den Kapellenanbauten des Papstes Hilarus (nach Brandt).

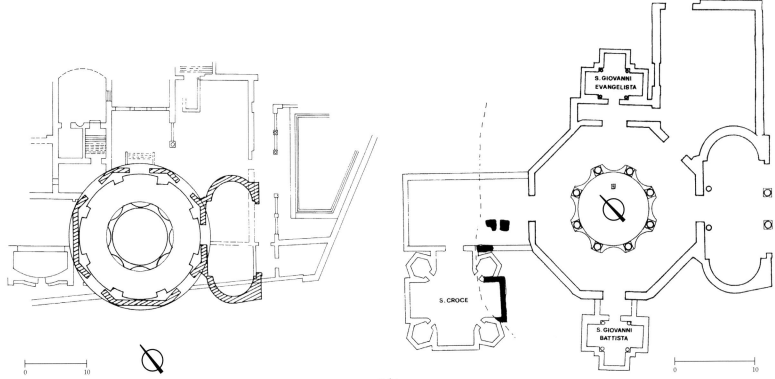

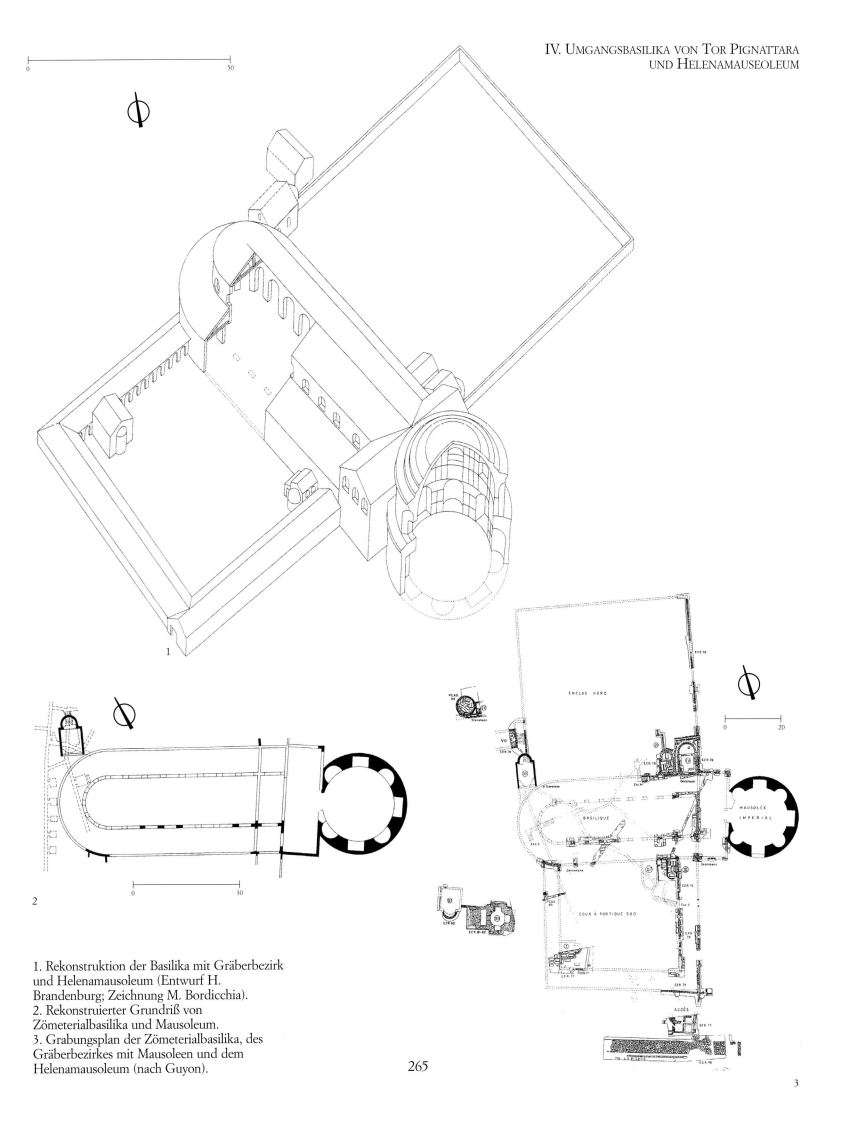

1. Rekonstruktion der Basilika mit Gräberbezirk
und Helenamausoleum (Entwurf H.
Brandenburg; Zeichnung M. Bordicchia).
2. Rekonstruierter Grundriß von
Zömeterialbasilika und Mausoleum.
3. Grabungsplan der Zömeterialbasilika, des
Gräberbezirkes mit Mausoleen und dem
Helenamausoleum (nach Guyon).

265

4. Ansicht der Ruine des Helenamausoleums und Schnitt durch den Obergaden. Piranesi 1756.

5. Ansicht des Inneren des Mausoleums. Piranesi.

6. Ansicht des Helenamausoleums von NO um 1940.

7. Der Porphyrsarkophag der Helena Augusta aus dem Mausoleum. Piranesi.

8. Der restaurierte Porphyrsarkophag aus dem Mausoleum. Musei Vaticani.

V-1

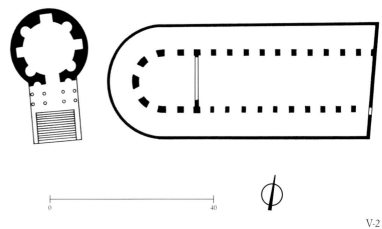

V-2

V-1. Das Mausoleum und die Apsis
der Umgangsbasilika.
V-2. Das Mausoleum und die
Umgangsbasilika, rekonstruierter
Grundriß (nach Gatti / Rasch).

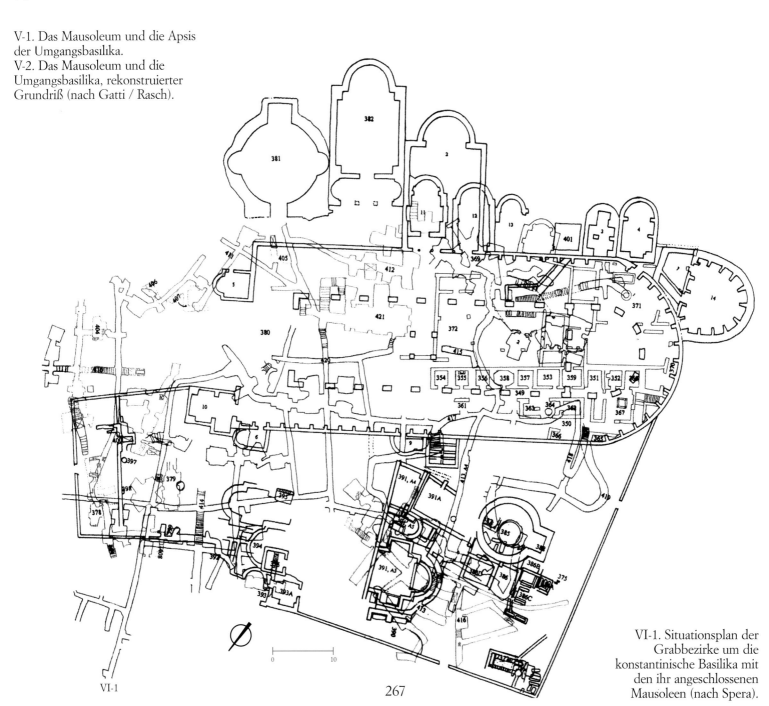

VI-1

VI-1. Situationsplan der
Grabbezirke um die
konstantinische Basilika mit
den ihr angeschlossenen
Mausoleen (nach Spera).

2

3

4

5

2. Stuckdekoration eines kaiserzeitlichen Grabes unter der Basilika (Innocentier-Grab).

3. Wandmalerei aus dem Grab des Clodius Hermes unter der Basilika.

4. Stuckdekoration eines kaiserzeitlichen Grabes unter der Basilika (Ipogeo dell'ascia).

5. Christlicher Sarkophag (sogen. Lot-Sarkophag) des 3.Viertels des 4. Jh. aus einem der Mausoleen an der Basilika.

6. Grundriß der Basilika mit der überbauten Triclia und dem Altarplatz im Mittelschiff (nach Tolotti).

7. Triclia. Graffiti mit Anrufungen an Petrus und Paulus.

8. Konstantinisches Monogramm auf der Schwelle des Vorhofes an der Via Appia.

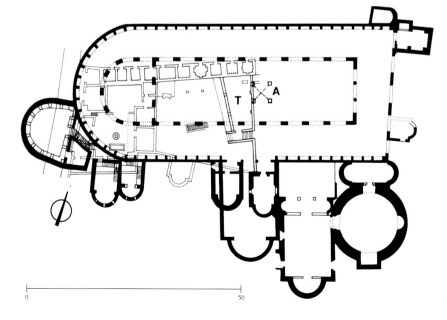

0   50

6

12

13

14

15

9. Kuppelmosaik, Schematische Rekonstruktion. Unterlegter Bereich durch ein Aquarell von Francesco d'Ollanda überliefert.

10. Das Innere des Mausoleums mit der antiken Ausstattung. Stich von Francesco d'Olanda, um 1538/9.

11. Das Innere des Mausoleums mit der antiken marmornen Wandverkleidung und Resten des Kuppelmosaiks. Zeichnung eines Anonymus, Codex Escurialensis, 28.II.12 f.7, Madrid.

12. Mausoleum der Constantina. Spolienkapitell des Innenrings. 1. Jh.

13. Mausoleum der Constantina. Spolienkapitell des Außenringes. Severisch.

14. Mausoleum der Constantina. Doppelsäulen der Kolonnade, Spolienkapitelle, links severisch, rechts 1. Jh.

15. Mausoleum der Constantina. Porphyrsarkophag der Constantina. Musei Vaticani.

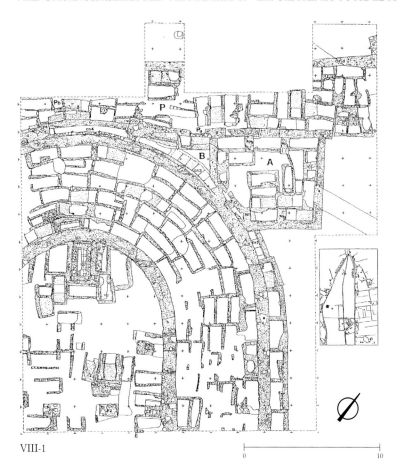

VIII-1. Grabungsplan der Basilika mit angeschlossenem Mausoleum mit Bodengräbern (nach Fiocchi Nicolai).
VIII-2. Rekonstruierter Plan der Umgangsbasilika mit benachbarter Katakombenanlage und Märtyrergräbern in der sogenannten Basilica anonyma (A). (Nach Fiocchi Nicolai).

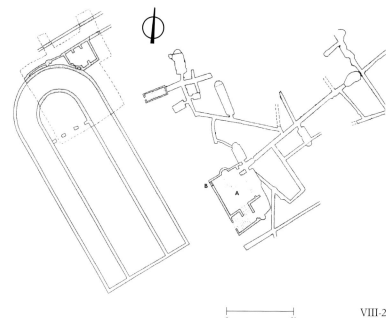

VIII-1

0   10

0   20   VIII-2

IX-1. Die konstantinische Umgangsbasilika mit der Emporenbasilika des 6. Jh. im Norden (rechts) und der basilikalen Erweiterung des 13. Jh. (links). (nach Krautheimer).

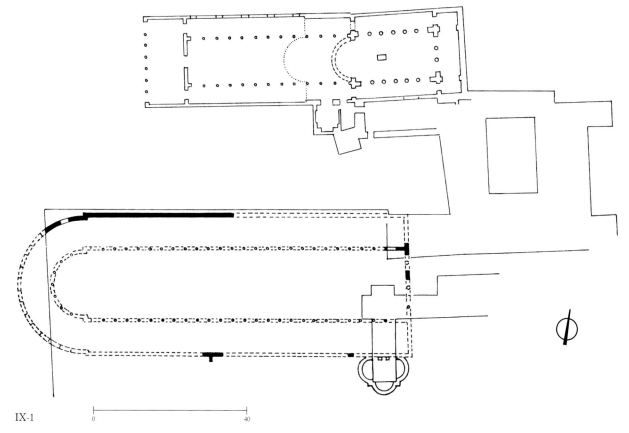

IX-1   0   40

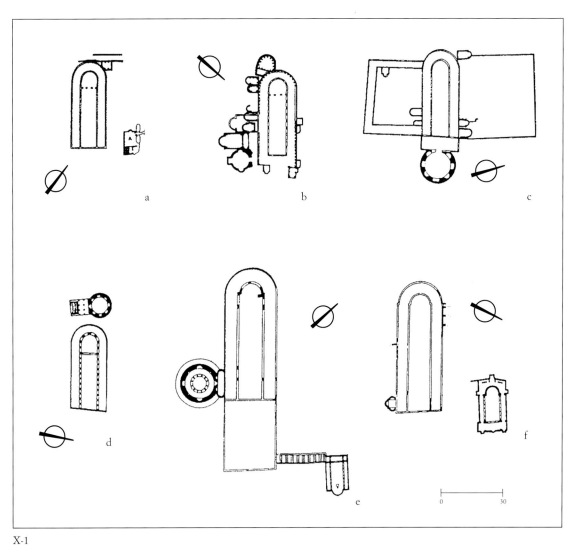

X-1. Planvergleich im selben
Maßstab:
a. Basilika der Via Ardeatina.
b. S. Sebastiano.
c. S. Pietro e Marcellino.
d. Basilika von Tor de' Schiavi.
e. S. Agnese.
f. S. Lorenzo fuori le mura.
(nach Fiocchi Nicolai).

X-1

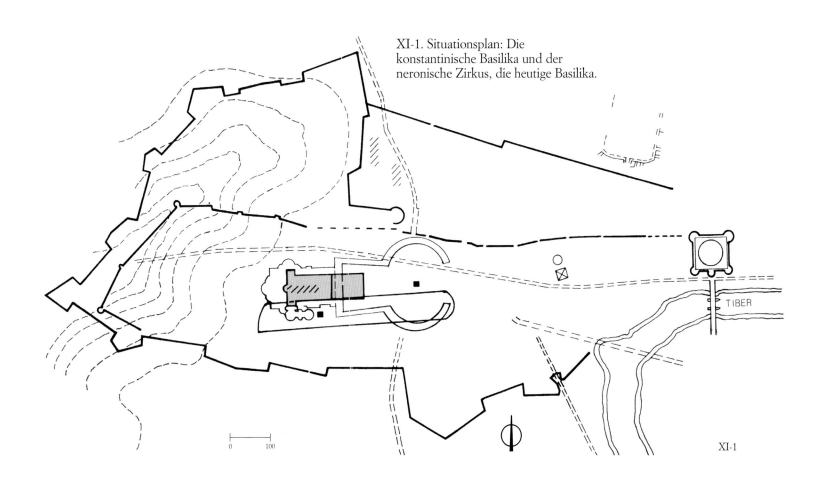

XI-1. Situationsplan: Die
konstantinische Basilika und der
neronische Zirkus, die heutige Basilika.

XI-1

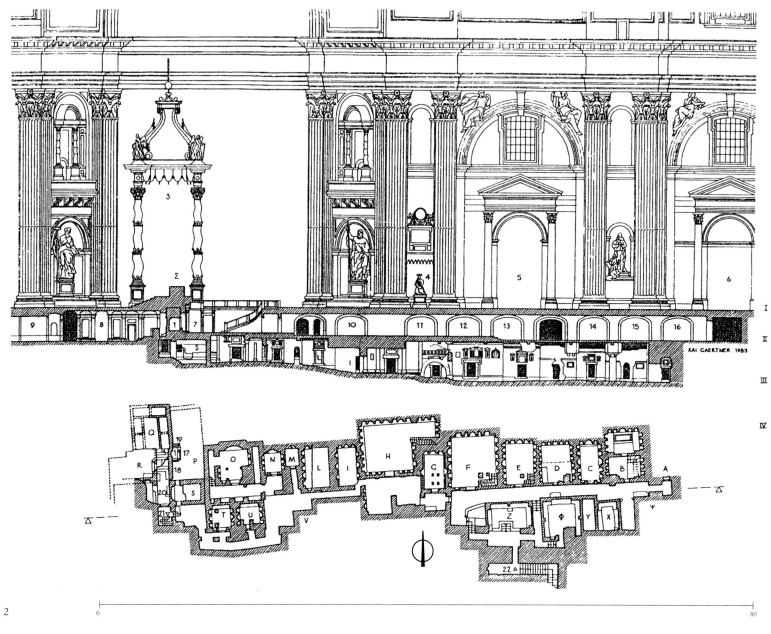

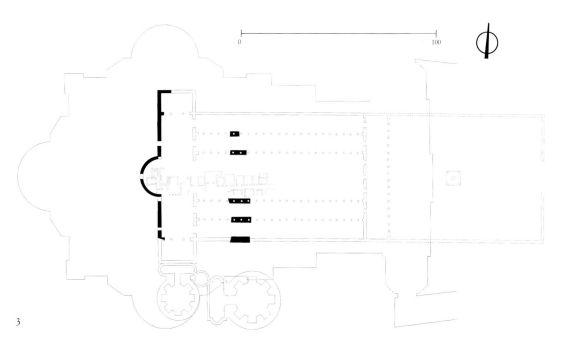

2. Aufriß der heutigen Basilika mit Grotten und römischer Nekropole (Aufriß und Plan). Vermutetes Petrusgrab mit mittelalterlichen und neuzeitlichen Papstaltären darüber (Entwurf und Zeichnung K. Gärtner).

3. Die Nekropole, die konstantinische Basilika (schwarz die festgestellten Mauerzüge) und der Umriß der heutigen Peterskirche (nach Krautheimer).

4. Rekonstruierte Fassaden der römischen Grabbauten (A-I) der Nekropole (nach von Hesberg, Mielsch; Zeichnung K.Gärtner).

5. Römische Grabbauten um den campo P mit dem Monument (Ädikula) über dem vermuteten Petrusgrab in der Apsis der konstantinischen Basilika (nach Esplorazioni).

6. Fassade des Grabbaues F (der Caetennii Maiores) der römischen Nekropole.

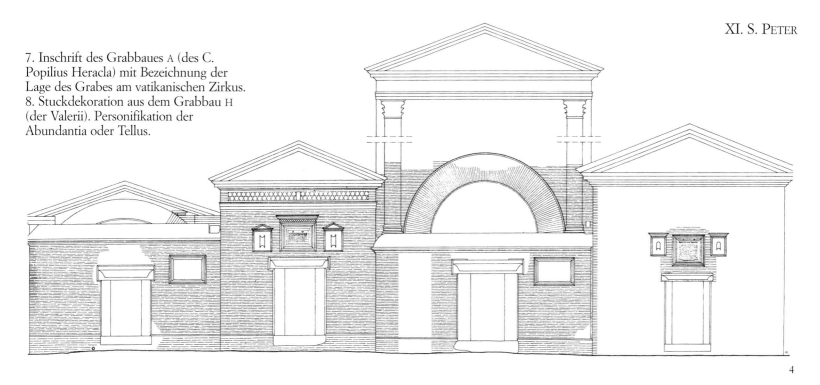

4

7. Inschrift des Grabbaues A (des C. Popilius Heracla) mit Bezeichnung der Lage des Grabes am vatikanischen Zirkus.
8. Stuckdekoration aus dem Grabbau H (der Valerii). Personifikation der Abundantia oder Tellus.

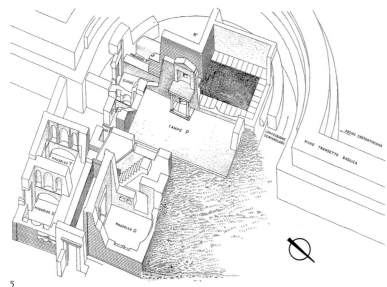

5

6

7

8

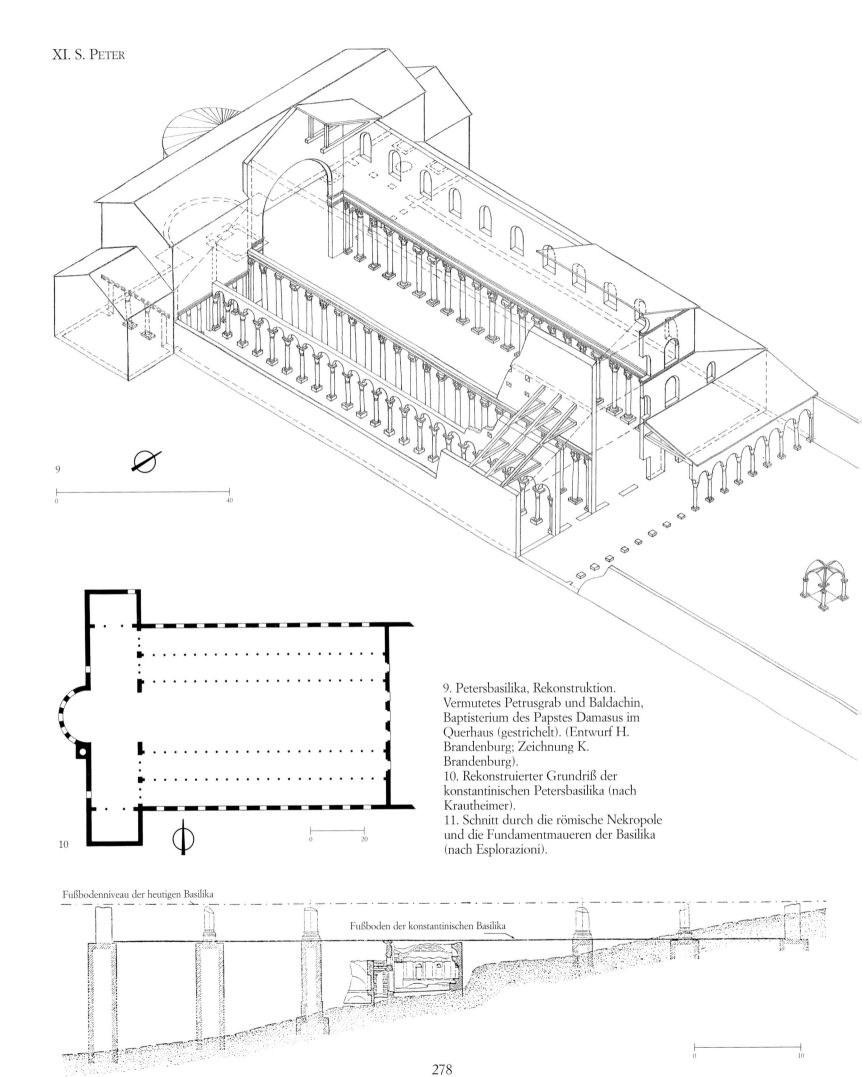

9

0 — 40

10

9. Petersbasilika, Rekonstruktion.
Vermutetes Petrusgrab und Baldachin,
Baptisterium des Papstes Damasus im
Querhaus (gestrichelt). (Entwurf H.
Brandenburg; Zeichnung K.
Brandenburg).
10. Rekonstruierter Grundriß der
konstantinischen Petersbasilika (nach
Krautheimer).
11. Schnitt durch die römische Nekropole
und die Fundamentmaueren der Basilika
(nach Esplorazioni).

0 — 20

Fußbodenniveau der heutigen Basilika

Fußboden der konstantinischen Basilika

0 — 10

11

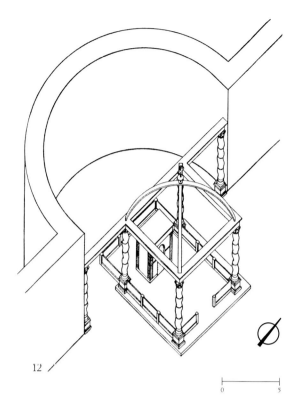

12

13

12. Rekonstruktion des konstantinischen Baldachins über dem vermuteten Petrusgrab (nach Ward-Perkins, Toynbee).
13. Der Baldachin über dem vermuteten Petrusgrab vor der Apsis der konstantinischen Basilika (nach Esplorazioni).

15

14

14. Säulenbasen von Haupt- und Nebenschiff der konstantinischen Basilika in situ.
15. Fundamentmauer der konstantinischen Basilika.

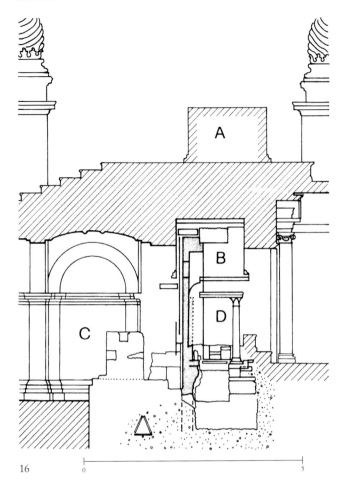

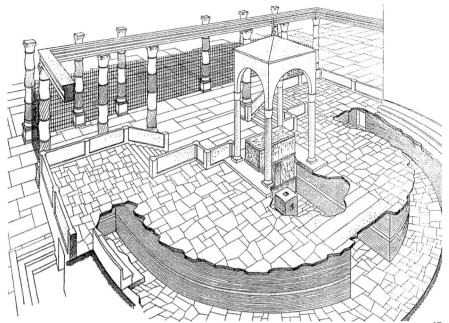

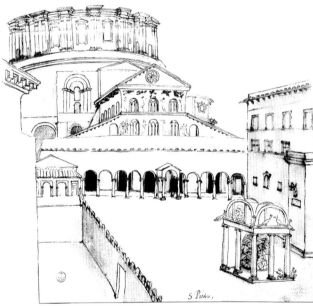

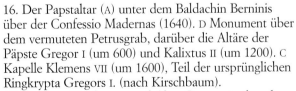

16. Der Papstaltar (A) unter dem Baldachin Berninis über der Confessio Madernas (1640). D Monument über dem vermuteten Petrusgrab, darüber die Altäre der Päpste Gregor I (um 600) und Kalixtus II (um 1200). C Kapelle Klemens VII (um 1600), Teil der ursprünglichen Ringkrypta Gregors I. (nach Kirschbaum).

17. Podium, Ringkrypta und Altar Gregors I. über dem vermuteten Petrusgrab.

18. Neubau des Kuppelraumes der Petersbasilika, davor das Langhaus der konstantinischen Kirche. Zeichnung G.A. Dosio, Florenz, Uffizien.

19. Rechte Hochschiffwand der Basilika mit dem mittelalterlich erneuerten Bilderzyklus aus dem Alten Testament. Vatikan, BAV, Cod.A 64 ter, fol.13r.

21

22

KIRCHEN   WOHNHÄUSER

KLÖSTER   MAUSOLEEN

DIAKONIEN   BÄDER

PILGERHERBERGEN PALÄSTE

TIBER

0   100

23

20. Linke Hochschiffswand der Basilika
mit den Resten des mittelalterlich
erneuerten Bilderzyklus aus dem neuen
Testament. Vatikan, BAV, Cod.Barb. Lat.
2733.
21. Blick aus dem Schiff der
konstantinischen Basilika in den Neubau
des Kuppelraumes. Zeichnung eines
Anonymus nach Marten van Heemskerk.
Berlin, Kupferstichkabinett, um 1535.

22. Fassade und Atrium der konstantinischen Basilika mit
Brunnen. Lavierte Zeichnung des Domenico Tasselli, um 1611.
23. Die konstantinische Petersbasilika mit der spätantiken und
frühmittelalterlichen Ansiedlung (Borgo).
(Entwurf H. Brandenburg; Zeichnung M. Bordicchia).

1

2

3

4

5

6

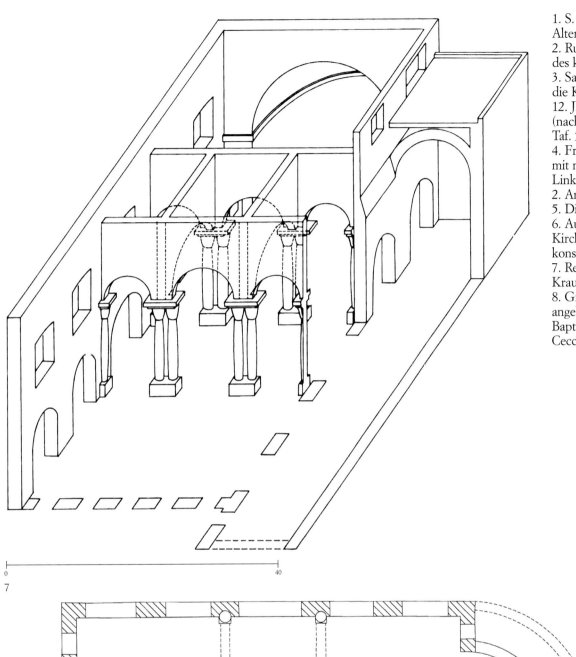

1. S. Croce mit Amphiteatrum Castrense. Alter Stich.
2. Ruine des monumentalen Apsidensaales des kaiserlichen Palastes (Sessorium).
3. Saal des kaiserlichen Palastes mit der für die Kirche angefügten Apsis und Turm des 12. Jh.
(nach Ciampini, *Vetera monimenta* I, Taf. 5).
4. Front des zur Kirche umgebauten Saales mit mittelalterlicher Portikus und Turm. Links Ruine des Apsidensaales von Abb. 2. Antiker Stich.
5. Die Apsis der Kirche.
6. Aufriß der in den Saal eingebauten Kirche (gestrichelt) mit den Querarkaden konstantinischer Zeit (nach Krautheimer).
7. Rekonstruktion der Kirche (nach Krautheimer).
8. Grundriß der Kirche (Palastsaal mit angebauter Apsis) mit Nebenräumen und Baptisterium (nach Krautheimer / Cecchelli).

0   40

7

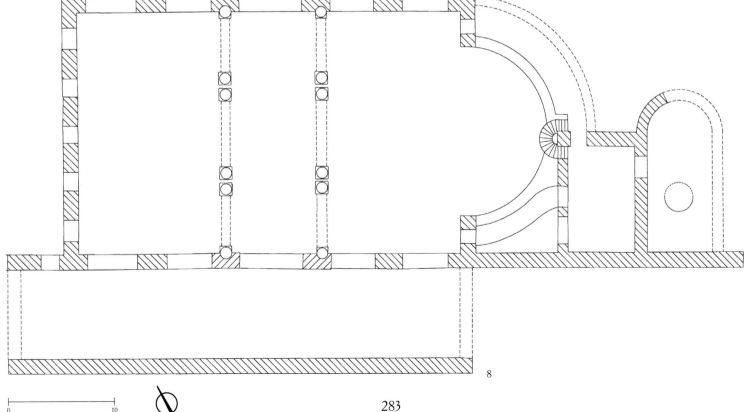

8

283

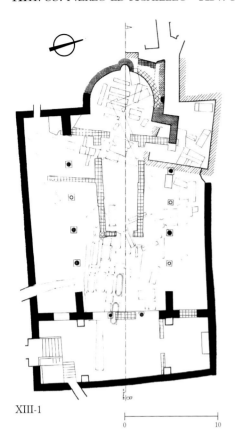

XIII-1

XIII-2

XIII-3

XIII-1. Grundriß der Basilika.
XIII-2. Basilika und Katakombe während
der Ausgrabung des 19.Jh.
XIII-3. Ziboriumssäule mit Darstellung
des Martyriums des Hl. Achilleus
(Inschrift).

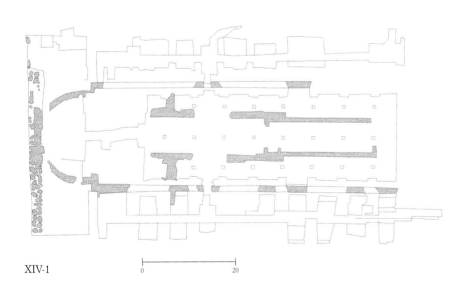

XIV-1

XIV-2

XIV-1. Grundriß der einschiffigen Kirche
des 4.Jh. und der späteren liturgischen
Einbauten (Umzeichnung nach M.
Cecchelli; M. Bordicchia).
XIV-2. Marmorfußboden (*opus sectile*) der
frühchristlichen Kirche.

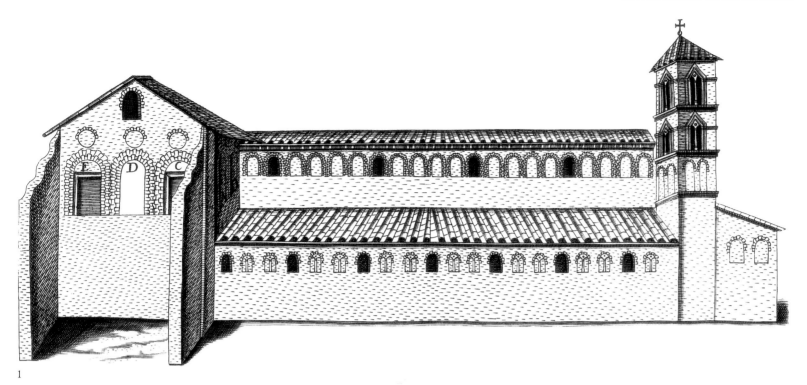

1

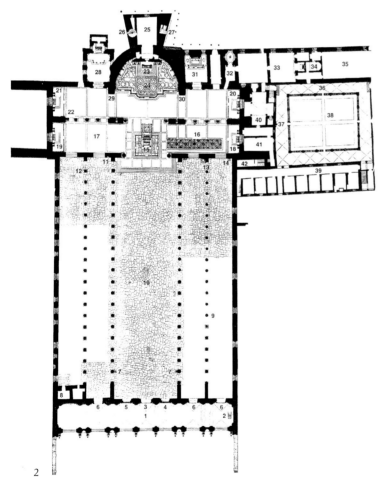

2

3

4

1. Ansicht der frühchristlichen Basilika mit mittelalterlichem Turm. (nach Ciampini, *Vetera monimenta* I, Taf. 7).
2. Grundriß der frühchristlichen Basilika (nach Andrea Alippi/Nicolai).
3. Luftaufnahme der nach dem Brand von 1823 in den Dimensionen der frühchristlichen Basilika rekonstruierten Kirche.
4. Grabplatte (um 400) "Paulo apostolo mart." unter dem heutigen Altar über dem Grab des Apostels. Die im Frühmittelater in der Platte angebrachten Öffnungen dienten dem Durchlaß von Berührungsreliquien.

5. S. Paolo nach dem Brand von 1823. Aquarellierte
Zeichnung von Pinelli.
6. S. Paolo nach dem Brand von 1823. Blick aus
den linken Seitenschiffen in das Langhaus und
Querhaus. Anonymus, lavierte Federzeichnung.
7. S. Paolo nach dem Brand von 1823. Blick aus
dem Querhaus in das Langhaus. Stich von
L. Rossini.
8. Inneres der Basilika vor dem Brand. Stich von
Piranesi.
9. Inneres der Basilika vor dem Brand. Blick vom
linken Seitenschiff in Langhaus und Querhaus.
Anonymus, lavierte Federzeichnung, frühes 19. Jh.

5

6

7

8

9

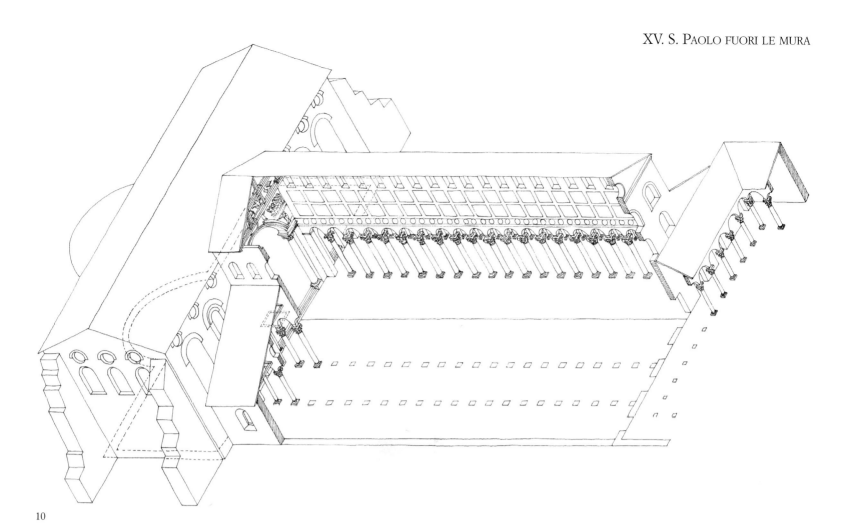

10

11

10. Rekonstruktion der frühchristlichen
Basilika (Entwurf H. Brandenburg;
Zeichnung K. Brandenburg).
11. Inneres der Basilika vor dem Brand.
Stich des frühen 19. Jh.

287

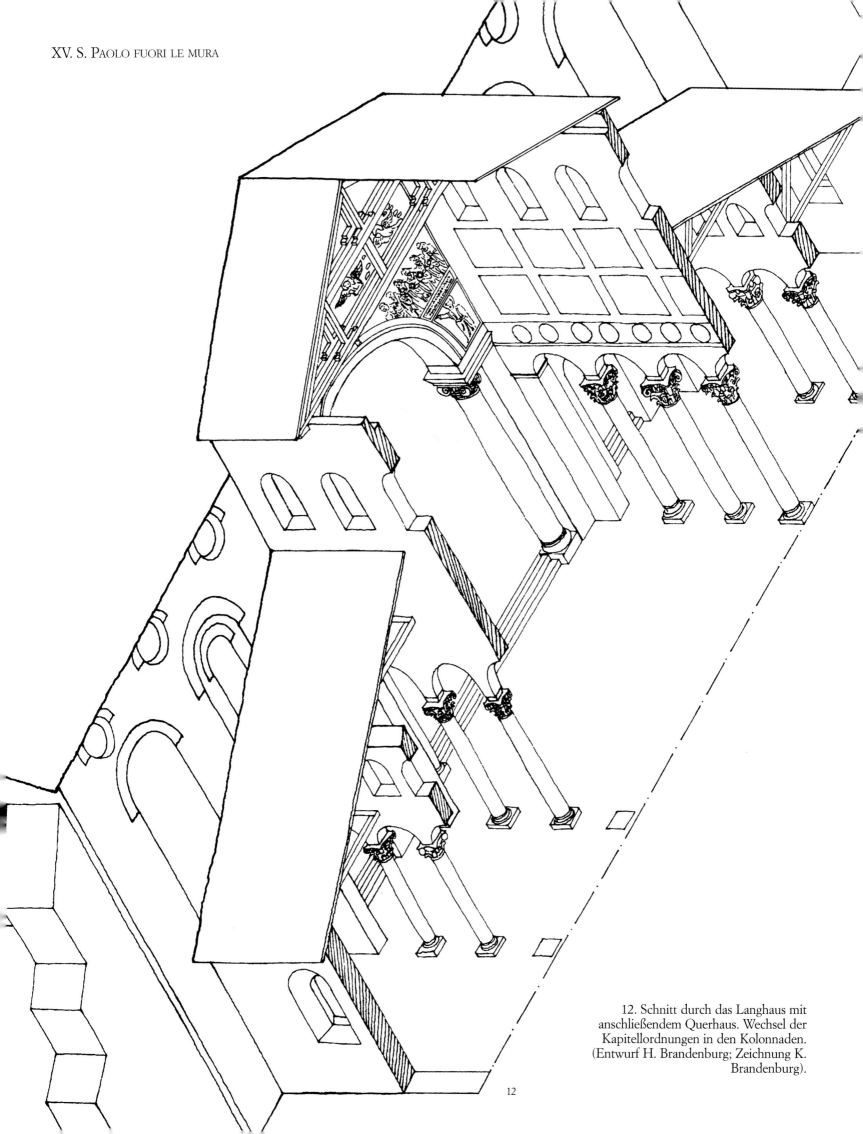

12. Schnitt durch das Langhaus mit anschließendem Querhaus. Wechsel der Kapitellordnungen in den Kolonnaden. (Entwurf H. Brandenburg; Zeichnung K. Brandenburg).

13

14

15

16

17

13. Spätantikes Kompositkapitell, Säule
und Basis des Mittelschiffes (nach Séroux
d'Agincourt, 1823).
14. Korinthisches Spolienkapitell, Säule
und Spolienbasis des Mittelschiffes (nach
Séroux d'Agincourt, 1823).
15. Interkolumnium der
Mittelschiffarkade mit (links) spätantikem
Kompositkapitell, Säule und spätantiker
Basis und (rechts) severischem
Spolienkapitell, Säule und Spolienbasis
aus der Restaurierung Leos I. (440-461)
(nach Séroux d'Agincourt, 1823).

16. Jonisches Kapitell des
Triumphbogens, um 390. Seitenansicht
(Zeichnung K. Brandenburg).
17. Jonisches Kapitell des
Triumphbogens, um 390. Frontansicht
(Zeichnung K. Brandenburg).

18

19

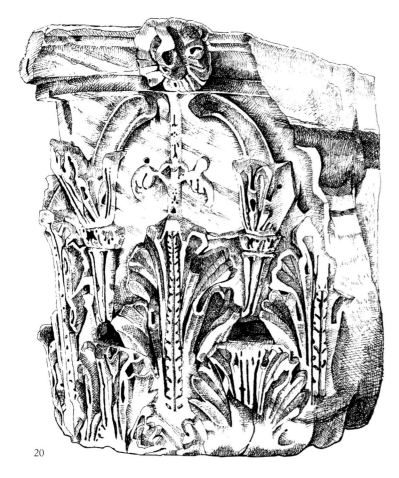

20

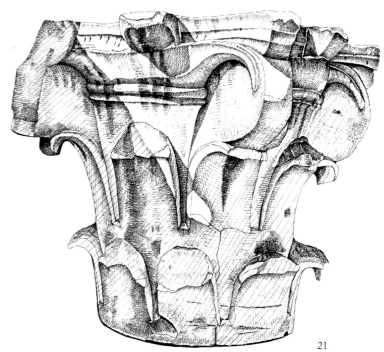

21

22

18. Korinthisches Kapitell des Mittelschiffes, um
390 (Zeichnung K. Brandenburg).
19. Korinthisches Vollblattkapitell der
Seitenschiffe, um 390 (Zeichnung K.
Brandenburg).
20. Korinthisches Spolienkapitell severischer Zeit
aus der Restaurierung der
Mittelschiffkolonnaden unter Leo I. (440-461)
(Zeichnung K. Brandenburg).

21. Komposites Vollblattkapitell der Seitenschiffe, um 390
(Zeichnung K. Brandenburg).
22. Spätantike Basis aus dem Mittelschiff mit Steinmetzzeichen
(Krug), um 390 (Zeichnung K. Brandenburg).

23

24

25

23. Korinthisches Kapitell des Mittelschiffes.
24. Jonisches Kapitell des Triumphbogens, um 390.
25. Triumphbogenmosaik der Augusta Galla
Placidia (425-450). Christus und die Ältesten der
Apokalypse, Petrus und Paulus. Zustand gegen
Ende des 17. Jh. Ciampini, *Vetera monimenta* I,
Taf. 68.

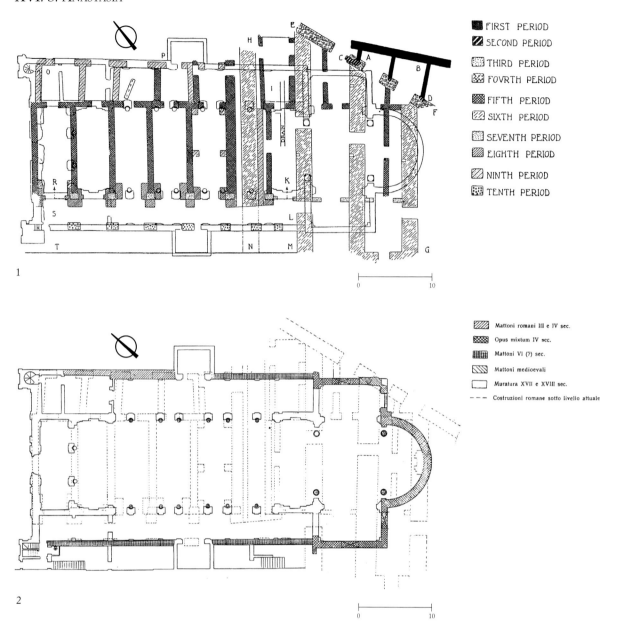

FIRST PERIOD
SECOND PERIOD
THIRD PERIOD
FOVRTH PERIOD
FIFTH PERIOD
SIXTH PERIOD
SEVENTH PERIOD
EIGHTH PERIOD
NINTH PERIOD
TENTH PERIOD

1

0   10

Mattoni romani III e IV sec.
Opus mixtum IV sec.
Mattoni VI (?) sec.
Mattoni medioevali
Muratura XVII e XVIII sec.
– – – Costruzioni romane sotto livello attuale

2

0   10

3

4

1. Die römischen Gebäude unter der Kirche (nach Whitehead).

2. Gundriß der Kirche (nach Todini-Krautheimer).

3. Die römischen Gebäude unter der Kirche (nach P.Pietri, 1860).

4. Obergaden der Kirche des 5.Jh. und das wohl frühmittelalterliche Querhaus.

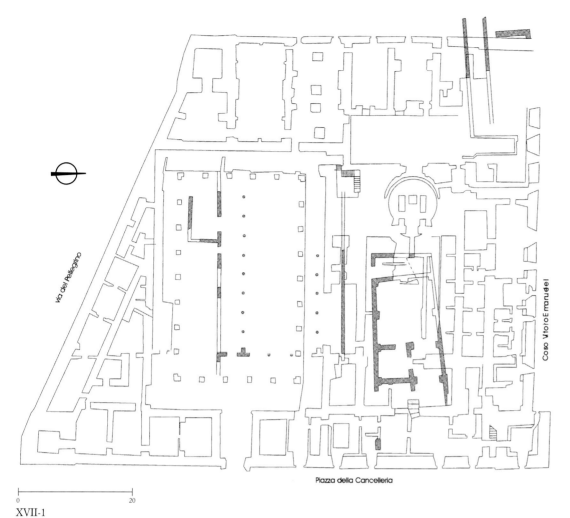

XVII-1. Reste der frühchristlichen und mittelalterlichen Kirche unter dem Hof des Palazzo della Cancelleria (nach U. Pentiricci).

XVII-1

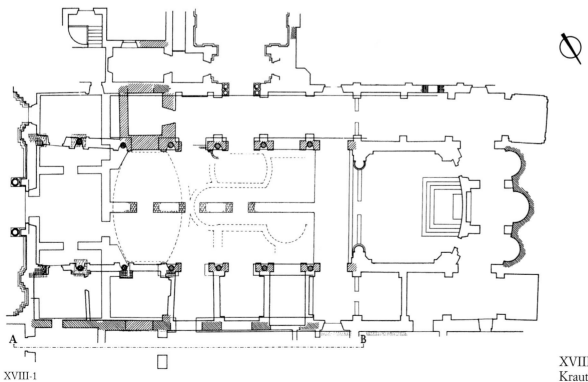

XVIII-1. Grundriß der Kirche (nach Krautheimer).

XVIII-1

XVIII-2

XVIII-2. Reste des antiken Gebäudes, in
das die Kirche eingebaut wurde in Via
Balbo.

XVIII-3

XVIII-3. Kapitell und Säule der
frühmittelalterlichen Erneuerung der
Kirche, die die ursprünglichen Pfeiler
durch Säulen ersetzt hat.

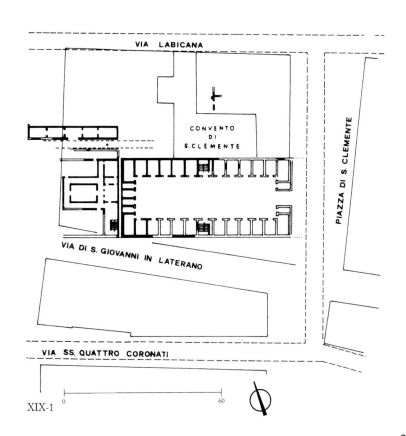

XIX-1

XIX-2

XIX-1. Lageplan der antiken Gebäude
(moneta, Münzprägestätte?) unter der
Kirche (Zeichnung S.Montanari).
XIX-2. Kammer in dem Hofgebäude
(moneta?) unter der Kirche.

3. Rekonstruktion der frühchristlichen
Kirche des späteren 4.Jh. über den
antiken Vorgängerbauten (moneta?).
(nach Krautheimer).

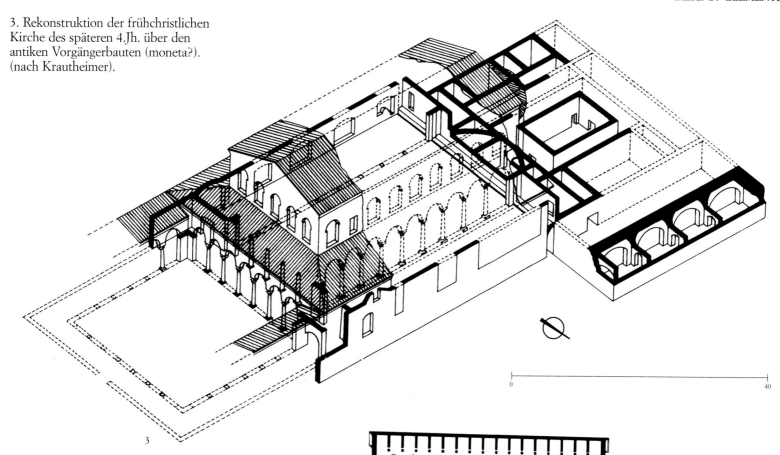

4. Schnitt durch die antiken Vorgängerbauten, die
frühchristliche Kirche und die darüber im 12. Jh.
errichtete, noch bestehende Kirche. (Umzeichnung nach
Junyent; S. Montanari).
5. Grundriß der frühchristlichen Kirche und des darüber
liegenden kleineren mittelalterlichen Kirchenbaues.
Fußboden des 6. Jh. (nach Guidobaldi).
6. Grabungsplan des an der Nordflanke der Kirche
gelegenen Baptisteriums des 5./.6. Jh. (nach Guidobaldi).

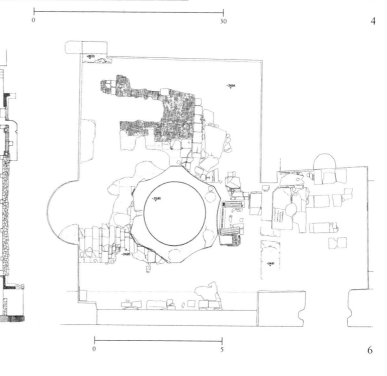

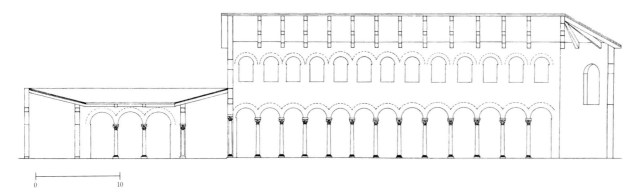

1. Rekonstruierter Grundriß und Aufriß der frühchristlichen Kirche (H. Geertman / C. Varetti).

1

2

3

2. Arkaden und komposite Vollblattkapitelle der Basilika des 5. Jh. in der nördlichen Außenwand der heutigen Kirche.

3. Komposites Vollblattkapitell des 5. Jh. in den Arkaden der frühchristlichen Basilika.

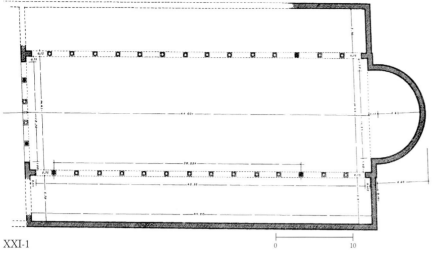

XXI-1

XXI-1. Grundriß der Kirche (nach Matthiae).
XXI-2. Arkaden der Eingangsseite mit
kompositem Vollblattkapitell des 5. Jh.
XXI-3. Korinthisches Kapitell des 4. Jh. aus
den mittelalterlich erneuerten Arkaden des
Langhauses.
XXI-4. Korinthisches Vollblattkapitell des 5.
Jh. aus den Arkaden des Langhauses.

XXI-2

XXI-3

XXI-4

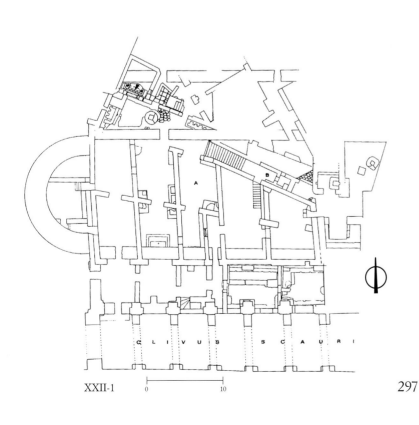

XXII-1

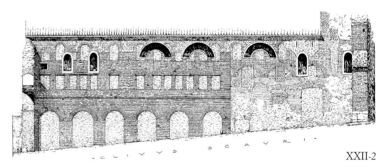

XXII-2

XXII-1. Plan der von der Kirche des frühen 5.
Jh. überbauten kaiserzeitlichen Häuser (nach
Krautheimer / Astolfi).
XXII-2. Fassade der kaiserzeitlichen Häuser
am Clivus Scauri mit Wohnungen und
Geschäftslokalen, in die die Kirche hinein
gebaut wurde (nach Gismondi).

297

XXII-3. Grundriß der frühchristlichen Basilika (nach Prandi).
XXII-4. Nördliche Obergadenwand der Basilika des frühen
5.Jh.
XXII-5. Fassade der kaiserzeitlichen Häuser am Clivus Scauri.

XXIII-1. Grundriß der heutigen Kirche mit Resten des
Kirchenbaues des 5. Jh. und dem Baptisterium (nach
Krautheimer / Cecchelli).
XXIII-2. Das mit Marmor ausgekleidete Baptisterium der
Kirche des 5. Jh.

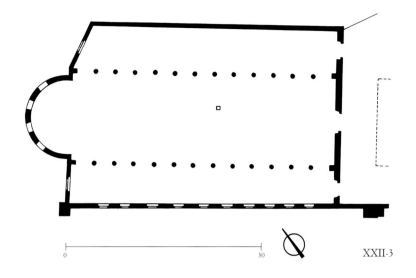

XXII-3

XXII-4

XXII-5

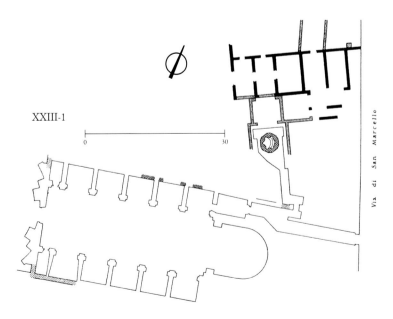

XXIII-1

XXIII-2

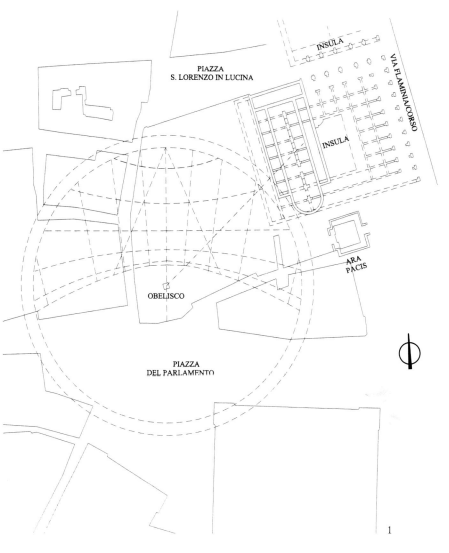

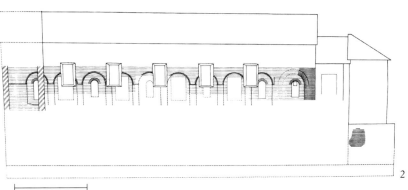

1. Lageplan der Kirche des 5. Jh. über der Insula (Wohn-, Lager- und Handelshaus) zwischen via Lata (Corso) und Sonnenuhr des Augustus (Zeichnung K. Brandenburg / M. Bordicchia).
2. Ansicht der Kirche von Westen mit Angabe des frühchristlichen Mauerwerks am Abschluß des Obergadens und an der Apsis (nach Krautheimer).
3. Bogen und Laibung des Obergadenfensters am Ansatz der Apsis der frühchristlichen Kirche mit kleinerem mittelalterlichem Fenster und Zusetzung.
4. Reste des Mauerwerks und der Türschwelle an der Fassade der frühchristlichen Kirche. Unter dem heutigen Bodenniveau.

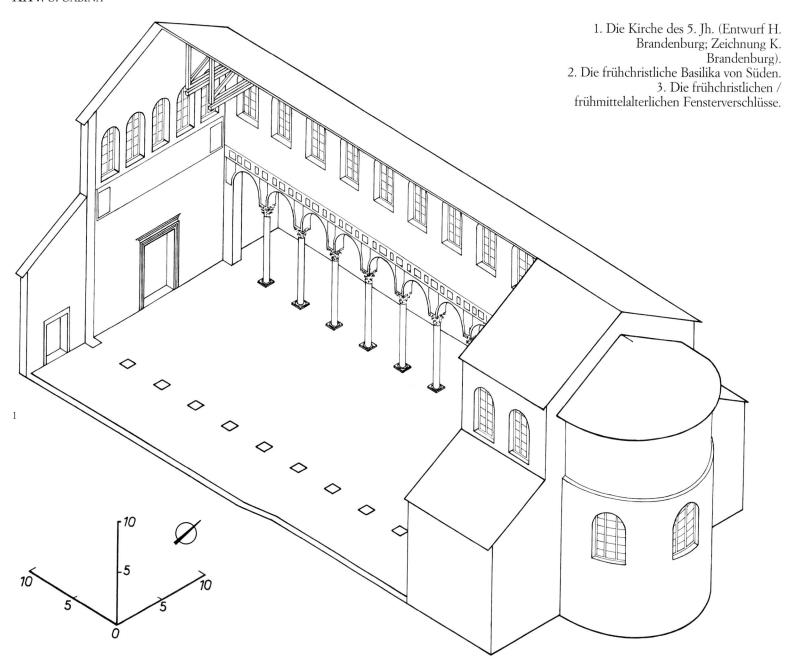

1. Die Kirche des 5. Jh. (Entwurf H. Brandenburg; Zeichnung K. Brandenburg).
2. Die frühchristliche Basilika von Süden.
3. Die frühchristlichen / frühmittelalterlichen Fensterverschlüsse.

2

3

TAB. XLVIII.

CVLMENAPOSTOLICVMCVMCAELESTINVSHABERET
PRIMVS ETINTOTOFVLGERETEPISCOPVSORBE
HAECQVAEMIRARISFVNDAVITPRESBITERVRBIS
ILLYRICADEGENTEPETRVSVIRNOMINETANTO
DIGNVSABEXORTVCHRSTINVTRITVSINAVLA
PAVPERIBVSLOCVPLES SIBIPAVPERQVIBONAVITAE
PRAESENTISFVGIENSMERVITSPERAREFVTVRAM

ECCLESIA EX CIRCVMCISIONE

ECCLESIA EX GENTIBVS

4

4. Mosaik der Innenfassade: Die vier apokalyptischen Wesen, die Apostel Petrus und Paulus, die Judenkirche, die Heidenkirche (der Teil des Mosaiks im Bereich der Fenster ist heute verloren). (Ciampini, *Vetera monimenta* I, Taf. 48).

5. Mosaik der Apsisstirnwand (heute verloren). Jerusalem und Bethlehem, Christusbüste, Brustbilder der Apostel und von Heiligen. (Ciampini, *Vetera monimenta* I, Taf. 47).

6

7

8

9

10

11

12

13

14

15

16

17

18

Holztüre von S. Sabina

6. Die Erscheinung Christi, des Weltenherrschers, über der Personifikation der Kirche und den Aposteln Petrus und Paulus (Parusie).

7. Ungedeutete Szene. Akklamation eines Herrschers im Beisein eines Engels.

8. Berufung des Moses, Moses am Dornbusch, Moses bei seiner Herde.

9. Die Wunder Mose in der Wüste.

10. Die Himmelfahrt des Elias.

11. Wunder Christi: Blindenheilung, die Brotvermehrung, das Weinwunder zu Kanaa.

12. Der Engel trägt Habakuk mit den Broten zu Daniel.

13. Anbetung der Magier.

14. Der auferstandene, bärtige Christus erscheint den Jüngern.

15. Christus zwischen den Aposteln Petrus und Paulus.

16. Pilatus. Christus zur Kreuztragung weggeführt.

17. Die älteste Darstellung der Kreuzigung Christi.

18. Himmelfahrt Christi.

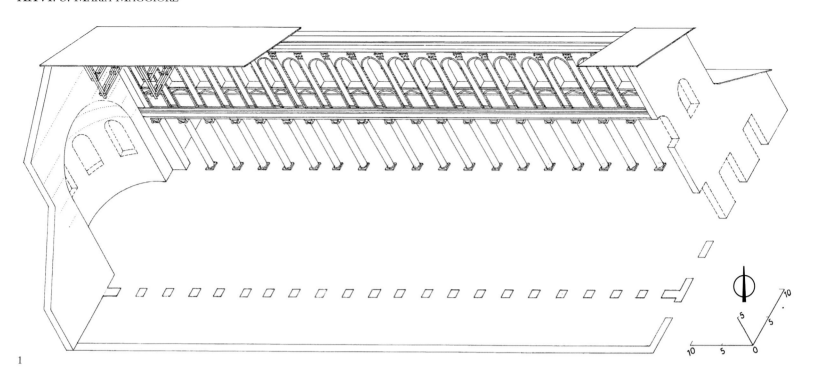

1

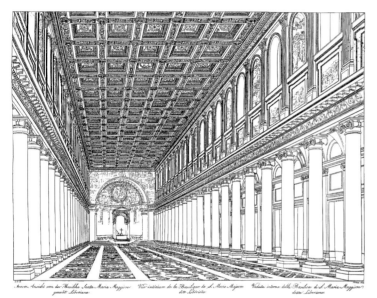

2

3

1. Rekonstruktion der Kirche des 5. Jh. (Entwurf H. Brandenburg; Zeichnung S. Montanari).
2. Rekonstruktion des Inneren der Kirche des 5. Jh. (die Kassettendecke ist durch einen offenen Dachstuhl zu ersetzen). (Zeichnung J.G. Gutensohn, 1824).
3. Obergaden der Kirche, Nordseite. Jedes zweite Fenster heute zugemauert.
4. Grundriß der heutigen Kirche mit den nachgewiesenen Resten der Basilika des 5. Jh. (dunkel gestrichelt) und des mittelalterlichen Baues (hell gestrichelt). (nach Krautheimer).

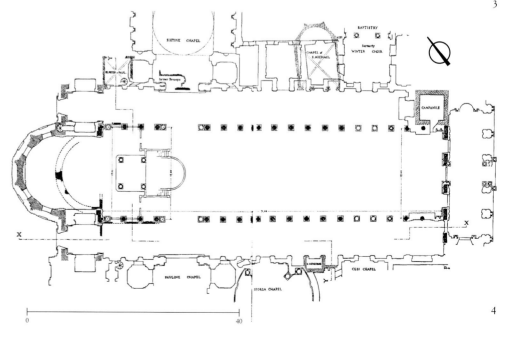

4

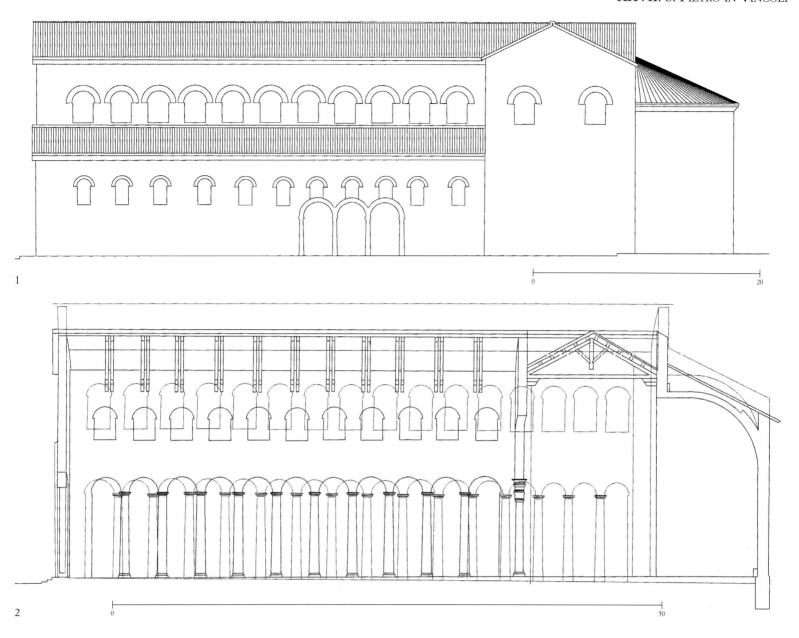

1

2

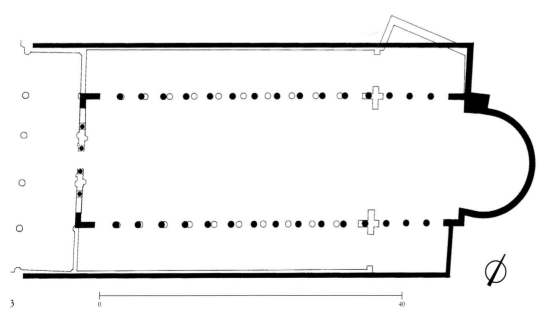

3

1. Südostflanke der Basilika mit der nachträglich für einen Anbau (Baptisterium?) eingesetzten dreigeteilten Arkadenöffnung. (nach Bartolozzi Casti mit Änderungen von H. Brandenburg; Zeichnung M. Bordicchia).

2. Rekonstruierter Aufriß der ersten Basilika (gepunktet) und des zweiten, von Valentinian III (425-455) und Eudoxia geförderten Kirchenbaues. (Entwurf H. Brandenburg; Zeichnung K. Brandenburg / M. Bordicchia).

3. Grundriß des ersten (schwarz) und des zweiten, von Valentinian III (425-255) und Eudoxia geförderten, Kirchenbaues.

XXVII-4

XXVII-5

XXVII-4. Rekonstruktion des Inneren der Kirche. (Teilrekonstruktion, Zeichnung M. Knapp, 1824).

XXVII-5. Obergaden (Nordseite) der Kirche.

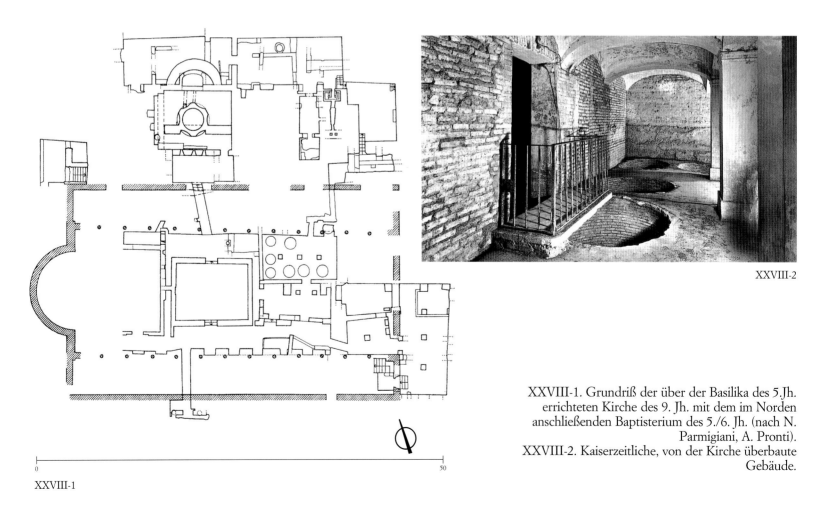

XXVIII-2

XXVIII-1

XXVIII-1. Grundriß der über der Basilika des 5. Jh. errichteten Kirche des 9. Jh. mit dem im Norden anschließenden Baptisterium des 5./6. Jh. (nach N. Parmigiani, A. Pronti).
XXVIII-2. Kaiserzeitliche, von der Kirche überbaute Gebäude.

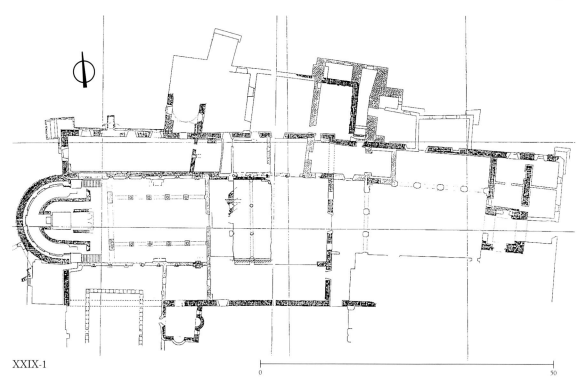

XXIX-1

0   50

XXIX-2

XXIX-1. Grundriß der Kirche des 9. Jh. über der im 5. Jh. in eine Domus des 4. Jh. eingebauten Basilika (nach Krautheimer).

XXIX-2. Aufnahme des späten 19. Jh. von Kirche und mittelalterlichem Kloster. Die Apsis der Kirche ruht auf der Apsis (dunkler gefärbtes Mauerwerk) der Halle der Domus des 4. Jh.

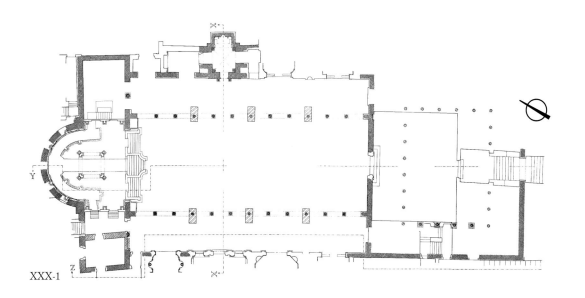

XXX-1

XXX-1. Grundriß der karolingischen Kirche (nach Krautheimer).

1. Schematischer Grundriß der Kirche des 5. Jh. mit Teilen der unter und neben der Kirche gefundenen Reste der Kaserne der Peregrini.
2. Darstellung der Kirche als Tempel des Faunus in einem Stich des 17. Jh.
3. Rekonstruktion der Kirche als Tempel des Kaisers Claudius. Aus dem Architekturwerk des C. Lipper, um 1800, Münster.
4. Rest des Auflagers des Tonröhrengewölbes im westlichen Diagonalsektor.
5. Teilrekonstruktion des Inneren der Kirche. Blick aus dem südwestlichen Kreuzarm. (Zeichnung I.M. Knapp, 1828).
6. Inneres der Kirche mit marmorner Wandverkleidung im Tambour. Baldassare Peruzzi, um 1460, Uffizi, Coll.Santarelli 161.

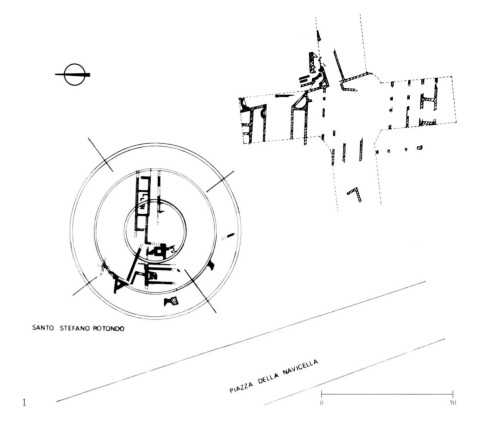

SANTO STEFANO ROTONDO

PIAZZA DELLA NAVICELLA

0   50

1

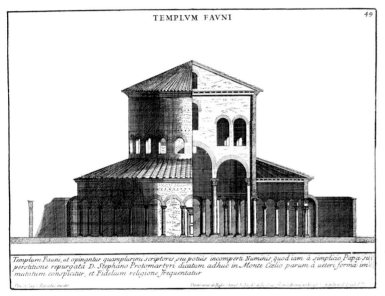

TEMPLVM FAVNI

49

2

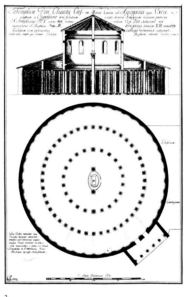

3

4

5

6

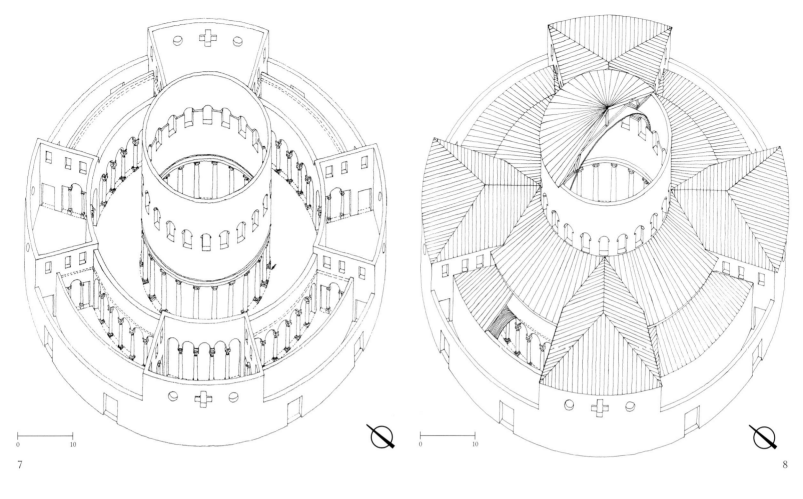

7

8

9

10

7. Rekonstruktion der Kirche (ohne Bedachung). (Entwurf
H. Brandenburg; Zeichnung K. Brandenburg).
8. Rekonstruktion der Kirche (mit Bedachung).
Tonröhrengewölbe nach S. Storz. (Entwurf H.
Brandenburg; Zeichnung K. Brandenburg).
9. Spätantikes Kapitell aus dem Innenring.
10. Spätantikes Kapitell aus dem Innenring.

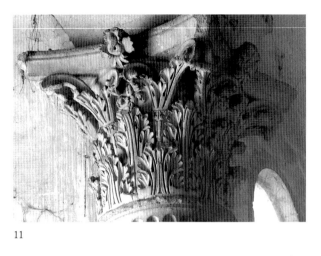

11

12

11. Korinthisches Spolienkapitell des späteren 2.Jh. Arkade des südwestlichen Kreuzarmes.
12. Spätantikes Kapitell aus dem Innenring.
13. Spätantikes Kapitell aus dem Innenring.
14. Spätantikes Kapitell, hergestellt auf der Insel Thasos. Nordwestlicher Kreuzarm.
15. Spätantikes Kapitell aus dem Innenring (Maßzeichnung J. Storz).
16. Spätantikes Kapitell aus dem Innenring (Maßzeichnung J. Storz).
17. Spätantikes Kapitell, hergestellt in der Peloponnes. Kolonnaden der Diagonalsektoren (Maßzeichnung E. Hirnstein).
18. Spätantikes Kapitell, hergestellt auf der Insel Thasos. Nordwestlicher Kreuzarm (Maßzeichnung E. Hirnstein).
19. Schematische Rekonstruktion des Fußbodensystems in der Kirche. Extrapolierte, hypothetische Befunde punktiert (Entwurf H. Brandenburg; Zeichnung K. Brandenburg / M. Bordicchia).
20. Rekonstruktion des Fußbodens aus farbigen Marmorplatten im nordöstlichen Kreuzarm. (Zeichnung S. Storz).
21. Schematische Rekonstruktion des Fußbodens aus farbigen Marmorplatten im südlichen Segment des Umganges.

13

14

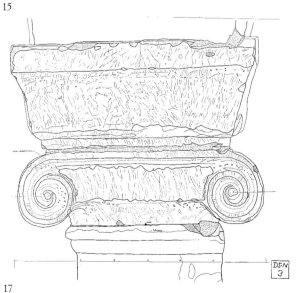

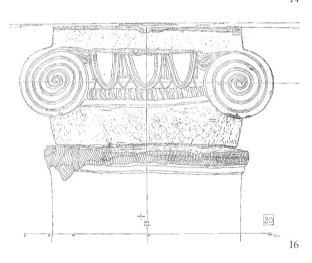

15

16

17

18

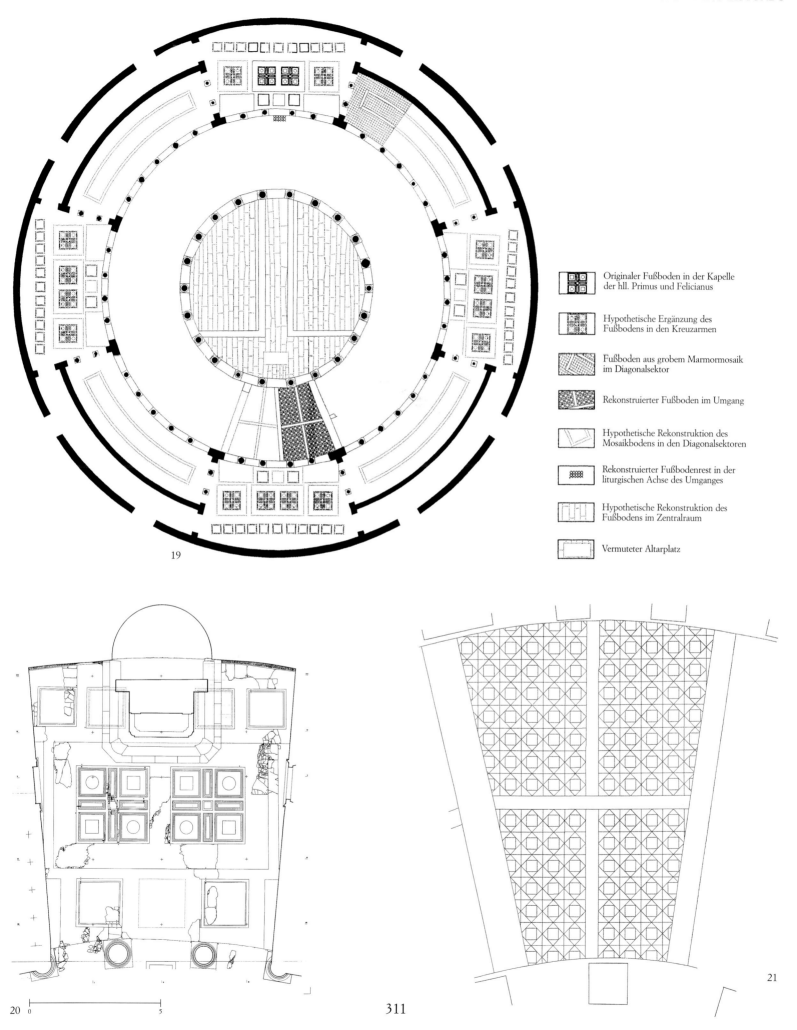

Originaler Fußboden in der Kapelle der hll. Primus und Felicianus

Hypothetische Ergänzung des Fußbodens in den Kreuzarmen

Fußboden aus grobem Marmormosaik im Diagonalsektor

Rekonstruierter Fußboden im Umgang

Hypothetische Rekonstruktion des Mosaikbodens in den Diagonalsektoren

Rekonstruierter Fußbodenrest in der liturgischen Achse des Umganges

Hypothetische Rekonstruktion des Fußbodens im Zentralraum

Vermuteter Altarplatz

19

20   0   5

21

1

XXXI-22. Rekonstruktion der Kirche mit den liturgischen Einrichtungen: Abschrankung des Presbyteriums (*solea*) und hypothetischer Altarplatz (Entwurf H. Brandenburg; Zeichnung K. Brandenburg).
XXXI-23. Marmorsessel des frühen 1. Jh., als Bischofsthron in der Kirche wiederverwendet.

XXXI-22

XXXI-23

0   10

XXXII-1. Korinthisches Kapitell des 3./4. Jh. in der Kolonnade der heutigen Kirche, wohl aus der Basilika des 5. Jh. wiederverwendet.

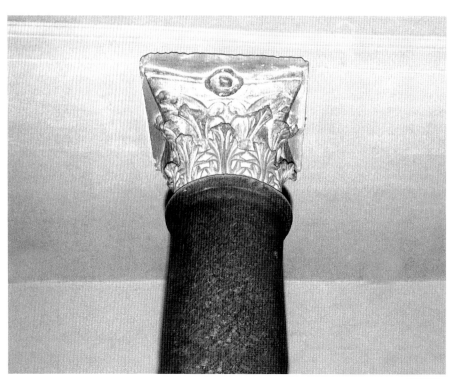

XXXII-1

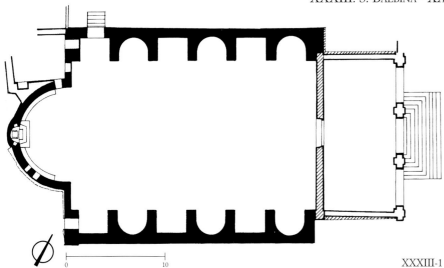

XXXIII-1. Grundriß der Kirche (nach Krautheimer).

XXXIII-1

XXXIV-1. System der Wandverkleidung mit bunten Marmorplatten (*opus sectile*) des als Kirche umgenutzten Saales der *domus* des 4. Jh. (Zeichnung von Antonio da Sangallo).

XXXIV-1

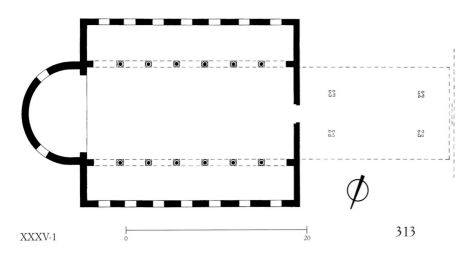

XXXV-1

313

XXXV-1. Grundriß der Kirche (nach Krautheimer).

XXXV-2. Inneres der Kirche.
XXXV-3. Südliche Außenwand der Kirche des 5. Jh.
XXXV-4. Fragment des Tonröhrengewölbes der Apsis.
XXXV-5. Das Apsismosaik der frühchristlichen Kirche, heute verloren: Christus zwischen den Aposteln auf der Weltkugel thronend (Ciampini, *Vetera monimenta* I, Taf. 77).

XXXV-2

XXXV-3

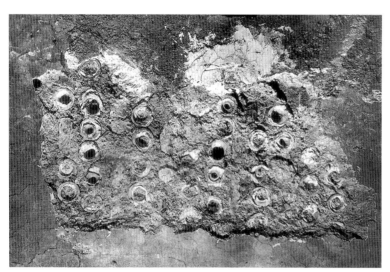

XXXV-4

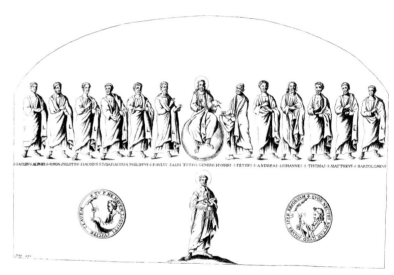

XXXV-5

XXXVI-1. Grundriß der Kirche (Umzeichnung nach Krautheimer; M. Bordicchia).

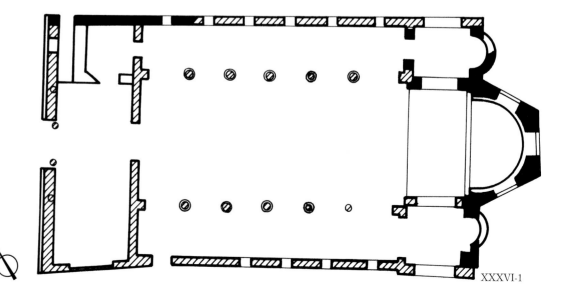

■ OPUS MIXTUM VI JH.

▨ OPUS MIXTUM, ZIEGELMAUERN XII UND XIII JH

0   10

XXXVI-1

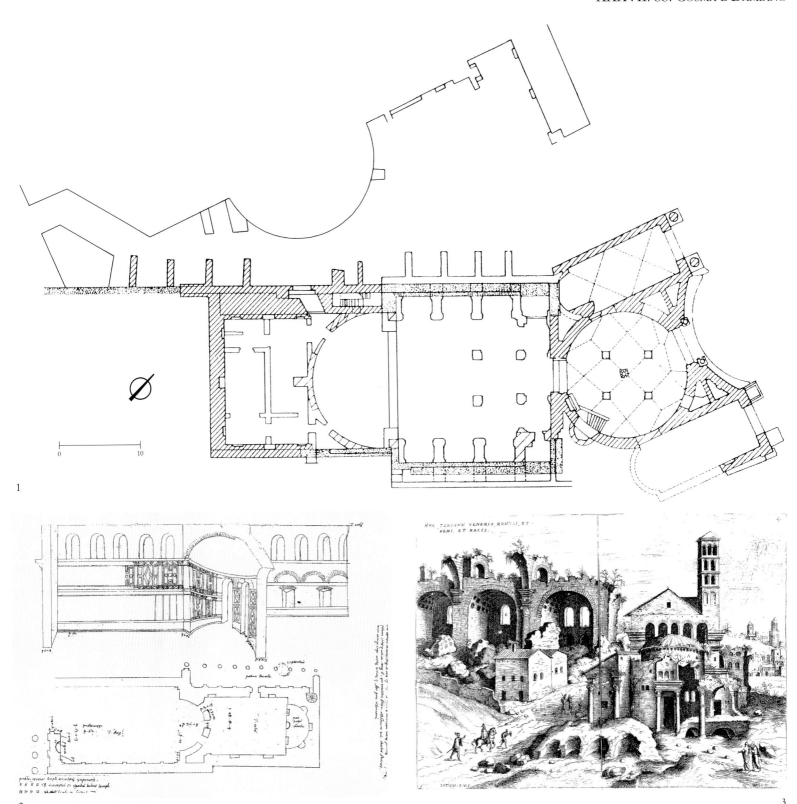

1. Grundriß der in einen Annexbau des Forum
Pacis eingebauten Kirche des 6. Jh. (nach
Guidobaldi).
2. Grundriß und Aufriß der Kirche mit Angabe der
Wandverkleidung aus *opus sectile*. (Zeichnung von
Baldassare Peruzzi).
3. Die Kirche des 6. Jh. neben der Maxentiusbasilika.
Stich des 16. Jh.

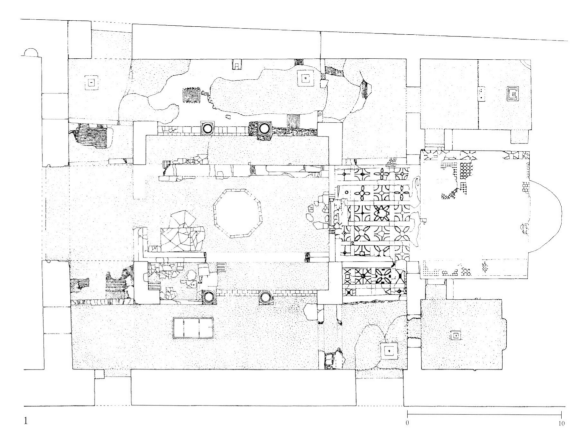

1. Grundriß der Kirche mit den Resten der Fußböden und der liturgischen Einrichtung (nach Bongiorno, Pala, Quiri).
2. Rechtes Seitenschiff der Kirche.
3. Grundriß der Kirche (nach Krautheimer).
4. Pilasterkapitelle östlicher Herstellung des 4. Jh. aus der Wandverkleidung des antiken Baues.

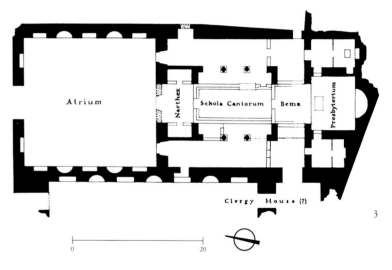

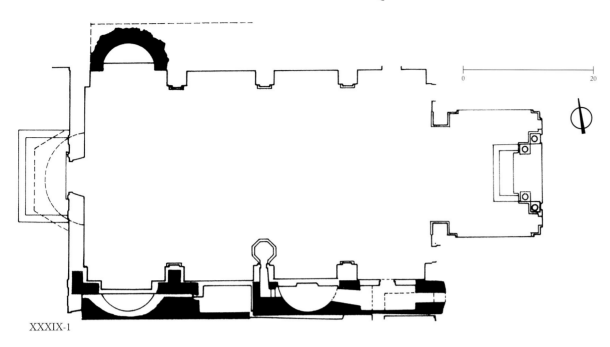

XXXIX-1. Grundriß der Kirche (nach Krautheimer).

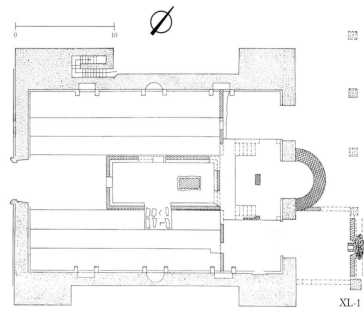

XL-1. Grundriß der Curia mit den
Anbauten (Apsis) und Einbauten
(liturgische Einrichtungen) der Kirche des
7. bis 8. Jh. (nach Mancini).

XL-1

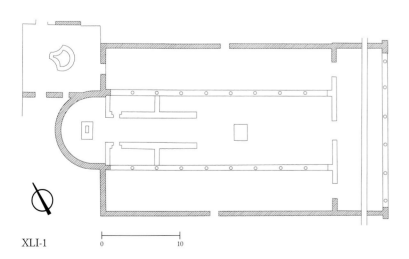

XLI-1. Grundriß der in die Villa eingebauten Kirche
(Umzeichnung nach Krautheimer; M. Bordicchia).
XLI-2. Ansicht der Ruine aus dem Narthex.

XLI-2

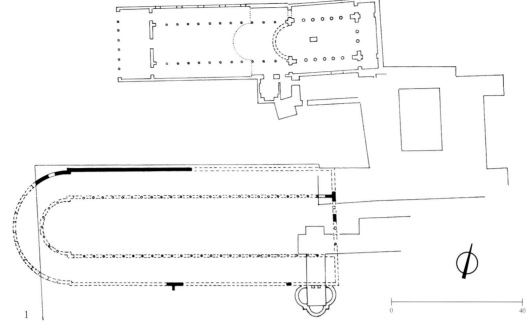

1. Die
Emporenbasilika
über dem Grab des
Märtyrers mit dem
(links) angebauten
Langhaus des 13. Jh.
und der
benachbarten
konstantinischen
Umgangsbasilika im
Süden (nach
Krautheimer).
2. Emporen.
Kaiserzeitliches
Kapitell, 1.
Säulenpaar am
Triumphbogen.

3. Südliche Empore.
Kaiserzeitliches
korinthisches
Kapitell.
4. Sockel des 6. Jh.,
Säulen
der Ostempore.
5. Mittelalterliches
jonisches Kapitell
der Vorhalle der
Kirche des 13. Jh. in
der Nachfolge
kaiserzeitlicher und
spätantiker
Vorbilder.

2

3

4

5

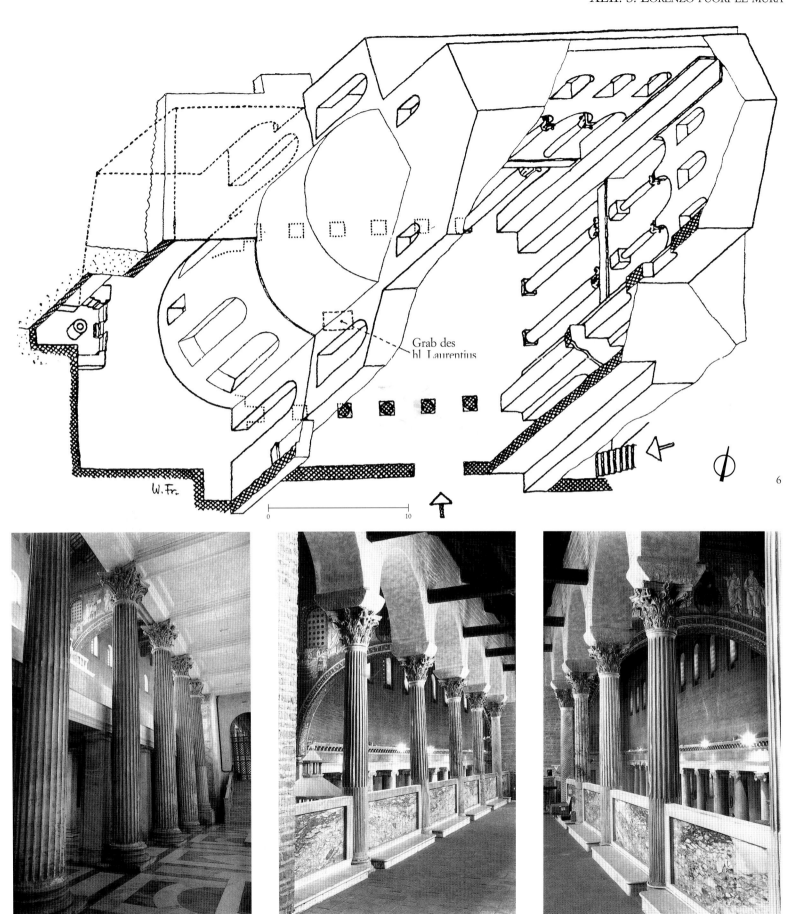

Grab des
hl. Laurentius

6

0   10

W. Fr.

7

8

9

6. Rekonstruktion der Emporenbasilika
des 6. Jh. (nach Krautheimer).
7. Nördliches Seitenschiff der Basilika mit
kaiserzeitlichen Spoliensäulen.

8. Nördliche Empore der Basilika mit
   kaiserzeitlichen Spoliensäulen.
9. Südliche Empore der Basilika mit
   kaiserzeitlichen Spoliensäulen.

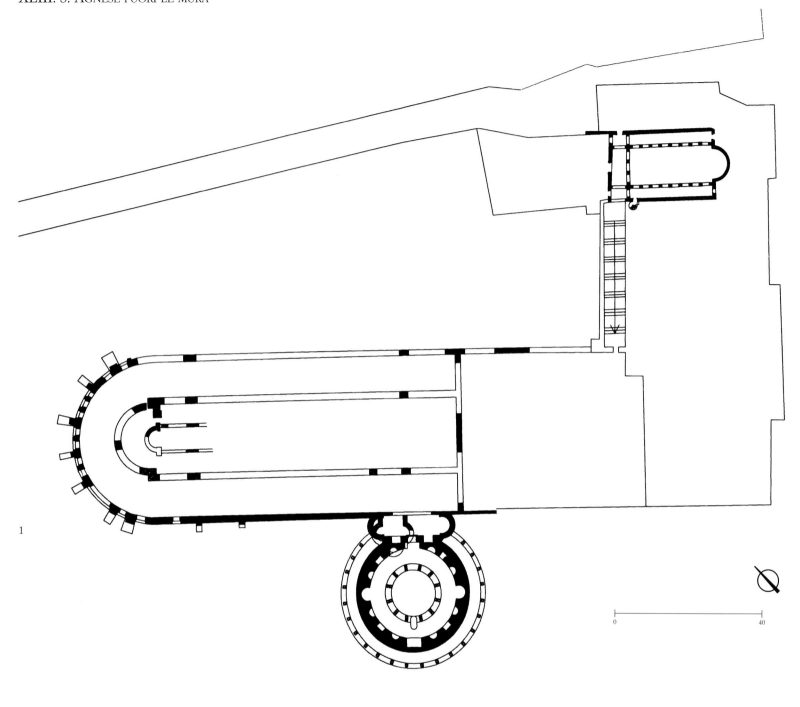

1

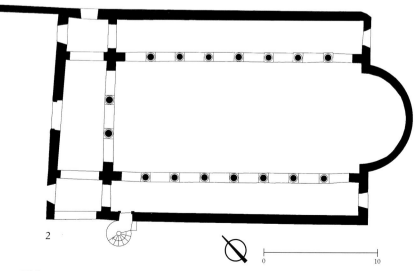

2

1. Die Emporenbasilika des 7.Jh. über dem Grab der heiligen Agnes und die benachbarte Umgangsbasilika der Constantina im Süden mit den angeschlossenen Mausoleen. (Entwurf H. Brandenburg; Zeichnung M. Bordicchia).
2. Grundriß der Emporenbasilika des 7. Jh. (Zeichnung M. Bordicchia).
3. Rekonstruktion der Emporenbasilika des 7. Jh. (Entwurf H. Brandenburg; Zeichnung M. Bordicchia / K. Braudenburg).
4. Kaiserzeitliches komposites Vollblattkapitell im Langhaus. 1. Säulenpaar am Presbyterium.
5. Kaiserzeitliches korinthisches Kapitell des Langhauses.
6. Kaiserzeitliches Kompositkapitell der nördlichen Empore.

320

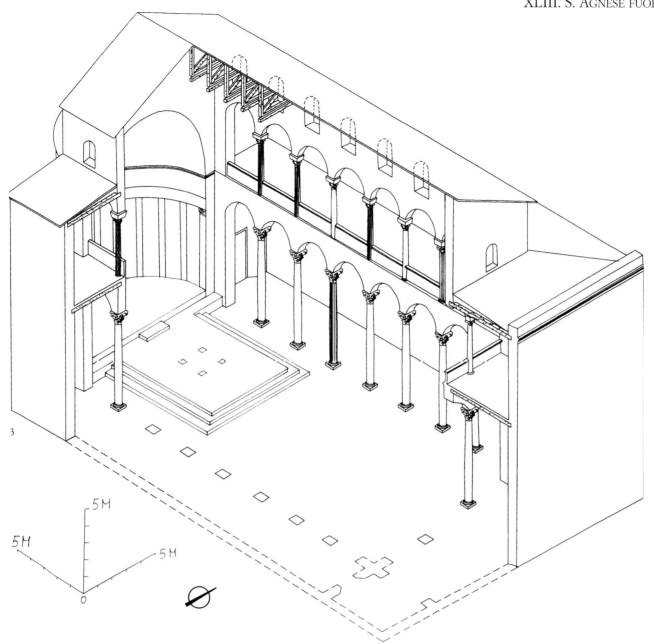

3

5 M

5 M

5 M

0

4

5

6

XLIII-7

XLIII-8

XLIII-7. Kaiserzeitliches Kompositkapitell
der südlichen Empore.
XLIII-8. Spätantikes jonisches Kapitell
aus der Westempore.

XLIV-1. Grundriß der Basilika (nach
Krautheimer).

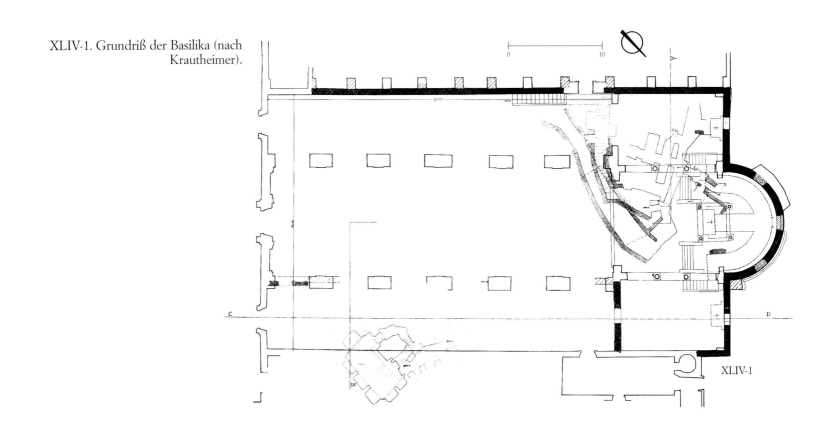

XLIV-1

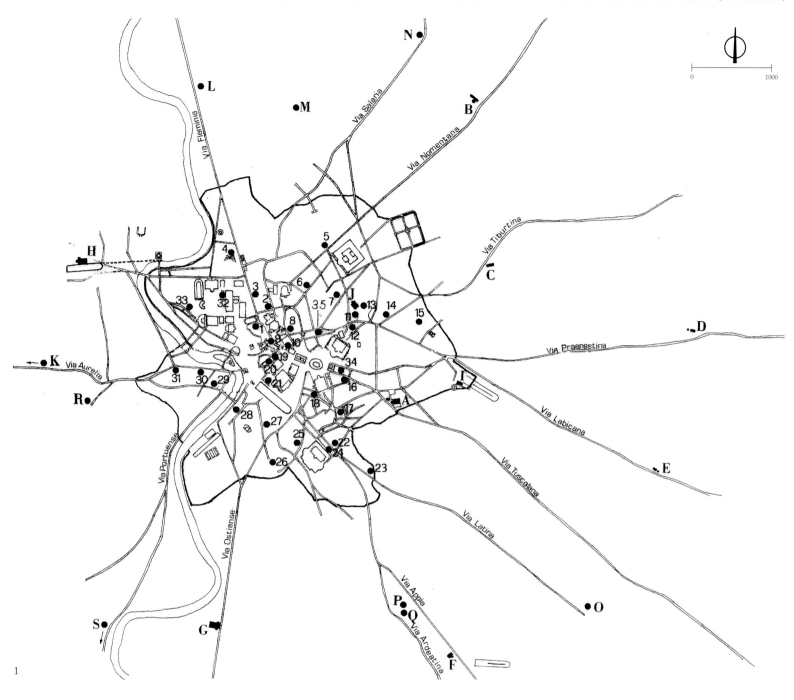

1

ANMERKUNGEN

I. Die Frühzeit des chr. Kultbaues
1 Apg 2,46; Röm 16,3 ff.; Kol 4,15.
2 1 Kor 3,16; 2 Kor 6,15; Eph 2,21 f.
3 Apg 7,44–50.
4 Min. Fel. 32,1; Arnob. Nat. 6,1.
5 Tert. adv. Valentinum 2,3.
6 Tert. idol. 7,1: *ecclesia* und *domus dei*; Tert. uxor. 2,8: *ecclesia, domus dei*; Hipp. in Dan. comm. 1,20.
7 Konfiskationsprotokolle, Migne PL. 8, 730/2; *basilica* als Bezeichnung von Empfangshallen von Villen z. B. Cic. Att. 2, 14, 2, Vitr. 6, 5, 2.
8 Orig. or. 31,5.
9 Traditio Apostolica 41, hg. von W. Geerlings (Fontes Christiani 1) Freiburg 1991, S.298.
10 Eus. h.e. 7,13.
11 Eus. h.e. 8,5; 10,2,1.
12 Porph. adv. Chr. frg. 76.
33 Lact. mort. pers. 12,3.
14 Lact. mort. pers. 2,5f.
15 Const. Apost. 2,57,3.
16 Eus. h.e. 7, 30,9.
17 PL 8,730–732.
18 Eus. h.e. 7,30, 19.
19 Lact. mort. pers. 48,9.

II. Die konstantinische Zeit
1 Lact. mort. pers. 34 ; Eus. h.e. 8, 17.
2 Eus. v. Const.1, 27-29; Lact. mort. pers. 44.
3 Eus. h.e. 10, 6-7.
4 Eus. h.e. 10, 5-14; Lact. mort. pers. 48.
5 Eus. v. Const.2, 64-72.
6 Eus. v. Const. 1. 42; 2, 45; 2, 46, 1-3; 2, 80, 4; 3, 25-40;
7 Eus. v. Const.1, 42; 1, 45,2; 1, 46, 1-3; 1*, 80, 4; 3, 25-40; 3, 31, 1-32, 2; 3, 36, 2.
8 Eus. v. Const.3, 43, 4; 4, 58-60.
9 Z.B. Lib. pontif. I 336. 338.
10 Lib. pontif. II 236.
11 Optat. 1, 23.
12 Lib. pontif. I 172-4.
13 Eus. v. Const. 3, 32.
14 Eus. v. Const. 3, 33, 3.
15 Prud. perist. 12, 31ff., 45ff.
16 Lib. pontif. I 172-174.
17 Dio Cass. 69, 7, 1; Cod. Theod. 14, 3, 10.
18 Mt 3,2 ff.; 4,17; Apg 1,6 u.a.
19 Vitr. 5, 1
20 Eus. h.e. 10, 4, 38.
21 Orig. or. 32.
22 Das apokalyptische Kreuz: Mt 24,30; Eus. h.e. 10, 4, 38.
23 Paul. Nol. ep. 32, 13.
24 Lib. pontif. I 174.
25 Lib. pontif. I 172-175.
26 Lib. pontif. I 234.
27 Ps 41,1 (42,1).
28 Lib. pontif. I 234.
29 Traditio Apostolica (Anm. 9, Kap. I) 32, 5-8.
30 Traditio Apostolica (Anm. 9, Kap. I) 39, 1-3.
31 Vgl. auch 1. Petr 3, 20-21, in dem die Acht als Zahl der Rettung durch die Taufe angesprochen wird.
32 Lib. pontif. I 234: *Hic (Xystus) constituit columnas in baptisterium basilicae Constantinianae ex metallo pophyretico numero VIII, quas erexit cum epistyliis suis et versibus exornavit.-*
Die Inschrift besteht aus 8 Distichen, Verspaaren, die aus Hexametern und Pentametern zusammengesetzt sind, und, beginnend mit dem der Vorhalle gegenüberliegenden Architravstück, auf die acht Seiten der Kolonnade verteilt sind:
Gens sacranda polis hic semine nascitur almo/ Quam fecundatis spiritus edit aquis// Mergere peccator sacro purgande fluento/ Quem veterem acci-piet proferet unda novum// Nulla renascentem est distantia quos facit unum/ Unus fons unus spiritus una fides// Virgineo fetu genetrix ecclesia natos/ Quos spirante deo concipit amne parit// Insons esse volens isto mundare lavacro/ seu patrio premeris crimine seu proprio// Fons hic est vitae qui totum diluit orbem/ Sumens de Christi vulnere principium// Caelorum regnum spreate hoc fonte renati/ Non recipit felix vita semel genitos// Nec numerus quemquam scelerum nec forma suorum/ Terreat hoc natus flumine sanctus erit
"Ein Geschlecht, zu weihen den Himmeln, wird hier aus segensspendendem Samen geboren,/ das der Geist in den befruchteten Wassern hervorbringt.// Tauche unter Sünder, der in dem heiligen Fluß geheiligt werden willst:/ Den sie als alten empfängt, wird die Woge als neuen hervorbringen.// Kein Unterschied ist unter den Wiedergeborenen, die zu einem einzigen macht/ der Quell, der eine Geist, der eine Glaube.// In jungfräulicher Geburt gebiert die Mutter, die Kirche, ihre Kinder,/ die sie durch den Anhauch Gottes empfängt, in dem Fluß.// Wenn du schuldlos sein willst, reinige dich in diesem Bad./ ob du vor ererbter Verfehlung bedrückt wirst oder von eigener.// Der Quelle des Lebens ist dies, der den ganzen Weltkreis durchtränkt,/ er, der von der Wunde Christi seinen Anfang nimmt.// Der Himmel Reich erhofft, die ihr in diesem Quell wiedergeboren seid;/ nicht nimmt das glückliche Leben die auf, die nur einmal geboren sind.// Weder die Zahl seiner Vergehen noch ihre Art soll irgendeinen/ abschrecken: In diesem Fluß wieder geboren, wird er geheiligt sein". (Übersetzung K. Bartels 2000)
33 Lib. pontif. I, 242.

III. Märtyrer- und Memorialk. konst. Zeit
1 Lib. pontif. I 182f.
2 Lib. pontif. I 182.
3 Lib. pontif. a. O.; Eus. v. Const.3, 46f.
4 Lib. pontif. a. O.
5 Eus. v. Const. 4, 58ff.
6 Eus. v. Const. 3, 46-47; Lib. pontif. a. O.
7 Offb 6, 9.
8 Hist. Aug. III 32.
9 ICUR, NS, V 13296, Vgl. 13295.
10 ActaSS November, 2,2 p. 343,84.
11 Lib. pontif. I 212.
12 Epigrammata Damasiana, ed. A.Ferrua SJ, Rom 1942, 20 (ILCV 951; ICUR, NS, V 13273). Übersetzung nach J.G.Deckers (mit Änderungen von H.Brandenburg): *Hic habitasse prius sanctos conoscere debes/ Nomina quisque Petri pariter Pauliaque requiris/ Discipulos oriens misit quod sponte fatemur/ Sanguinis ob meritum Christumque per astra secuti/ Aetherios petire sinus regnaque piorum/ Roma suos potius meruit defendere cives/ Haec Damasus vestras referat nova sidera laudes.* - "Wisse einst war hier die Wohnung der Heiligen;/ Fragst du nach den Namen, es waren Petrus und Paulus./ Jünger, vom Orient gesandt, gern bekennen wir es,/ Um des Verdienstes ihres Blutes willen, nach dem sie Christus jenseits der Sterne gefolgt,/ An himmlische Gestade enteilt ins Reich der Frommen,/ Verdient es eher Rom sie als seine Bürger zu beanspruchen./ Dies, ihr neuen Sterne, sagt Damasus zu eurem Lob". - Die Versinschrift besteht aus 7 Hexametern.
13 Ambr. hymn. 12.
14 Lib. pontif. I 180.
15 ILCV 1768. Übersetzung H.Brandenburg.
16 Amm. 14,11,6; 21, 1, 5.
17 Amm. 15, 8; 21, 1.
18 Eus. v. Const.3,50; idem, De laude Constantini 9, 15 (GCS 7, 221, 8ff.).
19 Lib. pontif. I 202.
20 Prud. perist.9, 218-222: *ordo columnarum geminus.*
21 Lib. pontif. I, 181: *eodem tempore fecit basilicam beato Laurentio martyri via Tiburtina in agrum Veranum ...et usque ad corpus sancti Laurenti martyris fecit grados ascensionis et descensionis.*
22 Lib. pontif. I, 234 "...hat dem hl. Laurentius mit der Erlaubnis des Kaisers Valentinian III. eine Basilika errichtet."
23 Lib. pontif. 1, 181.
24 Eus. h.e. 2,25,7.
25 Hier. vir. ill. I, 6
26 Memorie Pontificia Accademia Romana di Archeologia 16, 1, 1986, 9f.
27 Tac. ann. 15,44 ff.
28 Suet. Nero, 16,2.
29 1 Clem 1,5,4
30 Lib. pontif. I, 176
31 Lib. pontif. I, 177ff.; ICUR I 4095.
32 Amm. 27,6.
33 Paul. Nol. ep. 13, 11 und 15.
34 L. Moretti, Inscriptiones graecae urbis Roma, Rom 1968, Nr. 127
35 Lib. pontif. I, 208.
36 Paul. Nol. Carm. 27, 542ff.
37 ILCV 1753.
38 ILCV 1752; ICUR, NS, II, 4092
39 Paul. Nol. carm. 14,82f; 98f; 103.
40 Lib. pontif. I, 455, 464.
41 Amm. 27, 6, Paul. Nol. ep. 13, 11-13.
42 Aug. conf. 6, 2, 1.
43 ICUR I, 4104.
44 Ferrua (Anm. 12, Kap. III) Nr. 3; Prud. perist. 12, 31-44.
45 Paul. Nol. ep. 13, 13
46 Lib. pontif. I, 455.
47 ICUR 4092.
48 Ferrua (Anm. 12, Kap. III) Nr. 4.
49 Proc. Goth. VI, 4, 9.
50 Lib. pontif. I, 178ff.
51 Eus. h.e. 2, 25, 7.
52 Eus. h.e. 2, 25, 5-8; Origenes bei Eus. h.e. 3, 1, 2f.
53 Mt 16, 18.
54 Lib. pontif. I 179; ICUR II 107.
55 CIL VI 1136.
56 Lib. pontif. I 401.
57 Lib. pontif. I 179.
58 Cyrill., ad Constantium 3 (PG 33, 1167)
59 Y. Duval, Loca sanctorum Africae, Rom 1982, 351-353, Nr. 167.
60 Ambr. obit.Theod. 41–48
61 ICUR II 107.

IV. Memorialbauten im Suburbium
1 Lib. pontif. I 202.
2 Lib. pontif. I 8.

V. Die *Tituli*
1 Lib. pontif. I 170f.; Lib. pontif. I 187.
2 MGH. Ep. I 366f.

3 Lib. pontif. I 262 und I 505.

4 Lib. pontif. I 202.

5 Lib. pontif. I 9 und I 205.

6 Lib. pontif. I 9 und 205.

7 Lib. pontif. I 205, 206 Anm. 5; O. Guenther (Ed.), Epistulae imperatorum pontificum aliorum (CSEL 35), Wien 1895, 1,2; Lib. pontif. I 230; MGH.AA XII 411ff.; MGH Ep. I 367.

8 Lib. pontif. I 509.

9 Lib. pontif. II 80.

10 Lib. pontif. I 509ff.

11 Lib. pontif. II 80.

12 Lib. pontif. I 208ff.

13 Athan. hist. Ar. 15; Athan. apol. sec. 20.

14 Lib. pontif. I 232.

15 Amm. 37, 3, 11-14 (*basilica Sicinini*). Wie aus anderen Quellen hervorgeht, trug die *basilica Liberii*, in der die Anhänger des Ursinus sich zur Wahl versammelt hatten (Guenther [Anm. 7, Kap. V] 2f.), auch die Bezeichnung *Sicinini* oder *in Sicininum*, offenbar eine neutrale administrative, sich auf die Region beziehende Benennung, in der die Kirche lag (z.B. Hier. Chron. ad a. 366); Rufin. hist. 11,10 u.a.).

VI. DIE MEMORIALBASILIKEN DES 4. JHS.

1 Guenther (Anm. 7, Kap. V) 46f. Nr. 3.

2 Prud. pcrist. 12. Vgl. Ambr. hymn. 12,25

3 ILCV 1761.

4 Ambr. hymn. 12, 31f.

5 Ambr. hymn. 12, 31f.

6 Prud. perist. 12, 47ff.

7 ICUR II 4778: ((alpha)) ((tau rho)) ((omega)) *Siricius episcopus tota mente devotus* (Bischof Siricius von ganzem Herzen ergeben). - ((alpha)) ((tau rho)) ((omega)) *Columna Paul(o) A[postol(o)]; natale XIIII kal(endas) dec(embres) consulato d(omini) n(ostri) Valentin[i]ani Aug(usti) IIII et Neoteri v(iri) c(larissimi) administrante Fl(avio) Filippo [viro clarissimo - curato]re Fl(avio) Anastasio [v(iro) c(larissimo) t]ribuno praetoria[no]* „Die Säule geweiht dem Apostel Paulus am 14.Tag vor den Kalenden des Dezember {18. November} im Jahre des Konsulates des Valentinianus Augustus und des Senators Neoterus [390], als der Senator Flavius Filippus Verwalter [....] und der Senator und Praetorianertribun Flavius Anastasius Kurator [der Bauarbeiten an der Basilika, d.h. die Bauaufsicht führenderArchitekt] waren)“.

8 ICUR, NS, II 4780; ILCV 1761a.

9 Lib. pontif. I 239.

10 ILCV 1761 a-c.

11 1. Clem 5,47; Ign. Rom. 4,3; Iren. Haer. 3,1,3; Dionysius Corinth. bei Eus. h.e. 2,25,7, et al.

12 Eus. h.e. 2,25,7.

13 *Romanus episcopus, qui super mortuorum hominum Petri et Pauli, secundum nos ossa veneranda, ... offert Domino sacrificia, et tumulos eorum Christi arbitratur altaria,* so Hier. c. Vigil. 8.

IX. DIE NEUEN KIRCHEN IM SPÄTEN 4. UND 5. JH.

1 ILCV 1782.

2 ICUR II, Nr. 24. 25; ICVR II 1, 150, Nr. 18.

3 MGH. AA XII, 410ff.

4 De locis sanctis, s. Valentini-Zucchetti II 120; Itinerar von Einsiedeln, s. Valentini-Zucchetti II 175.

5 Lib. pontif. II 1.

6 Ferrua (Anm. 64) 210 Nr. 5, 7.

7 Lib. pontif. I 212f.

8 Lact. Phoen.

9 ICUR II 150, Nr. 19

10 ICUR II 1, 134, Nr. 5. Vgl CIL VI 10058.

11 Lib. pontif. I 212.

12 ICUR, NS, II 4815.

13 Lib. pontif. II 33.

14 *Titulus Pudentis:* Grabinschrift eines Presbyters der Kirche aus dem Jahre 489, ICUR, NS, I, 688; Synode von 499, MGH. AA XII, 411; Grabinschrift eines *lector* des *titulus Pudentis* aus dem Jahre 528, ICUR, NS, VII, 19994. - *Ecclesia Pudentiana:* Grabinschrift *Leopardus lector de Pudentiana* von 384, ICUR, NS, I, 3200; Mosaikinschrift der Kirche 1. Anm. 16; Krautheimer, Corpus III 279.

15 ICUR, NS, I 3200.

16 Inschriften im Mosaik der Apsis: ILCV I, Dominus conservator ecclesiae Pudentianae.

17 Stiftungsinschrift des Apsismosaiks *fundata a Leopardo et Ilicio Valent. Aug. et... Eutychiano consulibus.*

18 ActaSS Maii IV, 299ss.; Lib. pontif. I, 132.

19 Lib. pontif. I 508.

20 Hier. vir. ill. 15, 4.

21 *Lexicon Topographium Urbis Romae* I, 278 (S. Clemens).

22 Guenther (Anm. 7, Kap. V) 99 Nr. 45; Leo M. ep. 28, 4.

23 Lib. pontif. I 218.

24 MGH.AA XII 412, 414.

25 MGH. Ep. I 367.

26 Lib. pontif. I 220.

27 ICUR, NS, V 13122.

28 MGH.AA XII 413, 411–412; Lib. pontif. I 261. 265; Greg. M. ep. 5, 57a.

29 Aethicus Ister, cosmographia (MGH.SRM VII 521–527); Proc. Goth. 1, 26.

X. DIE GEMEINDEKIRCHEN DES 5. JHS.

1 MGH.AA IX 411f.

2 ICUR I 440ff., Nr. 975, Nr. 977; Greg. M. ep. 5, 57.

3 Lib. pontif. I 417f.

4 Lib. pontif. I 418.

5 Guenther (Anm. 7, Kap. V) 60 Nr. 14.

6 MGH.AA XII 410ff.

7 Lib. Pontif. I 509.

8 Lib. pontif. I 164.

9 Guenther (Anm. 7, Kap. V) 2.

10 Lib. pontif. I 235.

11 MGH.AA XII, 410ff.; MGH. Ep. I 366.

12 MGH. Ep. II 2.

13 Lib. pontif. I 507.

14 ILCV 1778a.

15 Lib. pontif. I 235.

16 MGH.AA XII, 411ff.; MGH. Ep. I, 367.

17 Eus. h.e. 10, 4, 26-29.

18 Z.B.Prud. perist. 8-14

19 Lib. pontif. I 234.

20 Lib. pontif. I 88 und 232f.

21 ICUR II 71, Nr. 42; 98, Nr. 6; 139, Nr. 28.

22 Paul. Nol. carm. 27, 542ff.

23 Prud. perist.vv. 49-54: *bratteolas trabibus sublevit, ut omnis aurulenta/ lux esset intus, ceu iubar sub ortu./ subdidit et Parias fulvis laquearibus columnas,/ distinguit illic quas quaternus ordo./ tum camiros hyalo insigni varie cucurrit arcus:/ sic prata vernis floribus renident.*

24 A.S. Mazzochi, Commentarii in marmoreum Neapolitanum Calendarium III, Neapel 1755, 705f.

25 ICUR II 110 Nr. 67; 134 Nr. 3.

26 ICLV I 1779.

27 ACO I, 1, 3, 13ff.; 7, 88ff.- MGH.AA XII 41ff.

28 ILCV I 1781.

29 ICUR II 110 Nr.67; 134 Nr. 3.

30 MGH.Ep. I 366ff.

31 De Rossi-Duchesne 146.

32 ICVR I 816.

33 ICUR, NS, I 359.

34 Lib. pontif. I 297 zum Jahre 545.

35 ActaSS Nov. II 590.

36 MGH.AA XII 412.

37 MGH.Ep. I 367.

38 ActaSS Nov. III 748ff., 780ff.

39 Lib. pontif. I 324.

40 Lib. pontif. II 108ff.

41 Lib. pontif. II 5.

42 ActaSS Nov. II 1, 104; 2, 434f.

43 MGH.Ep. I 367.

44 MGH.AA II 413.

45 Lib. pontif. II 21. 31.

46 Lib. pontif. I 375. 507.

47 Lib. pontif. I 509.

48 Lib. pontif. II 54ff.

XI. DIE KIRCHEN DES 6. JHS.

1 Lib. pontif. I 249.

2 S. unten S. 235.

3 ILCV I 1800.

4 Amm. 16, 1, 66.

5 MGH.AA XII 411f.

6 Lib. pontif. I 249f.

7 Lib. pontif. I 249f.

8 MGH. Ep. 367.

9 MGH.AA XII 412f.

10 CIL XV 7447.

11 CIL VI 1737.

12 Lib. pontif. I 397; II 28.

13 Cod.Marc.Lat.X 195f. 299v.

14 Lib. pontif. I 312.

15 Greg. M. dial. 3, 30,288; ep. 1,253. Vgl. Lib. pontif. I 312.

16 MGH. Ep. I 253.

17 Lib. pontif. I 521.

18 Lib. pontif. I 508. 521.

19 V. Forcella, Iscrizioni delle chiese e d'altri edifici di Roma dal secolo XI fino ai giorni nostri XI, Rom 1877, 161.

20 Lib. pontif. I 279.

21 Valentini-Zucchetti II 121.

22 Lib. pontif. I 385.

23 Forcella (Anm. 239) VIII 297.

24 Lib. pontif. I 324.

25 Lib. pontif. I 508f.

26 Lib. pontif. I 317.

XII. SPÄTE ZÖMETERIAL-PFARRKIRCHEN

1 Joh. Chrys. hom. in acta Apostolorum 18, 4 (PG 60, 146–7).

2 Aug. de pecc. orig. 3, 3.

3 Lib. pontif. II 29.

4 Lib. pontif. II 116.

5 Lib. pontif. I 181.

6 Lib. pontif. I 309.

7 Notitia Ecclesiarum, s. Valentini-Zucchetti II 80; De locis sanctis, ebd. II 114,

8 ICUR II 63ff., Nr. 10; 160, Nr. 46; 157, Nr. 9; ILCV 1770.

9 ActaSS Maii III, 21; Nov. II 1, 59.

10 Lib. pontif. I 262.

11 MGH.Ep. I 1, 252ff.

12 Greg. Tur. De gloria Martyrum 38 (MGH.SRM I 512f.).

13 ILCV 1786; Lib. pontif. I 324.

RÜCKBLICK

1 Joh. 8, 12; Lact. Phoen.

2 Prud. perist. 12, 47; ebenda 11, 216.

LITERATURVERZEICHNIS

Die in der Literatur zu den einzelnen Kirchenbauten nur abgekürzt angegebenen Lexika und Sammelbände, aus denen Aufsätze angeführt werden, sind unter den Rubriken "Lexika", "Rom in Spätantike und Frühmittelalter" und "Kirchen Roms" ausführlicher zitiert.

LEXIKA UND NACHSCHLAGEWERKE

DNP = Der Neue Pauly, Lexikon der Antike I/XV, München 1996-2003
DPAC = A. DI BERARDINO (Hrsg.), Dizionario Patristico e di Antichità Cristiane I/II, Casale Monferrato 1984.
EAA = Enciclopedia d'Arte Antica, Roma
EAM = Enciclopedia d'Arte Medievale, Roma I-XII, Rom 1991-2002
EPP = Enciclopedia dei Papi I-III, Roma 2000
KP = Der Kleine Pauly. Lexikon der Antike I/V, München 1979
LPP = Lexikon der Päpste, Freiburg 2000
LMA = Lexikon des Mittelalters I-XIX, Stuttgart 1980-1999
LTUR = E. M. STEINBY (Hrsg.), Lexicon Topographicum Urbis Romae I-VI, Rom 1993-2000.
LTUR, Suburbium = V. FIOCCHI NICOLAI, A. LA REGINA u.a. (Hrsg.), Lexicon Topographicum Urbis Romae. Suburbium I, Roma 2001; Suburbium II, Roma 2004.
TRE = Theologische Real-Enzyklopädie, Berlin-New York 1976ff.
RAC = Reallexikon für Antike und Christentum, Stuttgart 1950ff.
RBK = Reallexikon der Byzantinischen Kunst, Stuttgart 1961ff
Richardson = L. RICHARDSON, A New Topographical Dictionary of Ancient Rome, Baltimore 1992.

ROM IN SPÄTANTIKE UND FRÜHMITTELALTER ARCHÄOLOGIE, GESCHICHTE, KUNSTGESCHICHTE, KIRCHENGESCHICHTE

H. GRISAR, Geschichte Roms und der Päpste im Mittelalter, Freiburg 1901, Neudruck Hildesheim 1985.
P. H. GRISAR S.J., Roma alla fine del mondo antico I-II, Rom 1930
E. CASPAR, Geschichte des Papsttums von den Anfängen bis zur Höhe der Weltherrschaft, Tübingen 1933.
L. HOMO, Rome médiévale 476-1420. Histoire, Civilisation, Vestiges, Paris 1934.
G. LUGLI, Roma antica. Il centro monumentale, Rom 1946.
J. B. WARD-PERKINS, The Italian Element in Late Roman and Medieval Architecture, London 1947.
L. HOMO, Rome impériale et l'urbanisme dans l'antiquité, Paris 1951.
H. LIETZMANN, Geschichte der Alten Kirche I/V, Berlin 1961.
A. H. M. JONES, The Later Roman Empire I-III, Oxford 1964.
Ch. PIETRI, Roma christiana. Recherches sur l'église de Rome I-II, Rom 1976
H. BRANDENBURG, Frühchristliche Kunst in Italien und Rom: B. BRENK (Hrsg.), Frühchristliche Kunst (Propyläenkunstgeschichte, 1.Ergänzungsband), Berlin 1977, 107-142, Taf. 1-89.

R. M. GRANT, Christen als Bürger im Römischen Reich, Göttingen 1977.
F. GREGOROVIUS, Geschichte der Stadt Rom im Mittelalter I/IV, Darmstadt 1978.
M. HEINTZELMANN, *Translationsberichte und andere* Quellen des Reliquienkultes, Turnbout 1979.
T. L. HERES, Paries. A Proposal for a Dating System of Late-Antique Masonry Structures in Rome and Ostia, Amsterdam 1982.
F. TOLOTTI, Le basiliche cimiteriali con deambulatorio del suburbio romano: Mitt. DAI, 89, 1982, 153-211.
F. W. DEICHMANN, Rom, Ravenna, Konstantinopel, Naher Osten, Wiesbaden 1982.
F. W. DEICHMANN, Einführung in die Christliche Archäologie, Darmstadt 1983.
R. KRAUTHEIMER, Three Christian Capitals, Berkeley 1983 (italienisch Torino 1987).
B. WARD-PERKINS, From Classical Antiquity to the Middle Ages. Urban Public Building in Northern and Central Italy AD 300-850, Oxford 1984.
H. BRANDENBURG, Kirchenbau. Der frühchristliche Kirchenbau: TRE 18, Berlin 1985, 421-442.
R. KRAUTHEIMER, Early Christian and Byzantine Architecture, Harmondsworth 1986.
R. KRAUTHEIMER, Rome a Profile of a City, 312-1308, Princeton 1980 (deutsch München 1987).
P. LAMPE, Die stadtrömischen Christen in den ersten beiden Jahrhunderten. Untersuchungen zur Sozialgeschichte, Tübingen 1987.
G. MATTHIAE, M. ANDALORO, Pittura romana del Medioevo, secoli IV-X, Roma 1987.
A. DEMANDT, Die Spätantike (Handbuch der Altertumswissenschaft 3, 6), München 1989.
A. ANGENENDT, Das Frühmittelalter. Die Abendländische Christenheit von 400 bis 900, Stuttgart 1990.
E. DASSMANN, Kirchengeschichte I/II, Stuttgart 1991.
R. LEEB, Konstantin und Christus. Die Verchristlichung der imperialen Repräsentation, Berlin 1992.
L. CHENGALIKAVIL, La dedicazione della chiesa e dell'altare: I. SCICOLONE (Hsg.), I sacramentari e la benedizione, Genova 1992, 55-78.
F. W. DEICHMANN, Archeologia Cristiana, Roma 1993.
A. CAMERON, The Later Roman Empire, London 1993. (deutsch München 1994).
M. FUHRMANN, Rom in der Spätantike, Zürich 1994.
H. BRANDENBURG, Die Verwendung von Spolien und originalen Werkstücken in der spätantiken Architektur: J. POESCHKE (Hrsg.), Antike Spolien in der Architektur des Mittelalters und der Renaissance, München 1996, 11-39.
H. BRANDENBURG, Kirchenbau und Liturgie. Überlegungen zum Verhältnis von architektonischer Gestalt und Zweckbestimmung des frühchristlichen Kultbaues im 4. und 5. Jh.: C. FLUCK, L. LANGENER u.a. (Hrsg.), Divitiae Aegyptii. Festschrift M. Krause, Wiesbaden 1995, 36-69.
M. SORDI, The Christians and the Roman Empire, London 1994.
F. COARELLI, Roma. Guide Archeologiche Mondadori, Milano 1994.

G. KOCH, Frühchristliche Kunst, Stuttgart 1995.
F. KOLB, Rom, Geschichte der Stadt in der Antike, München 1995.
P. PENSABENE, Reimpiego e nuove mode architettoniche nelle basiliche cristiane di Roma tra IV e VI secolo: Akten XII. Internat. Kongress Christliche Archäologie, Bonn 1991, Münster 1995, 1076-1098.
CH. PIETRI, L. PIETRI u.a. (Hrsg.), Histoire du Christianisme I-III, Paris 1995-2000.
A. ANGENENDT, Heilige und Reliquien. Die Geschichte ihres kultes von frühen Christentum his zur Gegenwart, München 1997[2].
A. CLARIDGE, Rome. An Oxford Archeological Guide, Oxford 1998.
W. V. HARRIS (Hrsg.), The Transformation of Urbs Roma in Late Antiquity (Journal Roman Archaeology, Suppl. 33), Portsmouth, Rhode Island 1999.
A. UGENTI, Roma V. Età tardoantica: Riscoperta di Roma antica, Rom 1999, 427-451
PH. PERGOLA (Hrsg.), Roma dal IV al VIII secolo. Dati da scavi recenti (Mélanges École Française, Moyen-Age, 111), Rom 1999.
A. GIARDINA (Hrsg.), Roma antica, Bari 2000.
E. LO CASCIO (Hrsg.), Roma imperiale, Rom 2000.
R. VON HAELING, Rom und das himmlische Jerusalem, Darmstadt 2000.
J. CURRAN, Pagan City and Christian Capital. Rome in the Fourth Century, London 2000.
A. MARCONE, Tardoantico, Antologia delle fonti, Roma 2000.
A. MARCONE, Costantino il Grande, Bari 2000
V. PACE, Arte a Roma nel medioevo, Napoli 2000.
L. PANI ERMINI, P. SINISCALCO (Hrsg.), La comunità cristiana di Roma. La sua vita e la sua cultura dalle origini all'alto medioevo, Città del Vaticano 2000.
F. PRINZ, Von Konstantin zu Karl dem Großen. Entfaltung und Wandel Europas, Zürich 2000.
A. VAUCHEZ (Hrsg.), Roma medievale, Bari 2000
S. ENSOLI, E. LA ROCCA (Hrsg.), Aurea Roma, dalla città pagana alla città cristiana, Roma 2000.
R. MEßNER, Einführung in die Liturgiewissenschaft, Paderborn 2001.
J. FLEISCHER, N. HANNESTAD u.a. (Hrsg.), Late Antiquity. Art in Context (Acta Hyperborea 8), Kopenhagen 2001.
L. VENDITELLI, L. PAROLI u.a. (Hrsg.), Roma, dall'antichità al medioevo. Archeologia e storia I, Milano 2001.
M. ANDALORO, S. ROMANO (Hrsg.), Römisches Mittelalter. Kunst und Kultur von der Spätantike bis Giotto, Regensburg 2002.
H. GEERTMAN (Hrsg), Il Liber Pontificalis a la storia materiale (Atti Colloquio Internazionale Roma 2002: Mededelingen Nederlands Instituut Rome 60/61), Roma 2003.
G. GOTTLIEB, V. ROSENBERGER, Christentum und Kirche im 4. und 5. Jh., Heidelberg 2003.
B. BRENK, Die Christianisierung der spätrömischen Welt. Stadt, Land, Haus, Kirche und Kloster in frühchristlicher Zeit, Wiesbaden 2003.
PH. PERGOLA u.a.(Hrsg.), Suburbium. Il suburbio di Roma dalla crisi del sistema delle ville a Gregorio Magno (Collection de l'École Française de Rome 311), Rom 2003.
L. VENDITELLI, L. PAROLI u.a. (Hrsg.), Roma, dall'antichità al medioevo. Archeologia e storia II, Milano 2004

DIE FRÜHCHRISTLICHEN KIRCHEN ROMS. ALLGEMEIN

Zur Topographie und Lage der Kirchen, sowie zu einzelnen Kirchen vgl. auch die in den unter "Rom in Spätantike und Mittelalter" genannten Gesamtdarstellungen und Sammelbände. Auf diese Werke wird in den Literaturangaben zu den einzelnen Kirchen aus Raumgründen nicht durchgängig hingewiesen.

C. J. BUNSEN, J. M .KNAPP, I. G. GUTENSOHN, Die Basiliken des christlichen Roms, München 1822-1827.

J. M. KNAPP, I. G. GUTENSOHN, Denkmale der christlichen Religion oder Sammlung der ältesten christlichen Kirchen oder Basiliken Roms, Tübingen/Stuttgart 1822-1827. 1843.

V. FORCELLA, Iscrizioni delle chiese di Roma, I-XIV, Rom 1869-79.

M. ARMELLINI, C. CECCHELLI, Le Chiese di Roma, Rom 1891, Nachdruck 1942, 1982.

Ch. HUELSEN, Le Chiese di Roma nel medioevo, Florenz 1926.

R. KRAUTHEIMER u.a., Corpus basilicarum christianarum urbis Romae I-V, Città del Vaticano 1937-1980.

F. W. DEICHMANN, Frühchristliche Kirchen in Rom, Basel 1948.

G. FERRARI, Early Roman Monasteries, Città del Vaticano 1957.

G. MATTHIAE, Le chiese di Roma dal IV al X secolo, Roma 1962.

E. MÂLE, Rome et ses vieilles églises (Paris 1965), Nachdruck Rom 1992.

S. WAETZOLD, Die Kopien des 17. Jahrhunderts nach Mosaiken und Wandmalereien in Rom, Wien/München 1964.

F. W. DEICHMANN, Wandsysteme: Byzant. Zeitschr. 59, 1966, 34-358.

G. MATTHIAE, Mosaici medievali delle chiese di Roma I/II, Roma 1967.

W. OAKSHOTT, The Mosaics of Rome. From the Third to the Fourteenth Centuries, London 1967.

R. GÜNTER, Wand, Fenster und Licht in der Trierer Palastaula und in spätantiken Bauten, Herford 1968.

W. BUCHOWIECKI, B. KUHN-FORTE, Handbuch der Kirchen Roms 1/4, Wien 1967-1997.

G. BOVINI, Mosaici paleocristiani di Roma (secoli III-VI),Bologna 1971.

J. J. HERRMANN, The Schematic Composite Capital. A Study of Architectural Decoration in the Later Empire, Ann Arbor 1974.

H. GEERTMAN, More veterum. Il Liber Pontificalis e gli edifici ecclesiastici di Roma nella tarda antichità e nell'alto medioevo, Groningen 1975.

F. W. DEICHMANN, Die Spolien in der spätantiken Architektur (Bayerische Akad. Wiss. Phil.-Hist.Klasse 6), München 1975.

R. E. MALMSTROM, The Colonnades of High Medieval Churches at Rome: Gesta 14, 2, 1975, 37-45.

Corpus della scultura altomedievale 7,4. La diocesi di Roma, Rom 1976.

J. WILPERT, N. SCHUMACHER, Die römischen Mosaiken und Malereien der kirchlichen Bauten vom 4. bis 13.Jahrhundert, Freiburg 1976.

F. GUIDOBALDI, A. GUIGLIA GUIDOBALDI, Pavimenti marmorei di Roma dal IV al IX secolo, Città del Vaticano 1983.

G. MATTHIAE, M. ANDALORO, Pittura romana del medioevo I. Secoli IV-X, Roma 1987.

W. N. SCHUMACHER, Die konstantinischen Exedra-Basiliken: J. G. DECKERS, H. R. SEELIGER, G. MIETKE, Die Katakombe "Santi Marcellino e Pietro", Città del Vaticano/Münster 1987, 132-186.

F. GUIDOBALDI, L'inserimento delle chiese titolari di Roma nel tessuto urbano: Miscellanea U. M. Fasola, Città del Vaticano 1989, 381-396.

L. REEKMANS, L'implantation monumentale chrétienne dans le paysage urbain de Rome de 300 à 850: Actes XIᵉ Congrès Internat. Archéologie Chrétienne, Lyon, Vienne 1986, Città del Vaticano 1989, 861-915.

S. SALOMI (Hrsg.), Le porte bronzee dall'antichità al secolo XIII, Roma 1990.

S. DE BLAAUW, Papst und Purpur. Porphyr in frühen Kirchenausstattungen: Tesserae. Festschrift J. Engemann (Jahrb. Antike und Christentum Erg.-Bd. 18), Münster 1991, 37ff.

CH. IHM, Die Programme der christlichen Apsismalerei vom vierten Jahrhundert bis zur Mitte des achten Jahrhunderts, Stuttgart 1992?.

S. DE BLAAUW, Cultus et decor. Liturgia e architettura nella Roma tardoantica e medievale. Basilica Salvatoris, Sanctae Mariae, Sancti Petri, Città del Vaticano 1994.

B. BRENK, Antike Spolien und ihre Wirkung auf die Ästhetik der Varietas: J. POESCHKE, Antike Spolien in der Architektur des Mittelalters und der Renaissance, München 1996, 49-92.

H. BRANDENBURG, Die Verwendung von Spolien und originalen Werkstücken in der spätantiken Architektur: J. POESCHKE, Antike Spolien in der Architektur des Mittelalters und der Renaissance, München 1996, 11-48.

P. PENSABENE, C. PANELLA, Reimpiego e progettazione architettonica nei monumenti tardo-antichi di Roma: Rendiconti Pontificia Accademia Rom. Archeol. 67, 1994-95, 25-67.

PH. PERGOLA, P. BARBINI, Le catacombe romane. Storia e topografia, Roma 1997.

V. FIOCCHI NICOLAI, F. BISCONTI, D. MAZZOLENI, Le catacombe cristiane di Roma, Regensburg 1998 (auch in deutsch, englisch, französisch, spanisch)

S. RISTOW, Frühchristliche Baptisterien (Jahrb. Antike und Christentum Erg.Bd. 27), Münster 1998.

M. CECCHELLI, Le chiese paleocristiane di Roma. I luoghi di culto nell'Urbe dal I al VII secolo (ROMArcheologia 16-17), Roma 1999.

L. PANI ERMINI (Hrsg.), La visita delle sette chiese, Roma 2000.

L. PANI ERMINI (Hrsg.), Christiana loca. Lo spazio cristiano nella Roma del primo millennio I/II, Roma 2000.

I. KÖB, Rom, ein Stadtzentrum im Wandel, Hamburg 2000.

M. JOST, Die Patrozinien der Kirchen Roms vom Anfang bis in das 10. Jh.: Beiträge zur römischen Kunst und Geschichte, 2-3, I/II, Neuried 2000.

M. JOST, Die Patrozinien der Kirchen Roms während des ersten Jahrtausends. Entstehung, Bedingungen und Zusammensetzung: Hagiographica 8, 2001, 1-35.

M. CECCHELLI, Materiali e tecniche dell'edilizia paleocristiana a Roma, Roma 2001.

V. FIOCCHI NICOLAI, Strutture funerarie ed edifici di culto paleocristiani di Roma dal IV al VI secolo, Città del Vaticano 2001.

F. GUIDOBALDI, A. GUIGLIA GUIDOBALDI (Hrsg.), Ecclesiae urbis. Atti del convegno internaz. di studi sulle chiese di Roma (IV -X secolo) Roma 2000, Città del Vaticano 2002.

P. BARRESI, P. PENSABENE, D. TRUCCHI, Materiali di reimpiego e progettazione nell'architettura delle chiese paleocristiane di Roma: GUIDOBALDI, GUIGLIA GUIDOBALDI, Ecclesiae urbis 799-842.

P. FANCELLI, Gli Spolia tra architettura e restauro nelle chiese di Roma: GUIDOBALDI, GUIGLIA GUIDOBALDI, Ecclesiae urbis 843-858.

F A. LADI, I finestrati laterali delle Chiese di Roma dal IV al IX secolo: GUIDOBALDI, GUIGLIA GUIDOBALDI, Ecclesiae urbis 875-890-

B. BRENK, L'anno 410 e il suo effetto sull'arte chiesiastica a Roma: GUIDOBALDI, GUIGLIA GUIDOBALDI, Ecclesiae urbis 1001-1018.

B. IWASKIEWICZ-WRONIKOWSKA, Le prime dedicazioni delle chiese di Roma: GUIDOBALDI, GUIGLIA GUIDOBALDI, Ecclesiae urbis 97-108.

A. COSENTINO, Il battesimo a Roma: edifici e liturgia: GUIDBALDI, GUIGLIA GUIDOBALDI, Ecclesiae urbis 109-142.

J. HILLNER, Le chiese paleocristiane di Roma e l'occupazione degli spazi pubblici: GUIDOBALDI, GUIGLIA GUIDOBALDI, Ecclesiae urbis 321-330.

F. BISCONTI, Progetti decorativi dei primi edifici di culto romani: dalle assenze figurative ai grandi scenari iconografici: GUIDOBALDI, GUIGLIA GUIDOBALDI, Ecclesiae urbis 1633-1658.

P. BARRESI, P. PENSABENE, D. TRUCCHI, Materiali di reimpiego e progettazione nell'architettura delle chiese paleocristiane di Roma: GUIDOBALDI, GUIGLIA GUIDOBALDI, Ecclesiae urbis 799-842.

H.L. KESSLER, Old St.Peter's and Church Decoration in Medieval Italy, Spoleto 2002.

C. SAPIN (Hrsg.), Avant-Nefs et Espaces d'accueil dans les églises entre le IV et le XIIᵉ sieclé: Actis du Colloque intern. du CNRS Ausem 1999 (Mémoire d'archéologie et histoire de l'art), Paris 2002.

F. DELL'ACQUA, Illuminando colorat. La vetrata tra l'età tardo imperiale e l'alto medioevo. Le fonti, l'archeologia, Spoleto 2003.

P.C. CLAUSSEN, Die Kirchen der Stadt Rom im Mittelalter I, Stuttgart 2002.

J. DRESKEN-WEILAND, Sarkophagbestattungen des 4.-6.Jahrhunderts im Westen des römischen Reiches, Freiburg 2003.

H. BRANDENBURG, Prachtentfaltung und Monumentalität als Bauaufgaben frühchristlicher Kirchenbaukunst: Festschrift K. Stähler, Münster 2004.

DIE FRÜHZEIT DES CHRISTLICHEN KULTBAUES. DIE BASILIKA

F .W. DEICHMANN, Basilika: RAC 1, Stuttgart 1950, 1249-1259; F. J. DÖLGER, Kirche als Name für den christlichen Kultbau: Antike und Christentum 6, 1950, 161-195;Th. F. MATTHEWS, An early Roman Chancel Arrangement: Riv. Archeologia Cristiana 38, 1962, 73-95; Ch. DELVOYE, Basilica: RBK 1, Stuttgart 1966, 514-567; H. KÄHLER, Die frühe Kirche. Kult und Kultraum, Berlin 1972, Frankfurt 1982?; F. LANDSBERGER, The Sacred Direction in Synagogue and Church, New York 1975; K. GAMBER, Conversi ad dominum. Die Hinwendung von Priester und Volk nach Osten bei der Meßfeier: K.GAMBER, Liturgie und Kirchenbau. Studien zur Geschichte der Meßfeier und des Gotteshauses in der Frühzeit, Regensburg 1976, 7-27; N. DUVAL, Basilica: DPAC I, 1983, 1069; H. BRANDENBURG, Kirchenbau I: TRE 18, 1989, 421-442; H. BRANDENBURG, Basilica cristiana: EAA Suppl. 1, Rom 1994, 616-629; DEICHMANN, Archeologia cristiana 71ff.; L. M. WHITE, The social Origins of Christian Architecture I, Building God's House in the Roman World: Architectural Adaption among Pagans, Jews and Christians. II, Texts and Documents for the Christian Domus Ecclesiae in its Environment, Valley Forge, Pens. 1996; S. DE BLAAUW, Met het oog op het licht. Een vergeten principie in der orientatie van het vroegchristelijk kerkgebouw (Nijmeegse Kunsthist. Cahiers 2), Nimwegen 2000; H. WALLRAFF, Christus versus Sol (Jahrb. Antike und Christentum Erg.-Bd. 32), Münster 2001, zur Orientierung 60ff.; D. KINNEY, The Church Basilica: Acta ad Archaeologiam et Artium Historiam pertinentia 15, 2002, 115-135.

DIE KONSTANTINISCHE ZEIT

L. VOELKL, Die konstantinischen Kirchenbauten nach Eusebius: Riv. Archeol. Crist. 29, 1953, 46-66. 187-206; L. VOELKL, Die konstantinischen Kirchenbauten nach den literarischen Quellen des Okzidents: Riv. Archeol. Cristiana 30. 1954, 99-136; J. B. WARD PERKINS, Constantine and the Origins of the Christian Basilica: Papers British School, Rome 22, 1954, 69-90; L. VOELKL, Die Kirchenbauten des Kaisers Konstantin im Lichte des römischen Sakralrechtes, Köln 1964; R. KRAUTHEIMER, The Constantinian Basilica: Dumbarton Oaks Papers 21, 1967, 117-140; F. W. DEICHMANN, Die Architektur des konstantinischen Zeitalters: F. W. DEICHMANN, Rom, Ravenna, Konstantinopel, Naher Osten, Wiesbaden 1982, 112-125; S. SPAIN ALEXANDER, Studies in Constantinian Church Architecture: Riv. Archeol.Crist. 47, 1971, 281-330; ebenda 49, 1973, 33-44; H. BRANDENBURG, Die konstantinischen Kirchen in Rom. Staatstragender Kult und Herrscherkult zwischen Tradition und Neuerung: O. BREHM, S. KLIE (Hrsg.), Mousikos aner. Festschrift M. Wegner zum 90.Geburtstag, Bonn 1992, 27-58; R. KRAUTHEIMER, The Ecclesiastical Building Policy of Constantine: G. BONAMENTE, F. FUSCO (Hrsg.), Costantino il Grande dall'antichità all'umanesimo. Colloquio Macerata 1990, II, Macerata 1993, 509-552; E. JASTRZEBOWSKA, Les fondations constantiniennes à Rome: textes et monuments: Archeologia 44, 1993, 59-68; D. KINNEY, Krautheimers Constantine: GUIDOBALDI, GUIGLIA GUIDOBALDI, Ecclesiae urbis 1-10.

DIE LATERANSBASILIKA

E. JOSI, Scoperte nella basilica costantiniana al Laterano: Riv. Archeol. Cristiana 11, 1934, 335-38; MATTHIAE, Mosaici 347ff.; MALMSTRÖM, Colonnades 37-45; WILPERT, SCHUMACHER, Mosaiken 23ff.; KRAUTHEIMER, Corpus V, 1977, 1-92; W. HOFFMANN, Die Fassade von S. Giovanni in Laterano: Röm. Jahrb. Kunstgesch. 17, 1978, 1-46; KRAUTHEIMER, Three Capitals 21-24; MATTHIAE, ANDALORO, Pittura 225ff., 231ff.; C. PIETRANGELI (Hrsg.), San Giovanni in Laterano, Florenz 1990; IHM, Programme 241; BRANDENBURG, Die konstantinischen Kirchen 34-39; DE BLAAUW, Cultus 67ff.; P. LIVERANI, Basilica Lateranensis: LTUR V, 1999, 231; P.LIVERANI, Domus Laterani: LTUR V, 1999, 248-249; M. CECCHELLI, S. Salvator, basilica: LTUR IV, 1999, 230-233; P. LIVERANI, Lateranis: LTUR V, 1999, 272; M. ANDALORO, S. ROMANO, Das Bild in der Apsis 80f. 98f.: ANDALORO, ROMANO, Römisches Mittelalter 100f. 118ff.; P. BARRESI, P. PENSABENE, D. TRUCCHI, Materiali di reimpiego e progettazione nell'architettura delle chiese paleocristiane di Roma: GUIDOBALDI, GUIGLIA GUI-

DOBALDI, Ecclesiae urbis 800-806; D. KINNEY, The Church Basilica: Acta ad Archaeologiam et Artium Historiam pertinentia 15, 2002, 26ff.; S. DE BLAAUW, Imperial Connotations in Roman Church Interiors: Acta ad Archaeologiam et Artium Historiam pertinentia. 15, 2002, 137ff.

DAS LATERANSBAPTISTERIUM

G. B. GIOVENALE, Il battistero Lateranense nelle recenti indagini della Pontificia Commissione di Archeologia Sacra, Roma 1929; H. KÄHLER, Zu den Spolien im Baptisterium der Lateransbasilika: Röm. Mitteil. 52, 1937, 106-118; A. TSCHIRA, Das Lateranbaptisterium: Röm. Mitteil. 57, 1942, 116ff.; MATTHIAE, Mosaici 83ff. 191ff.; G. PELLICCIONI, Le nuove scoperte sulle origini del Battistero Lateranense: Memorie Pontificia Accademia 12, 1973, 105ff.; WILPERT, SCHUMACHER, Mosaiken 38ff., Taf. 25-27; 91ff., 307f., 321 Taf. 80-81; 331f. Taf.110; HERES, Paries 107ff. 215ff. Kat.8; A. IACOBINI, Le porte bronzee medievali del Laterano: SALOMI, Le porte di bronzo 7ff.; 71-95; DE BLAAUW, Cultus, 129ff. 147ff. 178ff.; M. ROMANO, Materiali di spoglio nel battistero di San Giovanni: Boll. d'Arte 70, 1991, 31-70; DE BLAAUW, Papst und Purpur 37ff.; M. J. JOHNSON, The Fifth Century Oratory of the Holy Cross at the Lateran in Rome: Architectura 25, 1993, 128-15; M. CECCHELLI, Crux oratorium: LTUR I, 1993, 325-326; M. CECCHELLI, S. Iohannes Baptista, oratorium: LTUR III, 1996, 103; M. CECCHELLI, S. Iohannes Evangelista, oratorium: LTUR III, 1996, 103-104; O. BRANDT, Il battistero lateranense da Costantino a Ilaro. Un riesame degli scavi: Opuscola Romana 22-23, 1997-1998, 7-65; RISTOW, Baptisterien 190 Nr. 403-404; S. PRIVITERO, "Perfectio" sistina, "restauratio" urbaniana ed altre opere nel battistero lateranense: Opus 18, 1999, 24-71; CECCHELLI, Materiali 272ff.; O. BRANDT, Il battistero dell'imperatore Costantino: FLEISCHER, HANNESTAD, Late Antiquity, 117-144; O. BRANDT, Ipotesi sulla struttura del Battistero Lateranense tra Costantino e Sisto III: GUIDOBALDI, GUIGLIA GUIDOBALDI, Ecclesiae urbis 923-932; J. WOLLASCH, Frühe Bildzeugnisse für das Nachleben Papst Gregors des Großen in Rom?: Frühmittelalterl. Studien 36, 2002, 167f.

SS. MARCELLINO E PIETRO UND DAS MAUSOLEUM DER KAISERIN HELENA

F. W. DEICHMANN, A. TSCHIRA, Das Mausoleum der Kaiserin Helena und die Basilika der heiligen Marcellinus und Petrus an der Via Labicana vor Rom: Jahrb. Deutsch. Archäol. Inst. 72, 1957, 44-110; F. TOLOTTI, Le basiliche cimiteriali con deambulatorio del suburbio romano: Röm. Mitt. 89, 1982, 153-211; SCHUMACHER, Exedra-Basiliken 132-186; J. GUYON, Le cimetière "Aux deux Lauriers". Recherches sur les catacombes romaines, Città del Vaticano 1987; BRANDENBURG, Die konstantinischen Kirchen 40-43; F. TOLOTTI, Le basiliche circiformi di Roma: Atti convegno archeol. Internaz. "Milano capitale dell'impero romano" Milano 1990, Milano 1992, 203-217; J. J. RASCH, Das Mausoleum der Kaiserin Helena in Rom und der "Tempio della Tosse" in Tivoli, Mainz 1998, 45f.; J. GUYON, À l'origine de la redécouverte et de l'interprétation du monument de la via Labicana: L'iconographie de la basilique cémétériale des saints Marcellin-et-Pierre: GUIDOBALDI, GUIGLIA GUIDOBALDI, Ecclesiae urbis 1158-1173; L. VENDITELLI, La conservazione e la

valorizzazione del Mausoleo di Sant'Elena. Nuovi dati dai lavori di scavo e di restauro: GUIDOBALDI, GUIGLIA GUIDOBALDI, Ecclesiae urbis 771-792; R. VOLPE, Via Labicana: PERGOLA, Suburbium 214ff.; A. W. BUSCH, Von der Provinz ins Zentrum. Bilder auf den Grabdenkmälern einer Eliteeinheit: P. NOELKE u.a. (Hrsg.); Romanisation und Resistenz, Neue Funde und Forschungen. Akten VII. Internat. Colloquium Provinzialröm.Kunstschaffen, Köln 2001, Mainz 2003, 179-649, bes. 691f. zur Nekropole der Equites singulares; DRESKEN-WEILAND, Sarkophagbestattungen 131ff.

DIE BASILIKA UND DAS MAUSOLEUM VON TOR DE' SCHIAVI

H. BRANDENBURG, Roms frühchristliche Basiliken, München 1979, 72-77; TOLOTTI, Basiliche cimiteriali 154-211; SCHUMACHER, Exedra-Basiliken 150-152; TOLOTTI, Basiliche 175ff.; BRANDENBURG, Die konstantinische Kirchen 44-46; J. J. RASCH, H. MIELSCH, Das Mausoleum bei Tor de'-Schiavi in Rom, Mainz 1993; G. BRANDS, Das Mausoleum bei Tor de'Schiavi in Rom: Gnomon 71, 1999, 252-258; R. VOLPE, Le ville del suburbio di Roma: ENSOLI, LA ROCCA, Aurea Roma 161-167, bes.164f.; E. M. STEINBY, La cronologia delle "figlinae" tardoantiche: CECCHELLI, Materiali 127-150; E. JASTRZEBOWSKA, S. Sebastiano, la più antica basilica cristiana di Roma: GUIDOBALDI, GUIGLIA GUIDOBALDI, Ecclesiae urbis 1149; DRESKEN-WEILAND, Sarkophagbestattungen 141ff.

DIE BASILICA APOSTOLORUM (S. SEBASTIANO)

KRAUTHEIMER, Corpus IV, 1970, 99-147; E. JASTRZEBOWSKA, Untersuchungen zum christlichen Totenmahl aufgrund der Monumente des 3 und 4.Jhs. unter der Basilika des Hl. Sebastian in Rom, Frankfurt/Main 1981; TOLOTTI, Basiliche cimiteriali 152-211; SCHUMACHER, Exedra-Basiliken 142-150; TOLOTTI, Basiliche 171ff.; BRANDENBURG, Die konstantinischen Kirchen 43-45; H.G. THÜMMEL, Die Memorien für Petrus und Paulus in Rom, Berlin 1999; L. SPERA, S. Sebastiano: PANI ERMINI, Visita 55-68; M. LANGNER, Antike Graffitizeichnungen. Motive, Gestaltungen und Bedeutung (Palilia 11), Wiesbaden 2001, 136f.; E.JASTRZEBOWSKA, S. Sebastiano, la più antica basilica cristiana di Roma: GUIDOBALDI, GUIGLIA GUIDOBALDI, Ecclesiae urbis 1140-1155; DRESKEN-WEILAND, Sarkophagbestattungen 123ff.

DIE UMGANGSBASILIKA VON S. AGNESE UND DAS MAUSOLEUM DER CONSTANTINA AUGUSTA (S. COSTANZA)

A. L. CANINA, Aggiunte e correzioni all'opera sugli edifizj antichi di Roma dell'architetto A. Desgodetz, Roma 1843, 12-15, tav.1-4; M. STETTLER, Zur Rekonstruktion von S. Costanza: Röm. Mitteil. 58, 1943, 76ff., Beil 1-3; F. W. DEICHMANN, Die Lage der konstantinischen Basilika der heiligen Agnes an der Via Nomentana: Riv. Archeologia Cristiana 22, 1946, 213ff.; DEICHMANN, Frühchristliche Kirchen, 24-29; H. STERN, Les mosaïques de l'église de Saint-Constance à Rome: Dumbarton Oaks Pap. 12, 1958, 152-208; R. PERROTTI, Recenti ritrovamenti presso S. Costanza: Palladio 6, 1956, 80-8; MATTHIAE, Mosaici 3ff.; A. P. FRUTAZ, Il complesso monumentale di Sant'Agnese, Città del Vaticano 1969 (1976?); TOLOTTI, Basiliche cimiteriali 152-211; WILPERT, SCHUMACHER, Mosaiken 46ff., 299ff. Taf. 1-5; A. AMADIAO, Mosaici di S. Costanza. Disegni, incisioni, documenti dal XV al XIX secolo (Xenia 7), Roma 1986; SCHUMACHER, Exedra-Basiliken 156-159; TOLOTTI, Basiliche circiformi 153-211; D. STANLEY, The Apse Mosaics at S. Costanza: Röm. Mitteil. 94, 1987, 29-42; BRANDENBURG, Die konstantinischen Kirchen 48-49; IHM, Programme, 126ff.; D. J. STANLEY, An excavation on Santa Costanza: Arte Medievale s. II, 7, 1993, 103-112; D. ESPOSITO, P. VENTURINI, La basilica cimiteriale di S. Agnese fuori le Mura a Roma: nuove osservazioni e ipotesi: Quaderni dell'Istituto Storia dell'Architettura N.S. 22, 1993, 3-16; D. J. STANLEY, More Discoveries at Santa Costanza: Arte Medievale s. II, 10, 1996, 1-13; D. J. STANLEY, New Hypothesis Concerning Santa Costanza and Sant'Agnese: Riv. Archeol. Crist. 73, 1997, 265-267; E. GIULIANI, C. PAVOLINI, La "Biblioteca di Agapito" e la Basilica di S. Agnese: HARRIS, Transformations 99ff.; M. B. RASMUSSEN, Traditio legis?: Cahiers Archéol. 47, 1999, 5-37; P. BARBINI, Agnetis (S.), basilica, coemeterium: LTUR Suburbium I, 2001, 33-36; C. PAVOLINI, La basilica costantiniana di S. Agnese. I risultati delle indagini e dei restauri per il giubileo: GUIDOBALDI, GUIGLIA GUIDOBALDI, Ecclesiae urbis 1203-1224; P. M. BARBINI, F. SEVERINI, Risultati archeologici del nuovo saggio di scavo 1999 nella basilica cimiteriale di S. Agnese: GUIDOBALDI, GUIGLIA GUIDOBALDI, Ecclesiae urbis 757-770; S. CIANCO, I mosaici delle absidiole del Mausoleo di Costanza: GUIDOBALDI, GUIGLIA GUIDOBALDI, Ecclesiae urbis 1847-1862; DRESKEN-WEILAND, Sarkophagbestattungen 133ff.; H. BRANDENBURG, Constantinae Augustae mausoleum: LTUR Suburbium II, 2004; A. ARBEITER, Die Mosaiken von S. Costanza in Rom, in: Spätantike Rundbauten in Rom und Latium (im Druck).

DIE UMGANGSBASILIKA AN DER VIA ARDEATINA

V. FIOCCHI NICOLAI, Una nuova basilica a deambulatorio nel comprensorio della catacomba di S. Callisto a Roma: Akten XII. Internat. Kongr. Christliche Archäologie, Bonn 1991, II, Città del Vaticano-Münster 1995, 776-786; BRANDENBURG, Die konstantinischen Kirchen 48; V. FIOCCHI NICOLAI, Frühes Christentum im "Domine Quo Vadis". Die neugefundene frühchristliche Umgangsbasilika an der Via Ardeatina zu Rom: Antike Welt 29, 1998, 305-310; V. FIOCCHI NICOLAI, M. P. DEL MORO, D. NUZZO, L. SPERA, La nova basilica circiforme della via Ardeatina: Rendiconti Pontificia Accademia Rom. Archeol. 68, 1995/1996, 69-233; V. FIOCCHI NICOLAI, A proposito della nuova basilica circiforme della via Ardeatina e della funzione funeraria delle chiese "a deambulatorio" del suburbio romano: GUIDOBALDI, GUIGLIA GUIDOBALDI, Ecclesiae urbis 1175-1202. DRESKEN-WEILAND, Sarkophagbestattungen 137ff.; T. LEHMANN, "Circus Basilicas", "coemetria subtegata" and church buildings in the *suburbium* of Roma: Acta ad Archaeologiam et Artium Historiam pertinentia NS 3, 7, 2003, 71-73.

DIE UMGANGSBASILIKA VON S. LORENZO

R. KRAUTHEIMER, W. FRANKL, E. GATTI, Excavations at S. Lorenzo f.l.m. in Rome 1957: American Journ. Archaeol. 62, 1958, 379; KRAUTHEIMER, Corpus II, 1956, 3-121; H. GEERTMAN, The builders of the Basilica Maior in Rome: Festoen. Festschrift A. N. Zadoks-Josephus Jitta, Groningen 1976, 277-295; TOLOTTI, Basiliche cimiteriali 151-211; SCHUMACHER, Exedra-Basiliken 140-142;

TOLOTTI, Basiliche 180ff.; BRANDENBURG, Die konstantinischen Kirchen 47-48; H. GEERTMAN, La Basilica Maior di S. Lorenzo f.l.m.: GUIDOBALDI, GUIGLIA GUIDOBALDI, Ecclesiae urbis 1225-1248; K. BLAIR-BROWN, Damasus and the Fiction of Unity. The Urban shrines of Saint Laurent: GUIDOBALDI, GUIGLIA GUIDOBALDI, Ecclesiae urbis 331-352, bes. 345ff.; DRESKEN-WEILAND, Sarkophagbestattungen 140ff.

DIE KONSTANTINISCHEN UMGANGSBASILIKEN UND IHRE STELLUNG IM FRÜHCHRISTLICHEN KIRCHENBAU

Zu den unter SS. Marcellino e Pietro zitierten Werken, die die Umgangsbasiliken im Zusammenhang besprechen und auf Form und Funktion eingehen, s. noch folgende Untersuchungen, die u.a. die hier angeschnittenen Fragen der Architektursymbolik behandeln: R. KRAUTHEIMER, Mensa - Coemeterium - Martyrium: Cahiers Archéol. 11, 1960, 15-40; F. W. DEICHMANN, Märtyrerbasilika, Martyrion, Memoria und Altargrab: Röm. Mitteil. 77, 1970, 144-169; SCHUMACHER, Exedra-Basiliken 152-186; F. WOCHNIK, Zur Frage der konstantinischen Umgangsbasiliken in Rom: Studien und Mitteilungen zur Geschichte des Benediktiner-Ordens 99, 1988, 113-131; H. BRANDENBURG, Die konstantinischen Basiliken 40-53; M. TORELLI, Le basiliche circiforme: iconografia e forme mentali: GUIDOBALDI, GUIGLIA GUIDOBALDI, Ecclesiae urbis 1097-1108; E. LA ROCCA, Le basiliche cristiane "a deambulatorio" e la sopravivenza del culto eroico: GUIDOBALDI, GUIGLIA GUIDOBALDI, Ecclesiae urbis 1109-1140; Vgl. ebd. die Diskussion zum Thema unter "tavola rotonda" 1249-1262; R. GIULIANI, Il contributo di Richard Krautheimer allo studio delle basiliche funerarie del suburbio romano alla luce degli indirizzi di ricerca successivi: GUIDOBALDI, GUIGLIA GUIDOBALDI, Ecclesiae urbis 25-40; T. LEHMANN, "Circus Basilicas", "coemeteria subtegata" and church buildings in the *suburbium* of Rome: Acta Archaeologiam et Artium Historiam pertinentia NS 3, 17, 2003, 57-77.

DIE PETERSKIRCHE AM VATIKAN

T. ALPHARANUS, De basilicae Vaticanae antiquissima et nova structura, ed. D. Cerrati, Rom 1914; B. M. APOLLONJ GHETTI, A. FERRUA, E. JOSI, E. KIRSCHBAUM, Esplorazioni sotto la confessione di S. Pietro in Vaticano eseguite negli anni 1940-1949, Città del Vaticano 1951; J. TOYNBEE, J. WARD PERKINS, The Shrine of St. Peter and the Vatican Excavations, London 1956; ST. WAETZOLD, Die Kopien des 17. Jh. nach Mosaiken und Wandmalereien in Rom, Wien/München 1964; J. CHRISTERN, Der Aufriß von Alt-St. Peter: Röm. Quartalschr. 62, 1967, 133-138; J. CHRISTERN, K. THIERSCH, Der Aufriß von Alt-St. Peter, II: Röm. Quartalschr. 64, 1969, 1-34; R. NIGGL, La decorazione della basilica antica di S. Pietro in Vaticano, Città del Vaticano 1972; E. KIRSCHBAUM, E. DASSMANN, Die Gräber der Apostelfürsten. St. Peter und St. Paul in Rom, Frankfurt 1974?; J. C. PICARD, Le quadriportique de Saint-Pierre-du-Vatican: Mélanges École Française de Rome 87, 1974, 851-890; KRAUTHEIMER, Corpus V, 1980, 171-285; E. RUSSO, La recinzione del presbiterio di S. Pietro in Vaticano dal VI all'VIII secolo: Rendiconti Pontificia Accademia Rom. Archeol. 55-56, 1982-1983, 1983-1984, 3-33; R. KRAUTHEIMER, St. Peter's and Medieval Rome, Rom 1985; A. C. CARPICECI, La basi-

lica Vaticana vista da Martin van Heemskerk: Boll. d'Arte 44/5, 1987, 67-128; A. ARBEITER, Alt St.-Peter in Geschichte und Wissenschaft, Berlin 1988; R. KRAUTHEIMER, The Building Inscriptions and the Dates of Construction of Old St. Peter's. A reconsideration: Röm. Jahrb. Kunstgesch. 25, 1989, 3ff; M. J. JOHNSON, On the burial places of the Theodosian Family: Byzantion 61, 1991, 330-339; IHM, Programme 241; H. BRANDENBURG, Die konstantinischen Basiliken 53-58; A. CARPICECI, R. KRAUTHEIMER, Nuovi dati sull'antica basilica di San Pietro in Vaticano: Boll. d'Arte 93/94, 1995, 1ff. und Boll. d'Arte 95, 1996,1ff.; T. PÖPPER, Untersuchungen zum System der Langhausdekorationen von Alt-St. Peter, Diss. Münster 1996; M. RASSMUSEN, Traditio legis?: Cahiers Archéol. 47, 199, 5ff.; H. G. THÜMMEL, Die Memorien für Petrus und Paulus in Rom, Berlin 1999; A. GUIGLIA GUIDOBALDI, Pavimenti marmorei: CECCHELLI, Materiali 192ff.; A. GUIGLIA GUIDOBALDI, La scultura di arredo liturgico nelle chiese di Roma: GUIDOBALDI, GUIGLIA GUIDOBALDI, Ecclesiae urbis 1513-1524; A. CAMERON, The Funeral of Iunius Bassus: Zeitschr. Papyrologie. Epigr. 139 (2002) 288-292; H. L. KESSLER, Old St. Peter's and Church Decoration in Medieval Italy, Spoleto 2002; P. BARRESI, P. PENSABENE, D. TRUCCHI, Materiali di reimpiego e progettazione nell'architettura delle chiese paleocristiane di Roma: GUIDOBALDI, GUIGLIA GUIDOBALDI, Ecclesiae urbis 806-812; H. BRANDENBURG, Das Baptisterium und der Brunnen im Atrium von St. Peter in Rom: Boreas 26, 2003.

DIE KONSTANTINISCHE PAULSBASILIKA VOR DEN MAUERN

S. die unter "Die Paulsbasilika an der Via Ostiense" genannte Literatur.

S. CROCE IN GERUSALEMME

KRAUTHEIMER, Corpus I, 1937, 165-195; A. M. COLINI, Horti spei veteris, Palatium Sessorianum: Mem. Pontificia Accademia 3, 8, 1955, 137ff.; I. W. DRIVERS, Helena Augusta. The Mother of Constantine the Great and the Legend of Her Finding of the True Cross, Leiden 1992; C. VRAGNOLI, S. Croce in Gerusalemme: La basilica restaurata e l'architettura del settecento romano, Roma 1995; S. EPISCOPO, Hierusalem, basilica, ecclesia: LTUR III, 1996, 27-28; D. COLLI, Il Palazzo Sessoriano nell'area archeologica di S. Croce in Gerusalemme: Mélanges École Française Rome 108, 1996, 771-815; C. PATERNA, Il circo Variano a Roma: ebd. 817-853; S. PALLADINO, Le Terme Eleniane a Roma: ebd. 855-871; F. GUIDOBALDI, Sessorium: LTUR IV, 1999, 304-308; S. DE BLAAUW, Jerusalem in Rome and the Cult of the Cross: R. L. COLELLA u.a. (Hrsg.), Pratum Romanum, Festschrift R. Krautheimer zum 100. Geburtstag, Wiesbaden 1997, 55-73; M. CECCHELLI, Scavi nel complesso di S. Croce in Gerusalemme: Forma urbis II, 9, 1997, 11ff.; F. GUIDOBALDI, Il "tempio di Minerva Medica" e le strutture adiacenti: Settore privato del Sessorium costantiniano: Riv. Archeol. Crist. 74, 1998, 505-518; S. HEID, Kreuz, Jerusalem, Kosmos. Aspekte frühchristlicher Staurologie (Jahrb. Antike und Christentum Erg.-Bd. 31), Münster 2001; S. HEID, Die gute Absicht im Schweigen Eusebs über die Kreuzauffindung: Röm. Quartalschr. 96, 2001, 37-56; F. GUIDOBALDI, Architettura come codice di trasmissione dell'immagine dell'imperatore: Acta ad Archaeologiam et Artium Historiam pertinentia 15, 2001, 13-26; CLAUSSEN, Kirchen I, 412-443.

TITULUS SILVESTRI

B. M. APOLLONJ GHETTI, Le chiese titolari di S. Silvestro e Martino ai Monti: Riv. Archeol. Crist. 37, 1961, 271-302; E. COCCIA, Il titolo di Equizio e la basilica dei SS.Silvestro e Martino ai Monti: Riv. Archeol. Crist. 39, 1963, 235-245; KRAUTHEIMER, Corpus III, 1967, 87-124; C. DAVIS WEYER, J. J.EMERICK, The Early Sixth Century Frescoes at S. Martino ai Monti in Rome: Röm. Jahrb. Kunstgesch.21, 1984, 1-60; M. L. ACCORSI, Il complesso dei SS. Silvestro e Martino ai Monti dal III al IX secolo: F.GUIDOBALDI, A.GUIGLIA GUIDOBALDI, Ecclesiae urbis 533-564.

TITULUS MARCI (S. MARCO)

KRAUTHEIMER, Corpus II, 1959, 216-247; M. CECCHELLI, S. Marco a Piazza Venezia: Costantino il Grande dall'antichità all'umanesimo. Atti Coll. Cristianesimo nel mondo antico, Macerata 1992, 299-310; M. CECCHELLI, La basilica di S. Marco a Piazza Venezia (Roma).Nuove scoperte e indagini: Akten XII. Internat. Kongr. Christliche Archäologie, Bonn 1991, Münster 1995, 640-644; V. TIBERIA, San Marco (Roma Sacra 15), Roma 1999; M. CECCHELLI, S. Marcus, titulus: LTUR III, 1996, 212-213.

TITULUS IULII UND BASILICA IULII ET CALLISTI S. MARIA IN TRASTEVERE

KRAUTHEIMER, Corpus III, 1967, 65-71; D. KINNEY, Excavations in S. Maria in Trastevere 1865-1869: Röm. Quartalschr. 70, 1975, 42-53; D. KINNEY, S. Maria in Trastevere from its Founding to 1215, New York 1975; C. N. VERRANDO, L'attività edilizia di papa Giulio I e la basilica al III miglio della via Aurelia ad Callistum: Mélanges École Française Rome 97, 1985, 1021-1061; A. PRONTI, Iulius et Callistus, basilica: LTUR III, 1996, 119-120; A. PRONTI, S. Maria trans Tiberim, titulus: LTUR III, 1996, 219-220; T. LEHMANN, "Circus Basilicas", "coemeteria subteglata" and Church Buildings in the *suburbium* of Rome: Acta ad Archaeologiam et Artium Historiam pertinentia NS 3, 17, 2003, 72.

BASILICA LIBERII

S. auch die unter S. Maria Maggiore genannte Literatur. - H. GEERTMAN, Forze centrifughe e centripete nella Roma cristiana: il Laterano, la basilica Iulia e la basilica Liberiana: Rendiconti Pontificia Accademia Rom. Archeol. 59, 1986-87, 63-91; M. CECCHELLI, Dalla "basilica Liberiana" al complesso paleocristiano e altomedievale: C. PIETRANGELI (Hrsg.), S. Maria Maggiore a Roma, Firenze 1988, 71-84; G. DE SPIRITO, basilica Liberii: LTUR I, 1993, 181; M. CECCHELLI, S. Maria Maior, basilica: LTUR III, 1996, 217-218; G. PISANI SARTORIO, Macellum Liviae: LTUR III, 1996, 203-204; V. SAXER, Sainte-Marie-Majeure. Une basilique de Rome dans l'histoire de la ville et son église (Collection de l'École Française de Rome 283), Rom 2001.

KLEINERE COEMETERIALBASILIKEN DES SPÄTEREN 4. JAHRHUNDERTS

V. FIOCCHI NICOLAI, Strutture funerarie ed edifici di culto paleocristiani di Roma dal IV al VI secolo, Città del Vaticano 2001

DIE PAULSBASILIKA AN DER VIA OSTIENSE

N. M. NICOLAI, Della basilica di S. Paolo, Roma 1815; F. W. DEICHMANN, A. TSCHIRA, Die frühchristlichen Basen und Kapitelle von S. Paolo fuori le mura: Röm. Mitteil. 54, 1939, 99-111; A. CHASTAGNOL, Sur quelques documents relatifs á la basilique de Saint-Paul-hors-les-murs: R. CHEVALLIER (Hrsg.), Mélanges A. Piganiol, Paris 1966, 421-433; L. M. MARTÍNEZ-FAZIO, La segunda basilica di S. Paolo extramuros. Estudos sobre su fondación, Rom 1972; KRAUTHEIMER, Corpus V, 1980, 93-164; C. PIETRANGELI (Hrsg.), La Basilica di S. Paolo fuori le mura, Florenz 1988; P. LIVERANI, S. Paolo fuori le mura e l'iter vetus: Boll. Monum. Gallerie Pontificie 9, 1989, 79-84; E. PALLOTTINO (Hrsg.), Revival paleocristiani (Ricerche di Storia dell'Arte 65), Rom 1995; H. G. THÜMMEL, Die Memorien für Petrus und Paulus in Rom, Berlin 1999; G. FILIPPI, La Basilica di S. Paolo fuori le mura: Pietro e Paolo, Katalog Ausstellung Rom 2000, Mailand 2000, 59 Nr. 101. 102; M. CECCHELLI, S. Paolo fuori le mura: PANI ERMINI, Visita 47-57; ANDALORO, ROMANO, Das Bild in der Apsis: ANDALORO, ROMANO, Römisches Mittelalter 94ff.; U. GROBLEWSKI, Thron und Altar. Der Wiederaufbau der Basilika St. Paul vor den Mauern (1823-1854), Freiburg 2001. H. BRANDENBURG, Beobachtungen zur architektonischen Ausstattung der Basilika von S. Paolo fuori le mura in Rom: R. HENKE, W. BLÜMER u.a. (Hrsg.), Alvarium. Festschrift Ch. Gnilka (Jahrb. Antike und Christentum Erg.-Bd. 34) Münster 2002, 83-108; P. BARRESI, P. PENSABENE, D. TRUCCHI, Materiali di reimpiego e progettazione nell'architettura delle chiese paleocristiane di Roma: GUIDOBALDI, GUIGLIA GUIDOBALDI, Ecclesiae urbis 812-816; J. BARKLAY LLOYD, Krautheimer and S. Paolo fuori le mura: Architectural, Urban and Liturgical Planning in Late Fourth-Century Rome: GUIDOBALDI, GUIGLIA GUIDOBALDI, Ecclesiae urbis 11-24; H. BRANDENBURG, Die Basilica S. Paolo fuori le mura, der Apostelhymnus des Prudentius (*peristeph. XII*) und die architektonische Ausstattung des Baues: GUIDOBALDI, GUIGLIA GUIDOBALDI, Ecclesiae urbis 1525-1604; A. M. NIEDDU, L'utilizzazione funeraria del suburbio nei secoli V e VI: Pergola, Suburbium 545-606; A. M. NIEDDU, Fremde in der Nekropole von S. Paolo fuori le mura im Licht der epigraphischen Quellen: Röm. Quartalschr. 98, 2003, 112-120; DRESKEN-WEILAND, Sarkophagbestattungen 145-147; H. BRANDENBURG, Prachtentfaltung und Monumentalität als Bauaufgaben frühchristlicher Kirchenbaukunst: Festschrift K. Stähler, Münster 2004.

TITULUS ANASTASIAE (S. ANASTASIA)

T. P. WHITEHEAD, The Church of S. Anastasia in Rome: Amer. Journ. Archeol.31, 1927, 405-420; KRAUTHEIMER, Corpus V, 1937, 43-63; LUGLI, Roma antica 195-196; 420-423; 609-613; ARMELLINI, CECCHELLI 651ff.; M. CECCHELLI, S. Anastasia, titulus: LTUR I, 1993, 37-38; M. CECCHELLI, Interventi edilizi di papa Simmaco: Il papato di San Simmacho. Atti Conv. Internaz. Studi, Oristano 1998, Cagliari 2000, 111-128; F. ASTOLFI, La chiesa di S. Anastasia e il suo complesso archeologico: Forma urbis V, 3, 2000, 22ff. und V, 5, 2000, 4ff.; D. MAZZOLENI, Osservazioni su alcune epigrafi basilicali romane: GUIDOBALDI, GUIGLIA GUIDO-

BALDI, Ecclesiae urbis 278-279; Claussen, Kirchen I, 67-77.

TITULUS DAMASI (S. LORENZO IN DAMASO)

ARMELLINI, CECCHELLI, Chiese 1326; KRAUTHEIMER, Corpus II, 1959, 145-151; PIETRI, Domus ecclesiae 3-21; GUIDOBALDI, Chiese titolari; G. SCALIA, Gli *archiva* di papa Damaso e le biblioteche di papa Ilaro: Studi Medievali 18, 1977, 39-63; R. KRAUTHEIMER, Die Kirche San Lorenzo in Damaso in Rom: Vorläufiger Grabungsbericht: Akten XII. Internat. Kongr. Christliche Archäologie, Bonn 1991, Münster 1995, 958-963; M. PENTIRICCI, La primitiva basilica di S. Lorenzo in Damaso: Forma urbis II, 2, 1997, 12ff.; U. REUTTER, Damasus, Bischof von Rom, Diss. Jena 1999, 77ff. Nr.57 (Stiftungsepigramm), 109; K. BLAIR-DIXON, Damasus and the Fiction of Unity: the Urban shrines of Saint Laurence: GUIDOBALDI, GUIGLIA GUIDOBALDI, Ecclesiae urbis 331-352;

TITULUS FASCIOLAE (SS. NEREO ED ACHILLEO)

A. GUERRIERI, La chiesa dei SS. Nereo e Achilleo, Roma 1951; KRAUTHEIMER, Corpus III, 1967, 136ff.; M. CECCHELLI, Fasciola, titulus: LTUR II, 1995, 241-242.

TITULUS CLEMENTIS (S. CLEMENTE)

G. B. DE ROSSI, Scavi nella basilica di S. Clemente: Boll. Archeol. Crist. 1, 1863, 8; J. MULLOOLY, S. Clement Pope and Martyr and his Basilica in Rome, Rom 1869; E. JUNYENT, Il titolo di S. Clemente, Rom 1932; KRAUTHEIMER, Corpus I, 1937, 118-136; MATTHIAE, Mosaici 279ff.; WILPERT, SCHUMACHER 337; F. GUIDOBALDI, Il complesso archeologico di S. Clemente, Rom 1978; F. GUIDOBALDI, S. Clemens: LTUR I, 1993, 278-279; CH. PIETRI, Recherches sur les domus ecclesiae: Rev. Études August. 24, 1978, 3-21; F. GUIDOBALDI, San Clemente. Gli edifici romani, la basilica paleocristiana e le fasi altomedievali, Rom 1992; F. GUIDOBALDI, Gli scavi del 1993-95 nella basilica di S. Clemente a Roma e la scoperta del battistero paleocristiano: Riv. Archeol. Crist 73, 1997, 459-491; CLAUSSEN, Kirchen I, 299-347; P. BARRESI, P. PENSABENE, D. TRUCCHI, Materiali di reimpiego e progettazione nell'architettura delle chiese paleocristiane di Roma: GUIDOBALDI, GUIGLIA GUIDOBALDI, Ecclesiae urbis 836-838; F. GUIDOBALDI, San Clemente: gli scavi più recenti 1992-2000: VENDITELLI, PAROLI, Roma dall'Antichità al Medioevo, II, 390-415.

TITULUS CRESCENTIANAE (S. SISTO VECCHIO)

H. GEERTMAN, Ricerche sopra la prima fase di S. Sisto Vecchio in Roma: Rendiconti Pontificia Accademia Rom. Archeol 41, 1968-1969, 219-228; KRAUTHEIMER, Corpus IV, 1970, 168-170; GUIDOBALDI, Chiese titolari 387; M. CECCHELLI, Crescentiana, titulus: LTUR I, 1993, 325; S. SERRA, S. Sixtus, titulus: LTUR IV, 1999, 330; C. BARSANTI, Capitelli di manifattura costantinopolitana a Roma: GUIDOBALDI, GUIGLIA GUIDOBALDI, Ecclesiae urbis 1477f.; P. BARRESI, P. PENSABENE, D. TRUCCHI, Materiali di reimpiego e progettazione nell'architettura delle chiese paleocristiane di Roma: GUIDOBALDI, GUIGLIA GUIDOBALDI, Ecclesiae urbis 819-822; H. GEERTMAN, U.B. ARMIS, San Sisto Vecchio: indagini topografiche e archeologiche: VENDITELLI, PAROLI, Roma dall'Antichità al Medioevo, II, 517-541.

TITULUS VESTINAE (S. VITALE)

G. MATTHIAE, Basiliche paleocristiane con ingresso a polifora: Boll. d'Arte 42, 1957, 107-120; KRAUTHEIMER, Corpus IV, 1970, 299-316; M. G. ZANOTTI, Ss. Gervasius et Protasius, titulus: LTUR II, 1995, 371; P. BARRESI, P. PENSABENE, D. TRUCCHI, Materiali di reimpiego e progettazione nell'architettura delle chiese paleocristiane di Roma: GUIDOBALDI, GUIGLIA GUIDOBALDI, Ecclesiae urbis 822-825.

TITULUS PAMMACHII (SS. GIOVANNI E PAOLO)

P. GERMANO DI STANISLAO, La casa celimontana dei SS. Martiri Giovanni e Paolo, Roma 1894; A. COLINI, Storia e topografia del Celio nell'antichità: Memorie Pontificia Accademia Rom. Archeol. 7, 1944, 137-196; KRAUTHEIMER, Corpus I, 1937, 265-300; ARMELLINI, CECCHELLI, 617-626, 1314f.; A. PRANDI, Il complesso monumentale della basilica celimontana dei SS. Giovanni e Paolo, Roma 1953; G. MATTHIAE, Basiliche paleocristiane con ingresso a polifora: Boll. d'Arte 42, 1957, 107-121; MATTHIAE, Pittura I, 30f. 77f.; GUIDOBALDI, Chiese titolari 381-396; A. ASTOLFI, SS. Iohannes et Paulus, titulus: LTUR III, 1996, 105-107; M. CECCHELLI, Il complesso dei SS. Giovanni e Paolo: Forma urbis 1997; P. CHINI, La cosidetta casa cristiana: Forma urbis IV, 10, 1999, 27ff.; C. PAVOLINI, Il clivo di Scauro: Forma urbis VII, 10, 2002, 4ff.; A. ASTOLFI, le case romane dei SS. Giovanni e Paolo: Forma urbis VII, 10, 2002, 9ff.; R. SANTOLINI, Gli affreschi: Forma urbis VII, 10, 2002, 14ff.; C. RANUCCI, Le pitture della confessione; Forma urbis VII, 10, 2002, 28ff.; G. BARTOLOZZI CASTI, Nuove Osservazioni sulle basiliche di S. Pietro in Vincoli e dei SS. Giovanni e Paolo. Relazioni strutturali, proposte di cronologia: GUIDOBALDI, GUGLIA GUIDOBALDI, Ecclesiae urbis 953-978; P. BARRESI, P. PENSABENE, D. TRUCCHI, Materiali di reimpiego e progettazione nell'architettura delle chiese paleocristiane di Roma: GUIDOBALDI, GUIGLIA GUIDOBALDI, Ecclesiae urbis 825-829; BRENK, Christianisierung, 82ff.

TITULUS PUDENTIS (S. PUDENZIANA)

A. PETRIGNIANIA, La basilica di S. Pudenziana in Roma, Città del Vaticano 1934; ARMELLINI, CECCHELLI 1418; R. V. MONTINI, S. Pudenziana, Roma 1959; MATTHIAE, Mosaici 55ff.; KRAUTHEIMER, Corpus III, 1967, 280-305; WILPERT, SCHUMACHER 306ff.; GUIDOBALDI, Chiese titolari 383-396; ST. HEID, Kreuz, Jerusalem, Kosmos. Aspekte frühchristlicher Staurologie (Jahrb. Antike und Christentum Erg.-Bd. 31), Münster 2001, 176-188; CECCHELLI, Materiali; F. GUIDOBALDI, Osservazioni sugli edifici Romani in cui si insediò l'ecclesia Pudenziana: GUIDOBALDI, GUIGLIA GUIDOBALDI, Eclesiae urbis 1033-1071; O. STEEN, The Apse-Mosaic of S. Pudenziana and its relation to the Fifth Century Mosaics of S. Sabina and S. Maria Maggiore: GUIDOBALDI, GUIGLIA GUIDOBALDI, Ecclesiae urbis 1939ff.

TITULUS CHRYSOGONI (S. CRISOGONO)

KRAUTHEIMER, Corpus I, 1937, 144-164; B. APOLLONJ GHETTI, S. Crisogono, Roma 1966; GUIDOBALDI, Chiese titolari: Miscellanea U. M. Fasola, 383-396; A. MELOGRANI, Le pitture del VI e VIII secolo nella basilica inferiore di S. Crisogono in Trastevere: Riv. Ist. Archeol. 13, 1990, 139-178; A. PRONTI, S. Chrysogonus, titulus: LTUR I, 1993, 266-267; S. SETTECASI, R. LUCIANI, S. Crisogono, Roma 1996; M. CECCHELLI, Dati da scavi recenti di monumenti cristiani: Atti Seminari Archeologia Cristiana, Roma 1997: Mélanges École Française Rome, Moyen Âge 111, 1999, 232-235; A. ASTOLFI, S. Crisogono: Forma urbis IV, 3, 1999, 15ff.; G. DE SPIRITO, S. Chrysogonus, titulus: LTUR V, 1999, 236; P. GUERRINI, Le chiese e i monasteri del Trastevere. Cronologia e topografia: GUIDOBALDI, GUIGLIA GUIDOBALDI, Ecclesiae urbis 384f.; CLAUSSEN, Kirchen I, 386-411.

TITULUS MARCELLI
(S. MARCELLO AL CORSO)

KRAUTHEIMER, Corpus II, 1959, 207-217; L. GIGLI, S. Marcello al Corso, Rom 1977; A. NESTORI, Il battistero paleocristiano di S. Marcello: nuove scoperte: Riv. Archeol. Crist. 58, 1982, 81-126; S. EPISCOPO, La basilica di S. Marcello al Corso a Roma. Nuove scoperte: Akten XII. Internat. Kongr. Christliche Archäologie, Bonn 1991, Münster 1995, 734-740; L. GIGLI, S. Marcello al Corso, Roma 1996; S. EPISCOPO, S. Marcellus, ecclesia, titulus: LTUR III, 1996, 211-212; G. DE SPIRITO, S. Marcellus, titulus (fonti agiografiche): LTUR III, 1996, 212; S. EPISCOPO, La basilica titolare di S. Marcello al Corso in Roma. Nuove scoperte: Akten XI. Intern. Kongr. Christl. Archäologie, Bonn 1991, Münster 1995, 734-740.

TITULUS LUCINAE
(S. LORENZO IN LUCINA)

ARMELLINI, CECCHELLI 355-358; KRAUTHEIMER, Corpus II, 1959, 161-182; G. BUCHNER, Solarium Augusti und Ara Pacis: Röm. Mitteil. 83, 1976, 319-365; G. BUCHNER, Horologium solarium Augusti: Röm. Mitteil. 87, 1980, 355-373; F. RAKOB, Die Urbanisierung des nördlichen Marsfeldes: L'Urbs, Espace urbain et histoire. Atti del Convegno 1985, Rom 1987; GUIDOBALDI, Chiese titolari 389 nr. 16; M. L. BERTOLDI, S. Lorenzo in Lucina, Roma 1994; F. BERTOZZI, San Lorenzo in Lucina (Roma Sacra 2), Roma 1995; L. SIGNANI, L'area archeologica di S. Lorenzo in Lucina: Forma urbis II, 4, 1997, 4ff.; G. DE SPIRITO, Lucina, titulus: LTUR III, 1996, 192-193;

TITULUS SABINAE
(S. SABINA)

J. CIAMPINI, Vetera monimenta I, 1690, 186-195 taff. 47f.; F. DARSY, Santa Sabina, Roma 1961; F. DARSY, Les portes de Sainte-Sabine: Riv. Archeol. Crist. 37, 1961, 5-25; MATTHIAE, Mosaici 77-81; F. DARSY, Recherches archéologiques à Sainte-Sabine, Città del Vaticano 1968; WILPERT, SCHUMACHER 307; KRAUTHEIMER, Corpus IV 1976, 69-94; G. JEREMIAS, Die Holztür der Basilika S. Sabina in Rom, Tübingen 1980; L. PANI ERMINI, Recenti scoperte nel complesso di S. Sabina sull'Aventino: Archeologia Laziale 6, 1984, 294-299; M. CECCHELLI, Le più antiche porte cristiane: S. Ambrogio a Milano, S. Barbara al Vecchio Cairo, S. Sabina Roma: Le porte di bronzo dall'antichità al secolo VIII, Roma 1990, 59-69; J. M. SPIESER, Le programme iconographique des portes de Saint-Sabine: Journ. Savants 21, 1991, 48-81; PENSABENE, Reimpiego 1080f.; S. EPISCOPO, Sabina, basilica, titulus: LTUR IV, 1999, 221-223; C. BELLANCA, La basilica di S. Sabina e gli interventi di Antonio Munoz, Roma 1999; L. DE MARIA, Il programma decorativo della porta lignea di S. Sabina: concordanza o casualità iconografica?: GUIDOBALDI, GUIGLIA GUIDOBALDI, Ecclesiae urbis 1685-1700; G. DE SPIRITO, La cosidetta scena dell'"acclamatio" della Porta di S. Sabina: GUIDOBALDI, GUIGLIA GUIDOBALDI, Ecclesiae urbis 1701-1724; P. BARRESI, P. PENSABENE, D. TRUCCHI, Materiali di reimpiego e progettazione nell'architettura delle chiese paleocristiane di Roma: GUIDOBALDI, GUIGLIA GUIDOBALDI, Ecclesiae urbis 830-832; O. STEEN, The Apse mosaic of S. Pudenziana and its Relation to the Fifth Century Mosaics of S. Sabina and S. Maria Maggiore: GUIDOBALDI, GUIGLIA GUIDOBALDI, Ecclesiae urbis 1939-1948; D. GOFFREDO, Le personificazioni delle ecclesiae: tipologia e significativi dei mosaici di S. Pudenziana e S. Sabina: GUIDOBALDI, GUIGLIA GUIDOBALDI, Ecclesiae urbis 1949-1962; F. ASTOLFI, I complessi archeologici di Santa Sabina: Forma urbis VIII, 9, 2003, 28-35.

S. AGATA DEI GOTI:

C. HÜLSEN, C. CECCHELLI, G. GIOVANNONI, U. MONNERET DE VILLARD, A. MUNOZ, S. Agata dei Goti, Roma 1924; KRAUTHEIMER, Corpus I, 1937, 2-12; MATTHIAE, Mosaici 131ff.; P. L. MANTOVANI, S. Agata dei Goti, Verona 1987; C. CARTOCCI, S. Agatha Gothorum: LTUR I, 1993, 24-25; M. C. CARTOCCI, Alcune precisazioni sulla intitolazione a S. Agata della ecclesia Gothorum alla Suburra: Teoderico il Grande e i Goti d'Italia: Atti XII Congr. Intern. studi altomedievali, Milano 1992, Spoleto 1993, 611-620; M. ANDALORO, S. ROMANO, Das Bild in der Apsis: ANDALORO, ROMANO, Römisches Mittelalter 80-82; D. MAZZOLENI, Osservazioni su alcune epigrafi basilicali romane: GUIDOBALDI, GUIGLIA GUIDOBALDI, Ecclesiae urbis 273-276; CLAUSSEN, Kirchen I, 39-45.

S. MARIA MAGGIORE

KRAUTHEIMER, Corpus III, 1969, 1-60; F. MAGI, Il calendario dipinto sotto S. Maria Maggiore, Roma 1972; MATTHIAE, Mosaici 87ff.; B. BRENK, Die frühchristlichen Mosaiken in S. Maria Maggiore zu Rom, Wiesbaden 1975; WILPERT, SCHUMACHER 308ff.; C. PIETRANGELI (Hrsg.), Santa Maria Maggiore, Firenze 1988; H. GEERTMANN, The builders of the basilica Maior in Rome: Festoen A. N. Zadoks-Josephus Jitta, Groningen 1976, 277-295; S. SPAIN, The Promised Blessing. The Iconography of the Mosaics of S. Maria Maggiore: Art Bull. 61, 1979, 518ff.; C. PIETRANGELI, Santa Maria Maggiore, Firenze 1988; DE BLAAUW, Cultus 235-443; U. SCHUBERT, Die Kindheitsgeschichte Jesu als politische Theologie am Triumphbogenmosaik von Santa Maria Maggiore in Rom: Art Historical Studies K. Weitzmann, Princeton 1995, 81-89; R. LUCIANI (Hrsg.), Santa Maria Maggiore e Roma, Roma 1996; M. V. CLARELLI, La controversia nestoriana e i mosaici dell'arco trionfale di S. Maria Maggiore: Festschrift F. Maffei, Roma 1996, 323-344; A. NESTORI, F. BISCONTI (Hrsg.), I Mosaici paleocristiani di Santa Maria Maggiore negli acquerelli della collezione Wilpert, Città del Vaticano 2000; V. SAXER, Sainte-Marie-Majeure. Une basilique de Rome dans l'histoire de la ville et son église (Collection de l'École Française de Rome 283), Rom 2001; P. BARRESI, P. PENSABENE, D. TRUCCHI, Materiali di reimpiego e progettazione nell'architettura delle chiese paleocristiane di Roma: GUIDO-

BALDI, GUIGLIA GUIDOBALDI, Ecclesiae urbis 816-819; M. ANDALORO, S. ROMANO, Das Bild in der Apsis: ANDALORO, ROMANO, Römisches Mittelalter 100f.

TITULUS S. PIETRI IN VINCULIS
(S. PIETRO IN VINCULI)

KRAUTHEIMER, Corpus III, 1967, 179-234; G. BARTOLOZZI CASTI, S. Pietro in Vincoli: nuove scoperte: Rendiconti Pontificia Accademia Rom.Archeol. 68, 1995-1996, 333-358; A. MILELLA, S. Petrus in Vinculis, titulus; titulus Eudoxiae; titulus Apostolorum; titulus S. Petri ad vincula: LTUR IV, 1999, 82-83; A. MILELLA, Nuove considerazioni su S. Pietro in Vincoli: Capitolium; G. BARTOLOZZI CASTI, San Pietro in Vincoli, Rom 1999; G. BARTOLOZZI CASTI, Nuove osservazioni sulle basiliche di San Pietro in Vincoli e dei Santi Giovanni e Paolo. Relazioni strutturali, proposte di cronologia: GUIDOBALDI, GUIGLIA GUIDOBALDI, Ecclesiae urbis 953-978; P. BARRESI, P. PENSABENE, D. TRUCCHI, Materiali di reimpiego e progettazione nell'architettura delle chiese paleocristiane di Roma: GUIDOBALDI, GUIGLIA GUIDOBALDI, Ecclesiae urbis 832-836; G. BARTOLOZZI CASTI, Le trasformazioni di un complesso edilizio urbano; San Pietro in Vincoli: VENDITELLI, PAROLI, Roma dall'Antichità al Medioevo, II, 380-389.

TITULUS CAECILIAE TRANSTIBERIM
(S. CECILIA IN TRASTEVERE)

G. B. GIOVENALE, Scavi innanzi alla basilica di Santa Cecilia in Trastevere: Nuovo Boll. Archeol. Crist. 3, 1897, 249-254; G. GATTI, Scavo sotto S. Cecilia in Trastevere: Notizie Scavi 1900, 12-27, 230-231; KRAUTHEIMER, Corpus I, 1937, 95-112; G. MATTHIAE, S. Cecilia, Rom 1970; N. PARMEGIANI, A. PRONTI, Il complesso archeologico sotto la basilica di S. Cecilia in Trastevere: Archeologia Laziale 10, 1990, 105-111; N. PARMEGIANI, A. PRONTI, S. Caecilia, titulus: LTUR I, 1993, 206-207; G. DE SPIRITO, S. Caecilia, titulus: LTUR V, 1999, 232; CLAUSSEN, Kirchen I, 227-264; N. PARMEGIANI, A. PRONTI, S. Cecilia in Trastevere. Nuovi scavi e ricerche, Città del Vaticano 2004.

TITULUS AEMILIANA
(SS. QUATTRO CORONATI)

ARMELLINI, CECCHELLI 605-609; KRAUTHEIMER, Corpus IV, 1970, 1-36; GUIDOBALDI, Chiese titolari 386; B. M. APOLLONJ GHETTI, I Quattro coronati, Roma 1964; L. M. SPERA, Aemiliana, titulus: LTUR I, 1993, 20; L. M. SPERA, Quattuor Coronati, titulus: LTUR IV, 1999, 177-178; G. FILIPPI, La torre di accesso al primo cortile del complesso dei SS. Quattro coronati a Roma. Rielaborazione gotica sulle preesistenze classiche e romaniche: Boll. d'Arte 118, 2001, 47-58.

S. SUSANNA

KRAUTHEIMER, Corpus IV, 1970, 243-266; A. BONANNI, La basilica di S. Susanna in Roma: Akten XII. Internat. Kongr. Christliche Archäologie, Bonn 1991, Münster 1995, 586-589; A. M. AFFANNI, M. COGOTTI, R. VODRET, S. Susanna e S. Bernardo alle Terme, Roma 1993; A. MILELLA, S. Susanna, titulus: LTUR IV, 1999, 387-388; A. CATALANO, A. MILELLA, Santa Susanna (Roma Sacra

17), Napoli 2000; A. BONANNI, La basilica di S. Susanna in Roma, campagne di scavo 1991-1992: Atti VII Congr. Naz. Archeol. Crist. Cassino 1993, Roma 2002, 359-376.

TITULUS PRAXEDIS

B. M. APOLLONJ GHETTI, Santa Prassede, Roma 1961; KRAUTHEIMER, Corpus 1967, 232-259; B. BRENK, Zum Bildprogramm der Zenokapelle in Rom: Archivo Espanol Arqueologia 45-47, 1972-1974, 213-221; R. WISSKIRCHEN, Das Mosaikprogramm von S. Prassede in Rom. Ikonographie und Ikonologie (Jahrb. Antike und Christentum Erg.-Bd. 17), Münster 1990; S. SERRA, Praxedis, titulus: LTUR IV, 1999, 161-162; V. PACE, Cristo Luce a Santa Prassede: PACE, Arte a Roma nel Medioevo 107ff.

S. STEPHANUS IN CAELIO MONTE
(S. STEPHANO ROTONDO)

MATTHIAE, Mosaici 181ff.; KRAUTHEIMER, Corpus IV, 1970, 191-242; R. KRAUTHEIMER, Success and Failure in Late Antique Church Planning: K. WEITZMANN (Hrsg.), Age of Spirituality. A Symposium, Princeton 1980, 121-139; C. CESCHI, S. Stefano Rotondo, (Atti Pontificia Accademia Romana di Archeologia III, Memorie XV), Roma 1982; S. STORZ, S. Stefano Rotondo in Rom. Untersuchungen am frühchristlichen Marmorfußboden im Kreuzarm Nordost: Bericht 27. Tagung Koldewey Gesellsch. 37, 1992 (1994); H. BRANDENBURG, S. STORZ, Die frühchristliche Kirche S. Stefano Rotondo in Rom. Archäologische Bauuntersuchung I: Das Münster 46, 1993, 277-292 und II, Das Münster 47, 1994, 33-46; S. STORZ, La tecnica edilizia romana e paleocristiana delle volte a tubi fittili: C. CONFORTI, Lo specchio del cielo. Forme, significati, tecniche e funzioni della cupola, Milano 1997, 23-41; H. BRANDENBURG, S. Stefano Rotondo, Berlin 1998; H. BRANDENBURG, J. PÁL (Hrsg.), Santo Stefano Rotondo. Archäologie, Bauforschung, Geschichte, Wiesbaden 2000; H. BRANDENBURG, S. Stefano Rotondo in Roma: funzione urbanistica, tipologia architettonica, liturgia ed allestimento liturgico: Papers Netherlands Institute Rome 59, 2000 (2001), 27-54; H. BRANDENBURG, S. Stefano Rotondo: ENSOLI, LA ROCCA, Aurea Roma, 2000, 200-203; H. BRANDENBURG, S. Stefano Rotondo: VENDITELLI, PAROLI, Roma I, 2001; M. ANDALORO, S. ROMANO, Das Bild in der Apsis; ANDALORO, ROMANO, Römisches Mittelalter 80; H. BRANDENBURG, S. Stefano Rotondo: VENDITELLI, PAROLI Roma II, 2004, 480-505.

TITULUS EUSEBII (S. EUSEBIO)

KRAUTHEIMER, Corpus I, 1937, 205ff.; ARMELLINI, CECCHELLI II, 997ff., 1291; E. IEZZI, La chiesa di S. Eusebio all'Esquilino, Rom 1977; GUIDOBALDI, Chiese titolari 388, Nr. 11; G. DE SPIRITO, S. Eusebius, titulus: LTUR II, 1995, 239-240; CLAUSSEN, Kirchen I, 444-453.

S. BIBIANA

KRAUTHEIMER, Corpus I, 1937, 94; ARMELLINI, CECCHELLI, II, 992ff. 1268; MALMSTROM, Colonnades 40ff.; S. VASCO ROCCA, S. Bibiana, Roma 1983; G. DE SPIRITO, S. Bibiana: LTUR I, 1993, 194-195; GUIDOBALDI, Il Tempio di Minerva Medica. Settore privato del Sessorium costantiniano: Riv. Archeol. Crist. 74, 1998, 510-515; F. GUIDO-

BALDI, Sessorium: LTUR IV, 1999, 308; M. COSTAMBEYS, Burial Topography and the Power of the Church in Fifth- and Sixth-Century Rome: Papers Brit. School Rome 69, 2001, 175ff.; CLAUSSEN, Kirchen I, 179-185.

TITULUS SANCTAE BALBINAE

KRAUTHEIMER, Corpus I, 1937, 84-93; ARMELLINI, CECCHELLI 724-726; S. EPISCOPO, S. Balbina, titulus: LTUR I, 1993, 135-136; H. KAMMERER-GROTHAUS, Die zerstörte Nekropole "Via Imperiale" und die Mosaiken der Kirche S. Bibiana in Rom: Bull. Ant. Beschaving 77, 2002, 113-150; C. BELLANCA, ANTONIO MUNOZ. La politica di tutela dei monumenti di Roma, Roma 2002, 122ff.; R. FLAMINIO, Testimonianze altomedievali a S. Balbina: GUIDOBALDI, GUIGLIA GUIDOBALDI, Ecclesiae urbis 473-501; CLAUSSEN, Kirchen I, 121-131; BRANDENBURG, Prachtentfaltung.

S. ANDREA CATA BARBARA

Th. ASHBY, G. LUGLI, La basilica di Giunio Basso sull'Esquilino: Riv. Archeol. Crist. 9, 1932, 227-228; KRAUTHEIMER, Corpus I, 1937, 64-65; R. ENKING, S. Andrea Cata Barbara e S. Antonio Abbate sull'Esquilino, Roma 1964; MATTHIAE, Mosaici 131ff.; M. CECCHELLI, S. Andreas, S. Andreas Apostolus, S. Andreas cata Barbara; ecclesia, monasterium: LTUR I, 1993, 39; M. SAPELLI: ENSOLI, LA ROCCA, Aurea Roma 534-536, Nr. 174-178 (Intarsien); M. ANDALORO, S. ROMANO, Das Bild in der Apsis: ANDALORO, ROMANO, Römisches Mittelalter 80ff., 118; D. MAZZOLENI, Osservazione su alcune epigrafi basilicali romane: GUIDOBALDI, GUIGLIA GUIDOBALDI, Ecclesiae urbis 268-273; BRANDENBURG, Prachtentfaltung.

S. IOHANNIS IN PORTAM LATINAM
(S. GIOVANNI A PORTA LATINA)

KRAUTHEIMER, Corpus I, 1937, 304-319; W. N. SCHUMACHER, S. Giovanni in porta Latina: Röm. Quartalschr. 68, 1973, 104-124; MALMSTROM, Colonnades 42; CECCHELLI, Materiali.

SS. COSMA E DAMIANO

KRAUTHEIMER, Corpus I, 1937, 137-143; MATTHIAE, Mosaici 135ff. 203-211; WILPERT-SCHUMACHER, 328f.; MATTHIAE, ANDALORO, Mosaici 64f. 81f. 233f.; V. TIBERIA, Il restauro del Mosaico della basilica dei Santi Cosma e Damiano a Roma, Perugia 1991; S. EPISCOPIO, SS. Cosma et Damianus, basilica: LTUR I, 1993, 324-325; I. IAMURRI, Santi Cosma e Damiano (Roma Sacra 3), Roma 1995; M. ANDALORO, S. ROMANO, Das Bild in der Apsis: ANDALORO, ROMANO, Römisches Mittelalter 77-80.; D. PALOMBO, Compitum acilium: Rendiconti Pontificia Accademia Rom. Archeol 70, 1997/8, 115-135; F. COARELLI, Pax, Templum: LTUR IV, 1999, 67-70; R. SANTANGELI VALENZANI, Pax, Templum: LTUR V, 1999, 285; S. RIZZO, R. SANTANGELI VALENZIANI, Il templum Pacis: Forma urbis IV, 11, 199, 16ff.; KÖB, Rom 305ff. (Templum Pacis); M. CAPPONI, M. GHILARDI, Scoperta nel templum Pacis di un'area sepolcrale probabilmente contemporaneo all fondazione dei SS. Cosma e Damiano: GUIDOBALDI, GUIGLIA GIDOBALDI, Ecclesiae urbis 733ff.; C. BARSANTI, Capitelli di manufattura costantinopolitana a Roma: GUIDOBALDI, GUIGLIA GUIDOBALDI, Ecclesiae urbis 1475ff.; CLAUSSEN, Kirchen I, 360-385; BRANDENBURG, Prachtentfaltung.

S. Maria Antiqua

W. Grüneisen, Sainte-Marie-Antique, Paris 1911; R. Delbrueck, Der Südostbau am Forum Romanum: Jahrb. Deutsch. Archäol. Inst. 36, 1921, 8-33; E. Tea, Santa Maria Antiqua, Mailand 1937; Krautheimer, Corpus II, 1959, 249-274; P.J. Nordhagen, The Earliest Decorations in S. Maria Antiqua: Acta ad Archaeologiam et Artium Historiam pertinentia 1, 1962, 72ff.; P. Romanelli, P. Nordhagen, S. Maria Antiqua, Roma 1964; E. Kitzinger, Byzantine Art in the Making, London 1977, 113-126; H. Hurst, J. Osborne, D. Whitehouse, S. Maria Antiqua. Problemi e proposte: Roma, archeologia nel centro I, Rom 1985, 93-96; J. Osborne, The Atrium of S. Maria Antiqua, Rome: Papers Brit. School Rome 55, 1987, 186-223; M. G. Zanotti, S. Maria Antiqua: LTUR III, 1996, 214-216; E. Bonardi, S. Maria antiqua: Forma urbis III, 1, 1998, 32ff.; A. Augenti, Il palatino nel medioevo, Roma 1996; G. De Spirito, S. Maria Antiqua: LTUR V, 1999, 273f.; B. Brenk, Kultgeschichte versus Stilgeschichte: Uomo e spazio nell'alto medioevo (Settimane di studio dell'altomedioevo 50), Spoleto 2003, 993ff.

SS. Quirico e Giulitta

Krautheimer, Corpus IV, 1970, 35-48; Heres, Paries 146; F. M. Tommasi, SS. Quiricus et Iulitta, ecclesia: LTUR V, 1999, 179-180; Brandenburg, Prachtentfaltung.

S. Adriano

Krautheimer, Corpus I, 1937, 1ff.; A. Bartoli, Curia senatus, Roma 1963; A. Mancini, La chiesa medioevale di S. Adriano nel Foro Romano: Rendiconti Pontificia Accademia Rom. Archeol. 40, 1967/68, 191-245; S. Episcopo, Il reimpiego di porte bronzee romane al Laterano: Salomi, Porte di bronzo 43-54; S. Episcopo, S. Hadrianus, ecclesia: LTUR III, 1996, 9-9; Claussen, Kirchen I, 1-38; Brandenburg, Prachtentfaltung.

S. Maria ad Martyres (Pantheon)

A. Grisar, Il Pantheon in Roma e la sua dedicazione fatta da Bonifacio IV (608-615): Civiltà Cattolica 10, 1900, 219ff.; K. De Fine Licht, The Rotunda in Rome: A Study of Hadrians Pantheon, Kopenhagen 1968; W. L. MacDonald, The Pantheon. Design, Meaning and Progeny, Cambridge, Mass.1976, bes. 104ff. (Kirche); S. De Blaauw, Das Pantheon als christlicher Tempel: Boreas 17, 1994, 13-26; S. Pasquali, Il Pantheon. Architettura e antiquaria nel settecento a Roma, Modena 1996, bes. 24ff. zur Kirche; P. Virgili, Strutture altomedievali sulla fronte del Pantheon: Rendiconti Pontificia Accademia Rom. Archeol. 70, 1997-1998, 197-207; A. Ziolkowski, Pantheon: LTUR IV, 1999, 54-61, bes. 60f. zu Bedeutung und Funktion als kaiserliche Halle (imperial *aula*); E. La Rocca, Pantheon: LTUR V, 1999, 280-283; B. Brenk, Kultgeschichte versus Stilgeschichte: Uomo e spazio nell'altomedioevo (Settimane di studio Spoleto 50), Spoleto 2003, 974-988.

S. Stefano in Via Latina

Krautheimer, Corpus IV, 1970, 241-253; V. Fiocchi Nicolai, Strutture funerarie; H. Brandenburg, Die Entstehung ländlicher Pfarreien in den römischen Provinzen Germanien, Raetien und Noricum: Alle origini della parrocchia rurale (IV-VIII secolo), Città del Vaticano 1999, 49-51; R. Rea, Il parco archeologico della via Latina: Forma urbis IV, 11, 1999, 4ff.; Brenk, Christianisierung.

S. Lorenzo fuori le mura

A. Munoz, La basilica di S. Lorenzo fuori le Mura, Roma 1944; Krautheimer, Corpus II, 1959, 1-144; Matthiae, Mosaici 149ff.; G. Matthiae, S. Lorenzo fuori le mura, Roma 1966; 1-146; Oakeshott, Mosaics 158; Malmstrom, Colonnades 37-45, bes. 37ff.; D. Israel, The Sixth-Century (Pelagian) Building of San Lorenzo Fuori le Mura at Rome, Bryn Mawr 1984; D. Mondini, S. Lorenzo fuori le mura in Rom. Der Bau und seine liturgische Ausstattung im 13. Jahrhundert: Georges-Bloch-Jahrbuch Kunstgesch. Seminar Universität Zürich, 2, 1995, 13-29; S. Serra, San Lorenzo fuori le Mura: Pani Ermini, Visita 101-112;

S. Ciranna, Spolia e caratteristiche del reimpiego nella basilica di S. Lorenzo fuori le mura a Roma, Roma 2000; A. Taddei, La decorazione dell'intradosso dell'arco trionfale della basilica di S. Lorenzo fuori le mura: Guidobaldi, Guiglia Guidobaldi, Ecclesiae urbis 1762-1788; C. Barsanti, Capitelli di manifattura costantinopolitana a Roma: Ecclesiae urbis 1472ff; S. Ciranna, La lettura architettonica degli spolia nelle chiese di Roma: Guidobaldi, Guiglia Guidobaldi, Ecclesiae urbis 859-874.

S. Agnese fuori le mura

Krautheimer, Corpus I, 1937, 14-38; Armellini, Cecchelli 1063ff.; Matthiae, Mosaici 169ff.; A.P. Frutaz, Il complesso monumentale di Sant'Agnese, Città del Vaticano 1969 (1972?); Heres, Paries 152-154; M. Andaloro, S. Romano, Das Bild in der Apsis: Andaloro, Romano, Römisches Mittelalter 23ff., 83, 143f.; S. Ciranna, Spolia e caratteristiche del reimpiego nella basilica di S. Lorenzo fuori le mura a Roma, Roma 2000 (auch S. Agnese behandelnd); P. M. Barbini, Agnetis (S.), basilica: LTUR, Suburbium I, 2001; J. Wollasch, Frühe Bildzeugnisse für das Nachleben Papst Gregors des Großen in Rom?: Frühmittelalterl. Studien 36, 2002, 160-170, bes. 163ff.; S. Ciranna, La lettura architettonica degli spolia nelle chiese di Roma: Guidobaldi, Guiglia Guidobaldi, Ecclesiae urbis 859-874; J. P. Nordhagen, Early Medieval Church Decoration in Rome: Guidobaldi, Guiglia Guidobaldi, Ecclesiae urbis 1760ff.; Claussen, Kirchen I, 51-65.

S. Pancrazio

Krautheimer, Corpus III, 1967, 153-174; A. Trinci, La basilica e la catacomba di S. Pancrazio: Forma urbis II, 10, 1997, 16ff.; Fiocchi Nicolai, Strutture funerarie; M. Cecchelli, Interventi edilizi di Papa Simmaco: Il papato di San Simmaco. Atti Convegno Internaz. Studi Oristano, Cagliari 2000, 116f.; Cecchelli, Materiali.

REGISTER